Manual Sobre el Reacondicionamiento del Motor Chevrolet de Haynes

por Robert Maddox y John H Haynes

Miembros de la Sociedad de Escritores automotrices

Manual de reparación automotriz de Haynes para el reacondicionamiento del motor v8 de Chevrolet

ABCDE
FGHIJK
LMNOP
QRST

Haynes Publishing Group
Sparkford cerca de Yeovil
Somerset BA22 7JJ Inglaterra

Haynes North America, Inc
861 Lawrence Drive
Newbury Park
California 91320 EE. UU.

Reconocimientos

Estamos agradecidos por la ayuda y la colaboración de Performance Automotive Wholesale (PAW) de Chatsworth, California quienes suministraron con gentileza las piezas necesarias para reacondicionar nuestros dos motores de proyecto. Super Shops en Thousand Oaks, California nos permitió fotografiar el desempeño de las piezas mostradas en el Capítulo 9. El trabajo del taller de maquinado también lo realizó PAW.

Un libro de la Serie de Manuales de reparación automotriz de Haynes

Impreso en los EE. UU.

ISBN-13: 978-1-62092-020-6

Número de tarjeta del catálogo de la Librería del Congreso 2012949780

Contenido

Capítulo 6: Reacondicionamiento del bloque del motor

Capítulo 7: Rearmado e instalación del motor

Capítulo 8: Reparaciones relacionadas

Capítulo 9: Mejorar el rendimiento y economía

Anexo

Índice

1 Introducción

Cómo utilizar este manual de reparación

El manual está dividido en capítulos. Cada capítulo se subdivide en secciones, algunas de las cuales consisten de párrafos enumerados de forma consecutiva (generalmente denominados como "Pasos", debido a que son parte del procedimiento). Si el material es básicamente informativo por naturaleza en vez de un procedimiento paso a paso, los párrafos no se enumeran.

Los primeros tres capítulos contienen material sobre la preparación para un reacondicionamiento. El resto de los capítulos cubren las especificaciones del procedimiento de reacondicionamiento.

Se incluyeron los capítulos integrales que cubren la sección de herramientas y uso, seguridad y prácticas de taller generales.

El término **"vea la ilustración"** (entre paréntesis) se utiliza en el texto para indicar que una fotografía o gráfico se incluyó para facilitar la comprensión de la información (el viejo cliché "una foto vale más que mil palabras" es especialmente real cuando se aplica a los procedimientos prácticos). Además, cada intento se realiza para posicionar ilustraciones directamente frente al texto correspondiente para minimizar confusiones. Los dos tipos de ilustraciones utilizadas (fotografías y gráficos de línea) se indican por un número que precede la leyenda. Los números de ilustraciones designan capítulos y secuencias numéricas dentro del capítulo (por ejemplo, 3.4 significa Capítulo 3, número de ilustración cuatro en orden).

Los términos **"Nota"**, **"Leyenda"** y **"Advertencia"** se utilizan en todo el texto con un propósito específico en mente: para atraer la atención del lector. Una **"Nota"** simplemente ofrece información necesaria para completar correctamente un procedimiento o información que facilitará el entendimiento del ejercicio. Una **"Precaución"** describe un procedimiento especial o pasos

especiales que deben seguirse mientras completa el procedimiento en donde se encuentra la **Precaución**. Si no presta atención a la **Precaución** podría ocasionar daños en el componente que se está reparando o en las herramientas en uso. Se incluye una **"Advertencia"** donde puede ocasionarse una lesión personal si no se siguen las instrucciones exactamente como se describen.

Aún si se tiene extremo cuidado durante la preparación de este manual, ni el publicista ni el autor pueden asumir la responsabilidad por cualquier error u omisión de la información dada.

¿Qué es un reacondicionamiento?

El reacondicionamiento de un motor implica la restauración de las piezas internas para que cumplan con las especificaciones de un motor nuevo. Durante un reacondicionamiento, se reemplazan los anillos de pistón y se reacondicionan las paredes de los cilindros (mediante rectificación o afilado). Si se realiza una rectificación, se requieren pistones nuevos. Los rodamientos principales, los rodamientos de la biela y los rodamientos del árbol de levas generalmente se reemplazan con nuevos y, si es necesario, se puede rectificar el cigüeñal para restaurar los muñones.

Generalmente, también se realiza servicio a las válvulas, ya que en este punto suelen estar en condiciones que dejan bastante que desear. Mientras se reacondiciona el motor, también se pueden reconstruir otros componentes, como el distribuidor, el arranque y el alternador. El resultado final debería ser como un motor nuevo que brindará muchos miles de millas sin problemas. **Nota:** *Al reacondicionar un motor se DEBEN reemplazar los componentes críticos del sistema de enfriamiento, como las mangueras, las correas de transmisión, el termostato y la bomba de agua por piezas nuevas. Se debe verificar cuidadosamente el radiador para*

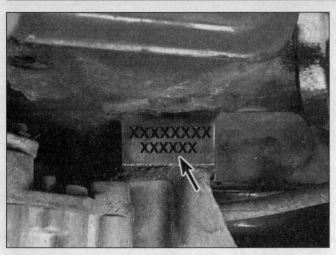

1.1 Ubicaciones típicas de los números de código de Chevrolet

1.2 Verifique si hay un número de fundición en la parte trasera del bloque (flecha).

asegurarse de que no está tapado ni tiene fugas. Si tiene dudas, reemplácelo con uno nuevo. Además, siempre instale una bomba de combustible nueva al reacondicionar el motor. No recomendamos reconstruir las bombas.

No siempre es fácil determinar cuándo se debe realizar el reacondicionamiento completo de un motor, o si es necesario hacerlo, ya que se deben tener en cuenta varios factores.

El millaje alto no es necesariamente una indicación de que haga falta realizar un reacondicionamiento, mientras que un millaje bajo no excluye la necesidad de hacerlo. La frecuencia del servicio es probablemente la consideración más importante. Lo más probable es que un motor al que se le realizaron cambios regulares y frecuentes de aceite y filtro, así como otros procedimientos de mantenimiento necesarios, le brinde miles de millas de servicio confiable. Por otro lado, es posible que un motor descuidado requiera un reacondicionamiento bastante rápido.

El consumo excesivo de aceite es una indicación de que los anillos de pistón, las guías y los sellos de válvula necesitan atención. Antes de determinar que los anillos y las guías están defectuosos, asegúrese de que el problema no se deba a una fuga de aceite. Realice un control de compresión del cilindro (vea el Capítulo 3) o haga que un mecánico de afinación experimentado realice una prueba de fugas para determinar el grado de trabajo que se requiere.

Si el motor realiza ruidos obvios de golpeteo o retumba, la falla probablemente sea la biela y/o los rodamientos principales. Para revisar la presión de aceite, instale un medidor en el lugar de la unidad o interruptor de envío de presión de aceite (Consulte el Capítulo 3) y compare esta medición con las especificaciones para este determinado motor (consulte el *Manual de reparación automotriz de Haynes* de su vehículo). Si es extremadamente baja (generalmente menores a 10 psi en marcha mínima), es probable que los rodamientos o la bomba de aceite estén gastados.

La pérdida de potencia, marcha inestable, ruido excesivo del tren de válvulas y los altos índices de consumo de combustible también pueden indicar la necesidad de un reacondicionamiento, especialmente si son simultáneos. Si una afinación completa no soluciona el problema, la única solución es el trabajo mecánico de gran magnitud.

Antes de comenzar con el reacondicionamiento del motor, lea todo el manual para familiarizarse con el alcance y los requisitos del trabajo. El reacondicionamiento de un motor no es difícil si tiene el equipo adecuado; sin embargo, lleva tiempo. Tenga en cuenta que el vehículo estará sujeto al procedimiento durante un mínimo de dos semanas, especialmente si debe llevar piezas a un taller de maquinado automotriz para reparación o reacondicionamiento. Verifique que haya disponibilidad de piezas y asegúrese de conseguir las herramientas y los equipos especiales necesarios por adelantado. La mayor parte del trabajo se puede realizar con herramientas de mano comunes, aunque se necesitan diversas herramientas de medición de precisión para inspeccionar piezas y determinar si es necesario reemplazarlas. Por lo general, los talleres de maquinado automotriz pueden encargarse de la inspección de las piezas y aconsejar si es necesario reacondicionarlas o reemplazarlas.

Identificación del motor

Identificar el motor que tiene es importante porque los motores Chevrolet son muy similares en aspecto pero pueden ser un poco diferentes en los detalles importantes.

Antes de los autos de 1972 y las camionetas livianas de 1973, el Número de identificación del vehículo (VIN) solo indicaba si el vehículo originalmente tenía un motor de seis cilindros o un V8. Algunos de estos motores se pueden identificar por las calcomanías en el filtro de aire o en la tapa de la válvula. Si estas marcas no están o si sospecha que son incorrectas, verifique los números en el motor. Registre el número VIN (**vea la ilustración**) y también el número de fundición en la parte trasera del bloque del motor entre el distribuidor y la campana de embrague (**vea la ilustración**). Además, observe el tamaño de las marcas de fundición en los extremos de las culatas de cilindro (los modelos posteriores no las tienen). Utilice esta información, verifique con el departamento de piezas de su concesionario local o comercio de repuestos para obtener asistencia en la identificación.

En los autos de 1972 y posteriores y en las camionetas livianas de 1973, el primer paso en la identificación del motor es ver el VIN, porque el VIN incluye una letra de código que indica qué motor tiene el vehículo. La placa de VIN está ubicada en la esquina delantera izquierda, adentro del parabrisas de los autos o en la jamba de la puerta de las camionetas (**vea las ilustraciones**).

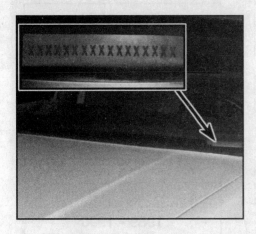

CHEVROLET
Vehículos de pasajeros

Ejemplo (modelos de 1972 a 1980):

Código del motor   Código del año de modelo

Ejemplo (modelos de 1981 a 1990):

Código del motor   Código del año de modelo

Códigos del año de modelo

2 = 1972	B = 1981
3 = 1973	C = 1982
4 = 1974	D = 1983
5 = 1975	E = 1984
6 = 1976	F = 1985
7 = 1977	G = 1986
8 = 1978	H = 1987
9 = 1979	J = 1988
0 = 1980	K = 1989
	L = 1990

1972

Código	C.I.	H.P.
F	307	(130 HP)
H	350	(165 HP)
J	350	(175 HP)
K	350	(200 HP)
L	350	(255 HP)
R	400	(170 HP)
S	402	(210 HP)
U	402	(240 HP)
V	454	(230 HP)
W	454	(270 HP)

1973

Código	C.I.	H.P.
F	307	(115 HP)
H	350	(145 HP)
J	350	(190 HP)
K	350	(175 HP)
R	400	(150 HP)
T	350	(245 HP)
X	454	(215 HP)
Y	454	(245 HP)
Z	454	(275 HP)

1974

Código	C.I.	H.P.
H	350	(145 HP)
J	350	(195 HP)
K	350	(185 HP)
L	350	(160 HP)
R	400	(150 HP)
T	350	(245 HP)
U	400	(180 HP)
Y	454	(235 HP)
Z	454	(270 HP)

1975

Código	C.I.	H.P.
G	262	
H	350	(145 HP)
J	350	(165 HP)
L	350	(155 HP)
T	350	(205 HP)
U	400	
Y	454	

1976

Código	C.I.	H.P.
G	262	
L	350	(165 HP)
Q	305	

1976 (continuación)

Código	C.I.	H.P.
S	454	
U	400	
V	350	(145 HP)
X	350	(210 HP)

1977

L	350	(170 HP)
U	305	
X	350	(210 HP)

1978

H	350	(220 HP)
L	350	(170 HP)

1979

G	305	(2 cilindros)
H	305	(4 cilindros)
J	267	
L	350	
4	350	
8	350	

1.3 Códigos de motor V8 de autos.

1980		
Código	C.I.	H.P.
H	305	
J	267	
L	350	
6	350	
8	350	
1981		
H	305	
J	267	
L	350	
6	350	
1982		
H	305	
J	267	
7	305	(inyección de combustible)
8	350	(inyección de combustible)

1983		
Código	C.I.	H.P.
H	305	
S	305	(policía)
6	350	
7	350	
8	350	
1984		
G	305	
H	305	
6	350	
8	350	(inyección de combustible)
1985 - 1986		
F	305	(inyección de combustible)
G	305	
H	305	
6	350	(policía)
8	350	(inyección de combustible)

1987 - 1988		
Código	C.I.	H.P.
E	305	(inyección de combustible)
F	305	(TPI)
G	305	(4 cilindros)
H	305	(4 cilindros)
Y	305	(4 cilindros)
8	350	(TPI)
1989 - 1990		
E	305	(inyección de combustible)
F8	305	(inyección de combustible)
Y	305	
8	350	(inyección de combustible)

1.3 Códigos de motor V8 de autos (continuación)

Camiones livianos CHEVROLET & GMC

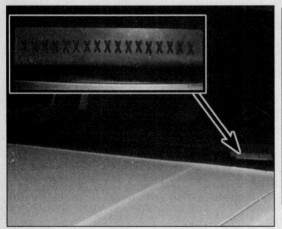

Códigos del año de modelo

4 = 1974	B = 1981
5 = 1975	C = 1982
6 = 1976	D = 1983
7 = 1977	E = 1984
8 = 1978	F = 1985
9 = 1979	G = 1986
0 = 1980	H = 1987
	J = 1988
	K = 1989
	L = 1990

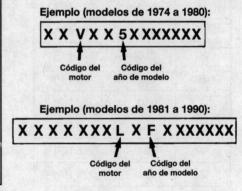

Ejemplo (modelos de 1974 a 1980):

X X V X X 5 X XXXXXX

Código del motor   Código del año de modelo

Ejemplo (modelos de 1981 a 1990):

X X X X XXX L X F X XXXXXX

Código del motor   Código del año de modelo

1.4 Códigos de motor V8 de camionetas livianas

1973		
Código	**C.I.**	**H.P.**
X	307	(130 HP)
Y	350	(155 HP)
Z	454	(240 HP)
1974		
L	454	(245 HP)
U	350	(exportación)
V	350	(2 cilindros)
W	350	(gas de LP)
Y	350	(160 HP)
Z	454	(230 HP)
1975		
L	454	(245 HP)
M	400	
U	350	(exportación)
V	350	(2 cilindros)
Y	350	(4 cilindros)
Z	454	(230 HP)
1976		
L	350	
S	454	
U	400	
V	350	
Y	454	
1977		
L	350	
R	400	
S	454	
U	305	
Y	454	

1978		
Código	**C.I.**	**H.P.**
L	350	
R	400	
S	454	
U	305	
Y	454	
1979		
L	350	
M	350	
R	400	
S	454	
U	305	
1980		
G	305	
L	350	
M	350	
P	350	
R	400	
S	454	
W	454	
X	400	
1981		
F	305	
G	305	
H	305	
J	267	
L	350	
M	350	
P	350	
W	454	

1982 - 1984		
Código	**C.I.**	**H.P.**
F	305	
H	305	
L	350	
M	350	
P	350	
W	454	
1985 - 1986		
F	305	
H	305	
K	350	
L	350	
M	350	
N	262	
W	454	
1987		
H	305	(TBI)
K	350	(TBI)
M	350	(4 cilindros)
N	454	(TBI)
W	454	(4 cilindros)
1988		
H	305	(inyección de combustible)
K	305	(inyección de combustible)
N	305	(inyección de combustible)
1989 - 1990		
H	305	(inyección de combustible)
K	350	(inyección de combustible)
M	350	
N	454	(inyección de combustible)
W	454	

1.4 Códigos de motor V8 de camionetas livianas (continuación)

Intercambiabilidad de las piezas

Se puede ahorrar tiempo y dinero si conoce las piezas que son intercambiables entre su motor y aquellos disponibles en el mercado del usado y en los desarmaderos.

Hay bastante intercambiabilidad dentro de las familias del bloque pequeño y del bloque grande de Chevrolet. Sin embargo, algunas piezas de una familia se pueden utilizar en la otra; solo que la única excepción notable es el distribuidor.

Debido al gran número de motores V8 Chevrolet producidos desde 1955 en varias versiones, una guía completa e integral requeriría varios volúmenes del tamaño de este libro. La mayoría de los desarmaderos tienen manuales de intercambios que brindan una gran cantidad de información para el intercambio de piezas. La siguiente información brinda la información general básica y no cubre todas las combinaciones de piezas posibles.

Hablaremos sobre los motores de bloques pequeños y los bloques grandes por separado; consulte las secciones correspondientes en base a la familia de motor en el que está trabajando.

Bloque pequeño V8

Los motores de bloque pequeño de Chevrolet se produjeron en la cantidad más extensa de cualquier planta automotriz de la historia. Los modelos desde 1955 hasta el presente se construyeron en versiones de pulgadas cúbicas de 262, 265, 267, 283, 302, 305, 307, 327, 350 y 400.

Hueco (pulgadas)	Carrera (pulgadas)	Desplazamiento (pulgadas cúbicas)
3.671	3.10	262
3.750	3.00	265
3.500	3.48	267
3.875	3.00	283
4.001	3.00	302
3.736	3.48	305
3.876	3.25	307
4.001	3.25	327
4.001	3.48	350
4.126	3.75	400

Tabla de desplazamiento

Los diferentes desplazamientos se obtienen combinando varios huecos y carreras en varias combinaciones:

Árboles de levas

Las especificaciones del árbol de levas varían de forma considerable entre los diferentes años de los modelos y las versiones de caballos de potencia. Las especificaciones del árbol de levas deben cumplir con el resto del motor para garantizar el mejor rendimiento, maniobrabilidad, economía y las emisiones más bajas.

A excepción de los modelos de 1987 y posteriores con los levantaválvulas de rodillo, los árboles de levas son intercambiables de un año o modelo al otro, debido a que los muñones tienen el mismo diámetro y espacio. **Nota:** *En los motores 265 de 1955 y algunos de 1956, los muñones traseros del árbol de levas deben ser dentados para garantizar un suministro de aceite al engranaje de la válvula.*

Los árboles de levas de la fábrica de Chevrolet están disponibles para levantaválvulas hidráulicos, sólidos y hasta de rodillo (en modelos de 1987 y posteriores). Las levas de rodillos y levantaválvulas de fábrica solo se pueden instalar en los bloques de 1987 y posteriores que se diseñaron para estos. El árbol de levas y levantaválvulas sin rodillo deben reemplazarse siempre juntos como un conjunto.

En general, es difícil determinar cuál árbol de levas está instalado en un motor usado determinado antes de desarmarlo. Aún después de quitar el árbol de levas, los números de fundición no son confiables para identificar las rectificaciones específicas. A pesar de que los árboles de levas utilizados se pueden instalar en otro motor, si los levantaválvulas se vuelven a instalar en los mismos lóbulos, nosotros recomendamos nuevos árboles de levas y levantaválvulas cuando es necesario el reemplazo.

Culatas de cilindros

A excepción de algunas culatas de aluminio encontrada en los Corvettes de carrera de 1961, virtualmente todas las culatas de bloque pequeñas de fábrica se realizaron de hierro fundido.

Las culatas de cilindro están disponibles en una gran variedad de tamaños de válvulas, volúmenes de cámara de combustión, tipos de bujía y tamaños del puerto.

1.5 La mayoría de las culatas de cilindro de 1959 y posteriores tienen pernos de tapa de válvula que están directamente en frente el uno del otro.

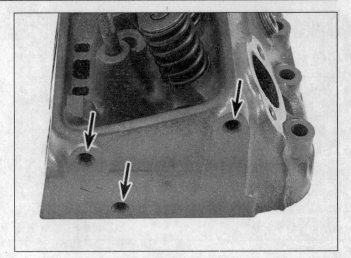

1.6 Las culatas de 1969 y posteriores tienen orificios para pernos (flechas) para los accesorios.

Las culatas previas de 1959 se pueden identificar por el espacio de los pernos de la tapa de la válvula. En las culatas de 1959 y posteriores, los orificios de los pernos están directamente al frente de cada uno **(vea la ilustración)**; en los modelos anteriores el espacio estaba escalonado. Las últimas culatas tienen tapas de válvula con cuatro pernos dispuestos longitudinalmente en el centro. Las tapas de válvula se deben seleccionar para coincidir con el tipo de culata de cilindro.

Todas las culatas de 1955 a 1968 carecen de orificios para pernos de montaje en los extremos para los accesorios como bombas de dirección hidráulica o alternadores **(vea la ilustración)**. Las culatas posteriores se pueden utilizar en los modelos anteriores, pero no al revés.

El Chevy anterior de 1971 cambió la ubicación de la bujía de recta a inclinada. El diseño del tapón también cambió de tipo plano y con arandela a de tipo cubierto. Esta culata tiene cámaras de combustión más grandes para la menor compresión.

Varios tamaños de válvulas se utilizaron a lo largo de los años. Las culatas anteriores 265 y 283 utilizaban una admisión de un diámetro de 1.72 pulgadas y válvulas de escape de 1.50 pulgadas. Las culatas 283 posteriores de alto rendimiento tienen válvulas de admisión de 1.94 pulgadas.

Para el uso de alto rendimiento, las culatas "202" o "fuelie" son muy populares. Estas tienen grandes puertos y válvulas de admisión de 2.02 pulgadas de diámetro y escapes de 1.60 pulgadas. Se utilizaban mayormente en los Z28 y Corvettes con motores 302, 327 y 350 con inyección de combustible y carburados de alto rendimiento. El número de pieza presente para estos es 3987376 que reemplaza a los 3853608, 3958604 y 3928445.

Las culatas de alto rendimiento posteriores con tapón de ángulo tienen el número de pieza 3965742. Una culata de 1976 con asientos de resortes grandes tiene el número 336746. Las culatas previas de 1974 no están diseñadas para combustible sin plomo o con poco plomo y deben tener válvulas especiales y asientos de válvulas reforzados instalados para reducir la recesión de la válvula en el combustible actual.

Las culatas de producción de aluminio se introdujeron en los Corvettes de 1986. En 1988 se actualizaron con puertos de escape más grandes con forma en "D". Si se utilizan estas culatas, asegúrese de hacer coincidir la admisión y el múltiple de admisión con los puertos.

Debido a la disponibilidad actual de los combustibles de bajo octanos, el índice de compresión se debe limitar a 9 o 9.5 a 1. Varias culatas de alto rendimiento tienen volúmenes de cámara de combustión pequeños y altos pistones superiores que aumentan la compresión a 10.5 o más. Intente encontrar las culatas de un motor que no tuvieron una compresión extremadamente alta y utilizaban pistones superiores.

Las culatas están disponibles en versiones de puertos pequeños estándar y puertos grandes de alto rendimiento. Con una junta del múltiple de admisión, compare el tamaño de los puertos en las culatas y el múltiple de admisión para asegurar una coincidencia. Compare el patrón del perno de montaje del múltiple de admisión al colector/múltiple de escape que intenta utilizar; existen diferentes versiones. Siempre revise cuidadosamente el tamaño de las válvulas, el volumen de la cámara de combustión, el múltiple de admisión y el tipo de bujía y tamaño de puerto al comparar la culata para obtener las correctas. Busque rajaduras y válvulas demasiado asentadas y elimine cualquier culata desgastada o dañada. Cuando sea posible, obtenga las culatas de cilindro de reemplazo en pares correspondientes para asegurar que sean las mismas.

Múltiples de admisión

Existe una gran cantidad de opciones en los múltiples de admisión. La fábrica ofrece carburadores de dos barriles y cuatro barriles, carburadores duales de cuatro barriles, inyección de combustible Rochester (desde 1957 a 1965), inyección de combustible del cuerpo del acelerador e inyección de puerto.

Si está trabajando en un modelo con inyección de combustible o restaurando un vehículo a su condición original, debe obtener una pieza idéntica. No entraremos en detalle sobre los modelos con inyección de combustible o de múltiple carburador, debido a que las opciones son limitadas. Sin embargo, para la mayoría de las aplicaciones que utilizan un solo carburador, varios tipos de múltiples funcionarán de forma satisfactoria.

A pesar de que el patrón del perno es el mismo en todos los años, los modelos mas antiguos tienen un tubo de llenado de combustible; los modelos posteriores tienen tapones de llenado en las tapas de las válvulas. Asegúrese de utilizar la versión correcta.

Para el trabajo de bajo rendimiento, un múltiple de hierro fundido con un carburador de dos barriles será suficiente. Los modelos anteriores tienen carburadores y puertos más pequeños que los modelos posteriores. Además, el estrangulador automático puede estar activado por tubos de múltiple de escape o conductor del estrangulador montados al lado del carburador.

Un múltiple de carburador de cuatro barriles funciona mejor para la mayoría de las aplicaciones. Estas están disponibles con

1.7 Si cambia los múltiples, asegúrese de que existan suministros para todas las conexiones de vacío (flechas).

1.8 Los cigüeñales con sello de aceite principal trasero de dos piezas se asemejan a este visto desde atrás.

suministros de montaje para carburadores Rochester, Holley y Carter. Los modelos anteriores o motores de caballos de fuerza menores pueden utilizar el número de pieza del múltiple 3888886 con un Carter o Holley pequeño de cuatro barriles. Desde 1966 la mayoría de los modelos de cuatro barriles utilizan Rochester Quadrajets o un múltiple con número de pieza 3987361.

Relativamente pocos múltiples de aluminio de cuatro barriles se instalaron en la fábrica. Intercambiar un múltiple de hierro fundido por uno de aluminio es una forma fácil de reducir el peso del extremo delantero de un vehículo.

Para el uso de alto rendimiento en la calle, la alta elevación del aluminio de fábrica es difícil de vencer. Monta un Carter AFB o un Holley de cuatro barriles de brida cuadrada y se coloca debajo del número de pieza 3958627 reemplazando a 3972114.

Siempre compare los tamaños del puerto de las culatas y múltiples sosteniendo una junta hacia arriba para las dos aberturas. Para un rendimiento óptimo, los tamaños deben coincidir. Los puertos más grandes favorecen altas rpm y desplazamientos más grandes. Los puertos pequeños tienden a mejorar el torque de las rpm bajas y la maniobrabilidad.

En los modelos de 1973 y posteriores, busque los suministros de las válvulas de Recirculación de gases de escape (EGR). Siempre compare los múltiples viejos y nuevos para determinar si existe un ajuste de vacío suficiente **(vea la ilustración)**.

Múltiples de escape

La opción de los múltiples de escape es limitada a algunos diseños básicos; ninguno de ellos son excepcionales desde el punto de vista del rendimiento. Varios aficionados los convierten en culatas tubulares si buscan más rendimiento.

En general, los múltiples con forma de "cuerno de carnero" utilizados en los Corvettes anteriores y en los autos de alto rendimiento producen más potencia que los diseños en forma de tronco. Sin embargo, el espacio entre el cuerpo y el bastidor determina qué múltiple de escape se puede usar en una situación dada.

Existen varios tipos de bridas de salida de escape de 2 a 2 1/2 pulgadas de diámetro y que utilizan dos y tres pernos prisioneros. Los elevadores de calor o válvulas EFE, si se utilizan, deben adaptarse al múltiple de forma correcta. Además, las monturas de accesorios y la extensión y el ángulo de la salida de escape deben

coincidir con el motor y el vehículo. Asegúrese de revisar el número de los orificios del perno de montaje de la culata de cilindro al múltiple; estos varían en modelos diferentes.

Cigüeñales

Existe un gran número de diferentes versiones de los cigüeñales Chevy de bloque pequeño. Con los años, se introdujeron varios recorridos diferentes de carrera y diámetros de muñón.

Únicos entre ellos son los modelos 400 c.i.; estos son independientes y no son intercambiables con otros. Además, los cigüeñales 400 están externamente balanceados y deben utilizarse con volantes/platos de transmisión y balanceadores armónicos diseñados para el 400.

El diámetro del muñón fue el mismo en 265, 283, 327 y el anterior 350 hasta 1967. La carrera era la misma en los modelos 265 y 283, pero el 327 tiene un recorrido más extenso. Comenzando en 1968, los diámetros de muñón se incrementaron y estos no se pueden cambiar con modelos anteriores.

Los modelos de alto rendimiento utilizaban cigüeñales forjados con muñones Tuftrided (un tratamiento de endurecimiento especial) y los modelos de menor rendimiento tienen cigüeñales de fundición. Los cigüeñales forjados se pueden utilizar en modelos de menor rendimiento, pero los cigüeñales de fundición no se deben utilizar en los motores de rendimiento de aceleración alta. En general, la versión de rendimiento más nueva o mayor con una carrera dada será la mejor opción.

Comenzando en 1986, el diseño trasero principal del sellador de aceite cambió de un sello de dos piezas a uno de una pieza. La brida de montaje del volante en el cigüeñal también se modificó para ser compatible con este cambio **(vea la ilustración)**. Asegúrese de utilizar todos los componente de un tipo juntos.

Bielas

Existen tres tamaños básicos de bielas de V8 con bloque pequeño. Estas se encuentran en los modelos de 1955 a 1967, 1968 (excepto en el 400 c.i.) y en los de 400 pulgadas cúbicas.

Todos los bloques pequeños, con la excepción de la versión de 400 pulgadas cúbicas, utilizan bielas de la misma longitud. Las varillas en los modelos de 400 c.i. son de 5.565 pulgadas de centro a centro mientras que las otras varillas son de 5.700 pulgadas de centro a centro.

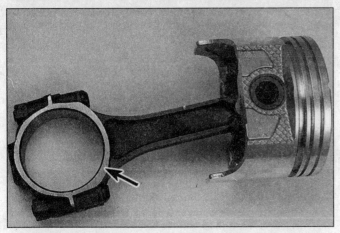

1.9 Esta no es una biela para trabajo pesado; usted se puede dar cuenta comparándola con una para trabajo pesado: no tiene el mismo espesor alrededor del extremo grande (flecha), también, los pernos de la varilla son más pequeños.

Sin embargo, los modelos anteriores a 1968 tienen muñones de cigüeñal de diámetro más pequeño y por lo tanto no son intercambiables con modelos posteriores.

Los motores de alto rendimiento utilizan bielas de trabajo pesado con pernos de diámetro más grandes. Estas se prefieren para el uso en rpm altas. Compare el diámetro alrededor del extremo grande y también el diámetro del perno **(ves la ilustración)**.

Las bielas siempre deben estar instaladas en conjuntos correspondientes del mismo tipo. El balance del motor está afectado por el peso de la varilla y debe verificarse por un taller de maquinado automotriz cada vez que las varillas se reemplacen.

Bloques

Existen varios diseños de bloque de motor diferentes en la familia de bloques pequeños. Excepto por algunos motores diseñados para correr, todos los bloques de almacenaje son fabricados de hierro fundido.

Los modelos 265 anteriores se fundían sin suministro para un filtro de aceite. Estos bloques solo deben utilizarse cuando se desea una restauración auténtica.

Comenzando en 1958, todos los V8 tienen salientes indicadas por fundición en el lateral del bloque para las monturas del motor. Algunos motores también tienen salientes de fundición arriba del área del filtro de aire para el montaje del varillaje del embrague. Estos deben estar presentes en los bloques de reemplazo; no intente perforar una pieza de fundición si no posee salientes de montaje.

En 1959, se modificó el sello de aceite del cigüeñal trasero de un sello de tipo cable a uno de neopreno. Los bloques del motor permanecieron sin cambios hasta 1962. Para 1962, el 327 c.i. se introdujo con un hueco más grande y una carrera más extensa.

Durante 1967 se realizó un 302 combinando un cigüeñal de carrera de tres pulgadas con un hueco de cuatro pulgadas y se creó un 350 con una prueba de carrera en el 327 a 3.48 pulgadas. Para 1968, se introdujo el 307 utilizando la misma carrera que un 327 y el mismo hueco de un 283. Además, el diámetro de los muñones del cigüeñal se incrementó en bloques pequeños. Solo los cigüeñales de muñón grande se pueden instalar en los bloques de modelos posteriores. En cambio, solo los cigüeñales de menor diámetro encajarán en los bloques anteriores.

Uno de los bloques más apreciados es el 350 con tapones de rodamientos principales de cuatro pernos. Esta combinación se encontraba principalmente en los modelos de alto rendimiento con carburadores de cuatro barriles. Estos motores brindan el extremo inferior más fuerte con un desplazamiento de pulgadas cúbicas bastante grande.

Comenzando en 1970, se introdujo una versión 400 c.i. del bloque pequeño ubicuo. Este motor comparte características de diseño básicas con otros bloques pequeños, pero el cigüeñal, varillas, bloque y culatas son únicas en este modelo.

Más tarde, se produjeron dos versiones de menor rendimiento con desplazamiento de 262 y 267 pulgadas cúbicas. Estos motores se diseñaron para emisiones y economía bajas y no son los preferidos de los aficionados.

Comenzando en 1986, el diseño trasero principal del sellador de aceite cambió de un sello de dos piezas a uno de una pieza. Estos bloques de modelo posterior deben tener un retenedor del sello de aceite y utilizar el cigüeñal y volante/plato de transmisión de modelo posterior.

En los modelos de 1987 y posteriores con levantaválvulas de rodillo, el bloque tiene salientes de levantaválvulas extra largos. Estos son los únicos bloques que pueden aceptar los levantaválvulas de rodillo de fábrica.

Existen dos patrones diferentes de pernos de arranque montados en el bloque: rectos y diagonales. Es posible que algunos bloques no posean los orificios necesarios para los pernos de arranque. Estos se pueden perforar e insertar si es que faltan.

La ubicación de la varilla de medición también varía. La mayoría de los motores previos a 1980 tienen una varilla de medición del lado del conductor. Algunos motores tienen un tubo de varilla de medición al otro lado o montado en la bandeja de aceite. Asegúrese de que la ubicación es compatible con su aplicación.

V8 de bloque grande

Los motores Chevrolet de bloque grande están en producción desde 1965. Los primeros fabricados eran las versiones de 396 pulgadas cúbicas. Las versiones de autos posteriores se realizaron en desplazamientos de 402, 427 y 454 pulgadas cúbicas.

Además, las camionetas grandes estaban disponibles con motores V8 de 366 y 427 c.i. que tenían alturas de cubiertas mayores, pistones de cuatro anillos y, en algunos casos, árboles de levas impulsados por engranajes. Sin embargo, varios de los otros componentes en estos motores eran intercambiables con sus equivalentes para autos.

Los diferentes desplazamientos se obtienen combinando varios huecos y carreras en varias combinaciones:

Tabla de desplazamiento

Hueco (pulgadas)	Carrera (pulgadas)	Desplazamiento (pulgadas cúbicas)
3.935	3.76	366
4.094	3.76	396
4.124	3.76	402
4.251	3.76	427
4.251	4.00	454

1.10 Las culatas de las cámaras cerradas tienen más forma de "bañera" que la cámara de combustión.

1.11 Las culatas de las cámaras abiertas tienen más forma de "D" que la cámara de combustión.

Árboles de levas

Las especificaciones del árbol de levas varían de forma considerable entre los diferentes años de los modelos y las versiones de caballos de fuerza. Los árboles de leva hidráulicos, sólidos y de levantaválvulas de rodillo están disponibles para personalizar el motor a una aplicación específica. Los árboles de leva de levantaválvulas de rodillo de fábrica deben utilizarse con bloques originalmente equipados con rodillos. Las especificaciones del árbol de levas deben cumplir con el resto del motor para garantizar el mejor rendimiento, maniobrabilidad, economía y las emisiones más bajas.

En algunos motores de 366 y 427 utilizados en camionetas grandes, el árbol de levas se acciona por engranajes en lugar de una cadena y ruedas dentadas. Los modelos impulsados por engranajes se pueden modificar para utilizarlos con cadenas para permitir el uso de árboles de levas con rectificaciones automotrices. Si esto se realiza, el engranaje impulsado del distribuidor debe modificarse porque las levas impulsadas por engranajes giran en la dirección opuesta.

Generalmente es difícil determinar qué árbol de levas está instalado en un determinado motor usado. Aún después de quitar el árbol de levas, los números de fundición no son confiables para identificar las rectificaciones específicas. A pesar de que los árboles de levas utilizados se pueden instalar en otro motor, si los levantaválvulas se vuelven a instalar en los mismos lóbulos, nosotros recomendamos nuevos árboles de levas y levantaválvulas cuando es necesario el reemplazo. El árbol de levas y el levantaválvulas deben reemplazarse siempre juntos como un conjunto.

Varillas de empuje

La fábrica instaló cinco tipos diferentes de varillas de empuje en los motores Chevrolet de bloque grande. Las diferencias principales entre los diversos tipos son los diseños de la punta y del diámetro. **Nota:** *Las válvulas de admisión y escape utilizan varillas de empuje de diferentes extensiones.*

Las varillas de empuje están disponibles en tres diámetros diferentes: 5/16, 3/8 pulgadas y 7/16 pulgadas. Las varillas de empuje más fuertes y de preferencia son las N.° 3942415 para el escape y la N.° 3942416 para la admisión. Siempre utilice los platos de transmisión correspondientes para las varillas de empuje.

Culatas de cilindros

Existen dos diseños básicos de cámaras de combustión: cámara cerrada y cámara abierta. Las culatas de cámara cerrada, las cuales se utilizaron hasta 1971, pueden identificarse por la forma característica de "bañera" y porque las paredes de la cámara de combustión inclinadas están cerca de las válvulas **(vea la ilustración)**.

Se prefieren las culatas de cámara abierta **(vea la ilustración)** sobre las culatas de la cámara cerrada y se utilizan en todos los motores desde 1972. Estas se pueden identificar por la forma más triangular de la cámara de combustión en la superficie de la junta. Las coronas del pistón deben coincidir con el tipo de cámara de combustión. Si no se cumple esto, puede ocasionar el choque de los pistones con las culatas de cilindro.

Las culatas de cilindro para el Chevy de bloque grande fueron hechas de aluminio y de hierro fundido. Virtualmente todas las culatas de aluminio están diseñadas para el uso de alto rendimiento y son costosas y difíciles de encontrar. Algunas culatas de aluminio tienen orificios adicionales de pernos para obtener mayor sujeción. Siempre compare las juntas con las culatas y el bloque para asegurar la compatibilidad.

Las culatas de hierro fundido están disponibles en versiones de puertos pequeños redondeados estándar y puertos grandes rectangulares de alto rendimiento, con configuraciones de cámara cerrada y abierta y con varios tamaños de válvulas y volúmenes de cámara de combustión. Siempre revise cuidadosamente al comparar las culatas de cilindro para obtener las correctas.

Comenzando con los modelos de 1991, los balancines están instalados con pernos de refuerzo y tapas de válvulas de aluminio fundido que reemplazan las unidades de acero estampado.

Cuando sea posible, obtenga las culatas de cilindro de reemplazo en pares correspondientes para asegurar que sean las mismas.

Múltiples de admisión

Existe una gran cantidad de opciones en los múltiples de admisión. La fábrica ofrece múltiples de carburador de dos barriles, cuatro barriles y tres en dos barriles e inyección de combustible en los modelos posteriores.

Si está trabajando en un modelo con inyección de combustible o restaurando un vehículo a su condición original, debe obtener una pieza idéntica. No entraremos en detalle sobre los modelos con inyección de combustible o de múltiple carburador, debido a que las opciones son limitadas. Sin embargo, para la mayoría de las aplicaciones que utilizan un solo carburador, varios tipos de múltiples funcionarán de forma satisfactoria.

Algunos motores de bajo rendimiento se construyeron con múltiples de hierro fundido y carburadores de dos barriles. Sin embargo, un carburador de cuatro barriles funciona mejor para la mayoría de las aplicaciones. Estas están disponibles con suministros de montaje para carburadores Rochester y Holley. Los motores de caballos de fuerza menores pueden utilizar el número de pieza de múltiple 3977608 con un hueco de extensión de cuatro barriles Holley. Varios modelos de cuatro barriles de rendimiento estándar utilizaron Rochester Quadrajets.

Varios múltiples de aluminio de cuatro barriles buenos se instalaron en la fábrica. Intercambiar un múltiple de hierro fundido por uno de aluminio es una forma fácil de reducir el peso del extremo delantero de un vehículo.

Para el uso de alto rendimiento en la calle, la alta elevación del aluminio de fábrica es difícil de vencer. Monta un Holley de cuatro barriles y se coloca debajo del número de pieza 3947084.

Siempre compare los tamaños del puerto de las culatas y múltiples sosteniendo una junta hacia arriba para las dos aberturas. Para un rendimiento óptimo, los tamaños y las formas deben coincidir. Los puertos más grandes favorecen altas rpm y desplazamientos más grandes. Los puertos pequeños tienden a mejorar el torque de las rpm bajas y la maniobrabilidad.

Los motores de camionetas medianas y para trabajos pesados (366 y 427) con alturas de cubiertas mayores deben utilizar múltiples de camioneta o necesitan espacios para adaptar los múltiples de los autos a las culatas. Estos múltiples de camionetas no se pueden utilizar en los motores de autos.

En los modelos de 1973 y posteriores, busque los suministros de las válvulas de Recirculación de gases de escape (EGR). Siempre compare los múltiples viejos y nuevos para determinar si existe un ajuste de vacío suficiente.

Múltiples de escape

Los múltiples de escape originales tienden a ser restrictivos y limitar la potencia. Los múltiples más eficientes se instalaron en los Corvettes. Sin embargo, el múltiple del Corvette no encajará en la mayoría de otros compartimientos de motor. Busque los múltiples de la versión original de mayores caballos de fuerza disponibles en la combinación de chasis/motor. Varios aficionados convierten las culatas tubulares si buscan más rendimiento de lo que esto puede brindar.

Los elevadores de calor o válvulas EFE, si se utilizan, deben adaptarse al múltiple de forma correcta. Además, las monturas de accesorios y la extensión y el ángulo de la salida de escape deben coincidir con el motor y el vehículo. Asegúrese de revisar estos factores antes de comprar.

Cigüeñales

Los cigüeñales de todos los motores 366, 396, 402 y 427 tienen la misma carrera y son intercambiables. Pero el cigüeñal del 427 está balanceado de forma diferente que los demás, se puede cambiar si el motor se vuelve a balancear.

Los cigüeñales forjados son más fuertes y se prefieren para el uso en trabajos pesados. Los cigüeñales de alto rendimiento son forjados y las versiones de bajo rendimiento son de fundición. Los cigüeñales de fundición tienen una "señal" de línea de partida estrecha y los cigüeñales forjados tienen una línea más amplia (vea la ilustración).

El cigüeñal 454 tiene una carrera más larga que los otros bloques grandes y está extremadamente balanceado. Este cigüeñal (anterior a 1991) se puede utilizar en motores de desplazamiento más pequeños si los pistones de 454 se utilizan junto con el balanceador armónico de 454 y volante del motor/plato de transmisión.

Comenzando con los modelos de 1991, el sello de aceite del cigüeñal trasero de dos piezas se reemplaza con el de una pieza. Esto necesitaba un cambio en la brida del volante del cigüeñal y el diseño del bloque. El cigüeñal de hierro fundido de 1991 y posterior,

el bloque y el volante/plato de transmisión no son intercambiables con modelos anteriores.

Bloques

La gran mayoría de los bloques son de hierro fundido. Solo algunos de los motores de carreras ZL-1 eran de aluminio fundido y la mayoría de estos ahora están en manos de los coleccionistas.

Los motores de desplazamientos más pequeños se pueden perforar y colocar pistones para crear 402, 427 y 454 de las versiones 396. Se debe utilizar el cigüeñal de carrera correcto y se requiere una rectificación menor en el 396 en la parte inferior de algunos cilindros para obtener espacio para la biela.

Se desean tapones de rodamiento principal de cuatro pernos para el uso de trabajo pesado. Tal vez, la forma más fácil de identificar un bloque principal de cuatro pernos sin retirar el colector de aceite es controlar los accesorios del refrigerante de aceite por encima del montaje del filtro de aceite. Si solo existe un orificio, es posible que el motor sea una versión principal de dos pernos. Si existe una tapón de tubo de 1/2 pulgada y un tapón de tubo de 3/4 de pulgadas, es probable que el motor tenga cuatro pernos principales.

Los bloques de motores utilizados en los motores de camionetas grandes de 366 y 427 son 0.4 pulgadas más altos que las versiones para autos. Algunos, pero no todos los bloques de camionetas están marcados como "Camioneta" para identificarlos. La mayoría de las piezas son intercambiables, excepto los pistones, varillas de empuje, ensambles de árbol de levas con engranajes impulsores, múltiples y distribuidores.

Comenzando con los modelos de 1986, el sello de aceite del cigüeñal trasero de dos piezas se reemplaza con el de una pieza. El cigüeñal y el bloque de hierro fundido de 1986 y posteriores no son intercambiables con modelos anteriores.

Compra de piezas

Los fabricantes genéricos producen las piezas del motor comúnmente reemplazadas como los anillos de pistón, pistones, rodamientos, árboles de leva, levantaválvulas, cadenas de sincronización, bombas de aceite y juntas, y los comercios de autopartes minoristas y casas de venta directa las almacenan, generalmente con un descuento por sobre los precios del

1.12 Este es un cigüeñal de hierro fundido: los cigüeñales tienen una "señal" de línea de partida más amplia (A); el número de fundición (B) puede indicarle más sobre el cigüeñal.

departamento de piezas de concesionario. Varios comercios de autopartes y casas de venta directa ofrecen conjuntos de motor completos, frecuentemente con considerables descuentos por sobre las piezas individuales (consulte las *Opciones de reconstrucción* en el Capítulo 3 para obtener más información). No compre las juntas por separado. Un juego de buena calidad de juntas de reacondicionamiento de motor completo (disponible en la mayoría de los comercios de autopartes) le ahorrará dinero y la molestia innecesaria de comprar juntas individuales.

Es posible que los artículos menos reemplazados como los impulsores de las bombas de combustible y ejes del balancín no estén disponibles a través de estos mismos recursos y en este caso su única opción puede ser un departamento de servicio de un concesionario. Tenga en cuenta que quizás algunas piezas deban solicitarse y que puede tardar varios días en recibirlas; solicite las piezas con antelación.

Los desarmaderos son una buena fuente para obtener las piezas principales que por el contrario solo estarían disponibles en un departamento de servicio de su distribuidor (donde el precio seguramente sea elevado). Los bloques de motor, culatas de cilindros, cigüeñales, múltiples, etc. para estos motores generalmente están disponibles a precios razonables. Las personas encargadas de las piezas en los desarmaderos poseen libros sobre las piezas intercambiables que utilizan para identificar rápidamente las piezas de otros modelos y años que coinciden con los de su motor. Si posee una versión de alto rendimiento de un motor, no espere encontrar las piezas de alto rendimiento fácilmente; generalmente los parásitos inteligentes las recogerán rápidamente de los desarmaderos.

Notas

Notas

2 Herramientas y equipos

Un lugar para trabajar

Establezca un lugar para trabajar. Es esencial contar con un área de trabajo especial. No tiene que ser muy grande, pero debe ser seguro, estar limpio, bien iluminado, organizado y equipado adecuadamente para el trabajo. Es cierto que sin un buen taller o garaje, puede seguir manteniendo y reparando motores, incluso si debe trabajar en exteriores. Pero una reconstrucción o las reparaciones importantes deben realizarse en un área cubierta con un techo. Los procedimientos en este manual deben realizarse en un ambiente completamente libre de suciedad, que podría causar desgaste o falla si se ensucia el motor.

El taller

El tamaño, la forma y la ubicación de un taller generalmente se determinan por las circunstancias y no por una elección personal. Cada persona que hace su propia reparación sueña con un lugar espacioso, limpio, bien iluminado, especialmente diseñado y equipado para trabajar con motores pequeños de equipos para césped y jardines, autos y otros vehículos. Sin embargo, la mayoría nos conformamos con un garaje, un sótano o un cobertizo en el patio.

Dedique un tiempo para considerar las ventajas y desventajas de su instalación actual. Hasta un taller bien establecido puede beneficiarse con un diseño inteligente. La falta de espacio es el problema más común, pero puede aumentar el espacio utilizable considerablemente si organiza cuidadosamente las zonas de trabajo y de almacenamiento. Una estrategia es observar cómo lo hacen otros. Pregunte a otros dueños si puede ver sus talleres. Observe cómo están organizadas las áreas de trabajo, almacenamiento e iluminación, luego trate de adaptar sus soluciones para el espacio, finanzas y necesidades de su taller.

Requisitos generales del taller

Un piso sólido de concreto es la mejor superficie para un taller. El piso debe ser uniforme, liso y seco. Una capa de pintura o un sellador para superficies de concreto facilitará la limpieza de derrames de aceite y suciedad, y a disminuir el polvo, que siempre es un problema en superficies de concreto.

Pinte las paredes y el techo de blanco para obtener máximo reflejo. Utilice esmalte brillante o semibrillante. Se puede lavar y es reflectivo. Si su taller tiene ventanas, ubique los bancos de trabajo para aprovecharlas. Las claraboyas son mejores. No puede tener mucha luz natural. La luz artificial también es buena pero necesitará mucha para igualar la luz del día.

Asegúrese de que el lugar tenga la ventilación adecuada. Esto es importante durante los meses de invierno para evitar problemas de condensación. Esto es muy importante para la seguridad en lugares donde se utilizan solventes, gasolina o líquidos volátiles. Debe abrir una o más ventanas para obtener ventilación. Además, es conveniente abrir ventilaciones en las paredes.

Electricidad e iluminación

La electricidad es fundamental en un taller. Es relativamente fácil de instalar si el taller forma parte de la casa; pero puede volverse complicado y costoso si desea instalar electricidad y el taller está separado de la casa. La seguridad debe ser el aspecto principal a considerar al abordar el tema de la electricidad: a menos que tenga un muy buen conocimiento operativo de instalaciones eléctricas, contrate a un electricista para que haga las tareas necesarias para proporcionarle la alimentación y la iluminación a su taller.

Considere la demanda total de electricidad que tendrá en el taller, previendo posibles futuras incorporaciones de luces y equipos. No remplace un cableado reglamentario y seguro por cables alargadores. Si el cableado no es adecuado, o es de calidad inferior, mejórelo.

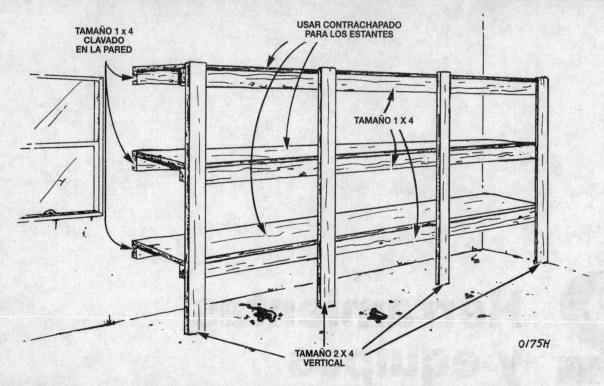

TAMAÑO 1 x 4
CLAVADO
EN LA PARED

USAR CONTRACHAPADO
PARA LOS ESTANTES

TAMAÑO 1 X 4

TAMAÑO 2 X 4
VERTICAL

0175H

2.1 Los estantes de madera caseros son relativamente poco costosos para construir y se los puede diseñar para que se adapten al espacio disponible, pero tanta madera supone un peligro de incendio.

Analice cuidadosamente la iluminación de taller. Un par de bombillas incandescentes de 150 vatios o dos tubos fluorescentes de 48 pulgadas de largo y 40 vatios de potencia colgando a unas 48 pulgadas del banco de trabajo son lo mínimo que puede instalar. Como regla general, las luces fluorescentes probablemente sean la mejor opción. Su luz es brillante, pareja, no forma sombras y es relativamente económica, aunque a algunos los tiene sin cuidado ese reflejo azulino que le dan a todo lo que iluminan. La solución habitual es una combinación de accesorios fluorescentes e incandescentes.

La posición de las luces es importante. No coloque un accesorio directamente sobre el área donde se ubica el motor o el soporte donde se coloca el motor. Se generarían sombras, incluso con las luces fluorescentes. Coloque las luces ligeramente hacia la parte trasera o a cada costado del banco de trabajo o soporte del motor, para que la iluminación no proyecte sombras. Una luz de emergencia portátil resulta muy útil cuando las luces en el techo no sirven. Si hay gasolina, solventes u otros líquidos inflamables (lo que suele ser bastante común en un taller), utilice accesorios especiales para minimizar los riesgos de incendio. No use luces fluorescentes sobre las herramientas de maquinaria (como un taladro de columna). El parpadeo que genera la corriente alterna es especialmente marcado con este tipo de luces y puede hacer que un portabrocas en rotación parezca estático a cierta velocidad, lo cual supone una situación muy peligrosa.

Almacenamiento y estanterías

Una vez desarmado, el motor ocupa más espacio del que se imagina. Establezca un área de almacenamiento organizada para no perder piezas. También necesitará espacio para herramientas, lubricantes, solventes, trapos y equipos.

Si el espacio y su economía lo permiten, coloque estanterías de metal en las paredes. Organice las estanterías para que tengan mucho espacio cerca de la parte inferior para colocar elementos grandes o pesados. Las unidades de estantería de metal son costosas, pero se aprovecha mejor el espacio disponible. El paso del estante se puede ajustar en la mayoría de las unidades.

Generalmente, las estanterías de madera **(vea la ilustración)** son la solución de almacenamiento más económica. Pero no solo deben armarse, hay que construirlas. Deben ser más robustas que las estanterías de metal para soportar el mismo peso, no se pueden ajustar de forma vertical y no se pueden desarmar ni trasladar si se muda. Además, la madera absorbe el aceite y otros líquidos, y obviamente significan un mayor riesgo de incendio.

Almacene las piezas pequeñas en cajones o recipientes de plástico montados en estantes de metal fijados a la pared. Están disponibles en las tiendas de herramientas, de madera y para el hogar. Los recipientes se presentan en varios tamaños y generalmente tienen ranuras para etiquetas.

Todas las clases de contenedores son útiles en un taller. Los frascos de vidrio son útiles para almacenar sujetadores, pero se rompen fácilmente. Las cajas de cartón son adecuadas para un uso temporal, pero si se humedecen, las partes inferiores se debilitan y se rompen si almacena piezas pesadas o engrasadas. Los contenedores de plástico se presentan en varios tamaños y colores para identificarlos fácilmente. Las cajas para huevos son excelentes organizadores para piezas pequeñas como resortes de válvula, retenedores y sujetadores. Los envases de helado grandes se pueden usar para reunir las piezas pequeñas. Consiga los que tienen tapas a presión. Las ollas viejas de metal para tortas, pan y los moldes para panecillos son buenos contenedores para almacenar piezas pequeñas.

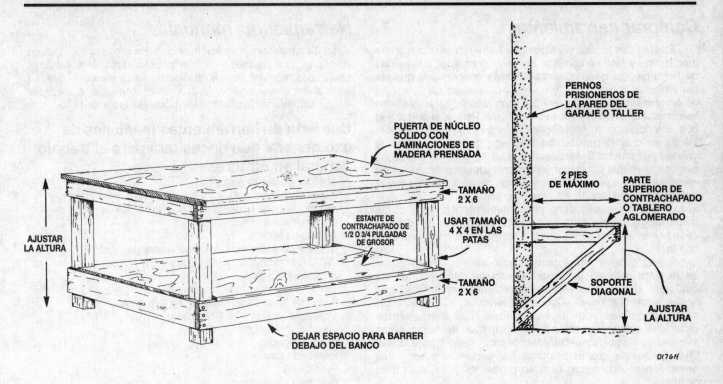

PUERTA DE NÚCLEO SÓLIDO CON LAMINACIONES DE MADERA PRENSADA

TAMAÑO 2 X 6

ESTANTE DE CONTRACHAPADO DE 1/2 O 3/4 PULGADAS DE GROSOR

USAR TAMAÑO 4 X 4 EN LAS PATAS

AJUSTAR LA ALTURA

TAMAÑO 2 X 6

DEJAR ESPACIO PARA BARRER DEBAJO DEL BANCO

PERNOS PRISIONEROS DE LA PARED DEL GARAJE O TALLER

2 PIES DE MÁXIMO

PARTE SUPERIOR DE CONTRACHAPADO O TABLERO AGLOMERADO

SOPORTE DIAGONAL

AJUSTAR LA ALTURA

D176H

2.2 Usted puede construir un banco de trabajo robusto y resistente con 4 X 4, 2 X 6 y una puerta maciza con laminados de madera prensada o construir un banco utilizando la pared como miembro integral como se muestra aquí.

Bancos de trabajo

Un banco de trabajo es esencial: proporciona un lugar para exponer las piezas y las herramientas durante los procedimientos de reparación, y es más cómodo que trabajar en el piso o en la calle. El banco debe ser tan grande y resistente como el espacio y la economía lo permitan. Si el costo no es un problema, compre bancos industriales de metal. Son más caros que los bancos de diseño propio, pero son más fuertes, más fáciles de armar, y si se muda, se pueden desarmar rápidamente y se los puede llevar. También están disponibles en varias longitudes, para que pueda comprar el tamaño exacto para el espacio en una pared.

Si los bancos de metal no están en el presupuesto, fabrique un marco del banco de ángulo de hierro ranurado o abeto de Douglas (utilice de 2 x 6 en vez de 2 x 4) **(vea la ilustración)**. Corte las partes del marco al tamaño requerido y ajústelas con tornillos de cabeza redonda. Una puerta sólida de 30 o 36 por 80 pulgadas con superficies duras puede ser una buena parte superior del banco. Y la puede dar vuelta cuando se desgaste de un lado.

¿Una solución aún más económica y más rápida? Puede armar un banco instalando las partes del marco superior del banco en la pared con soportes angulados y puede utilizar los travesaños de pared como parte del armazón.

Independientemente del tipo de marco que decida utilizar para el banco de trabajo, asegúrese ubicar la parte superior del banco a una altura de trabajo cómoda y que todo esté nivelado. Las estanterías instaladas debajo del banco lo harán más rígido y proporcionarán espacio de almacenamiento útil.

Herramientas y equipos

Para algunos mecánicos domésticos, la idea de utilizar la herramienta correcta es completamente extraña. Enfrentarán alegremente los procedimientos de reacondicionamiento complejos solo con un juego de llaves de extremos abiertos del tipo equivocado, un destornillador con una punta desgastada, un martillo grande y una llave ajustable. Aunque generalmente lo logran, esta actitud arrogante es imprudente y peligrosa. Puede ocasionar consecuencias menores como sujetadores estropeados o en consecuencias catastróficas, como hacer explotar un motor. También puede resultar en lesiones graves.

Una gama completa de buenas herramientas es fundamental para una persona que planea reconstruir motores. Si todavía no tiene todas las herramientas que se enumeran a continuación, la inversión inicial puede ser grande, pero comparada con los costos en aumento de las reparaciones y mantenimiento de rutina, es negocio. Además, puede utilizar muchas de las herramientas de la casa para otros tipos de reparaciones mecánicas. Incluimos una lista de las herramientas que necesitará y una descripción detallada de lo que tiene que buscar cuando compra herramientas y cómo usarlas correctamente. También incluimos una lista de las herramientas especiales de fábrica que necesitará para la reconstrucción de motores.

Comprar herramientas

Existen dos formas para comprar herramientas. La manera más rápida y fácil es comprar un juego completo. Los juegos de herramientas generalmente son más económicos que las herramientas individuales, y a veces, se venden con una caja de herramientas. Cuando compra esos juegos, a veces tienen herramientas que no necesita o no quiere. Pero si el precio y la conveniencia son su preocupación, esta es la mejor solución. Tenga en cuenta que tendrá un juego de herramientas de calidad por mucho tiempo (quizás para el resto de sus días), por eso, verifique las herramientas cuidadosamente; tampoco escatime mucho el precio. Comprar las herramientas de forma individual es generalmente una solución más costosa y que lleva mucho tiempo, pero probablemente encontrará las herramientas que necesita y quiere. También puede seleccionar cada herramienta según la calidad necesaria para la manera en que la utiliza.

Puede obtener la mayoría de las herramientas manuales de nuestra lista en el departamento de herramientas de cualquier tienda que venda herramientas manuales. Las herramientas Blackhawk, Cornwall, Craftsman, KD, Proto y SK son económicas y de buena calidad. Las herramientas especiales están disponibles en las compañías de herramientas mecánicas como Snap-On, Mac, Matco, Kent-Moore, Lisle, OTC, Owatonna, etc. Estas compañías también proveen otras herramientas que necesita pero probablemente sean más costosas.

También, compre herramientas de segunda en ventas en garajes o en ventas de herramientas usadas. No tendrá todos los tamaños, pero a veces puede comprar según las condiciones de las herramientas. Puede terminar con muchas herramientas duplicadas y que no necesita, pero es una forma económica de armar un juego de herramientas básico, y siempre podrá venderlas más tarde.

Hasta que sepa reconocer los niveles de calidad de herramientas, evite los pedidos por correo electrónico de empresas (excepto Sears y otros proveedores de marcas), mercados de pulga y canjes. Algunos ofrecen buena relación precio calidad, pero muchos venden herramientas económicas importadas de dudosa calidad. Como otros productos falsos en el Lejano Oriente, estas herramientas abarcan una variedad desde aceptable a inservible.

Si no está seguro sobre el uso que le dará a una herramienta, puede serle útil el siguiente abordaje. Por ejemplo, si necesita el juego de llaves pero no está seguro de qué tamaños utilizará más, compre un juego económico o de precio medio (asegúrese de que las mordazas calcen en los tamaños de sujetador que traen marcados). Después de un uso durante cierto tiempo, examine detenidamente cada herramienta en el juego para evaluar su condición. Si todas las herramientas se adaptan bien y no están dañadas, no se preocupe por comprar un juego mejor. Si algunas están desgastadas, remplácelas por elementos de alta calidad, de esta manera tendrá herramientas de buena calidad para lo que necesita con más frecuencia y las más económicas serán suficientes para un uso ocasional. En raras ocasiones, es posible que todo el juego le resulte de baja calidad. Si es así, compre un juego mejor, si es necesario, y recuerde no volver a comprar esa marca.

En resumen, evite las herramientas económicas, especialmente cuando está comprando elementos de gran uso como destornilladores, llaves y dados. Las herramientas baratas no duran. Los costos iniciales más el gasto adicional de reparación excederán el costo inicial de las herramientas de mejor calidad.

Herramientas manuales

Nota: *La siguiente información es para los motores de modelos anteriores con tamaños de sujetadores estándar solamente. En algunos modelos nuevos, necesitará llaves métricas, dados y llaves Allen. Generalmente, los fabricantes comenzaron a integrar los sujetadores métricos en sus vehículos alrededor de 1975.*

Una lista de herramientas manuales de uso general que necesitará para el trabajo general en motores

Llave ajustable: 10 pulgadas
Juego de llave Allen (1/8 a 3/8 pulgadas o 4 mm a 10 mm)
Martillo de bola: 12 onzas (o cualquier martillo común)
Llaves de extremos cuadrados
Martillo de latón
Cepillos (de varios tamaños, para limpiar pasajes)
Tenazas combinadas (junta deslizante): 6 pulgadas
Punzón centrado
Cinceles cortafrío: 14 y 1/2 pulgadas
Juego de llaves combinadas (1/4 a 1 pulgada)
Prolongador: 1, 6, 10 y 12 pulgadas
Juego E-Z (extractor de tornillos)
Juego de galgas
Limas (variadas)
Gato de piso
Raspador de juntas
Sierra de mecánico y variedad de hojas
Destornillador de impacto y brocas
Tenazas de sujeción
Micrómetros (una pulgada)
Destornillador Phillips (n.° 2 de 6 pulgadas)
Destornillador Phillips (n.° 3 de 8 pulgadas)
Destornillador Phillips (corto - n.° 2)
Punzón pasador (1/16, 1/8, 3/16 pulgadas)
Herramienta de extracción e instalación del anillo del pistón
Tenazas: napoleón
Tenazas: punta fina
Tenazas: anillo de resorte (interno y externo)
Tenazas: alicate de sujeción
Tenazas: cortadores diagonales
Trinquete (reversible)
Raspador (hecho de tubo de cobre liso)
Trazador
Juego de datos (6 puntos)
Martillo de superficie blanda
  (de plástico o goma, el más grande que pueda comprar)
Llave para bujías (con inserto de caucho)
Herramienta de ajuste de luz de bujías
Destornillador estándar (1/4 x 6 pulgadas)
Destornillador estándar (5/16 x 6 pulgadas)
Destornillador estándar (3/8 x 10 pulgadas)
Destornillador estándar (corto - 5/16 pulgadas)
Regla de metal: 6 pulgadas
Regla: 12 pulgadas
Juego de roscador y matriz
Indicador de rosca
Llave de torsión
  (mismo tamaño de llave dinamométrica que los dados)
Dados Torx
Juntas universales
Cepillo de alambre (grande)
Tenazas para corte de cables

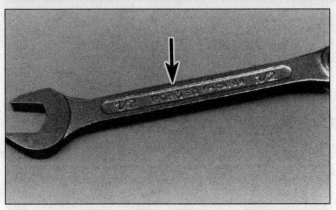

2.3 Una forma rápida de determinar si se está ante una llave de calidad es leer la información impresa en el mango, si dice "cromo vanadio" o "forjada" está hecha del material correcto.

2.4 El tamaño grabado en la llave indica la distancia a través de la tuerca o la cabeza del tornillo (o la distancia entre las mordazas de la llave) en pulgadas, no el diámetro de las roscas en el ajustador.

Qué observar cuando se compran herramientas manuales y de uso general
Llaves y dados

Las llaves varían mucho en la calidad. Una indicación del costo es la calidad: a mayor costo, más calidad. Obtenga las mejores llaves que pueda comprar. Las utilizará la mayor parte del tiempo.

Comience con un juego de llaves contenedoras de 1/4 a 1 pulgada. El tamaño, estampado en la llave **(vea la ilustración)**, indica la distancia entre la cabeza de la tuerca o tornillo, o la distancia entre la boca de la llave, no el diámetro de las roscas en el sujetador, en pulgadas. Por ejemplo, un tornillo de 1/4 pulgadas generalmente tiene una cabeza hexagonal de 7/16 pulgadas, el tamaño de la llave necesaria para aflojar o apretarlo. Sin embargo, la relación entre el diámetro de rosca y el tamaño hexagonal no siempre es el mismo. En algunos casos, se puede utilizar un hexagonal pequeño inusual para no apretar demasiado o porque el espacio alrededor de la cabeza del sujetador es limitado. En cambio, algunos sujetadores tienen una cabeza hexagonal grande desproporcionada.

Las llaves son muy parecidas, por eso el nivel de calidad puede resultar difícil de comprobar solo con mirarlas. Algunas son de oferta, y algunas son herramientas costosas de marcas reconocidas. Por otra parte, puede comprar un juego de llaves con un valor razonable solo para descubrir que se adaptan muy mal o que el acero es de mala calidad.

Con un poco de experiencia, es posible reconocer la calidad de una herramienta al mirarla. Generalmente, puede encontrar la marca antes y tener una buena idea de la calidad. Una inspección minuciosa de la herramienta puede revelar algunas pistas sobre la calidad. Las herramientas con prestigio generalmente están pulidas y cromadas en su superficie, con las caras de trabajo para el tamaño. El pulido final es solo estético, pero de esta forma, es más fácil limpiarlas. Las mordazas pulidas indican que la herramienta se adaptará bien a los sujetadores.

Es muy importante comparar una llave de alta calidad con una igual pero económica. La mejor herramienta está fabricada con el material de mejor calidad, usualmente con una aleación de acero, vanadio y cromo forjado **(vea la ilustración)**. Esto, junto al cuidadoso diseño, permite conservar la herramienta lo más pequeña y compacta posible. Si, al comparar, la herramienta económica es más fina y más pesada, especialmente las mordazas, es porque se necesita más material para compensar su baja calidad. Si la herramienta se adapta correctamente, no significa que sea mala.

Es, después de todo, más económica. Pero en situaciones donde es necesario trabajar en una zona limitada, la herramienta más económica será muy gruesa para adaptarse.

Llaves de extremos abiertos

Debido a su versatilidad, la llave de extremo abierto es el tipo más común de llave. Tiene una mordaza en cada extremo, conectadas con una sección plana para sujetarla. Las mordazas varían en tamaño, o tamaños superpuestos entre las llaves consecutivas en un juego. Esto permite utilizar una llave para sujetar la cabeza del tornillo, mientras una de tamaño similar saca la tuerca. Un juego de llaves de tamaño fraccional típico debe tener los siguientes tamaños de mordazas: 1/4 x 5/16, 3/8 x 7/16, 1/2 x 9/16, 9/16 x 5/8 y así, sucesivamente.

Normalmente, el extremo de la mordaza establece un ángulo para agarrar, una característica que las hace muy útiles en espacios limitados; gire la tuerca o tornillo tanto como lo permita la obstrucción, luego gire la llave para poner las caras de la mordaza en la otra dirección; es posible mover un sujetador en una fracción de una vuelta por vez (vea la ilustración). La longitud del mango es generalmente determinada por el tamaño de la mordaza y se calcula para ajustar con la mano una tuerca o tornillo lo suficiente con un riesgo mínimo de rotura o daño de tuerca (aunque no aplica a materiales blandos como latón o aluminio).

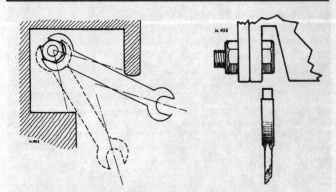

2.5 Las llaves fijas pueden hacer muchas cosas que otras llaves no pueden, por ejemplo, se pueden utilizar en cabezas de tornillos con poco espacio disponible (arriba) y pueden ser utilizadas en espacios reducidos donde hay poco espacio para hacer girar una llave al cambiar la llave de posición cada unos cuantos grados de rotación.

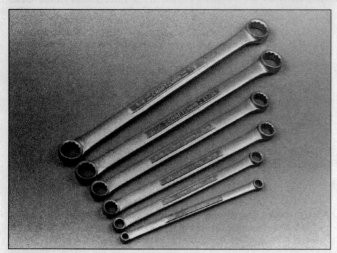

2.6 Las llaves de estrías tienen una abertura con forma de anillo en cada punta, cuando el espacio lo permite, ofrecen la mejor combinación de "agarre" y fuerza.

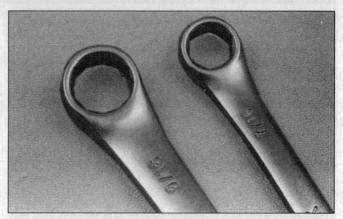

2.7 Las llaves de estrías vienen con aberturas de 12 (izquierda) y 6 puntas (derecha); aunque el diseño de 12 puntas ofrece dos veces mayor cantidad de posiciones, adquiera la de 6 puntas primero, tiene menos posibilidades de desencajarse de las esquinas de una tuerca o cabeza de perno.

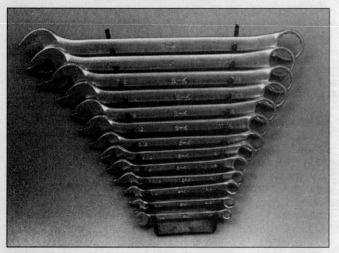

2.8 Compre un set de llaves combinadas desde 1/4 a 1 pulgada.

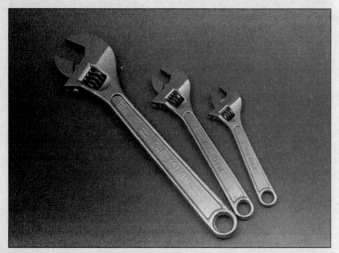

2.9 Las llaves ajustables pueden manipular una variedad de tamaños de sujetadores, no son tan buenas como las llaves de un solo tamaño, pero son prácticas para aflojar y ajustar esos sujetadores de tamaños singulares para los que todavía no compró la llave correcta.

Las llaves de extremo abierto comunes se venden en juegos y es muy raro comprarlas individualmente, a menos que sea para remplazar una herramienta perdida o rota de un juego. Las herramientas simples invariablemente cuestan más, por eso, revise los tamaños que necesita regularmente y compre el mejor juego de llaves en esa gama de tamaños. Si el presupuesto es limitado, recuerde que utilizará más las llaves de extremos abiertos que cualquier otro tipo. Es una buena idea comprar un buen juego y cortar el presupuesto en otro lado.

Llaves de extremos cuadrados

Las llaves de extremos cuadraros **(vea la ilustración)** tienen extremos en forma de anillo con una abertura de 6 puntos (hexagonal) o 12 puntos (doble hexagonal) **(vea la ilustración)**. Esto permite que la herramienta se adapte a un sujetador hexagonal con intervalos de 15 (12 puntos) o 30 grados (6 puntos). Normalmente, cada herramienta tiene dos extremos con tamaños diferentes, lo que permite tener un rango superpuesto de tamaños en un juego, como se describió para las llaves de extremos abiertos.

Aunque disponible como las herramientas planas, el mango normalmente está desviado en cada extremo para permitir que despeje obstrucciones cerca del sujetador, que es normalmente una ventaja. Además de las llaves de longitud normal, también es posible comprar tipos de mango largo para hacer más palanca (muy útil cuando trata de aflojar tuercas oxidadas o pegadas). Sin embargo, es fácil cortar los sujetadores si no tiene cuidado, y a veces la longitud extra impide el acceso.

Como las llaves de extremos abiertos, las de extremos cuadrados están disponibles en varias calidades, que se indican por la terminación y la cantidad de metal alrededor de los extremos en forma de anillo. Se debe aplicar el mismo criterio para seleccionar el juego de llaves de extremos cuadraros, pero si el presupuesto es limitado, compre las llaves de extremos abiertos de mejor calidad y un juego de llaves de extremos cuadrados más económico.

Llaves combinadas

Estas llaves **(vea la ilustración)** combinan una llave de extremo cuadrado y una de extremo abierto del mismo tamaño en una herramienta y ofrecen muchas de las ventajas de ambas. Como las demás, están disponibles en juegos y probablemente es

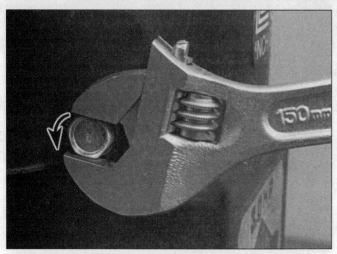

2.10 Cuando utilice una llave ajustable, asegúrese de que la mordaza móvil apunte en la dirección a la que se está girando la llave (flecha) para que la llave no se deforme ni se deslice de la cabeza del sujetador.

2.11 Un set típico de trinquete y dados incluye un trinquete, un juego de dados, una extensión larga y una corta, una junta universal y un dado para bujía.

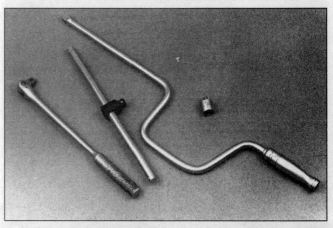

2.12 Hay muchos accesorios más para trinquetes: de izquierda a derecha, un mango deslizante T, una manivela para trabajo rápido y un adaptador de 3/8 a 1/4 pulgadas.

una mejor opción que las de extremos cuadrados. Generalmente son herramientas compactas, con mango corto y se adaptan muy bien a los espacios pequeños donde el acceso es limitado.

Llaves ajustables

Las llaves ajustables **(vea la ilustración)** vienen en una variedad de tamaños. Cada tamaño puede soportar un rango de tamaño de sujetadores. Las llaves ajustables no son tan eficaces como las herramientas de un tamaño y pueden dañar los sujetadores con facilidad. Sin embargo, pueden ser una importante incorporación a cualquier kit de herramientas, si se usa con discreción. **Nota:** *Si fija la llave al sujetador con la mordaza móvil apuntando en la dirección de la rotación de la llave* **(vea la ilustración)**, *es menos probable que una llave ajustable se deslice y dañe la cabeza del sujetador.*

La llave ajustable más común es la de extremos abiertos con un juego de mordazas paralelas que pueden ajustarse para adaptarse a la cabeza del sujetador. La mayoría son controladas por un vástago roscado, aunque hay varias versiones accionadas por resorte y leva disponibles. No compre herramientas grandes de este tipo; serán muy pocas las veces que encontrará suficiente espacio para usarlas.

Juegos de dados y trinquete

Las llaves de dados **(vea la ilustración)** son muy versátiles. Además de los dados, existen otros accesorios intercambiables: extensiones, accionadores en U, adaptadores de retención, brocas de destornillador, brocas Allen, patas de gallo, etc. Compre dados de seis puntos: es menos probable que se deslicen y desmonten los tornillos y tuercas. No compre dados con paredes más gruesas; pueden ser más fuertes pero son difíciles de usar en sujetadores en huecos o en lugares apretados.

Compre un accionador de 3/8 pulgadas para trabajar en la parte exterior del motor. Es el que usará la mayoría de las veces. Consiga un accionador de 1/2 pulgadas para trabajos de reacondicionamiento. Aunque la llave más grande es pesada y cuesta más, tiene la capacidad de aceptar una mayor variedad de dados grandes. Luego, obtenga un accionador de 1/4 pulgadas para tareas pequeñas como trabajos en el carburador o la ignición.

Los dados intercambiables son cilindros de aleación de acero forjado con un hexagonal o doble hexagonal dentro de un extremo. El otro extremo se forma dentro de la cavidad cuadrada que se acopla sobre el extremo cuadrado correspondiente de varias herramientas de dados.

Los dados están disponibles en los tamaños 1/4, 3/8, 1/2 y 3/4 pulgadas. Un juego de accionador de 3/8 pulgadas es el más usado para las reparaciones de motor, aunque se necesiten ocasionalmente dados de 1/4 pulgadas y accesorios.

La forma más económica de obtener los dados es comprando un juego. Como siempre, la calidad controla el costo de las herramientas. Una vez más, se aconseja el enfoque "comprar lo mejor" cuando se seleccionan dados. Mientras es una buena idea, ya que el resultado final es un juego de herramientas de calidad que pueden durar para siempre, el costo es tan elevado que es difícil justificar el gasto para uso doméstico.

En cuanto a accesorios, necesitará un trinquete, una extensión como mínimo (compre uno de 3 a 6 pulgadas), una llave para bujías y un mango en T o una barra articulada. Otros elementos convenientes, pero menos necesarios, son un mango rápido, juntas universales, extensiones de varias longitudes y adaptadores para diferentes tamaños de accionadores **(vea la ilustración)**. Algunos juegos que encuentre pueden combinar los tamaños de los accionadores; vale la pena tenerlos si encuentra el juego correcto a buen precio, pero evite tentarse por la cantidad de piezas.

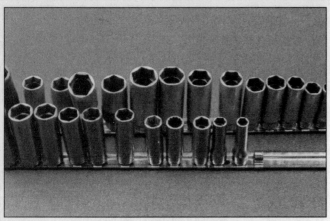

2.13 Los dados largos le permiten aflojar o ajustar un fijador alargado o llegar a una tuerca con un perno largo sobresaliendo de ella.

2.14 Brocas Standard y Phillips, los destornilladores punta Allen y Torx expandirán la versatilidad de su trinquete y las extensiones aún más.

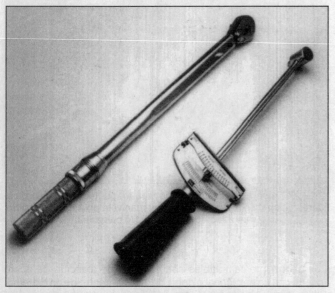

2.15 Las llaves de torsión (de tipo salto a la izquierda, de tipo reloj a la derecha) son la única solución para ajustar de manera adecuada sujetadores críticos como pernos de la biela, pernos de la culata del cilindro, etc.

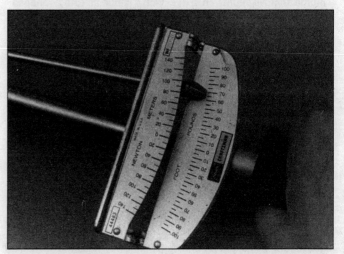

2.16 La llave de torsión de tipo barra flexible deflectora es económica y fácil de usar: simplemente ajuste el sujetador hasta que el puntero apunte hacia la configuración de torsión especificada.

Sobre todo, asegúrese de ignorar cualquier etiqueta que diga "Juego de dados de 86 piezas", que se refiere a la cantidad de piezas, no a la cantidad de dados (¡a veces se cuentan la caja de metal y el inserto de plástico en el total!).

Además de los nombre de marcas conocidas y respetadas, tendrá que arriesgarse con la calidad del juego que compre. Si conoce a alguien que tiene un juego que funcionó bien, trate de encontrar la misma marca, si es posible. Tome un puñado de tuercas y tornillos y verifique si se adaptan en alguno de los dados. Revise el funcionamiento del trinquete. Los buenos funcionan sin problemas y de manera concisa en pasos pequeños; los económicos son gruesos y rígidos. Una buena forma para averiguar la calidad del resto de las piezas.

Una de las mejores características de un juego de dados es la capacidad integrada para expansión. Una vez que tiene el juego básico, puede comprar dados adicionales cuando sea necesario y remplazar las herramientas desgastadas o dañadas. Existen dados de profundidad especiales para alcanzar los sujetadores en cavidades o para permitir que el dado se adapte sobre el tornillo o perno que sobresale **(vea la ilustración)**. También puede comprar un destornillador, brocas Allen y Torx para adaptar varias herramientas (pueden ser muy prácticas para algunas aplicaciones) **(vea la ilustración)**. Muchos juegos de dados incluyen un dado de profundidad especial para las bujías de 14 milímetros. Tienen insertos de caucho para proteger el aislante de porcelana de la bujía y mantener la bujía en el dado para evitar que se queme los dedos.

Llaves de torsión

Las llaves de torsión **(vea la ilustración)** son esenciales para apretar sujetadores importantes como los pernos de la biela, los pernos de la tapa del rodamiento principal, los pernos del cabezal, etc. Realizar un reacondicionamiento del motor sin una llave de torsión seguramente generará pérdidas de aceite, distorsión de la culata del cilindro, roscas dañadas o consecuencias peores.

Hay dos tipos más comunes de llave de torsión, la de tipo "barra flexible", que indica la carga de apriete desviando un eje flexible y el tipo "clic" **(ver ilustraciones)**, que emite un clic cuando la resistencia de apriete alcanza la resistencia específica.

Las llaves de torsión están disponibles en varios tamaños y

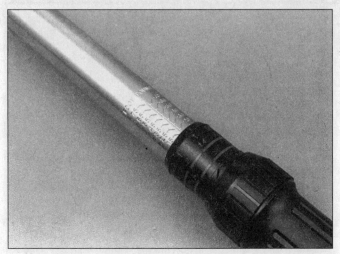

2.17 Las llaves de torsión de tipo clic pueden programarse para dar un par de presión previo, lo que las hace muy adecuadas y fáciles de usar.

2.18 El destornillador de impacto convierte un golpe seco en un movimiento de giro, esto es un agregado de utilidad a su arsenal de dados para aquellos sujetadores que no se aflojan. Lo puede utilizar con cualquier broca que encaje en un destornillador de trinquete de 3/8 pulgadas.

2.19 Trate de utilizar una llave (o dado) estriada de 6 puntas cada vez que sea posible, su forma es igual a la del ajustador, lo que significa máximo agarre y menos resbale.

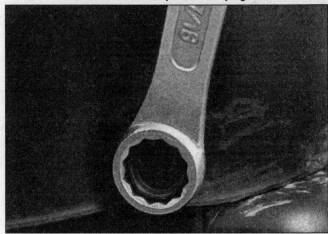

2.20 Algunas veces una herramienta de 6 puntas no le ofrece ningún agarre cuando coloca la llave en el ángulo donde tiene que estar para ajustar o desajustar el ajustador. Cuando esto suceda, utilice llaves o dados de 12 puntas, pero recuerde: son mucho más propensas a arrancar las esquinas del ajustador.

rangos de apriete para aplicaciones particulares. Para reconstruir un motor, de 0 a 150 ft-lb debería ser adecuado. Tenga en cuenta que los tipos "clic" generalmente son más precisos (y más costosos).

Destornillador de impacto

El destornillador de impacto **(vea la ilustración)** pertenece al grupo de los destornilladores, pero se menciona aquí, ya que también se puede utilizar con dados (los destornilladores de impacto generalmente son accionadores cuadrados de 3/8 pulgadas). Como se explica más adelante, un destornillador de impacto funciona convirtiendo el golpe de un martillo en el extremo de su mando en un movimiento giratorio filoso. Mientras esta es una buena forma para aflojar sujetadores, las cargas impuestas en el dado son excesivas. Use los dados con discreción y deberá remplazar los dañados en algunas ocasiones.

Uso de llaves y dados

Aunque cree que conoce el uso correcto de las herramientas, vale la pena pensarlo. Después de todo, ¿cuándo fue la última vez que vio instrucciones de uso en un juego de llaves?

¿Qué llave?

Antes de comenzar a desarmar un motor, descubra las mejores herramientas para el trabajo; en esta instancia la mejor llave para un sujetador de cabeza hexagonal. Siéntese con varias tuercas y tornillos y observe cómo varias herramientas se adaptan a las cabezas de los tornillos.

Una regla de oro es elegir una herramienta que haga contacto con el área más grande de la cabeza hexagonal. Esto distribuye la carga lo más uniforme posible y disminuye el riesgo de daño. La forma que más se asemeja a la cabeza del perno o tuerca es otra forma hexagonal, por lo cual un dado de seis puntos o una llave de extremo cuadrado generalmente son las mejores opciones **(vea la ilustración)**. Muchos dados y llaves de extremos cuadrados tienen aberturas doble hexagonal (12 puntos). Si desliza una llave de extremo cuadrado de 12 puntos sobre una tuerca, observe cómo y dónde hacen contacto. Las esquinas de la tuerca se acoplan a cada punto de la llave. Cuando se gira la llave, se aplica presión uniforme en cada una de las seis esquinas **(vea la ilustración)**. Esto es correcto, salvo que la cabeza del sujetador esté redondeada. Si es así, las esquinas estarán dañadas y la llave deslizará. Si encuentra una cabeza de tornillo dañada o una tuerca, use una llave de 6 puntos o un dado, si es posible. Si no tiene una del tamaño correcto, elija una llave que se adapte firmemente y proceda con cuidado.

Si desliza una llave de extremo abierto sobre un sujetador de cabeza hexagonal, verá que la herramienta está en contacto con las dos caras únicamente **(vea la ilustración)**. Esto es aceptable si la herramienta y el sujetador están en buenas condiciones. La necesidad de una adaptación apretada entre la llave y la tuera o tornillo explica la recomendación de comprar llaves de extremos abiertos de buena calidad. Si las mordazas de la llave, la cabeza del perno o ambas están dañadas, es probable que la llave se deslice, redondee o distorsione la cabeza. En algunas aplicaciones, una llave de extremo abierto es la única opción debido al acceso limitado, pero siempre revise la adaptación de la llave en el sujetador antes de intentar aflojarlo. Si es difícil acceder con una llave, piense cómo será retirarlo si la cabeza está dañada.

La última opción es una llave ajustable o llave/tenaza autobloqueante (alicate de sujeción). Utilice estas herramientas solamente cuando todo lo demás no haya funcionado. En algunos casos, una llave autobloqueante quizás pueda sujetar una cabeza dañada que ninguna otra llave pudo quitar, pero tenga cuidado de no empeorar las cosas dañándola aún más.

Teniendo en cuenta las observaciones sobre la elección correcta de la herramienta en primer lugar, es necesario destacar varias cosas acerca del uso real de la herramienta. Primero, asegúrese de que la cabeza de la llave esté limpia y sin daños. Si el sujetador está oxidado o revestido con pintura, la llave no se adaptará correctamente. Limpie la cabeza y, si está oxidada, aplique un poco de aceite penetrante. Deje que el aceite se absorba unos minutos antes de quitarlo.

Puede parecer obvio, pero observe bien el sujetador que desea quitar antes de usar una llave. En muchas máquinas de fabricación en grandes cantidades, un extremo de un sujetador puede estar fijo o cautivo, lo que acelera el conjunto inicial y generalmente facilita el desmontaje. Si una tuerca está instalada en un perno prisionero o un perno se enrosca en una tuerca cautiva u orificio roscado, tal vez solo tenga que ocuparse del sujetador. Si, por otra parte, tiene una tuerca y perno separados, debe sostener la cabeza del perno mientras quita la tuerca. En algunas áreas esto puede ser difícil, particularmente cuando las monturas del motor están involucradas. En este tipo de situación es posible que necesite un asistente para que sostenga la cabeza del perno con una llave mientras que usted quita la tuerca desde el otro lado. Si esto no es posible, tendrá que intentar posicionar una llave de extremo cuadrado para que calce contra algún otro componente para evitar que gire.

Esté atento a las roscas de la mano izquierda. No son comunes, pero a veces se las usa en los extremos de los ejes rotativos para asegurar que la tuerca no se afloje durante el funcionamiento del motor (la mayoría de los motores abarcados en este manual no tienen estos tipos de sujetadores). Si puede ver el extremo del eje, el tipo de rosca puede verificarse visualmente. Si no está seguro, coloque su pulgar en las roscas y fíjese hacia qué lado debe girar su mano para que el clavo se "desenrosque" del eje. Si tiene que girar la mano en sentido antihorario, es una rosca convencional de mano derecha.

Tenga cuidado con el síndrome del sujetador al revés. Si está aflojando un sujetador desde la parte de abajo de algo, es fácil confundirse sobre hacia qué lado girarlo. Lo que para usted parece un sentido antihorario puede ser fácilmente un sentido horario (desde el punto de vista del sujetador). Incluso después de

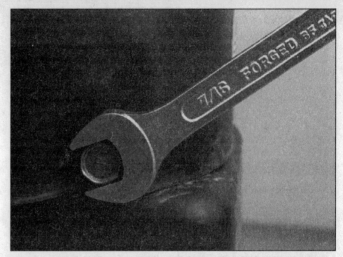

2.21 Las llaves fijas se contactan solo con dos lados del ajustador y las mordazas tienden a abrirse cuando se aplica demasiada fuerza en el mango de la llave, es por eso que solo deberían usarse como último recurso.

años de experiencia, esto puede seguir siendo difícil de distinguir. En la mayoría de los casos, un sujetador puede quitarse simplemente colocando la llave en la cabeza de la tuerca o perno y girándolo. Sin embargo, a veces la condición o ubicación del sujetador puede complicar más las cosas. Asegúrese de que la llave tenga la cabeza cuadrada. Tal vez tenga que volver a posicionar la herramienta o probar con otro tipo para lograr un ajuste ceñido. Asegúrese de que el motor sobre el que está trabajando esté firme y no pueda moverse cuando gira la llave. Si es necesario, que alguien lo ayude a mantenerlo firme. Ubíquese de manera que pueda lograr un apalancamiento máximo en la llave.

Si es posible, ubique la llave de manera que pueda tirar del extremo hacia usted. Si tiene que empujar la herramienta, recuerde que se le puede deslizar, o que el sujetador puede moverse de repente. Por este motivo, no doble los dedos alrededor del mango ya que podría aplastarlos o magullarlos cuando el sujetador se mueva; mantenga la mano plana, empujando la llave con la base del pulgar. Si la herramienta se le hinca en la mano, coloque un trapo entre la herramienta y su mano o use un guante resistente.

Si el sujetador no se mueve con la presión normal de la mano, deténgase y trate de averiguar el motivo antes de dañar el sujetador o la llave, o lastimarse. Los sujetadores atascados pueden necesitar aceite penetrante, calor o un destornillador de impacto o una herramienta de aire.

Es menos probable el daño si se usan dados para retirar los sujetadores de cabeza hexagonal, que si se usa una llave. Asegúrese de que el dado se adapte firmemente en la cabeza del sujetador, luego fije una extensión, si es necesario, y el trinquete o la barra articulada. En teoría, no se debe usar un trinquete para aflojar un sujetador o para un ajuste final porque el mecanismo del trinquete se puede sobrecargar y puede deslizarse. En algunos casos, la ubicación del sujetador puede significar que no tenga opción más que usar un trinquete, y en ese caso, debe tener más cuidado.

Nunca utilice extensiones cuando no es necesario. Se use o no una extensión, siempre apoye el extremo de la barra articulada con una mano mientras que la gira con la otra. Una vez que el sujetador está flojo, se puede usar el trinquete para agilizar el retiro.

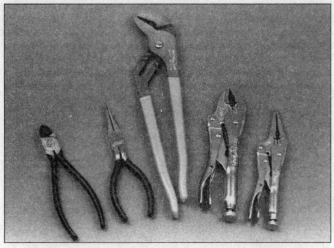

2.22 Un surtido típico de los tipos de tenazas que necesitará para el trabajo sobre el motor, desde la izquierda: cortadores diagonales (diques), tenazas de punta de aguja, tenazas extensibles, alicates de sujeción, tenazas de sujeción de punta de aguja.

Tenazas

Algunos fabricantes de herramientas realizan 25 o 30 tipos diferentes de tenazas. Solo necesita una parte de esta selección **(vea la ilustración)**. Tenga un par de tenazas de junta deslizante para uso general. Un par de tenazas de punta fina es práctico para alcanzar lugares muy difíciles. Un juego de cortadores de cables diagonales (dique) es esencial para el trabajo eléctrico y para sacar chavetas. Los alicates de sujeción son tenazas ajustables, de bloqueo que tomará firmemente un sujetador, y no lo dejará salir, cuando se bloquea en el lugar. Las tenazas ajustables de mordazas paralelas tienen mordazas angulares que permanecen paralelas en cualquier grado de apertura. También se las conoce como tenazas Channel-lock (el fabricante original), pinzas pico de loro y tenazas para bomba de agua. De cualquier manera que las llame, son estupendas para sujetar un sujetador grande con mucha fuerza.

Las tenazas para juntas deslizantes tienen dos posiciones abiertas; una ranura alargada con forma de ocho en un mango se desliza hacia adelante y atrás en un pasador de pivote en el otro mango para cambiarlas. Las tenazas de buena calidad tienen mordazas de acero templado y generalmente hay un cortador de cables en la base de las mordazas. Los principales usos de las tenazas para juntas deslizantes son sostener objetos, doblar y cortar cables del acelerador y engarzar y doblar piezas de metal, no aflojar tuercas y pernos.

Las tenazas para juntas y arcos o "Channel-lock" tienen mordazas paralelas que puede abrir a diferentes anchos al acoplar distintas lengüetas y ranuras, o canales, cerca del pasador de pivote. Como la herramienta se expande para adaptarse a objetos de diversos tamaños, tiene numerosos usos para el mantenimiento de motores y equipos. Las tenazas Channel-lock vienen en varios tamaños. El tamaño mediano es adecuado para el trabajo general; también es bueno tener los tamaños pequeños y grandes si su presupuesto se lo permite. Usará los tres tamaños con frecuencia.

Los alicates de sujeción como Vise-Grips (una marca), se presentan en varios tamaños. El tamaño medio con mordazas curvas es el mejor para cualquier trabajo. Sin embargo, compre una grande y una pequeña, si es posible, ya que generalmente se usan en pares. Aunque esta herramienta es parecida a una llave ajustable, un par de tenazas y una prensa portátil, puede ser muy

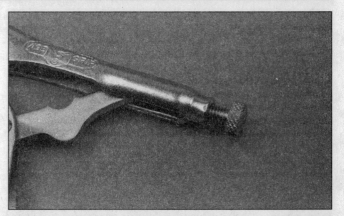

2.23 Para ajustar las mordazas en un par de alicates de sujeción, sujete la parte que quiere fijar con las mordazas, sosténgalas hacia abajo apretando la perilla estriada al final de un mango y luego junte ambos mangos (si apretó la perilla por completo, probablemente deba abrirla un poco nuevamente antes de cerrar los mangos.

2.24 Si es persistente y cuidadoso, la mayoría de los sujetadores se podrán remover con alicates de sujeción.

valiosa para aflojar y apretar sujetadores. Es la única tenaza que se debe utilizar para este propósito.

La abertura de la mordaza se establece girando una perilla ranurada en el extremo de un mango. Las mordazas están ubicadas sobre la cabeza del sujetador y los mangos se aprietan conjuntamente, sujetando la herramienta en el sujetador **(vea la ilustración)**. El diseño de la herramienta permite aplicar presión extrema sobre las mordazas y una variedad de mordazas diseñadas permiten que la herramienta tome firmemente hasta las cabezas dañadas **(vea la ilustración)**. Las Vise-Grips son excelentes para quitar los sujetadores que fueron redondeados por llaves de mala adaptación.

Como lo indica el nombre, las tenazas con punta de aguja tienen mordazas largas y finas para alcanzar los orificios y otras zonas restringidas. La mayoría de las tenazas con punta de aguja o de punta larga también tienen cortadores de cable en la base de las mordazas.

Busque estas características cuando compre tenazas: Mangos y mordazas suaves, las mordazas que se adaptan y agarran uniformemente cuando los mangos están cerrados, una buena terminación y la palabra "forjada" en algún lugar en la herramienta.

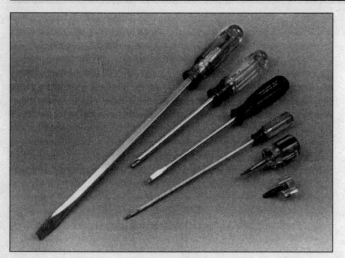

2.25 Los destornilladores vienen en varios tamaños, longitud y estilos.

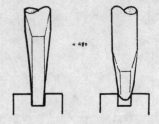

Uso indebido de un destornillador: La hoja que se muestra es demasiado fina y delgada y probablemente se deslizará o romperá.

El ejemplo a la izquierda muestra una punta angosta. El diagrama de la derecha muestra una punta dañada que saldrá de la ranura cuando se aplique presión.

2.26 Destornilladores estándar: tamaño incorrecto (izquierda), ranura de tornillo de adaptación correcta (centro) y punta desgastada (derecha).

Destornilladores

Los destornillados **(vea la ilustración)** se presentan en una gran variedad de tamaños y gamas de precios. Cualquiera desde Craftsman en adelante está bien. Pero no compre juegos de destornilladores por diez dólares en tiendas con descuentos. Incluso si son muy parecidas a las marcas más costosas, las puntas de metal y ejes están hechas de aleaciones inferiores y no están tratadas con calor correctamente. Generalmente se doblan la primera vez que aplica presión.

Un destornillador consta de una hoja de metal o mango con una punta en el extremo. Las puntas más comunes son estándar (también llamada ranura recta y hoja plana) y Phillips. El otro extremo es un mango. Tradicionalmente, los mangos estaban hechos de madera asegurada al mando, con lengüetas elevadas para evitar que gire en el mango. Ahora, la mayoría de los destornilladores se presentan con mangos de plástico, que duran mucho más que la madera.

El diseño y el tamaño de los mangos y hojas varían considerablemente. Algunos mangos tienen formas especiales para adaptarse a la mano y proporcionar un mejor agarre. El mango puede ser redondeado o cuadrado y algunos tienen un protector de forma hexagonal debajo del mango para que una llave haga palanca cuando trata de girar un tornillo atascado. El diámetro del mango, el tamaño de la punta y la longitud general también verían. Como regla general, es buena idea utilizar el destornillador más largo, lo que permite una palanca mayor.

Si el acceso es limitado, una cantidad de destornilladores especiales están diseñados para adaptarse a espacios limitados. El destornillador "corto" tiene un mango y hoja especialmente cortos.

También existen destornilladores desviados y brocas de destornillador especiales que se fijan a un trinquete o a una extensión.

Lo importante para recordar al comprar destornilladores es que realmente se presentan en tamaños diseñados para adaptarse a tamaños diferentes de sujetadores. La ranura en cualquier tornillo tiene dimensiones definidas, longitud, ancho y profundidad. Como la cabeza de un perno o tuerca, la ranura del tornillo debe impulsarse con una herramienta que utilice toda la superficie del rodamiento disponible y no se deslice. No utilice una hoja grande en un tornillo pequeño y no trate de girar un tornillo con una ranura grande con una hoja angosta y pequeña. Los mismos principios se aplican a las cabezas Allen, Phillips, Torx, etc. ¡Ni siquiera piense utilizar un destornillador ranurado en una de estas cabezas! ¡Y no utilice sus destornilladores como palancas, cinceles o punzones! Este tipo de abuso los transforma en muy malos destornilladores.

Destornilladores estándar

Estos se usan para quitar e instalar tornillos ranurados convencionales y están disponibles en una gran variedad de tamaños que indican el ancho de la punta y la longitud del mango (por ejemplo: un destornillador de 3/8 x 10 pulgadas tiene una punta de 3/8 pulgadas de ancho y un mango de 10 pulgadas de largo). Debe tener una variedad de destornilladores para que pueda trabajar con tornillos de varios tamaños sin dañarlos. El extremo de la hoja debe tener el mismo ancho y espesor que la ranura del tornillo para funcionar correctamente, sin deslizarse. Cuando seleccione destornilladores estándar, elija herramientas de buena calidad, preferentemente con mangos de acero forjado al cromo molibdeno. La punta del mango debe estar afilada en un perfil plano paralelo (filo cóncavo) y no en una forma de cuña o ahusamiento, que tenderá a salirse de la ranura cuando se aplica presión **(vea la ilustración)**.

Todos los destornilladores se desgastan con el uso, pero los estándar pueden restaurarse varias veces. Cuando restaure la forma de una punta, comience afilando el extremo plano en ángulos rectos al mango. Asegúrese de que la punta encaje perfectamente en la ranura de un tornillo del tamaño adecuado y mantenga los lados de la punta paralelos. Quite solamente una pequeña cantidad de metal por vez para evitar sobrecalentar la punta y destruir el templado del acero.

Destornilladores Phillips

Los tornillos Phillips a veces se instalan durante el conjunto inicial con herramientas de aire y son prácticamente imposibles de

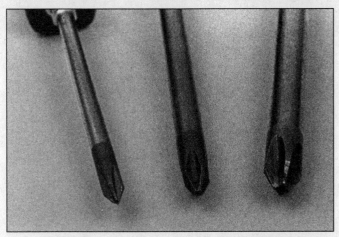

2.27 El tamaño de la punta en un destornillador Phillips está indicada por un número de 1 a 4, siendo 1 el más pequeño (izquierda: n.º 1; centro: n.º 2; derecha: n.º 3)

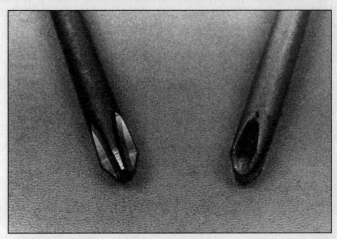

2.28 Puntas de destornillador Phillips nuevas (izquierda) y gastadas (derecha).

quitar más adelante sin arruinar las cabezas, en particular si se usa el destornillador de tamaño equivocado. Y no utilice otros tipos de destornilladores de cruceta (Torx, Posi-drive, etc.) en los tornillos Phillips, no funcionarán.

La única manera de asegurarse de que los destornilladores que compra se adaptarán correctamente es llevar con usted algunos tornillos para verificar que el ajuste entre el destornillador y el sujetador sea ceñido. Si el ajuste es correcto, debe poder torcer la hoja hacia abajo casi verticalmente sin que el tornillo se deslice de la punta. Utilice solamente destornilladores que se ajusten a la perfección, de lo contrario la cabeza del tornillo se deslizará al instante.

El propósito del diseño de todos los tornillos de cruceta es que el tornillo y la hoja del destornillador puedan autoalinearse. Siempre que apunte la hoja en el centro de la cabeza del tornillo, se acoplará correctamente, a diferencia de los tornillos ranurados convencionales, que necesitan una alineación cuidadosa. Esto hace que los tornillos sean adecuados para la instalación de la máquina en una línea de ensamblaje (lo que explica por qué a veces están tan apretados y son difíciles de quitar). La desventaja con estos tornillos es que las lengüetas de accionamiento en la punta del destornillador son muy pequeñas y deben acoplarse con precisión en la cabeza del tornillo. De lo contrario, las enormes cargas impuestas sobre las pequeñas partes planas de la ranura del tornillo simplemente desprenden el metal, cuando esto ocurre es imposible quitar el tornillo mediante los métodos normales. El problema empeora por el material generalmente blando que se elige para los tornillos.

Para trabajar con estos tornillos de manera regular, necesitará destornilladores de alta calidad con puntas de diversos tamaños para poder tener el adecuado cuando lo necesite. El tamaño de los destornilladores Phillips es determinado por el número de la punta y la longitud del mango (por ejemplo: un destornillador Phillips número 2 x 6 pulgadas tiene una punta número 2 para adaptarse a tornillos de ese tamaño de cavidad solamente y el mango tiene 6 pulgadas de largo). Los tamaños de punta 1, 2 y 3 deben ser adecuados para el trabajo de reparación en los motores **(vea la ilustración)**. Si las puntas se desgastan o dañan, compre destornilladores nuevos para que las herramientas no destruyan los tornillos **(vea la ilustración)**.

Este es un consejo que puede resultar práctico al utilizar los destornilladores Phillips: si el tornillo está extremadamente apretado y la punta tiende a salirse de la cavidad en lugar de girar el tornillo, aplique una pequeña cantidad de compuesto para asentamiento de válvulas a la punta del destornillador para que sujete mejor el tornillo.

Martillos

Utilizar un martillo debe ser siempre el último recurso. Cuando no exista otra solución, un martillo de bola mediano, una maza de caucho pesada y un martillo de latón blando pesado **(vea la ilustración)** son la única forma para aflojar o instalar una pieza.

Un martillo de bola tiene una cabeza con la cara cilíndrica convencional en un extremo y un extremo de bola redondeada, y generalmente es una herramienta de uso general que se encuentra en casi todos los tipos de tiendas. Tiene un cuello más corto que un martillo de orejas y la cara es moderada para golpear punzones y cinceles. Un martillo bastante grande es mejor que uno pequeño. Aunque es posible encontrar los pequeños, no los necesitará y es más fácil controlar los golpes de una cabeza más pesada. Como regla general, un martillo de 12 o 16 onzas funcionará para la mayoría de los trabajos, aunque a veces los más grandes o más pequeños serán útiles.

2.29 Un martillo de bola, martillo blando y el mazo de goma (izquierda a derecha) serán necesarios para varias tareas (cualquier martillo de acero puede ser usado en lugar del martillo de bola).

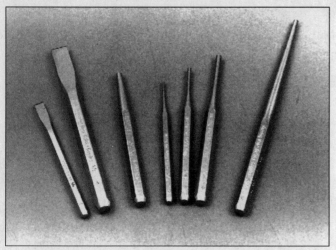

2.30 Los cinceles corta frío, los punzones centrados, los punzones pasadores y los punzones de alineación (izquierda a derecha) se necesitarán tarde o temprano para muchos trabajos.

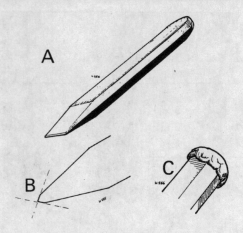

2.31 Un cincel corta frío típico de uso general: observe el ángulo del borde cortante (A), que debe revisarse y afilarse regularmente; la cabeza redonda (B) es peligrosa y debe limarse para restaurarla a su forma original.

Un martillo de cara blanda se utiliza cuando un martillo de metal puede causar daños a un componente o a otras herramientas que se utilicen. La cabeza de un martillo de acero puede quebrar una pieza de aluminio, pero un martillo de plástico o caucho se puede utilizar con más confianza. Los martillos de cara blanda están disponibles con cabezas intercambiables (generalmente fabricadas de caucho y otros están hechos de plástico duro). Cuando las cabezas están desgastadas, se pueden instalar nuevas. Si su economía es realmente limitada, puede trabajar sin un martillo de cara blanda colocando un pequeño bloque de madera dura entre el componente y la cabeza del martillo de acero para evitar daños.

Los martillos deben usarse con sentido común; la cabeza debe golpear el objeto de forma pareja y con la cantidad de fuerza adecuada. Para muchas tareas, se necesita poco esfuerzo; simplemente deje que el peso de la cabeza haga el trabajo, utilizando la longitud de la oscilación para controlar la cantidad de fuerza aplicada. Con práctica, un martillo puede usarse con una destreza sorprendente, pero lograr esto llevará un tiempo. Los errores iniciales incluyen golpear el objeto a un ángulo, en tal caso la cabeza del martillo puede desviarse hacia un lado, o golpear el borde del objeto. Esto puede dañar la pieza o su pulgar, si se interpone en el camino, de modo que sea cuidadoso. Sostenga el mango del martillo cerca del extremo, no cerca de la cabeza, y sujételo con firmeza, pero no demasiado apretado.

Revise las condiciones de sus martillos regularmente. El peligro de una cabeza floja que se puede salir es evidente, pero revise que la cabeza no tenga astillas o quebraduras. Si se nota el daño, compre un martillo nuevo. La cabeza se puede astillar por el uso y los fragmentos pueden ser extremadamente peligrosos. Está demás decir que la protección para los ojos es esencial cuando se utiliza un martillo.

Punzones y cinceles

Los punzones y cinceles **(vea la ilustración)** se utilizan junto con un martillo para varios propósitos en el taller. Los punzones generalmente son una barra de metal redondo larga que se utiliza para sacar componentes de un orificio en el motor o el equipo donde están instalados. Su uso típico es para retirar o instalar un rodamiento o un buje. Un punzón del mismo diámetro que el anillo exterior del rodamiento se coloca contra el rodamiento y se empuja con un martillo para sacarlo o presionarlo en el orificio. La mayoría de los fabricantes ofrecen punzones especiales para los diversos rodamientos en un motor particular. Si bien son útiles para un departamento de servicio de un distribuidor concurrido, son extremadamente caros para quienes hacen sus propias reparaciones que tal vez solo necesiten usarlo una vez. En tales casos, es mejor improvisar. Para la instalación y desmontaje de rodamientos, generalmente es posible utilizar un dado del diámetro apropiado para golpear el rodamiento hacia afuera o adentro. Es un uso poco ortodoxo de un dado, pero funciona.

Los punzones de diámetro pequeño se pueden comprar o fabricar con barras de acero. En algunos casos, necesitará sacar elementos como pernos de montaje corroídos instalados en el motor. Aquí, es esencial evitar dañar el extremo roscado del tornillo, por eso el punzón debe ser de un material más blando que el tornillo. El latón o cobre son la opción habitual para esos trabajos. El punzón se puede dañar con el uso, pero la rosca estará protegida.

Los punzones están disponibles en varias formas y tamaños, y tener un juego de tipos variados será muy útil. El punzón centrado es el más básico, un punzón cilíndrico pequeño con el extremo al punto. Se necesitará cuando se perfore un orificio. El centro del orificio está ubicado primero y el punzón se utiliza para hacer una hendidura pequeña en el punto. La hendidura actúa como una guía para la broca del taladro, para que el orificio se realice en el lugar correcto. Sin la marca de un punzón, la broca del taladro puede errar y será imposible taladrar con precisión. También, puede comprar punzones de centro automáticos. Tienen un resorte y se presionan contra la superficie marcada, sin utilizar un martillo.

Los punzones pasadores se utilizan para retirar elementos como pasadores de rodillo (pasadores ahuecados semiduros que se adaptan firmemente a sus orificios). También, los punzones pasadores tienen otros usos. Quizás alguna vez tenga que retirar remaches o pernos cortándoles la cabeza y sacando el mango con un punzón pasador. También son muy prácticos para alinear orificios en componentes mientras se insertan tornillos.

De los diferentes tamaños y tipos de cinceles para cortar metal disponibles, un simple cincel cortafrío es esencial para el taller de cualquier mecánico. Uno de 6 pulgadas de largo con una hoja grande de 1/2 pulgadas debería ser adecuado. El borde cortante forma un ángulo de 80 grados **(vea la ilustración)**,

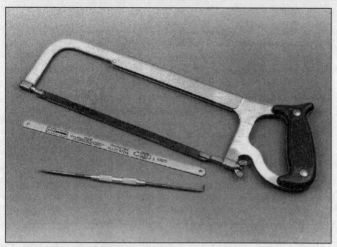

2.32 Las sierras de mecánico son útiles para las tareas de corte pequeñas como láminas de metal y sujetadores oxidados.

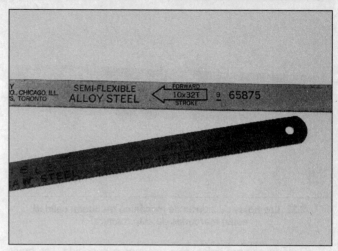

2.33 Las hojas de las sierras de mecánico están marcadas con el número de dientes por pulgada (TPI). Utilice una hoja relativamente gruesa para los elementos de aluminio y más gruesos como pernos o una barra de acero; utilice una hoja más fina para materiales como láminas de acero delgadas

mientras que el resto de la punta forma un ángulo menos acentuado alejado del borde. El uso principal del cincel corta frío es cortar metal duro, puede ser cualquier hoja de metal (no son comunes en motores) para cortar las cabezas de pernos oxidados o pegados o tuercas divididas. Un cincel corta frío también se usa para sacar tornillos o pernos con cabezas deformadas.

Todas las herramientas descritas en esta sección deben ser elementos de buena calidad. No son muy costosos, por eso no vale la pena tratar de ahorrar dinero en ellos. Lo más importante, existe el riesgo de que las herramientas económicas se puedan quebrar con el uso, una situación potencialmente peligrosa.

Incluso con herramientas de buena calidad, las cabezas y los extremos se desgastarán o dañarán inevitablemente, por eso es una buena idea realizar un mantenimiento a esas herramientas regularmente. Con una lima o amoladora de banco, retire todas las rebabas y bordes con hongos de la cabeza. Esta es una tarea importante porque la acumulación del material alrededor de la cabeza puede volar cuando se le pega con un martillo y es potencialmente peligroso. Asegúrese de que la herramienta conserve su perfil original en el extremo, nuevamente, lime o afile todas las rebabas. En el caso de los cinceles corta frío, el borde cortante generalmente tendrá que ser restaurado porque el material en la herramienta no es mucho más duro que los materiales que se cortan. Asegúrese de que el borde sea filoso, pero no haga el ángulo de la punta más grande de lo que era originalmente. De esta manera, se desgastará más rápido.

Las técnicas para utilizar estas herramientas varían según el trabajo a realizar y se aprenden a usar mejor con la experiencia. El denominador común es el hecho que todas son golpeadas con un martillo. Por consiguiente, debe utilizar protección para los ojos. Siempre asegúrese de que el extremo de la herramienta haga contacto con la pieza que se va a perforar o cortar. Si esto no sucede, la herramienta rebotará y causará daños.

Sierra de mecánico

Una sierra de mecánico **(vea la ilustración)** está formada por un mango y un bastidor que sostiene una hoja de metal flexible bajo tensión. Las hojas están disponibles en varias longitudes y la mayoría de las sierras de mecánico pueden ajustarse para acomodar los diferentes tamaños. La longitud de hoja más común es 10 pulgadas.

La mayoría de los bastidores de las sierras de mecánico son

adecuados. Hay muy poca diferencia entre las marcas. Elija uno que sea rígido y que permita cambiar y volver a colocar la hoja con facilidad.

El tipo de hoja a utilizar, indicado por el número de diente por pulgada (TPI) **(vea la ilustración)**, es determinado por el material que se desea cortar. Una regla básica es asegurarse de que al menos tres dientes estén en contacto con el metal que se está cortando en todo momento **(vea la ilustración)**. En la práctica, esto significa una hoja fina para cortar materiales de láminas delgadas, mientras que puede usarse una hoja más gruesa para cortar más rápido elementos más gruesos como pernos o barras. Cuando corte materiales delgados, oriente la sierra de manera que la hoja corte a un ángulo poco profundo. Hay más dientes en contacto y es menos probable que la hoja se doble y quiebre, o que los dientes se rompan.

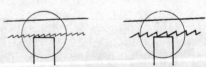

Cuando corte materiales delgados, asegúrese de que al menos tres dientes estén en contacto con la pieza de trabajo en todo momento. Una hoja demasiado áspera producirá un mal corte y se puede romper la hoja. Si no tiene la hoja correcta, corte el material en un ángulo poco profundo.

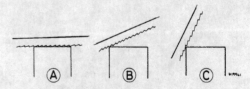

Es importante que el ángulo de corte sea correcto. Si es demasiado profundo (A), la hoja se deslizará. El ángulo que se muestra en (B) es el ángulo correcto para comenzar a cortar, y se puede reducir ligeramente una vez que comience con el corte. En (C), el ángulo es demasiado pronunciado y la hoja se inclinará para salir del corte.

2.34 Procedimiento correcto para usar una sierra de mecánico.

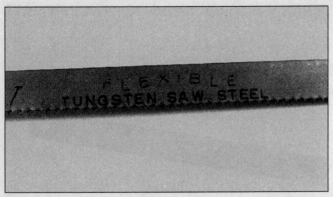

2.35 Las hojas de sierras de mecánico de buena calidad están marcadas de esta manera.

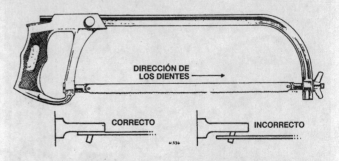

2.36 Instalación correcta de una hoja de sierra de mecánico: los dientes no deben apuntar al mango y debe quedar adyacente a las orejetas de ubicación.

Cuando compre hojas, elija una marca conocida. Las hojas baratas sin marca pueden ser perfectamente aceptables, pero no puede saberlo solo observándolas. Las hojas de mala calidad no tendrán suficiente dureza en el borde del diente y se desafilarán rápidamente. La mayoría de las marcas conocidas dirán "Acero rápido flexible" o un término similar, para indicar el tipo de material utilizado **(vea la ilustración)**. Es posible comprar hojas "irrompibles" (solo los dientes están endurecidos, dejando el resto de la hoja menos quebradizo).

A veces, una sierra de mecánico de tamaño completo es demasiado grande para permitir el acceso a una tuerca o perno trabado. En la mayoría de las sierras, puede resolver este problema girando la hoja 90 grados. Ocasionalmente, tal vez tenga que colocar la sierra alrededor de un obstáculo y luego instalar la hoja en el otro lado. Cuando el espacio es realmente limitado, tal vez tenga que usar un mango que se sujete a la hoja de la sierra en un extremo. Esto permite el acceso cuando el bastidor de una sierra de mecánico no puede funcionar y tiene otra ventaja, al poder utilizar las hojas de sierras de mecánico quebradas en lugar de tirarlas. Tenga en cuenta que como solamente un extremo de la hoja está sostenido, y no tiene tensión, es difícil de controlar y menos eficiente al cortar.

Antes de usar una sierra de mecánico, asegúrese de que la hoja sea adecuada para el material a cortar y que esté correctamente instalada en el bastidor **(vea la ilustración)**. El objeto que esté cortando debe estar bien firme para que no pueda moverse. La sierra corta hacia adelante, de modo que los dientes no deben apuntar al mango. Esto puede parecer obvio, pero es fácil instalar la hoja al revés por error y arruinar los dientes en las primeras carreras. Asegúrese de que la hoja tenga la tensión adecuada o se deformará y vibrará al cortar, pudiendo romperse. Use gafas de seguridad y tenga cuidado de no cortarse con la hoja de la sierra o el borde filoso del corte.

Limas

Las limas **(vea la ilustración)** se presentan en una gran variedad de tamaños y formas para trabajos específicos, pero todas se utilizan para la misma función básica de retirar pequeñas cantidades de metal de manera controlada. Los mecánicos usan limas principalmente para retirar las rebabas, marcar partes, retirar óxido, lijar las cabezas de los remaches, reparar roscas y fabricar piezas pequeñas.

Las formas de lima que se encuentran disponibles son plana, mitad ovalada, redonda, cuadrada y triangular. Cada forma se presenta en varios tamaños (longitudes) y los cortes varían desde áspero a suave. La cara de la lima está cubierta con hileras de estrías diagonales que forman los dientes cortantes. Deben estar alineados en una sola dirección (corte simple) o en dos direcciones

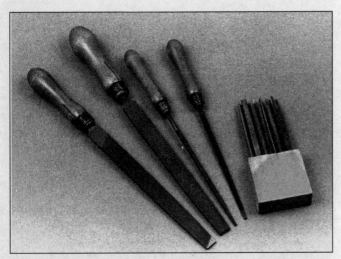

2.37 Adquiera un buen surtido de limas, son de gran utilidad a la hora de desbarbar, marcar piezas, remover polvillo, limar la punta de los remaches, restaurar estrías y fabricar pequeñas piezas.

2.38 Las limas son de corte sencillo (izquierda) o de corte doble. Generalmente hablando, utilice una lima de corte sencillo para producir una superficie suave y una lima de corte doble para remover grandes cantidades de material rápidamente.

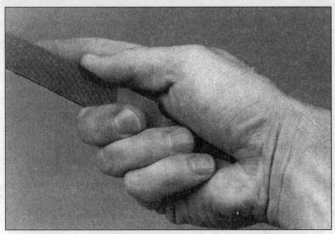

2.39 Nunca utilice una lima sin manija, la espiga es afilada y podría punzarle la mano.

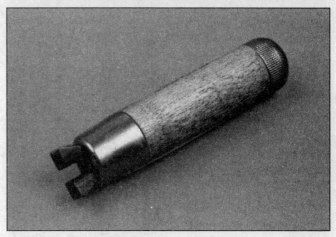

2.43 También hay disponibles mangos ajustables que se adaptan a diferentes tamaños de limas.

para formar un patrón de forma de rombo (corte doble) **(vea la ilustración)**. El espacio de los dientes determina la aspereza de la lima, que varían nuevamente desde áspero a suave en cinco grados básicos. Duro, áspero, rasposo, segundo corte y suave.

Querrá armar un juego de limas comprando las herramientas de la forma y corte requerida como sean necesarias. Un buen punto de partida son las limas planas, mitad ovalada, redonda y triangular (una rasposa y de segundo corte como mínimo). Además, tendrá que comprar uno o más mangos para lima (generalmente las limas se venden sin mangos, los que se compran por separado y se colocan en el mango cónico de la lima cuando se usa) **(vea la ilustración)**. Necesitará comprar más de un tamaño de mango para adaptarlos en las diferentes limas en su caja de herramientas, pero no intente usarlas sin mango. Una lengüeta de lima es muy filosa y terminará cortándose la palma de la mano, si no usa la lima con un mango y si no se ajusta en la pieza durante su uso. Los mangos ajustables también están disponibles para el uso con limas de varios tamaños, eliminando la necesidad de tener varios mangos **(vea la ilustración)**.

Las excepciones para evitar un mango son las limas de modelo suizo, que tienen un mango redondeado en vez de una lengüeta. Estas limas pequeñas se venden en juegos con una cantidad de limas de formas diferentes. Originalmente diseñadas para un trabajo fino, pueden ser muy útiles en áreas inaccesibles. Las limas suizas son la mejor opción si necesita limar los bordes del anillo del pistón para crear el espacio correcto.

El procedimiento correcto para el uso de limas es muy fácil de dominar. Al igual que con una sierra de mecánico, el trabajo debe sujetarse firmemente en un tornillo de banco, si es necesario, para evitar que se mueva mientras se trabaja en él. Sostenga la lima por el mango, con su mano libre en el extremo de la lima guíela y manténgala plana en relación a la superficie que está limando. Aplique golpes suaves y tenga cuidado de no partir la lima mientras la pasa sobre la superficie. Además, no la deslice en diagonal en la superficie porque los dientes pueden provocar ranuras en la pieza de trabajo. No arrastre la lima hacia atrás en la pieza de trabajo en el extremo de la carrera, levántela suavemente y tire nuevamente para evitar dañar los dientes.

Las limas no necesitan mantenimiento, pero deben estar limpias y sin limaduras de metal. El acero es un material muy fácil de trabajar, pero los metales blandos como el aluminio tienden a bloquear los dientes de la lima rápidamente, lo que resulta en rayaduras en la pieza de trabajo. Esto se puede evitar frotando la cara de la lima con tiza antes de usarla. La limpieza se realiza con una carda de lima o un cepillo de acero fino. Si se mantienen limpias, las limas durarán mucho tiempo. Cuando se vuelven opacas, deben reemplazarse. No existe una forma satisfactoria para afilar una lima desgastada.

Roscadores y matrices
Roscadores

Los juegos de roscador y matriz **(vea la ilustración)** están disponibles en pulgadas y en tamaños métricos. Los roscadores se utilizan para cortar roscas internas, y para limpiar o reparar roscas dañadas. Un roscador consta de un mango acanalado con un accionador cuadrado en un extremo. Es roscado en una parte de su longitud; los bordes cortantes se forman donde las estrías interceptan las roscas **(vea la ilustración)**. Los roscadores están hechos de acero endurecido para que corten roscas en materiales más blandos.

Los roscadores se presentan en tres tipos diferentes: cónico, macho de roscar final y macho semicónico. la única diferencia real es la longitud del bisel en el borde de corte del roscador. Los

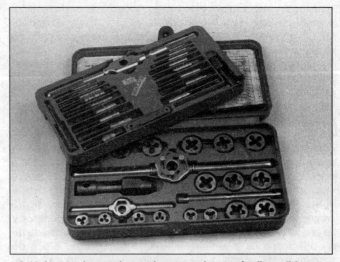

2.41 Los conjuntos de matrices y machos están disponibles en sistema métrico y sistema de pulgadas, las matrices se utilizan para cortar roscas internas y para limpiar y restaurar roscas dañadas. Los machos se utilizan para cortar, limpiar y restaurar roscas externas.

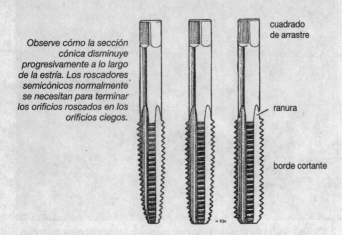

Observe cómo la sección cónica disminuye progresivamente a lo largo de la estría. Los roscadores semicónicos normalmente se necesitan para terminar los orificios roscados en los orificios ciegos.

cuadrado de arrastre

ranura

borde cortante

2.42 Macho cónico, macho secundario y macho de acabado (de izquierda a derecha).

Observe cómo la sección roscada disminuye progresivamente en la estría. Los roscadores machos semicónicos se necesitan para terminar orificios roscados en orificios ciegos.

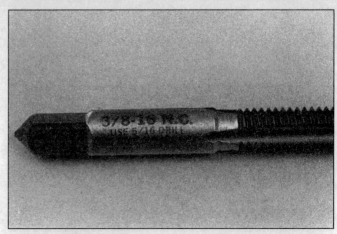

2.43 Si necesita perforar y enroscar un agujero, el tamaño en la broca del taladro que se deberá usar para un tamaño específico del tornillo (rosca) está marcado en el macho.

roscadores cónicos están biselados en las primeras 6 u 8 roscas, lo que facilita el inicio pero evita que se corten las roscas cerca de la parte inferior de un orificio. Los roscadores machos semicónicos están biselados en las 3 o 5 roscas, lo que los hace buenos porque facilitan el inicio y cortarán cerca de la parte inferior de un orificio. Los roscadores machos finales, como el nombre lo indica, tienen un bisel muy corto (1-1/2 a 3 roscas) y cortarán lo más cerca posible en la parte inferior de un orificio ciego. Sin embargo, para realizar esto, las roscas deben comenzar con un roscador cónico o macho semicónico.

Aunque existen juegos de roscador y matriz económicos, la calidad siempre es muy baja, y en realidad pueden causar más daño cuando se utilizan en orificios roscados en los motores de aluminio. La alternativa es comprar roscadores de alta calidad y cuando los necesite, aunque no sean económicos, especialmente si necesita comprar dos o más alturas roscadas de cierto tamaño. A pesar de esto, es la mejor opción (es probable que necesite los roscadores en raras ocasiones). Pero un juego completo no es necesario.

Normalmente, los roscadores se utilizan a mano (se pueden utilizar en herramientas de máquina, pero no en reparaciones de motores). El extremo cuadrado del roscador se sostiene con una llave para roscador (un mango en T ajustable). Para los tamaños más pequeños, se puede utilizar un portabroca en T. El proceso del roscador comienza con la perforación de un orificio de diámetro correcto. Para cada tamaño de roscador, existe una broca espiral correspondiente que realizará el orificio del tamaño correcto. Esto es importante; un orificio demasiado grande tendrá una rosca sin topes terminados, lo que produce un agarre débil e inestable. Al contrario, un orificio demasiado pequeño aplicará cargas excesivas en el mango duro y quebradizo del roscador y se puede quebrar en el orificio. ¡Retirar un roscador quebrado de un orificio no es divertido! El tamaño correcto de broca de roscador está normalmente marcado en el roscador o en el contenedor donde se presenta **(vea la ilustración)**.

Matrices

Las matrices se utilizan para cortar, limpiar o reparar roscas externas. La mayoría de las matrices están hechas de una pieza de acero reforzado de forma hexagonal o cilíndrica con un orificio roscado en el centro. El orificio roscado está superpuesto por 3 o 4 cortes, parecidos a las estrías en los roscadores y que permiten que el desecho de metal salga durante el proceso de roscado. Las matrices se sostienen en un mango en T (llamado portadados) **(vea la ilustración)**. Algunas matrices están divididas en un punto, lo que permite que se puedan ajustar levemente (abierto y cerrado) para controlar la separación de la rosca.

Las matrices no son tan necesarias como los roscadores, por la simple razón de que es más fácil instalar un nuevo tornillo que recuperar uno. Sin embargo, es muy útil poder ampliar las roscas de un tornillo o limpiar las roscas dañadas con una matriz. Las matrices de forma hexagonal son muy útiles para el trabajo mecánico, ya que se puede girar con una llave **(vea la ilustración)** y son menos costosas que las ajustables. El procedimiento para

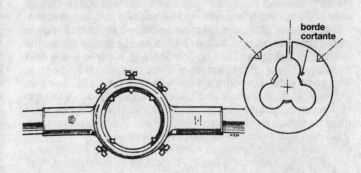

borde cortante

2.44 Una matriz (derecha) se utiliza para cortar roscas externas (esta es una matriz ajustable) y está sostenida por una herramienta llamada portamatrices (izquierda).

2.45 Las matrices hexagonales son especialmente útiles para el trabajo de mecánicos porque pueden ser giradas con una llave.

2.46 Un extractor de dos o tres mordazas será de utilidad para varias tareas en el taller y también podrá ser utilizado para trabajar con otro tipo de equipos.

cortar roscas con una matriz es muy similar al descrito para los roscadores. Cuando se utiliza una matriz ajustable, el corte inicial se realiza con la matriz completamente abierta, el tornillo de ajuste que se utiliza para reducir el diámetro de los cortes sucesivos hasta que se alcanza el tamaño final. Como con los roscadores, se debe utilizar un lubricante para corte, y la matriz debe retirarse durante algunas vueltas para despejar las virutas de los cortes.

Extractores

Necesitará un extractor de uso general para el reacondicionamiento de un motor. Los extractores pueden retirar piezas pegadas o corroídas, rodamientos o balanceadores dinámicos. Los extractores de 2 o 3 patas universales están disponibles en muchos diseños y tamaños.

El extractor típico consta de una saliente central con dos o tres brazos giratorios instalados. Los extremos exteriores de los brazos son mordazas de gancho que toman la pieza que desea retirar **(vea la ilustración)**. Puede invertir los brazos de la mayoría de los extractores para utilizarlo en aberturas internas cuando sea necesario. La saliente central es roscada para insertar un tornillo extractor, lo que realiza el trabajo. También puede obtener versiones hidráulicas de estas herramientas que pueden aplicar más presión, pero son costosas.

Puede adaptar extractores comprando o fabricando mordazas especiales para trabajos específicos. Si decide realizar sus propias mordazas, tenga en cuenta que la fuerza del extractor debe concentrarse lo más cerca del centro del componente para evitar dañarlo.

Antes de usar un extractor, ármelo y revíselo para asegurarse de que no se enganche en nada y que las cargas en la pieza que está por quitar estén distribuidas de forma pareja. Si la pieza se encuentra en el eje con una tuerca, afloje la tuerca, pero no la quite. Dejar la tuerca ayuda a evitar la distorsión del extremo del eje bajo presión por el perno del extractor y evita que la pieza se desprenda del eje cuando se afloja.

Ajuste un extractor gradualmente hasta que el conjunto quede bajo una presión moderada, luego trate de aflojar el componente golpeando el perno del extractor algunas veces con un martillo. Si esto no funciona, ajuste el perno un poco más y repita el proceso. Si este método no funciona, deténgase y reconsidere. En algún punto debe tomar una decisión sobre si continuar aplicando presión de esta manera. A veces, puede aplicar aceite penetrante alrededor de la junta y dejarlo toda la noche, con el extractor en su lugar y ajustado firmemente. Al día siguiente, el roscador cónico se habrá separado y el problema estará resuelto.

Si ninguna otra cosa funciona, intente calentar el área que rodea la parte problemática con un soplete de soldadura de gas o propano. (Sin embargo, no recomendamos el uso de un equipo de soldadura si todavía no tiene experiencia con él). Aplique el calor al área del cubo del componente que desea quitar. Mantenga la llama en movimiento para evitar un calentamiento desparejo y riesgo de deformación. Mantenga presión aplicada con el extractor y asegúrese de poder manipular el componente caliente resultante y las mordazas del extractor si se sueltan. Tenga mucho cuidado de mantener la llama alejada de las piezas de aluminio.

Si todos los intentos razonables para quitar una pieza fracasan, no tema rendirse. Es más económico rendirse que reparar un motor muy dañado. Compre o pida prestada la herramienta correcta, o lleve el motor a un concesionario y pida que retiren la pieza.

Extractores de tornillo de ajuste

El extractor de tornillo de ajuste es fácil de fabricar y muy valioso en cada taller. No existen herramientas disponibles de este tipo. Solo fabrica una herramienta para adaptarla a una aplicación particular. Puede usar un extractor de tornillo de ajuste para retirar pasadores de pistón atascados o para extraer rodamientos y bujes.

Para hacer un extractor de tornillo de ajuste, necesitará una variedad de barras roscadas de varios tamaños (disponibles en las tiendas de herramientas) y tuercas para ajustarlas. También necesitará arandelas, espaciadores y tubos. Para componentes como los pasadores de pistón, es probable que necesite un tubo más largo.

En los dibujos adjuntos se muestran algunos usos típicos de

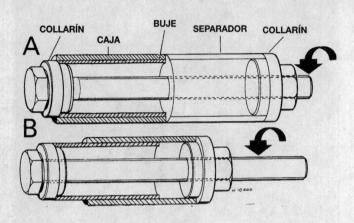

2.47 Usos típicos de un perno de apriete: en A, la tuerca está ajustada para empujar el collar y el buje dentro del espacio más grande; en B, el separador se deja afuera y el perno de apriete se reposiciona para instalar el nuevo buje.

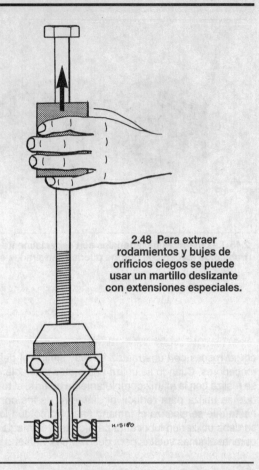

2.48 Para extraer rodamientos y bujes de orificios ciegos se puede usar un martillo deslizante con extensiones especiales.

2.49 Un tornillo de banco es una de las piezas de equipo más útiles que puede tener en el taller. Mientras más grande mejor, por lo cual deberá adquirir uno con mordazas de al menos cuatro pulgadas.

los tornillos de ajuste (vea la ilustración). También indican el orden de armado de varias partes. La misma organización, menos la sección de espacio tubular, se puede usar para instalar un nuevo buje o pasador del pistón. Utilizar la herramienta es muy simple. Solo asegúrese de hacer cuadrar el buje o pasador en el orificio cuando lo instale. Lubrique las piezas que se presionan en el lugar, como sea apropiado.

Extractores para usar en orificios ciegos

Los bujes o rodamientos instalados en "orificios ciegos" con frecuencia requieren extractores especiales. Algunos rodamientos pueden quitarse sin un extractor si calienta el motor o componente de forma pareja en un horno y lo golpea con la cara hacia abajo en una superficie de madera limpia para desprender el rodamiento. Use guantes resistentes para protegerse cuando manipule los componentes calentados. Si necesita un extractor para hacer el trabajo, consiga un martillo deslizante con puntas intercambiables. Los martillos deslizantes varían desde disposiciones universales de

extractores de dos o tres mordazas hasta extractores especiales de rodamientos. Los extractores de rodamientos son tubos de acero endurecido con una brida alrededor del borde inferior. El tubo está dividido en varios lugares, lo que permite que una cuña expanda la herramienta una vez que está en su lugar. La herramienta cabe dentro de la pista interna del rodamiento y se ajusta de manera que la brida o el labio queden bloqueados debajo del borde de la pista.

El martillo deslizante está compuesto por un mango de acero con un tope en su extremo superior. El mango carga una pesa deslizante que se desliza por el mango hasta llegar al tope. Esto permite que la herramienta que sujeta el rodamiento lo quite del orificio (vea la ilustración). Un juego de extractor de rodamientos es un equipo costoso y que se usa con poca frecuencia, de manera que lleve el motor a un concesionario para que le remplacen los rodamientos/bujes.

Tornillo de banco

El tornillo de banco (vea la ilustración) es una herramienta esencial en un taller. Obtenga la mejor calidad de prensa que pueda comprar. Una buena prensa es costosa, pero la calidad de sus materiales y la mano de obra valen más que el dinero adicional. El tamaño es importante, las prensas más grandes son más versátiles. Asegúrese de que las mordazas se abran cuatro pulgadas como mínimo. Obtenga un juego de mordazas blandas para adaptar a la prensa; las necesitará para agarrar las piezas del motor que se pueden dañar con las mordazas duras de la prensa (vea la ilustración).

En realidad, la única herramienta eléctrica que realmente necesita es un taladro eléctrico. Pero si tiene un compresor de aire y electricidad, existen varias herramientas manuales neumáticas y eléctricas para realizar todo tipo de trabajo más fácil y más rápido.

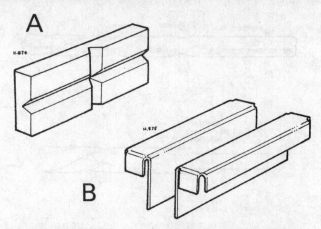

2.50 Algunas veces las partes que tiene que guiar en el tornillo son delicadas, o hechas de materiales blandos. Para evitar dañarlas, consiga un par de "mordazas blandas" de plástico o de fibra de vidrio (A) o fabríquelas usted mismo con una hoja de aluminio de 1/8 pulgadas de espesor (B).

2.51 Aunque no es absolutamente necesario, un compresor de aire puede hacer que muchas tareas sean más sencillas y que produzcan mejores resultados, especialmente cuando las herramientas impulsadas por aire están disponibles para ser utilizadas con él.

Herramientas mecánicas

Compresor de aire

Un compresor de aire (vea la ilustración) permite realizar la mayoría de los trabajos de manera más rápida y fácil. Secar las piezas luego de limpiarlas con solvente, soplar pasajes en un bloque o cabeza, accionar herramientas mecánicas, la lista es interminable. Una vez que se compre un compresor, se preguntará cómo fue posible habérselas arreglado sin uno anteriormente. Las herramientas de aire aceleran los procedimientos tediosos como retirar e instalar pernos de la culata de cilindros, pernos del rodamiento principal del cigüeñal o pernos del amortiguador de vibración (polea del cigüeñal).

Amoladora montada en el banco

Una amoladora de banco (vea la ilustración) también es útil. Con una rueda de alambre en un extremo y una rueda de esmerilado en el otro, es excelente para limpiar los sujetadores, afilar las herramientas y quitar el óxido. Asegúrese de que la amoladora esté sujetada firmemente al banco o soporte, siempre utilice protección

para los ojos al operarla y nunca amole piezas de aluminio en la rueda de esmerilado.

Taladros eléctricos

Para avellanar orificios para tornillo, agrandar pasajes de aceite, afilar orificios del cilindro, retirar sujetadores rotos u oxidados, agrandar orificios y fabricar piezas pequeñas, los taladros eléctricos (vea la ilustración) son indispensables para el trabajo en los motores. Un portabrocas de 3/8 pulgadas (soporte para brocas) servirá para la mayoría de las tareas. Recolecte varios cepillos de

2.52 Otra pieza de equipo indispensable es el esmeril de banco (con una rueda de alambre montada en un eje). Asegúrese de que está atornillada y nunca la utilice con los restos o sin los protectores para ojos.

2.53 Los taladros eléctricos pueden ser sin cables (arriba) o accionados por corriente alterna de 115 voltios, (abajo).

2.54 Obtenga un juego de brocas de buena calidad para perforar orificios y cepillos de alambre de varios tamaños para limpiar las piezas de metal, asegúrese de que las brocas estén diseñadas para perforar en metal.

alambre diferentes para usar con el taladro y asegúrese de tener un juego completo de brocas de *metal* filosas (**vea la ilustración**). Los taladros sin cables son extremadamente versátiles ya que no lo limitan a trabajar cerca de un tomacorriente. También son útiles para una variedad de trabajos no mecánicos.

Brocas helicoidales y equipo de taladrado

Las funciones del taladro se realizan con brocas espirales, ya sea en un taladro de mano o perforador. Las brocas helicoidales (o brocas como se las suele llamar) constan de un mango redondo con ranuras en espiral ubicadas en los dos tercios superiores para eliminar los residuos que se producen al taladrar, mantener el taladro centrado en el orificio y terminar los lados del orificio.

La parte inferior del mango se deja lisa y se utiliza para mantener la broca en el portabrocas. En esta sección, analizaremos solamente las brocas de mangos paralelos normales (**vea la ilustración**). Existe otro tipo de broca donde el extremo liso forma un ahusamiento de tamaño especial diseñado para montarse directamente en un receptáculo correspondiente en una taladradora de columna para trabajos pesados. Estos taladros se conocen como los taladros Morse Taper y se utilizan para talleres para máquinas.

2.56 Las brocas en el rango que más se utiliza están disponibles en tamaños de fracciones (izquierda) y tamaños de números (derecha) de manera que se pueden taladrar orificios de prácticamente cualquier tamaño.

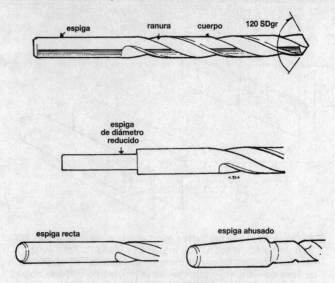

2.55 Una broca de taladro típica (arriba), una broca de mango reducido (centro) y una broca de espiga cónica (abajo a la derecha).

En el extremo cortante de la broca, dos bordes están amolados para formar un punto cónico. Generalmente tienen un ángulo de 60 grados desde el eje de la broca, pero se pueden restaurar en otros ángulos para aplicaciones específicas. Para el uso general el ángulo estándar es correcto, así es como se proporcionan las brocas.

Cuando compre brocas, compre un juego de buena calidad (tamaños de 1/16 a 3/8 pulgadas). Asegúrese de que los taladros tengan la marca "SHH" o "Acero de alta velocidad". Esto indica que son lo suficientemente fuertes para soportar el uso continuo en mental. Los taladros más económicos que no tienen esa marca son útiles solo para el uso en madera u otros materiales blandos. Comprar un juego asegura poder disponer del tamaño de broca adecuado cuando lo necesite.

Tamaños de las brocas helicoidales

Las brocas helicoidales están disponibles en una gran variedad de tamaños, la mayoría de los cuales nunca necesitará. Hay tres sistemas básicos de medición de taladros: Por fracción, por número y por letra (**vea la ilustración**) (No nos involucraremos con el cuarto sistema, el sistema métrico).

Los tamaños en fracciones comienzan en 1/64 pulgadas y aumentan en incrementos de 1/64 pulgadas. Las brocas en números varían en orden descendente de 80 (0.0135 pulgadas), la más pequeña, hasta 1 (0.2280 pulgadas), la más grande. Los tamaños en letras comienzan con la A (0.234 pulgadas), la más pequeña, y van hasta la Z (0.413 pulgadas), la más grande.

Esta sorprendente variedad de tamaños significa que es posible perforar un orificio preciso de casi cualquier tamaño dentro de lo razonable. En la práctica, usted estará limitado por el tamaño del portabrocas en su taladro (normalmente de 3/8 o 1/2 pulgadas). Además, muy pocas tiendas cuentan con la gama completa de tamaños posibles, de manera que tendrá que recorrer varias tiendas para encontrar el tamaño disponible más cercano al que necesita.

Afilado de las brocas helicoidales

Como cualquier herramienta de corte, las brocas helicoidales pierden su filo con el tiempo (**vea la ilustración**). La frecuencia de afilado dependerá, en cierta medida, del uso correcto que se haga

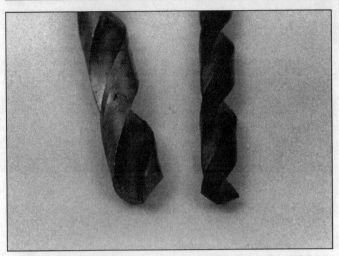

2.57 Si una broca queda roma (izquierda), deséchela o afílela, de modo que se vea como la broca de la derecha.

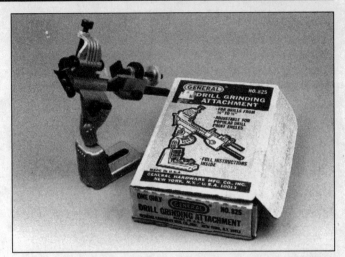

2.58 Podrá conseguir una vasta cantidad de guías de afilado para brocas de taladro que no son costosas: aun cuando la use únicamente para volver a afilar brocas romas, recuperará la inversión sin darse cuenta.

de ellas. Notará rápidamente cuando una broca esté roma. Una buena indicación de la condición de los bordes de corte se evidencia al mirar los desechos que salen del orificio que se está perforando. Si la punta está en buen estado, generará dos espirales de metal uniformes. Si esto no ocurre o si la punta se calienta, es momento de asumir que se debe afilar la broca.

Con las brocas de menor tamaño, de menos de 1/8 pulgadas, es más fácil y más económico tirar la broca gastada y comprar una nueva. Las de tamaño más grande (más costosas) es mejor afilarlas. Al afilar brocas helicoidales, el ángulo incluido del borde de corte se debe mantener en los 120 grados originales, y el borde con el pequeño cincel en la punta se debe respetar. Con cierta práctica, el afilado se puede hacer a mano en una amoladora de banco, pero debe destacarse que es muy fácil cometer errores. Para la mayoría de los quehaceres mecánicos del hogar, se debe usar una guía de afilado que se monta junto a la rueda de la amoladora de modo que la broca se sujete en el ángulo correcto (**vea la ilustración**).

Equipo del taladrado

Las herramientas para sujetar y hacer girar las brocas varían desde simples taladros de costo bajo operados manualmente o eléctricos hasta taladradoras de columna sofisticadas y costosas. Lo ideal sería que todo trabajo de perforado se hiciera en un taladro de columna con la pieza de trabajo inmovilizada firmemente en un tornillo de banco. Estas máquinas son costosas y ocupan mucho espacio en el banco o piso, de manera que para muchas de las personas que hacen sus propias reparaciones están fuera de discusión. Un problema adicional es el hecho de que muchos de los trabajos de perforado que realice serán en el motor mismo o en el equipo en donde esté montada, en cuyo caso la herramienta tiene que ser llevada al trabajo.

La mejor herramienta para el taller doméstico es un taladro eléctrico con un portabrocas de 3/8 pulgadas. Se dispone tanto de taladros a batería como taladros de corriente alterna (que funcionan con la corriente doméstica). Si está por comprar uno por primera vez, busque una marca conocida y con buena reputación y velocidad variable como requisitos mínimos. Un taladro de una sola velocidad con portabrocas de 1/4 pulgadas le servirá, pero se justifica pagar un poco más por uno más grande y de velocidad variable.

Todos los taladros requieren una llave para trabar la broca en el portabrocas. Al quitar o colocar una broca, asegúrese de que el cable esté desenchufado para evitar accidentes. Primero, ajuste el

portabrocas a mano, verificando que la broca quede correctamente centrada. Esto es especialmente importante cuando se usan brocas pequeñas que pueden quedar atrapadas entre las mordazas. Una vez que el portabrocas está ajustado a mano, utilice la llave para apretarlo firmemente, ¡recuerde quitar la llave después!

Preparación para la perforación

Si es posible, asegúrese de que la parte que se desea perforar esté sujeta en un tornillo de banco. Si no es posible trasladar el trabajo a un tornillo de banco, asegúrese de que esté firme y seguro. Las brocas helicoidales suelen hundirse durante la perforación, lo cual puede ser peligroso, especialmente si el objeto en que se trabaja comienza a girar repentinamente en el extremo de la broca. Obviamente, es menos probable que esto suceda con un motor completo o una pieza de un equipo, pero se debe asegurar que el objeto esté bien sujeto.

Comience ubicando el centro del orificio que planea perforar Utilice un punzón para hacer una marca, que evitará que la broca se deslice. Si está perforando un perno quebrado, asegúrese de que la posición del punzón sea el centro exacto del perno (**vea la ilustración**).

2.59 Antes de perforar un orificio, haga una marca con un punzón centrado para que la broca no se deslice.

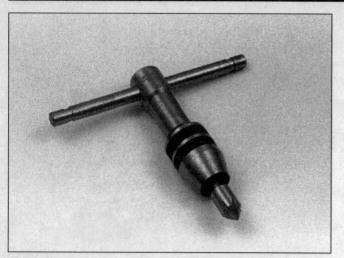

2.60 Use una broca grande en el taladro o un avellanador montado en una llave para roscador para quitar las rebabas del orificio después de perforarlo o agrandarlo.

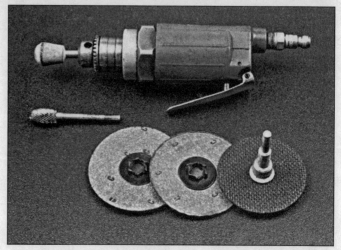

2.61 Una buena amoladora de troqueles va a desbarbar bloques, redondear los domos del pistón y biselar orificios de aceite, además de realizar otros pequeños trabajos que resultarían tediosos si se los hiciera de forma manual.

Si desea hacer un orificio grande (de más de 1/4 de pulgada) es recomendable hacer un orificio piloto. Como el nombre lo sugiere, servirá para guiar la broca grande y minimizar el deslizamiento de la broca. Antes de realizar la perforación, asegúrese de que las áreas que rodean la broca estén libres de lo que no desea perforar.

Perforación

Al perforar acero, especialmente con brocas pequeñas, no se requiere lubricación. Si se usa una broca grande, se puede agregar aceite para garantizar un corte limpio y evitar el sobrecalentamiento de la punta. Al perforar aluminio, que tiende a desgarrarse alrededor de los bordes y bloquear la salida del excedente que va liberando la broca, use queroseno como lubricante.

Use gafas de seguridad o máscara protectora y adquiera una posición cómoda y estable para poder controlar la presión en la broca fácilmente. Posicione la punta de la broca en la marca y asegúrese, si lo hará manualmente, de que la broca quede perpendicular a la superficie de la pieza. Comience a perforar sin aplicar mucha presión, hasta que esté seguro de que el orificio tiene la posición correcta. Si el orificio comienza fuera del centro, puede llegar a ser muy difícil corregir la posición. Puede intentar angular la broca ligeramente de modo que el centro del orificio se desplace en el sentido contrario, pero debe realizarse antes de que el desecho de la perforación haya ingresado en el orificio. Es en el momento inicial cuando una broca de velocidad variable es muy valiosa: las velocidades bajas permiten hacer los ajustes finos antes de que sea demasiado tarde. Continúe perforando hasta alcanzar la profundidad deseada y hasta que la punta del taladro emerja en el otro lado de la pieza.

La velocidad de corte y la presión son importantes: como regla general, a mayor diámetro de broca, menor velocidad de perforación. Con un taladro de velocidad única, es muy poco lo que se puede hacer para controlarlo, pero los taladros de dos o varias velocidades se pueden controlar. Si la velocidad de perforación es demasiado alta, los bordes de la broca tenderán a sobrecalentarse y perder el filo. La presión debe modificarse durante la perforación. Comience con una leve presión hasta que la punta de la broca se haya posicionado correctamente en la pieza. Suba gradualmente la presión para cortar uniformemente. Si la punta es filosa y la presión es la correcta, el excedente de la perforación emergerá en forma de

dos espirales bien definidos. Si la presión es demasiado suave, la broca no cortará uniformemente, y si la presión es excesiva, sobrecalentará la punta.

Disminuya la presión a medida que la broca se abre paso en el orificio. De no hacerlo así, la broca podría atorarse en el orificio. Si está usando un taladro manual, se le puede resbalar de las manos, sobre todo cuando se utilizan brocas más grandes.

Una vez hecho el orificio piloto, instale la broca más grande en el portabrocas y agrande el orificio. La segunda broca seguirá el orificio piloto sin necesidad de intentar guiarla (si lo hace, la broca se puede quebrar). No obstante, es importante mantener el taladro en el ángulo correcto.

Una vez realizados los orificios con el tamaño deseado, quite las rebabas que quedaron alrededor del orificio. Para ello, use una lima pequeña circular o bisele el orificio con una broca más grande o un avellanador (**vea la ilustración**). Con una broca varios tamaños más grande que el orificio, gírela a mano alrededor de los bordes de la abertura hasta pulir los bordes.

Agrandar y dar forma a los orificios

El tamaño más grande posible para las brocas de un taladro manual es alrededor de 1/2 pulgada. Esto se determina parcialmente según la capacidad del portabrocas, pero es posible adquirir taladros más grandes con mangos graduados. El límite real es la dificultad para controlar manualmente las brocas grandes. Los taladros de más de 1/2 pulgada tienden a ser demasiado complejos de manejar de cualquier forma que no sea con un perforador. Si necesita hacer un orificio más grande o si el orificio tiene otra forma que no sea redonda, se deberán utilizar diferentes técnicas.

Si simplemente se debe agrandar un poco el orificio, la mejor herramienta para este uso es una lima circular. Si el orificio debe ser grande, se necesitará una sierra completa, pero solo puede ser usada en láminas de metal.

Los orificios grandes o con forma irregular también se pueden hacer en láminas de metal y otros materiales finos perforando una serie de pequeños orificios muy cerca unos de otros. En este caso, el tamaño y la forma del orificio deseado se deben marcar con un trazador. El siguiente paso depende del tamaño de la broca que se usará. La idea es perforar una serie de orificios que casi se toquen entre sí por dentro del orificio grande que se trazó. Marque el centro de cada uno con un punzón y luego proceda a perforar los

2.62 Compre por lo menos un extintor de incendios antes de abrir el taller asegúrese de que esté calificado para incendios de líquidos inflamables y SEPA CÓMO USARLO.

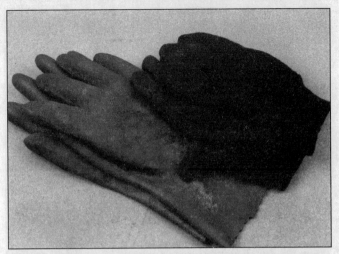

2.63 Disponga de un par de guantes para trabajos pesados para manipular los objetos calientes o de bordes filosos y un par de guantes de caucho para lavar las piezas con solvente.

2.64 Uno de los elementos más importantes que necesitará en el taller es una máscara protectora o gafas de seguridad, especialmente cuando golpea piezas de metal con un martillo, lava las piezas en solvente o cuando esté puliendo algo en el esmeril de banco.

orificios pequeños. Después, se puede usar un cincel para quitar el material del centro del orificio, y por último se lima hasta que tenga la forma deseada. Este proceso es muy lento, pero es la única manera práctica para un taller hogareño. El éxito depende de la precisión con que se haga la marca de la forma y se use el punzón de centrado.

Amoladoras de alta velocidad

Una buena amoladora de troqueles **(vea la ilustración)** va a desbarbar bloques, redondear los domos de los pistones y biselar los orificios de aceite diez veces más rápido que si lo hiciera de forma manual.

Elementos de seguridad que todos los talleres deben tener

Extintores de incendio

Compre al menos un extintor de fuego antes de realizar cualquier tarea de mantenimiento o reparación **(vea la ilustración)**. Asegúrese de que esté calificado para los incendios de líquidos inflamables. Familiarícese con su uso apenas lo compre, no espere a tener que utilizarlo para averiguar cómo se usa. Y asegúrese de hacerlo revisar y recargar de manera regular. Consulte las sugerencias de seguridad al final de este capítulo para obtener más información sobre los peligros de la gasolina y otros líquidos inflamables.

Guantes

Si tiene que manipular piezas calientes o piezas de metal con bordes filosos, use un par de guantes industriales de trabajo para protegerse de quemaduras, cortes y astillas **(vea la ilustración)**. Use un par de guantes de caucho para trabajos pesados (para

protegerse las manos cuando lava las piezas en solventes).

Gafas de seguridad

Nunca trabaje en un banco o amoladora de alta velocidad sin gafas de seguridad **(vea la ilustración)**. No se arriesgue a que un pedacito de metal le lastime los ojos. También es recomendable usar las gafas de seguridad cuando lave las piezas en el solvente.

Herramienta especial de diagnóstico

Estas herramientas realizan tareas de diagnóstico específicas. Son indispensables para determinar la condición de su motor. Si cree que no las usará con la frecuencia necesaria como para justificar la inversión, pídalas prestadas o alquílelas. O divida el costo con algún amigo que también quiera empezar a reconstruir motores. Hemos enumerado las herramientas y los instrumentos que suelen ofrecerse al público, no las herramientas especiales fabricadas por Chevrolet para los departamentos de servicio de sus concesionarios. Es posible que eventualmente se haga referencia a alguna herramienta especial de Chevrolet en este manual. Pero

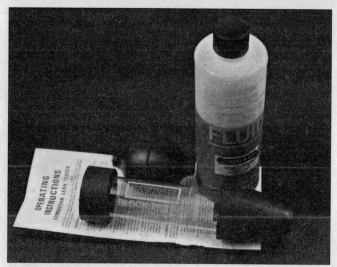

2.65 El probador de bloqueo de fugas en la combustión (vea la ilustración) comprueba los bloqueos de grietas, las juntas que pierden, los cabezales quebrados o los cabezales deformados detectando gases de combustión en el refrigerante.

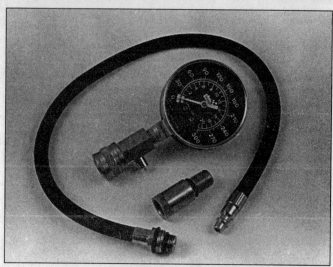

2.66 El medidor de compresión indica la presión del cilindro en la cámara de combustión: compre el tipo que se enrosca en el orificio de la bujía, no de los que se calzan en el orifico a presión y se mantienen allí por la presión del cilindro.

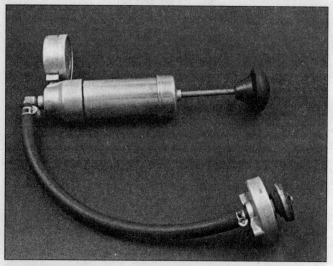

2.67 El probador de la presión del sistema de enfriamiento comprueba que no haya fugas en el sistema de enfriamiento presurizando el sistema y midiendo la velocidad a la cual se vacía.

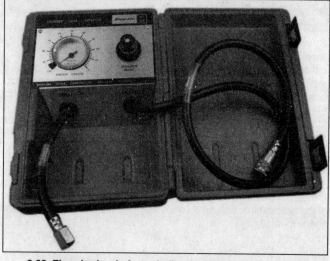

2.68 El probador de fugas indica la velocidad a la cual se pierde presión después de los anillos del pistón, de las válvulas o de la junta del cabezal.

intentaremos proporcionar una manera alternativa de hacer el trabajo sin la herramienta especial, si es posible. Sin embargo, cuando no hay alternativa, deberá pedir prestada o comprar la herramienta o solicitarle a otro profesional que haga el trabajo.

Probador de bloqueo de fugas en la combustión

El probador de bloqueo de fugas en la combustión (**vea la ilustración**) comprueba los bloqueos de grietas, las juntas que pierden, los cabezales quebrados o los cabezales deformados detectando gases de combustión en el refrigerante. Para información sobre el uso de esta herramienta, ver capítulo 3.

Medidor de compresión

El medidor de compresión (**vea la ilustración**) indica la presión

del cilindro en la cámara de combustión. Adquiera el tipo que se enrosca en el orificio de la bujía, no de los que tienen una punta de goma universal que se calzan a presión en el orificio. Es difícil evitar que la presión del cilindro genere una fuga después de la punta de goma, sobre todo cuando se desgasta.

Probador de la presión del sistema de enfriamiento

El probador de la presión del sistema de enfriamiento (**vea la ilustración**) comprueba que no haya fugas en el sistema de enfriamiento.

Probador de fugas

El probador de fugas (**vea la ilustración**) indica la velocidad a la cual se pierde presión después de los anillos del pistón, de las válvulas o de la junta del cabezal en una cámara de combustión.

2.69 El multímetro combina la función de un voltímetro, un amperímetro y un ohmímetro en una unidad. Puede medir voltaje, amperaje y resistencia en un circuito eléctrico.

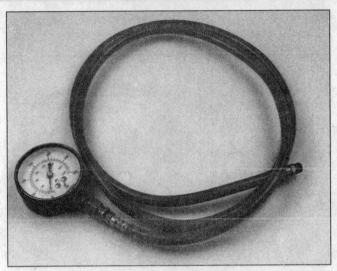

2.70 El medidor de presión de aceite, que se enrosca en un orificio de la unidad de suministro de presión de aceite en el bloque o cabezal, mide la presión del aceite en el sistema de lubricación.

Multímetro

El multímetro **(vea la ilustración)** combina la función de un voltímetro, un amperímetro y un ohmímetro en una unidad. Puede medir voltaje, amperaje y resistencia en un circuito eléctrico.

Medidor de presión de aceite

El medidor de presión de aceite **(vea la ilustración)** indica la presión del aceite en el sistema de lubricación.

Probador de chispas

A veces lo único que le hace falta saber es si tiene chispa. Este pequeño y práctico dispositivo **(vea la ilustración)** parece una bujía y se calza en la funda de la bujía como si fuese una bujía estándar. Es una buena pinza, que puede enganchar a la conexión a tierra que tenga más cerca. Arranque el motor y compruebe si el probador emite una chispa sobre la brecha que separa su electrodo y el cuerpo del probador de chispa.

Estetoscopio

El estetoscopio **(vea la ilustración)** amplifica los sonidos del motor, lo que permite determinar posibles fuentes de problemas pendientes, como rodamientos dañados, exceso de juego en el cigüeñal, golpeteos de la biela, etc.

Tacómetro/medidor de ángulo de cierre

El tacómetro indica la velocidad a la que está girando el cigüeñal del motor, en revoluciones por minuto (rpm). La función de medidor de ángulo de cierre indica la cantidad de grados de la

2.71 El probador de chispas, que se asemeja a una bujía, se puede enchufar en la funda de cada bujía y conectar a tierra en el bloque o cabezal, para así saber si el cable de la bujía está enviando chispas al cilindro respectivo.

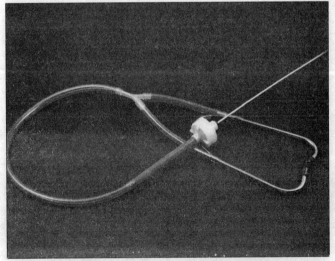

2.72 El estetoscopio amplifica los sonidos del motor, lo que permite determinar posibles fuentes de problemas pendientes, como rodamientos dañados, exceso de juego en el cigüeñal, golpeteos de la biela, etc.

2.73 El tacómetro/medidor de ángulo de cierre combina las funciones de un tacómetro y un medidor de ángulo de cierre en un paquete. El tacómetro indica la velocidad en rpm a la que gira el cigüeñal del motor; el medidor de ángulo de cierre indica la cantidad de grados de la rotación de distribución durante la cual se cierran los puntos del disyuntor.

2.74 La luz de sincronización le ayuda a sincronizar el tiempo de la ignición con el del motor.Consiga el tipo estroboscópico, con un captador inductivo que se monte sobre el cable de la bujía n.° 1.

rotación de distribución durante la cual se cierran los puntos del disyuntor **(vea la ilustración)**.

Luz de sincronización

La luz de sincronización **(vea la ilustración)** le permite sincronizar el tiempo de la ignición con el del motor. Consiga el tipo estroboscópico, con un captador inductivo que se monte sobre el cable de la bujía n.° 1.

Vacuómetro

El vacuómetro **(vea la ilustración)** indica el nivel de vacío en el múltiple de admisión en pulgadas de mercurio (in-Hg).

Bomba de vacío y presión

La bomba de vacío y presión de operación manual **(vea la ilustración)** puede generar un vacío o acumular presión en el circuito para comprobar los componentes que funcionan a presión o a vacío.

Herramientas para reconstruir motores
Elevador del motor

Compre un elevador de motor **(vea la ilustración)** que sea lo suficientemente fuerte como para levantar fácilmente su motor para insertarlo o retirarlo del compartimiento del motor. Un V8 es extremadamente pesado para quitarlo e instalarlo de otra manera. ¡Ni qué decir si se llegase a caer un motor!´

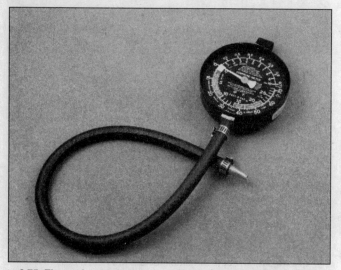

2.75 El vacuómetro indica el vacío del múltiple de admisión en pulgadas de mercurio (Pulg-Hg).

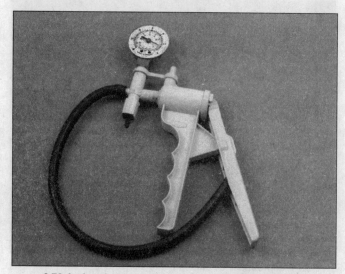

2.76 La bomba de vacío/presión puede crear un vacío en un circuito, o presurizarlo, para simular las condiciones operativas reales.

2.77 Compre un elevador de un motor que sea lo suficientemente fuerte como para levantar fácilmente su motor para insertarlo o retirarlo del compartimiento del motor. Se puede usar un adaptador como el que se muestra aquí (flechas) para modificar el ángulo del motor al instalarlo o extraerlo.

2.78 Compre un soporte de motor firme para sostener el motor con seguridad mientras usted trabaja en él. Evite los modelos de tres ruedas, ya que tienen una tendencia a volcarse más fácilmente. Compre un modelo de cuatro ruedas.

2.79 Si planea instalar un motor reconstruido conectado a una transmisión manual, necesitará una herramienta de alineación de embrague.

2.80 Un rectificador de cilindro como el que se muestra aquí es fácil de usar pero no es tan versátil como el tipo que tiene tres piedras accionadas por resorte.

Soporte de motor

Un motor V8 es demasiado pesado y voluminoso para manipularlo en el suelo o en un banco de trabajo mientras lo arma o desarma. Compre un soporte de motor (vea la ilustración) firme para sostener el motor con seguridad. Aunque planee trabajar en bloques pequeños, es buena idea comprar un soporte lo suficientemente fuerte como para manipular bloques grandes también. Trate de comprar un soporte con cuatro ruedas, no tres. El centro de gravedad de los soportes es alto, de modo que es más fácil volcar el soporte con el motor encima al cinchar los pernos del cabezal con una llave de torsión de 2 pies. Compre un soporte con ruedas grandes. Cuanto más grandes son las ruedas, más fácil es trasladar el soporte en el taller. Los seguros en las ruedas también son un buen aporte. Si desea retirar el soporte del área de circulación mientras hace otros trabajos, busque un soporte que se pueda bajar y deslizar debajo de un banco de trabajo. Los soportes de motor se encuentran disponibles en las tiendas de alquiler. No obstante, el costo del alquiler considerando los periodos de tiempo que se usan (generalmente, semanas) suelen ser bastante altos, por lo cual es más conveniente comprar un soporte.

Herramienta de alineación del embrague

La herramienta de alineación del embrague (vea la ilustración) se usa para centrar el disco de embrague en el volante del motor.

Rectificador para superficies de cilindros

Una vez que haya perforado los cilindros, debe aplicar una malla tramada en las paredes del cilindro para ayudar a que los

2.81 Si la parte superior de la pared del cilindro tiene rebordes generados por el lado de empuje del pistón en la parte superior de su recorrido, utilice un escariador para quitarlos.

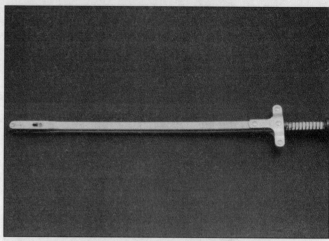

2.82 Esta es una típica herramienta levantaválvulas hidráulica.

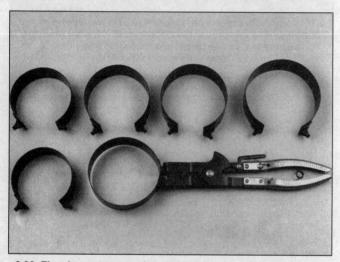

2.83 El mejor compresor de anillo universal es el de tipo tenaza, que sirve para diferentes tamaños de orificio. Simplemente inserte las bandas del tamaño adecuado en las manijas del compresor de tipo tenaza.

2.84 El compresor de anillos de tipo banda es tan fácil de usar como el de tipo tenazas, pero es más probable que el de bandas enganche un anillo.

anillos nuevos se asienten bien. Un rectificador flexible con bolas de carburo de silicona laminadas en la punta de las cerdas metálicas (vea la ilustración) servirá como malla. Aun en el caso de que no perfore los cilindros, debe rectificarlos dado que así se abre el recubrimiento esmaltado de las paredes de los cilindros.

Escariador para cilindros

Si el motor tiene unas cuantas millas, es probable que el anillo superior de compresión desgaste la pared del cilindro y genere un borde en la parte superior de cada cilindro (la parte no gastada del orificio forma el borde). Los depósitos de carbono hacen que estos bordes sean aún más marcados. El escariador (vea la ilustración) corta el borde para poder quitar el pistón de la parte superior del cilindro sin dañar las superficies del anillo.

Herramienta hidráulica de desmontaje por elevación

A veces, el levantaválvulas se pega con el barniz y se atora en sus orificios Esta herramienta (vea la ilustración) le ayuda a extraerlo.

Compresor del anillo del pistón

Intentar instalar los pistones con un compresor de anillo es casi imposible.

El mejor compresor de anillo "universal" es el de tipo tenaza, como el que fabrica K-D Tools (vea la ilustración) . Para ajustar el tamaño a los diferentes tamaños de orificios, simplemente inserte las bandas de compresión de diferente tamaño en las manijas de la tenaza. Los compresores de resorte de tipo tenaza le permiten girar el pistón con una mano y golpetearlo para que calce en el orificio del cilindro con el mango de un martillo.

El compresor de anillos de tipo banda (vea la ilustración) es el más económico de los dos y funciona en una variedad de tamaños de pistón, pero es más probable que enganche los anillos.

Limpiador de ranuras de los anillos del pistón

Si vuelve a utilizar pistones usados, debe limpiarles el carbono que se acumula en las ranuras de los anillos. Esta herramienta, que

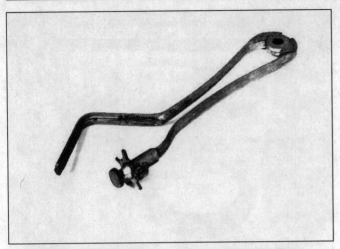

2.85 Descubrirá que a veces puede reutilizar los mismos pistones aunque los anillos deban remplazarse. Aun así, las ranuras de los pistones usados suelen estar sucias. Para limpiarlas correctamente, necesitará una herramienta de limpieza de ranuras del anillo del pistón.

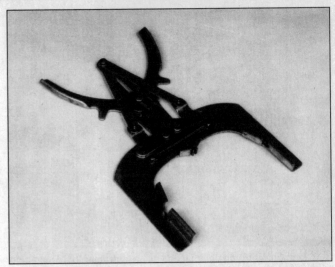

2.86 El expansor del anillo del pistón presiona el extremo del anillo alejándolo de manera que pueda separarlo sobre la corona del pistón hasta calzarlo en la ranura sin rayar el pistón ni dañar el anillo.

se ve muy extraña, **(vea la ilustración)** posee una broca de corte que extrae ese material.

Expansor del anillo del pistón

Esta herramienta tipo tenaza **(vea la ilustración)** presiona el extremo del anillo alejándolo de manera que pueda separarlo sobre la corona del pistón hasta calzarlo en la ranura.

Compresor del resorte de válvula

El compresor del resorte de válvula **(vea la ilustración)** comprime el resorte de la válvula para que pueda quitar el seguro y el retenedor. Para el reacondicionamiento del motor, si puede costearlo, compre una abrazadera tipo C que está diseñada para liberar el resorte del cabezal cuando sale del motor. Las de tipo más económico también funcionan, pero requieren más tiempo para la misma tarea.

Herramientas de medición de precisión

Piense en las herramientas de la siguiente lista como el último paso para completar su colección de herramientas. Si está planeando reconstruir un motor, es probable que ya haya acumulado todos los destornilladores, llaves, dados, pinzas y otras herramientas de mano de uso cotidiano que pueda necesitar. También es probable que haya recolectado todas las herramientas con fines específicos necesarias para ajustar y mantener el motor que usted tiene. Ahora es momento de reunir las cosas que va a necesitar para tomar sus propias mediciones cuando reconstruya el motor.

La estrategia del fondo común de herramientas

Si está leyendo este libro, es posible que sea un amante de los motores, pero la reconstrucción de motores no es su vida... es un pasatiempo. Tal vez solo quiera ahorrar un poco de dinero, divertirse y aprender algo acerca de la reconstrucción de motores. Si esa descripción se adapta a su nivel de compromiso con esta tarea, considere la posibilidad de compartir herramientas con un amigo o vecino que quiera reconstruir motores pero que no quiera gastar mucho dinero. Por ejemplo, usted puede comprar un juego de micrómetros y la otra persona puede comprar un indicador de esfera y un juego de calibres de orificios pequeños.

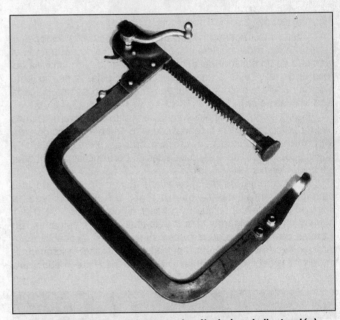

2.87 El compresor del resorte de válvula (vea la ilustración) comprime el resorte de la válvula para que pueda quitar el seguro y el retenedor. La abrazadera en C (imagen) abarca toda la parte inferior del cabezal y empuja contra la válvula a medida que comprime el resorte.

Comience por lo básico

Sería genial poder tener todas las herramientas de medición de precisión que se indican aquí, pero en realidad no necesita un baúl de mecánico repleto de exóticos calibradores y micrómetros. Generalmente, puede comenzar tranquilamente con nada más que un juego de galgas, masilla y Plastigage. Incluso la mayoría de los constructores profesionales de motores solo utilizan tres herramientas el 95% del tiempo: un micrómetro externo de una pulgada, un indicador de esfera y un calibrador de esfera de seis pulgadas. De manera que comience su colección con estos tres elementos.

2.88 El micrómetro de una pulgada es un instrumento de medición de precisión esencial para determinar las dimensiones de un pasador cilíndrico, de la laminilla de un resorte de válvula, de las arandelas de empuje, etc.

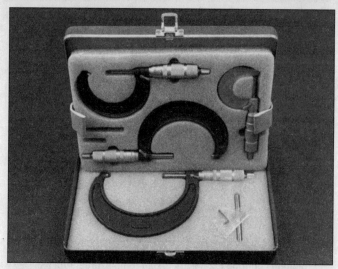

2.89 Adquiera un juego de micrómetros de buena calidad si puede permitírselo, el juego tiene cuatro micrómetros de tamaños que varían de una a cuatro pulgadas.

Micrómetros

Cuando se reconstruye un motor, es necesario conocer el espesor exacto de muchas piezas medibles. Ya sea que mida el diámetro de un pasador del pistón o el espesor de una laminilla del resorte de la válvula o una arandela de empuje, la herramienta elegida debe ser el confiable micrómetro externo de una pulgada (**vea la ilustración**).

Insista en obtener una exactitud dentro de unas diez milésimas de una pulgada (0.0001 pulgadas) cuando compre un micrómetro. Probablemente nunca necesite ese tipo de precisión, pero la posición decimal extra le ayudará a decidir para qué lado redondear una medición cercana.

Los micrómetros de alta calidad tienen un rango de una pulgada. Eventualmente, querrá tener un conjunto (**vea la ilustración**) que cubra cuatro o hasta cinco rangos: de 0 a 1 pulgada, 1 a 2 pulgadas, 2 a 3 pulgadas y 3 a 4 pulgadas. En motores de 340 pulgadas cúbicas o más grandes, probablemente también necesite uno de 4 a 5 pulgadas. Estos cinco micrómetros miden el grosor de cualquier pieza que necesite medir para reconstruir un motor. No hace falta que salga corriendo a comprar los cinco conjuntos de una vez. Comience con el de 1 pulgada y luego, cuando tenga el dinero, compre el del tamaño siguiente que necesite (3 a 4 pulgadas o 4 a 5 pulgadas son buenas opciones de la segunda adquisición para medir diámetros de pistones).

Los micrómetros digitales (**vea la ilustración**) son más fáciles de leer que los micrómetros convencionales pero son igual de precisos y, finalmente, están comenzando a ser más asequibles. Si se no siente cómodo con un micrómetro convencional (**ver barra lateral**), compre uno digital.

A menos que no los vaya a utilizar con mucha frecuencia, no considere los micrómetros con yunques intercambiables (**vea la ilustración**). En teoría, una de estas bellezas puede hacer el trabajo de cinco o seis micrómetros de un solo rango. El problema es que es complicado usarlos para medir piezas pequeñas, y cambiar los yunques es un fastidio.

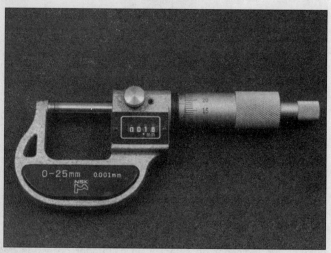

2.90 Los micrómetros digitales son más fáciles de leer que los micrómetros convencionales pero son igual de precisos.

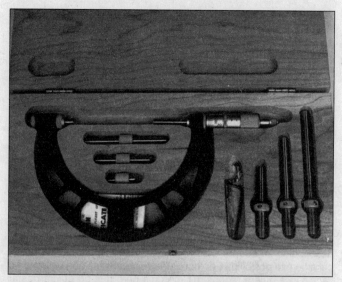

2.91 Evite los "juegos" de micrómetros con yunques intercambiables, son difíciles de usar para medir piezas pequeñas y cambiar los yunques es un fastidio.

Cómo leer un micrómetro

El micrómetro externo es sin lugar a dudas la herramienta de medición de precisión que más se utiliza. Puede usarse para hacer una variedad de mediciones sumamente precisas sin muchas posibilidades de error por lecturas erróneas, un problema relacionado con otros instrumentos de medición, como los calibradores vernier.

Al igual que cualquier calibrador deslizante, el micrómetro externo usa el "doble contacto" de su husillo y yunque **(vea la ilustración)** tocando el objeto a medir para determinar las dimensiones de ese objeto. Sin embargo, a diferencia de un calibrador, el micrómetro también cuenta con un tornillo de ajuste de precisión único que puede leerse con mucha más precisión que los calibradores.

¿Por qué este tornillo de ajuste es tan preciso? Porque hace muchos años los fabricantes de herramientas descubrieron que un tornillo con 40 roscas maquinadas a la pulgada avanzaría un cuarentavo (0.025) de una pulgada con cada vuelta completa. Las roscas del tornillo en el husillo giran dentro de una tuerca fija oculta por una camisa.

En un micrómetro de una pulgada, esta camisa está grabada longitudinalmente con exactamente 40 líneas a la pulgada, para corresponderse con la cantidad de roscas en el husillo. Cada cuarta línea se hace más larga y se numera un décimo de pulgada, dos décimos, etc. Las líneas restantes a menudo están escalonadas para facilitar la lectura.

El tambor (el cilindro que se mueve hacia arriba y abajo del manguito a medida que gira) está dividido en 25 divisiones alrededor de la circunferencia de su borde biselado, y está numerado de cero a 25. Cierre el husillo del micrómetro hasta que toque el yunque: no debería ver nada más que la línea cero en el manguito al lado del borde biselado del tambor. Y la línea cero del tambor debe estar alineada con la línea horizontal (o axial) en la camisa. Recuerde: cada vuelta completa del husillo de cero a cero avanza o retrae el husillo un cuarentavo o 0.025 pulgadas. Por lo tanto, si gira el tambor desde cero en el borde biselado a la primera

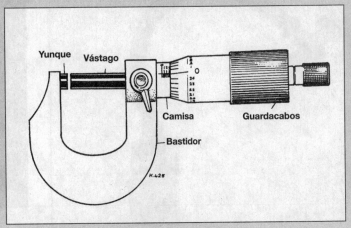

2.92 Este diagrama de un micrómetro típico de una pulgada muestra sus componentes principales.

graduación, moverá el vástago 1/25 de 1/40, o 1/25 de 25/1000, que equivale a 1/1000 o 0.001 pulgadas.

Recuerde: cada graduación numerada en el manguito representa 0.1 pulgadas, cada una de las otras graduaciones del manguito representa 0.025 pulgadas y cada graduación en el tambor representa 0.001 pulgadas. Recuerde esos tres datos y ya estará a mitad del camino.

Por ejemplo: suponga que la línea 4 está visible en el manguito. Esto representa 0.400 pulgadas. Luego supongamos que se muestran tres líneas adicionales (las más cortas sin números). Estas marcas tienen un valor de 0.025 pulgadas cada una, o 0.075 pulgadas. Finalmente, hay también dos marcas en el borde biselado del tambor más allá de la marca cero, cada una de 0.001 pulgadas, o un total de 0.002 pulgadas. Sumamos todo y obtenemos 0.400 más 0.075 más 0.002, que equivale a 0.477 pulgadas.

Algunos principiantes utilizan la analogía "dólares, cuartos y centavos" para simplificar la lectura de un micrómetro. ¡Sume los dólares y el cambio, luego coloque un punto decimal en lugar del signo dólar en frente de la suma!

Indicadores de esfera

El indicador de esfera **(vea la ilustración)** es otro pilar fundamental de medición. Es indispensable para graduar un árbol de levas, para medir la válvula de elevación, los espacios libres en la cubierta del pistón, el juego libre del cigüeñal y todos los tipos de medidas pequeñas. Asegúrese de que el indicador de esfera que compre tenga una sonda con al menos una pulgada de desplazamiento, graduada en incrementos de 0.001 pulgadas. Y adquiera una amplia variedad de extensiones de sonda hasta de seis pulgadas de longitud. A veces, necesitará enroscar varias extensiones para llegar a áreas de difícil acceso, como los orificios de la varilla de empuje.

Compre un juego de indicadores de cuadrante que incluya un

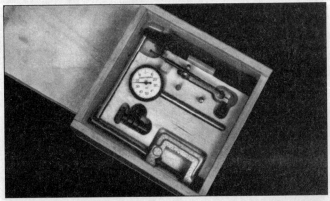

2.93 El indicador de esfera es indispensable para graduar un árbol de levas, para medir la válvula de elevación, los espacios libres en la cubierta del pistón, el juego libre del cigüeñal y una variedad de diferentes mediciones necesarias.

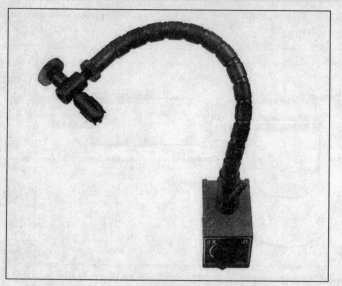

2.94 Adquiera un dispositivo flexible y ajustable como este, y una base magnética para asegurar la máxima versatilidad de su indicador de esfera.

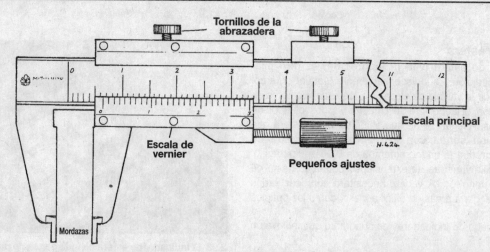

2.95 Este indicador de esfera está diseñado para medir la profundidad, como la cubierta cuando el pistón está por debajo de la superficie del bloque. Con un puente con forma de U (la base que se muestra es extraíble) puede medir la altura de la cubierta de los pistones que sobresalen por encima de la cubierta (los puentes con forma de U también son útiles para comprobar la planicidad de un bloque o de la culata del cilindro).

accesorio flexible y un soporte magnético **(vea la ilustración)**. Si el modelo que compra no tiene una base magnética, adquiera una por separado. Asegúrese de que el imán sea lo suficientemente fuerte. Si un imán débil se afloja y el indicador de esfera cae sobre un piso de hormigón, no hay dudas de que se romperá. Asegúrese de que el brazo que conecta el indicador de esfera con el accesorio flexible sea resistente y que las abrazaderas de cierre sean fáciles de operar.

Algunos indicadores de esfera están diseñados para medir profundidad **(vea la ilustración)**. Tienen una base desmontable que se monta sobre un orificio. Esta configuración resulta indispensable para medir la altura de la cubierta cuando el pistón está por debajo de la superficie del bloque. Para medir la altura de la cubierta de los pistones que sobresalen por encima de cubierta, también necesitará un puente con forma de U para el indicador de esfera. El puente se usa también para medir la planicidad del bloque o la culata del cilindro.

Calibradores

Los calibradores Vernier **(vea la ilustración)** no son tan precisos como un micrómetro, pero son útiles para las mediciones rápidas y son relativamente económicos. La mayoría de los calibradores tienen mordazas interiores y exteriores, de manera que puede medir el diámetro interior de un orificio o el diámetro exterior de una pieza.

Los calibradores de mejor calidad tienen un protector guardapolvos sobre la cremallera engranada que gira la esfera para evitar que las partículas de metal atasquen el mecanismo. Asegúrese de que no haya holgura en la mordaza móvil. Para verificar, coloque un fragmento delgado de metal entre las mordazas y mida su espesor con el metal cerca de la cremallera, luego hacia afuera cerca de las puntas de las mordazas. Compare las dos mediciones. Si varían en más de 0.001 pulgada, observe otro calibrador: el mecanismo de las mordazas se está desviando.

2.96 Los calibradores vernier no son tan precisos como los micrómetros, pero son de gran utilidad para mediciones rápidas. Son relativamente poco costosos, y son versátiles ya que tienen mordazas que pueden medir dimensiones internas y externas.

2.97 Los calibradores de esfera son mucho más fáciles de leer que los calibradores vernier convencionales, particularmente si su vista no es tan buena como antes.

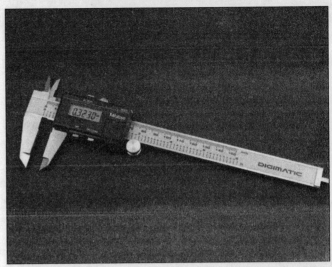

2.98 Los calibradores más nuevos tienen una lectura digital que es incluso más fácil de leer que un calibrador de esfera, otra ventaja de los calibradores digitales es que tienen un pequeño microchip que les permite convertir instantáneamente dimensiones de pulgada al sistema métrico.

Si tiene la vista cansada, o si no ve a la perfección, los calibradores vernier pueden ser difíciles de leer. Los calibradores de esfera **(vea la ilustración)** son una mejor opción. Los calibradores de esfera combinan las capacidades de medición de los micrómetros con la conveniencia de los indicadores de esfera. Dado que son mucho más fáciles de leer rápidamente que los calibradores vernier, son ideales para tomar mediciones rápidas cuando no es necesaria una precisión absoluta. Al igual que los calibradores vernier convencionales, tienen mordazas interiores y exteriores que le permiten determinar rápidamente el diámetro de un orificio o de una pieza. Obtenga un calibrador de esfera de seis pulgadas, graduado en incrementos de 0.001 pulgadas.

Los calibradores más nuevos **(vea la ilustración)** tienen una pantalla LCD digital que indica las dimensiones tanto en pulgadas como en el sistema métrico. Si puede comprarse uno, es la configuración de último momento.

Cómo leer un calibrador vernier

En la mitad inferior de la viga principal, cada pulgada se divide en diez incrementos numerados, o décimas (0.100 pulgadas, 0.200 pulgadas, etc.). Cada décima se divide en cuatro incrementos de 0.025 pulgadas cada una. La escala vernier tiene 25 incrementos, cada uno representa una milésima (0.001) de una pulgada.

Primero lea la cantidad de pulgadas, luego lea el número de las décimas. Añada a esto 0.025 pulgadas; para cada graduación adicional. Utilizando la escala vernier inglesa, determine qué graduación del vernier se alinea exactamente con una graduación en la viga principal. Esta graduación vernier es la cantidad de milésimas que deben agregarse a las lecturas anteriores.

Por ejemplo, suponiendo que:

1) La cantidad de pulgadas es cero, o 0.000 pulgadas;
2) La cantidad de décimas es 4, o 0.400 pulgadas;
3) La cantidad de 0.025 es 2, o 0.050 pulgadas; y
4) La graduación vernier que se alinea con una graduación en la viga principal es 15 o 0.015 pulgadas.
5) Súmelos:
   0.000
   0.400
   0.050
   0.015
6) Y obtiene:
   0.46 pulgadas

¡Eso es todo!

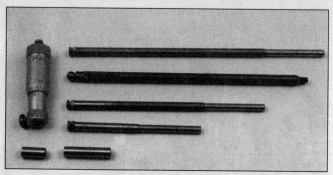

2.99 Los micrómetros internos son prácticos para medir orificios con una precisión milimétrica.

2.100 Los calibres telescópicos acoplables se utilizan para medir los orificios más pequeños: simplemente insértelos en el orificio y gire la manija estriada para liberar las sondas con carga de resorte, que se extienden hasta las paredes del orificio, gire la manija hacia el otro lado y trabe las sondas en la posición. Por último, retire el medidor y mida la longitud desde la punta de una sonda hasta la punta de la otra sonda con el micrómetro.

Micrómetros internos

Los orificios del cilindro, los orificios del rodamiento principal, los extremos grandes de la varilla de conexión, las guías de las válvulas... Los motores de automóviles tienen muchos orificios que se deben medir con una precisión milimétrica. Los micrómetros internos **(vea la ilustración)** se utilizan para este trabajo. Un micrómetro interno se lee igual que un micrómetro externo. Pero se requiere más habilidad para obtener una lectura precisa.

Para medir con exactitud el diámetro de un orificio, debe identificar la parte más ancha del orificio. Esto incluye extender el micrómetro balanceándolo lateralmente y de abajo hacia arriba. Cuando el micrómetro se ajuste correctamente, debe poder retirarlo del orificio con un ligero jalón. Si el micrómetro queda suelto o se traba cuando lo jala, la lectura no será exacta.

Los micrómetros internos, cuando están totalmente cerrados, pueden medir orificios de hasta una pulgada de diámetro. Las extensiones o separadores se agregan cuando se desea medir orificios más grandes.

Los calibres telescópicos acoplables **(vea la ilustración)** se utilizan para medir los orificios más pequeños. Simplemente insértelos en el orificio y gire la manija estriada para liberar las sondas con carga de resorte, que se extienden hasta las paredes

del orificio, gire la manija hacia el otro lado y trabe las sondas en la posición. Por último, retire el medidor. Asegúrese de que el calibre se retire del orificio, midiendo el ancho con un micrómetro externo.

Para medir orificios muy pequeños, como las guías de las válvulas, necesitará un conjunto de calibres para medir orificios pequeños **(vea la ilustración)**. Funcionan del mismo modo que los calibres telescópicos acoplables pero, en vez de tener sondas de carga de resorte, tienen bridas de expansión en el extremo que se pueden atornillar y desatornillar mediante una manija roscada.

Medidor de cuadrante para orificios

El medidor de cuadrante para orificios **(vea la ilustración)** es más exacto y fácil de usar, pero más costoso que el micrómetro interno. Se usa para comprobar la redondez del cilindro y los orificios del rodamiento en los asientos de los rodamientos

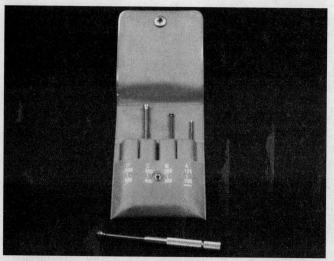

2.101 Para medir orificios muy pequeños, como las guías de las válvulas, necesitará un conjunto de calibres para medir orificios pequeños: para usarlos, insértelos en el orificio, gire la manija estriada hasta extender las bridas hasta que hagan tope contra las paredes del orificio, retire el calibre y mida el ancho del calibre en las bridas con un micrómetro.

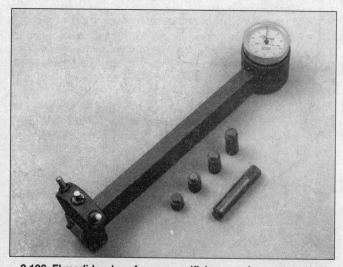

2.102 El medidor de esfera para orificios es más exacto y fácil de usar que un micrómetro interno o los calibres telescópicos acoplables, pero más costoso. Mediante varias extensiones, la mayoría de medidores de esfera tiene un rango de medición desde apenas más de una pulgada hasta seis pulgadas o más.

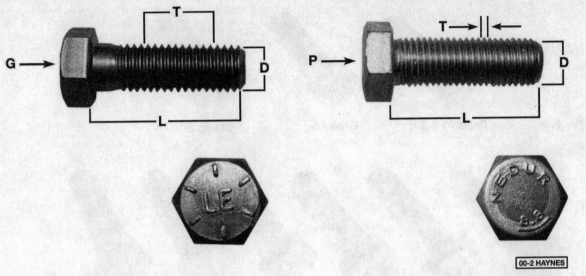

2.103 Dimensiones/marcas de grado estándar (SAE y USS) de pernos

G   Marcas de grado (fuerza del perno)
L   Largo (en pulgadas)
T   Espacio roscado (cantidad de roscas por pulgada)
D   Diámetro nominal (en pulgadas)

Dimensiones/marcas de grado métricas de pernos

P   Clase de propiedad (fuerza del perno)
L   Largo (en milímetros)
T   Espacio roscado (distancia entre las roscas en milímetros)
D   Diámetro

principales y las bielas. Use varias extensiones: la mayoría de los medidores de cuadrante de orificios tienen un rango de apenas más de 1 pulgada de diámetro hasta 6 pulgadas o más. A diferencia de los micrómetros externos con yunques intercambiables, la precisión de los medidores de orificios con extensiones intercambiables no se ve afectada. Hay medidores de orificios con una precisión de hasta 0.0001 pulgada, pero son muy costosos y difíciles de conseguir. La mayoría de los medidores de orificios se gradúan en incrementos de 0.0005 pulgadas. Si los usa correctamente, este nivel de precisión es más que adecuado.

Almacenamiento y cuidado de las herramientas

Las herramientas buenas son costosas, por lo tanto, trátelas bien. Una vez que termine de usar sus herramientas, quíteles cualquier suciedad, grasa o fragmentos de metal y guárdelas. No deje las herramientas dispersas en el área de trabajo. Las herramientas de mano de uso general, como destornilladores, pinzas, llaves y dados, pueden colgarse en un panel sobre la pared o guardarse en una caja de herramientas. Guarde los instrumentos de medición de precisión, como medidores, contadores, etc. en una caja de herramientas para protegerlos del polvo, la suciedad, los fragmentos de metal y la humedad.

Sujetadores

Los sujetadores (tuercas, pernos y tornillos) mantienen las piezas unidas. Mantenga los siguientes puntos en mente al trabajar con sujetadores: Todos los sujetadores roscados tienen que estar limpios y rectos, las roscas deben estar sanas y las esquinas de la cabeza hexagonal donde calza la llave no deben estar redondeadas. Adquiera el hábito de remplazar las tuercas y pernos dañados por pernos y tuercas nuevos. Casi todos los sujetadores tienen un dispositivo de cierre de algún tipo, ya sea una arandela de seguridad, una tuerca de seguridad cierre, una lengüeta

de seguridad o una rosca adhesiva. No vuelva a utilizar las tuercas de seguridad con insertos de nailon o fibra. Una vez que se las extrajo, pierden la capacidad de seguridad. Instale tuercas de seguridad nuevas.

Cuando quite arandelas planas y arandelas de seguridad de un conjunto, debe volver a colocarlas exactamente como las quitó. Reemplace cualquier arandela dañada por una nueva. Nunca utilice una arandela de seguridad en ninguna superficie de metal blando (como el aluminio), hoja metálica fina o plástico.

Aplique penetrante a las tuercas y pernos oxidados para aflojarlos y evitar roturas. Algunos mecánicos utilizan aguarrás en una lata de aceite con pico, ya que funciona bastante bien. Después de aplicar el penetrante de óxido, déjelo trabajar por unos minutos antes de intentar aflojar la tuerca o perno. Los sujetadores que estén muy oxidados tendrán que ser cincelados, recortados o quitados con una herramienta especial para romper tuercas, disponible en tiendas de herramientas.

Si un perno o perno prisionero se rompe en un conjunto, puede perforarlo o quitarlo con una herramienta especial, comúnmente disponible para este propósito. La mayoría de las tiendas de maquinado de automóviles pueden realizar esta tarea y otros procedimientos de reparación, como la reparación de orificios roscados que se han quedado sin revestimiento.

Tamaños de sujetadores

Debido una gran cantidad de razones, los fabricantes de automóviles están utilizando sujetadores métricos cada vez más anchos. Por esto es importante poder diferenciar entre herramientas estándar (a veces llamadas USS o SAE) y métricas, ya que no se pueden intercambiar.

Todos los pernos, sean estándar o de sistema métrico, se dimensionan de acuerdo con su diámetro, el espacio roscado y la longitud **(vea la ilustración)** . Por ejemplo, un perno estándar de 1/2 - 13 x 1 tiene 1/2 pulgada de diámetro, 13 roscas por pulgada y 1 pulgada de largo. Un perno métrico M12 - 1.75 x 25 tiene un diámetro de 12 mm, un espacio roscado de 1.75 mm (la distancia

Grado 1 o 2   Grado 5   Grado 8

2.104 Marcas de fuerza del perno (arriba - estándar/ SAE; abajo - métrico)

entre las roscas) y 25 mm de largo. Los dos pernos son casi idénticos y es fácil confundirlos, pero no se pueden intercambiar.

Además de las diferencias en diámetro, espacio roscado y longitud, los pernos métricos y estándar se pueden distinguir examinando sus cabezas. La distancia de un lado a otro de las caras planas de un perno estándar se mide en pulgadas, mientras que la misma dimensión en los pernos métricos se mide en milímetros. De modo que no debe utilizar una llave estándar en un perno métrico, ni viceversa.

La mayoría de los pernos estándar tienen cortes hacia afuera desde el centro del cabezal **(vea la ilustración 2.104)** para denotar el grado y la fuerza del perno, que es una indicación de la cantidad de torque que se le puede aplicar. A mayor cantidad de cortes, mayor fuerza tiene el perno. En automóviles normalmente se utilizan de grados 0 a 8. Los pernos métricos tienen un número de clase de propiedad (grado), en vez de cortes, marcado en las cabezas para indicar su fuerza. En este caso, mientras más alto el número, más

fuerte es el perno. En automóviles, normalmente se utilizan los números de clase de propiedades 8.8, 9.8 y 10.9.

Las marcas de fuerza también se pueden utilizar para distinguir las tuercas hexagonales estándar y métricas. Muchas tuercas estándar tienen puntos estampados en un lado, mientras que las tuercas métricas están marcadas con números **(vea la ilustración)**. Mientras más cantidad de puntos, o mayor número, mayor es la fuerza de la tuerca.

Los pernos prisioneros métricos también están marcados en sus extremos **(vea la ilustración)** de acuerdo a la clase de propiedad (grado. Los pernos prisioneros más grandes están numerados (al igual que los pernos métricos), mientras que los pernos prisioneros más pequeños tienen un código geométrico para denotar el grado.

Debe tener en cuenta que muchos sujetadores, especialmente los de grado 0 a 2, no tienen marcas que los distingan. Cuando este sea el caso, la única forma de determinar si es estándar o

Grado	Identificación
Tuerca hexagonal, grado 5	3 Puntos
Tuerca hexagonal, grado 8	6 Puntos

Grado	Identificación
Tuerca hexagonal, clase de propiedad 9	Árabe 9
Tuerca hexagonal, clase de propiedad 10	Árabe 10

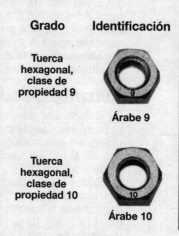

Clase 10.9   Clase 9.8   Clase 8.8

00-1 HAYNES

2.105a Marcas de fuerza de una tuerca hexagonal estándar

2.105b Marcas de fuerza de la tuerca métrica

2.106 Marcas de fuerza del perno prisionero métrico

métrico es medir el espacio roscado o compararlo con un sujetador identificado del mismo tamaño.

A los sujetadores estándar, normalmente se los conoce como SAE para diferenciarlos de los métricos. Sin embargo, debe tener en cuenta que SAE técnicamente se refiere sólo a sujetadores no métricos con rosca delgada. Los sujetadores no métricos gruesos se conocen como de tamaños US.

Como los sujetadores del mismo tamaño (tanto estándar como métricos) pueden tener distintos valores de fuerza, asegúrese de volver a colocar cualquier perno, perno prisionero o tuerca en su ubicación original. También, cuando remplace un sujetador por uno nuevo, asegúrese de que el nuevo tenga un valor de fuerza igual o mayor al original.

Secuencias y procedimientos de apriete

La mayoría de los sujetadores roscados se deben ajustar a un valor de torque específico (**vea las tablas adjuntas**). El torque es la fuerza de torsión que se aplica a un componente roscado, como una tuerca o un perno. Apretar de más el sujetador puede debilitarlo y romperlo, mientras que apretarlo de menos puede hacer que eventualmente se afloje. Los pernos, tornillos y pernos prisioneros, dependiendo del material del que sean y sus diámetros de rosca, tienen valores de torque específicos, muchos de los cuales están indicados en las Especificaciones al comienzo de cada capítulo.

Asegúrese de seguir atentamente las recomendaciones de torque. Para aquellos sujetadores que no tienen asignado un torque específico, mostramos un cuadro de valores de torque generales como guía. Estos valores de torque son para sujetadores secos (sin lubricar) que se enroscan dentro de acero o hierro fundido (no aluminio). Como se mencionó anteriormente, el tamaño y grado de un sujetador determina la cantidad de torque que puede aplicarle con seguridad. Los números indicados aquí son para sujetadores de aproximadamente grados 2 y 3. Grados mayores pueden tolerar valores de torque mayores.

Si los sujetadores se distribuyen en un patrón, como los pernos de la bomba de aceite, los pernos de la bandeja de aceite, los pernos del cuerpo de la válvula, etc., estos deben aflojarse o apretarse en secuencia para evitar deformar el componente. Cuando sea importante, le mostraremos esta secuencia. Si un patrón específico no es tan importante, la siguiente guía de reglas generales evitará el desgaste.

Primero, instale los pernos o las tuercas manualmente. Luego ajuste cada uno una vuelta completa, en un patrón entrelazado o diagonal. Luego regrese al primero y, siguiendo el mismo patrón, ajústelos a todos una media vuelta. Finalmente, apriete cada uno un cuarto de giro a la vez hasta que cada sujetador esté al torque adecuado. Para aflojar y quitar los sujetadores, debe hacer este procedimiento al revés.

Tamaños métricos de las roscas	ft-lb	Nm
M-6	6 a 9	9 a 12
M-8	14 a 21	19 a 28
M-10	28 a 40	38 a 54
M-12	50 a 71	68 a 96
M-14	80 a 140	109 a 154

Tamaños de rosca de los tubos		
1/8	5 a 8	7 a 10
1/4	12 a 18	17 a 24
3/8	22 a 33	30 a 47
1/2	25 a 35	34 a 47

U.S. Tamaño de rosca		
1/4 – 20	6 a 9	9 a 12
5/16 –18	12 a 18	17 a 24
5/16 – 24	14 a 20	19 a 27
3/8 – 16	22 a 32	30 a 43
3/8 – 24	27 a 38	37 a 51
7/16 – 14	40 a 55	55 a 74
7/16 – 20	40 a 60	55 a 81
1/2 – 13	55 a 80	75 a 108

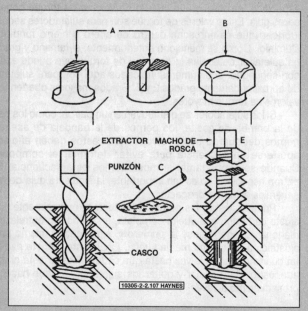

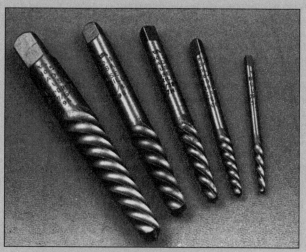

2.108 Surtido típico de extractores de fácil extracción (E-Z-Out)

2.107 Hay varias formas de remover un sujetador roto.

A   Límelo o encájelo
B   Suelde una tuerca
C   Use un punzón para desenroscarlo
D   Utilice un extractor de tornillos (como un E-Z-Out)
E   Use un macho de rosca para remover el casco

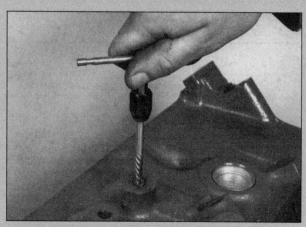

2.109 Cuando enrosque el extractor de fácil extracción (E-Z-Out), asegúrese de que esté centrado correctamente.

Cómo quitar los sujetadores rotos

Tarde o temprano, se le romperá un perno dentro del orificio roscado. Existen varias maneras para quitarlo. Antes de comprar un costoso juego de extractores, pruebe primero alguno de los siguientes métodos más económicos.

Primero, independientemente de cuál de los siguientes métodos use, asegúrese de utilizar aceite penetrante. El aceite penetrante es un aceite especial liviano con excelente poder de penetración para liberar los sujetadores sucios y oxidados. Pero también funciona bien en los sujetadores rotos excesivamente ajustados.

Si una parte suficiente del sujetador sobresale del orificio y no está demasiado ajustado, con frecuencia puede quitarlo con las tenazas Vise-grips o una llave para tubos pequeña. Si eso no funciona, o si el sujetador no proporciona suficiente agarre para las tenazas o una llave, trate de rellenarlo para usar una llave, o corte una ranura sobre el mismo para usar un destornillador **(vea la ilustración)** .Si aún así no puede quitarlo, y si sabe cómo soldar, pruebe soldar una pieza plana de acero, o una tuerca, a la parte superior del sujetador roto. Si el sujetador está partido a nivel de, o por debajo de la parte superior de su orificio, trate de quitarlo golpeando con un punzón afilado pequeño. Si esto no funciona, intente taladrar el sujetador roto con una broca apenas más pequeña que el diámetro interior del orificio. Por ejemplo, si el orificio tiene un diámetro de 1/2 pulgadas, utilice una broca de 15/32 pulgadas. Esto deja un revestimiento que puede quitar con un cincel filoso.

Si ESTO no funciona, tendrá que recurrir a algún tipo de extractor de tornillos, como uno de fácil extracción **(vea la ilustración)** .

Los extractores de tornillos se venden en juegos que pueden extraer pernos o pernos prisioneros de 1/4 pulgadas a 1 pulgada. La mayoría de los extractores están hechos de acero de alta calidad acanalado y ahusado. Para utilizar un extractor de tornillo, perfore un orificio ligeramente más pequeño que el diámetro externo del extractor que va a utilizar (los juegos de extractores incluyen las recomendaciones del fabricante para el tamaño de broca que se debe utilizar con cada tamaño de extractor). Luego, enrosque el extractor **(vea la ilustración)** y retírelo, junto con el sujetador roto. Los extractores están roscados de manera inversa, de manera que no desenroscarán cuando los saque.

Un consejo: aunque un extractor E-Z-Out (de fácil extracción) generalmente le salvará el pellejo, también puede ocasionar más daño si usted es descuidado o torpe. Taladrar el orificio para el extractor descentrado, o con una broca demasiado pequeña o demasiado grande para el tamaño del sujetador que desea quitar solo empeorará las cosas. ¡Así que tenga cuidado!

Cómo reparar las roscas dañadas

Algunas veces, las roscas internas de un orificio de tuerca o perno se pueden dañar, normalmente por apretarlas de más. Las roscas dañadas son un problema recurrente, especialmente cuando se trabaja con piezas de aluminio, ya que el aluminio es tan blando que se daña con facilidad. Las bujías demasiado ajustadas son otra causa común de daños en las roscas.

Normalmente, las roscas externas o internas sólo se dañan parcialmente. Después de limpiarlas con un roscador o matriz, siguen funcionando. Sin embargo, a veces las roscas se dañan gravemente. Cuando esto sucede, tiene tres opciones:

1) *Taladre y haga un orificio roscado con el siguiente tamaño conveniente e instale un perno, tornillo o perno prisionero de mayor diámetro.*

2) *Taladre y haga un orificio roscado para que entre un tapón roscado, luego taladre y rosque el tapón para el tamaño del tornillo original. También puede comprar un tapón ya roscado para el tamaño original. Luego, sólo taladre un orificio del tamaño especificado, coloque el tapón roscado en él con un perno y contratuerca. Una vez que el tapón esté completamente asentado, quite la contratuerca y el perno.*

3) *El tercer método utiliza un kit de reparación de roscas como Heli-Coil o Slimsert. Estos kits fáciles de usar están diseñados para reparar roscas dañadas en orificios de las bujías, agujeros pasantes*

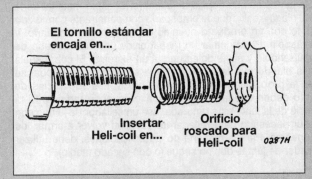

El tornillo estándar encaja en...

Insertar Heli-coil en...

Orificio roscado para Heli-coil

0287H

2.110 Para instalar el muelle Heli-Coil, perfore un agujero, golpéelo suavemente con la tapa a rosca incorporada y enrósquelo en el muelle Heli-Coil.

y agujeros ciegos. Ambos están disponibles como kits capaces de manejar una variedad de tamaños y patrones de rosca. Taladre el orificio, luego rósquelo con el roscador especial incluido. Instale el Heli-Coil (vea la ilustración) y el orificio estará en su diámetro y espacio roscado original.

Sin importar el método que utilice, asegúrese de proceder tranquila y cuidadosamente. Un poco de impaciencia o falta de cuidado durante uno de estos procedimientos relativamente simples puede arruinarle el día de trabajo y costarle caro si destroza un cabezal o bloque costosos.

Desarmado de componentes

Desarme los componentes con cuidado para asegurar que el ensamble de las piezas sea el correcto. Observe la secuencia en que se quitan las piezas. Tenga en cuenta las características o marcas especiales de las piezas que pueden instalarse de más de una forma, como una arandela de empuje ranurada sobre un eje. Es una buena idea dejar las piezas desarmadas en una superficie limpia en el orden en que las quitó. También puede ser útil hacer un bosquejo o tomar fotografías instantáneas de los componentes antes de desmontarlos.

Cuando quite los sujetadores de los componentes, mantenga un registro de sus ubicaciones. Vuelva a enroscar un perno en su pieza, o coloque las arandelas y tuercas en un perno prisionero, para evitar confusiones más adelante. Si esto no es posible, coloque sujetadores en una caja de pesca o una serie de cajas pequeñas. Los moldes para pastelitos y panecillos, o una caja de huevos, son ideales para este propósito, ya que en cada cavidad se pueden guardar los pernos y tuercas de un área en particular (es decir, los pernos del colector de aceite, los de la cubierta de la válvula, los de los pernos de montaje del motor, etc). Un colector de este tipo es útil cuando trabaje en montajes con piezas muy pequeñas, como el carburador o el tren de válvulas. Marque cada cavidad con pintura o cinta para identificar su contenido.

Cuando desconecte los conectores entre dos mazos de cables, o incluso dos cables, es una buena idea identificar las dos

mitades con piezas numeradas con cinta de enmascarar, o un par de piezas que coincidan con cinta aislante de color para que pueda reconectarlas con facilidad.

Superficies de sellado de juntas

Selle las juntas de las superficies de contacto entre dos partes para evitar que se filtre lubricante, líquidos, vacío o presión. Las juntas suelen cubrirse con un sellador de juntas líquido o pastoso antes del armado. El tiempo, el calor y la presión pueden hacer que las dos piezas se peguen tan fuerte que es muy difícil separarlas. Con frecuencia, puede aflojar el conjunto golpeándolo con un martillo de superficie blanda cerca de las superficies de contacto. Puede utilizar un martillo común si coloca un bloque de madera entre el martillo y la pieza, pero no martille sobre piezas delicadas o fundidas que se puedan dañar fácilmente. Cuando no pueda extraer una pieza, fíjese si se olvidó de quitar un sujetador.

No utilice un destornillador o palanca para separar un conjunto. Se pueden dañar fácilmente las superficies de sellado de juntas de las piezas, que deben ser lisas para sellar de forma correcta. Si es absolutamente necesario hacer palanca, utilice el mango de una escoba vieja o una sección de la clavija de madera dura.

Después de separar las piezas, raspe con cuidado la junta usada y limpie la superficie de la junta. También puede retirar algunas juntas con un cepillo de alambre. Si algún material de la junta se niega a salir, puede empaparlo con penetrante para óxido o tratarlo con un producto químico especial para ablandarlo, y luego ráspelo. Puede crear un raspador de un trozo de tubo de cobre alisándolo y sacándole punta a un extremo. El cobre suele ser más blando que la superficie que se raspa, con lo cual se reduce la probabilidad de ranurar la pieza. Las superficies de contacto deben quedar limpias y suaves cuando termine. Si la superficie de la junta está ranurada, use un sellador de juntas con el grosor necesario para rellenar las rayas al volver a armar los componentes. Para la mayoría de las aplicaciones, debe utilizar un sellador de juntas que no seque (o con secado medio).

Consejos para el desmontaje de mangueras

Advertencia: *Si el vehículo está equipado con aire acondicionado, no desconecte ninguna de las mangueras del A/C sin primero hacer que despresuricen el sistema en un departamento de servicio de un concesionario o estación de servicio (Ver el Manual de aire acondicionado y calefacción automotriz de Haynes)*

Las mismas precauciones que rigen para la extracción de las juntas se aplican para las mangueras. Evite rayar o deformar la superficie con la que entra en contacto la manguera o puede causar fugas en la conexión. Analice las mangueras del radiador como ejemplo. Debido a distintas reacciones químicas, el caucho de las mangueras se puede doblar hacia la espiga metálica en la que encaja. Para quitar una manguera, primero afloje las abrazaderas que aseguran la manguera a la espiga. Luego, con tenazas para juntas deslizantes (o Channel-lock), tome la manguera por la abrazadera y gírela alrededor de la espiga. Trabaje de atrás hacia adelante hasta que esté completamente suelta, luego tire hacia afuera. Si puede aplicar silicona y otros lubricantes entre la manguera y la parte externa de la espiga, facilitará la extracción. Aplique el mismo lubricante en la parte interna de la manguera y en la parte externa de la espiga para simplificar la instalación. Snap-On y Mac Tools venden herramientas de extracción de mangueras (que se parecen a punzones de hielo curvos) que se pueden insertar entre la espiga y la manguera del radiador para separar el sello entre la goma y el metal.

Como último recurso, o si planea remplazar la manguera de todas maneras, abra la goma con una cuchilla y despéguela de la espiga. Asegúrese de no dañar la conexión metálica.

Si se rompe o daña una abrazadera de la manguera, no vuelva a utilizarla. Las abrazaderas de alambre normalmente se debilitan con el tiempo, así que es una buena idea remplazarlas por abrazaderas con tornillos cuando quite una manguera.

Químicos y lubricantes automotrices

Se encuentra disponible una amplia variedad de químicos y lubricantes, que incluyen desde solventes de limpieza y desengrasantes hasta lubricantes y aerosoles protectores para caucho, plástico y vinilo.

Limpiadores

Desengrasantes

Los desengrasantes son solventes pesados utilizados para quitar la grasa del exterior del motor y de los componentes del chasis. Generalmente se los pulveriza o cepilla. Según el tipo, se pueden enjuagar con agua o solvente.

Limpiador del carburador y del estrangulador

El limpiador del carburador y del estrangulador es un solvente fuerte para la goma, el barniz y el carbón. La mayoría de los limpiadores para carburador dejan una capa de lubricante seco que no se endurece ni se apelmaza. Por lo tanto, no utilice limpiador para carburador en los componentes eléctricos.

Limpiador eléctrico

El limpiador eléctrico quita los depósitos por oxidación, corrosión y de carbón de los contactos eléctricos, restableciendo la capacidad completa del flujo de corriente. También puede utilizarse para limpiar bujías, las boquillas del carburador, los reguladores de voltaje y otras piezas donde se necesita tener una superficie libre de aceite.

Limpiador para el sistema de frenos

El limpiador para sistemas de frenos elimina la grasa y el aceite de freno de las piezas del freno como rotores del freno de disco, donde una superficie totalmente limpia es fundamental. No deja residuos y suele eliminar el chillido de los frenos causado por contaminantes. Como no deja residuos, el limpiador para frenos también se utiliza a menudo para limpiar las piezas del motor.

Productos antihumedad

Los productos antihumedad eliminan el agua y la humedad de los componentes eléctricos, como alternadores, reguladores de voltaje, conectores eléctricos y bloques de fusibles. No son conductivos, ni corrosivos ni inflamables.

Lubricantes

Aceite para motor

El aceite para motor es el lubricante formulado para utilizar en motores. Normalmente contiene una gran variedad de aditivos para evitar la corrosión y reducir la espuma y el desgaste. El aceite para motor viene en varios pesos (valores de viscosidad) que van de 5 a 80. El peso recomendado del aceite depende de la estación, la temperatura y las demandas del motor. El aceite liviano se utiliza en climas fríos y bajo condiciones de carga liviana. El aceite pesado se utiliza en climas calientes y con cargas pesadas. Los aceites multiviscosos están diseñados para tener las características de los aceites livianos y pesados y están disponibles en una gran cantidad de pesos desde 5W-20 a 20W-50. Algunos mecánicos domésticos utilizan aceite de motor como lubricante de armado, pero no lo recomendamos. El aceite de motor tiene una viscosidad relativamente liviana, lo cual significa que las piezas se deslizarán antes de que el motor arranque.

Grasa blanca

La grasa blanca es una grasa pesada para aplicaciones de metal a metal donde haya agua. Se mantiene blanda bajo temperaturas altas y bajas (normalmente desde -100 a +190 °F) y no se lavará ni diluirá con la presencia de agua. Otro buen "pegamento" para mantener las piezas en su lugar durante el ensamble.

Grasa disipadora

La grasa disipadora de calor es una grasa que no conduce electricidad y se utiliza para montar los módulos de ignición eléctrica donde es esencial que se transfiera el calor hacia afuera del módulo.

Grasa para los rodamientos de la rueda

La grasa para los rodamientos de las ruedas es una grasa pesada que puede resistir grandes cargas y alta fricción, como los rodamientos, las rótulas, los extremos de la barra de acoplamiento y las juntas universales. También es lo suficientemente pegajosa como para sostener las piezas como los sujetadores de los retenedores de la válvula de resorte en su lugar en el vástago de la válvula al instalar los resortes.

Lubricante de armado

El lubricante de armado es un lubricante especial de presión extrema, que normalmente tiene molibdeno, utilizado para lubricar las piezas de carga pesada (como rodamientos principales y de bielas y lóbulos de leva) para el arranque inicial de un motor nuevo. Los lubricantes de armado lubrican las piezas sin que se salgan ni se laven hasta que el sistema de aceitado del motor comience a funcionar.

Lubricantes de grafito

Los lubricantes de grafito se utilizan donde no pueden usarse aceites debido a problemas de contaminación, como en seguros. El grafito seco lubrica las piezas de metal y evita la contaminación por tierra, agua, aceite o ácidos. Es un conductor eléctrico y no hará que fallen los contactos eléctricos en los seguros, como el interruptor de ignición.

Lubricantes de silicona

Los lubricantes de silicona se utilizan para proteger las piezas de caucho, plástico, vinilo y nailon.

Penetrantes de molibdeno

Los penetrantes de molibdeno aflojan y lubrican los sujetadores trabados, oxidados y corroídos y evita que se oxiden o traben en el futuro.

Selladores

Sellador anaeróbico

El sellador anaeróbico es muy parecido al RTV ya que se lo puede utilizar para sellar juntas o para formarlas. Permanece flexible, es resistente a solventes y rellena las imperfecciones de la superficie. La diferencia entre un sellador anaeróbico y uno de tipo RTV está en la curación. El RTV cura cuando se expone al aire mientras que el sellador anaeróbico sella sólo con la ausencia de aire. Esto significa que un sellador anaeróbico cura sólo después del armado de piezas, sellándolas juntas.

Sellador de roscas y tubos

El sellador de roscas y tubos se utiliza para sellar las conexiones hidráulicas y neumáticas y las líneas de vacío. Normalmente, está hecho de un compuesto de Teflón y viene en spray, líquido para pintar y como una cinta para envolver.

Sellador RTV

El sellador RTV es uno de los compuestos para juntas más usados. El RTV, hecho de silicona, es un curador por aire que sella, une, impermeabiliza, rellena las irregularidades de la superficie, permanece flexible, no se contrae, es relativamente fácil de quitar y se utiliza como un sellador suplementario con casi todas las juntas de baja y media temperatura.

Químicos

Aditivos de aceite

Los aditivos de aceite varían desde los mejoradores del índice de viscosidad hasta los tratamientos químicos que dicen reducir la fricción interna del motor. Debe tener en cuenta que la mayoría de los fabricantes de aceites advierten contra el uso de aditivos con sus aceites.

Aditivos de combustible

Los aditivos de gas tienen distintas funciones, dependiendo de su composición química. Normalmente contienen solventes que ayudan a disolver el pegamento y el barniz que se acumula en el carburador, la inyección de combustible y las piezas de admisión. También sirven para descomponer los depósitos de carbón que se forman dentro de las superficies de las cámaras de combustión. Algunos aditivos contienen lubricantes de cilindros superiores para válvulas y anillos de pistón y otros contienen químicos para eliminar la condensación del tanque de gasolina.

Compuesto antiadherente

El compuesto antiadherente evita la adhesión, las escorias, la fusión en frío, la oxidación y la corrosión de los sujetadores. El antiadherente de alta temperatura, normalmente fabricado con lubricantes de cobre y grafito, se utiliza para el sistema de escape y los pernos del múltiple de escape.

Compuestos fijadores anaeróbicos

Los compuestos fijadores anaeróbicos se utilizan para evitar que los sujetadores vibren o se aflojen y cura sólo después de la instalación, con la ausencia de aire. El compuesto fijador de resistencia media se utiliza para tuercas, pernos y tornillos pequeños que puede llegar a quitar luego. El compuesto fijador de alta resistencia es para tuercas, pernos y pernos prisioneros grandes que no se quiten regularmente.

¡Seguridad primero!

Cosas esenciales permitidas y no permitidas

Sin importar el entusiasmo que tenga por comenzar con el trabajo manual, tómese el tiempo para asegurarse de que su seguridad no peligra. La falta de atención por un instante puede resultar en un accidente y provocar un error al momento de observar ciertas precauciones de seguridad simples. La posibilidad de un accidente siempre está y no debe considerar los siguientes puntos como una lista completa de todos los peligros. Por el contrario, su intención es que tome conciencia de los riesgos y que tenga una conciencia de seguridad durante todos los trabajos que realice en su vehículo.

NO confíe en el gato cuando trabaje debajo del vehículo. Siempre utilice soportes de gato aprobados para apoyar el peso del vehículo y colóquelos debajo de los puntos de elevación o apoyo recomendados.

NO intente aflojar los sujetadores extremadamente apretados (es decir, las tuercas de orejetas de las ruedas) mientras el vehículo está sobre un gato, porque se puede caer.

NO encienda el motor sin primero asegurarse de que la transmisión esté en Neutral (o Park [estacionamiento] donde se aplique) y el freno de estacionamiento esté aplicado.

NO quite el tapón del radiador del sistema de enfriamiento caliente, déjelo enfriar o cúbralo con una tela y libere gradualmente la presión.

NO intente drenar el aceite del motor hasta que esté seguro de que se enfrió al punto en el que usted no se queme.

NO toque ninguna pieza del motor o sistema de escape hasta que se haya enfriado lo suficiente para evitar quemaduras.

NO utilice su boca para transvasar líquidos tóxicos como gasolina, anticongelante y aceite de freno, ni permita que permanezcan en su piel.

NO inhale el polvo del forro de freno o disco del embrague, es potencialmente peligroso (vea Amianto a continuación).

NO permita que el aceite o grasa derramada permanezca en el suelo, límpielo antes de que alguien se resbale.

NO utilice llaves con adaptadores flojos y otras herramientas que podrían resbalarse y causar lesiones.

NO empuje las llaves cuando afloje o apriete tuercas o pernos. Siempre intente llevar la llave hacia usted. Si la situación requiere que empuje sobre la llave, empuje con una mano abierta para evitar lastimarse los nudillos en el caso de que la llave se deslice.

NO intente levantar solo un componente pesado, pídale a alguien que lo ayude.

NO se apure ni tome atajos poco seguros para terminar el trabajo.

NO permita que haya niños o mascotas dentro o cerca del vehículo mientras usted está trabajando.

UTILICE protección para ojos cuando use herramientas eléctricas, como taladros, lijadoras, amoladoras de banco, etc. y cuando trabaje debajo del vehículo.

MANTENGA la ropa suelta y el cabello largo alejados de las piezas que se mueven.

ASEGÚRESE de que cualquier elevador que utilice tenga un valor de carga segura de trabajo adecuada para la tarea.

PÍDALE a alguien que lo controle periódicamente cuando trabaje en el vehículo estando solo.

HAGA el trabajo en una secuencia lógica y asegúrese de que todo esté correctamente armado y apretado.

MANTENGA los químicos y líquidos bien tapados y fuera del alcance de niños y mascotas.

RECUERDE que la seguridad de su vehículo afecta su seguridad y la de otros. Si tiene dudas sobre algún punto, pídale consejo a un profesional.

Amianto

Ciertos productos de fricción, aislamiento, selladores y de otro tipo, como los forros de freno, bandas de freno, forros de embrague, convertidores de torque, juntas, etc., pueden contener amianto. Debe tener un cuidado extremo para evitar la inhalación del polvo de estos productos, ya que son peligrosos para la salud. Si tiene dudas, asuma que sí contienen amianto.

Baterías

Nunca cree una chispa ni deje un foco desnudo cerca de la batería. Normalmente liberan una cierta cantidad de gas hidrógeno, que es altamente explosivo.

Siempre desconecte el cable a tierra (-) de la batería antes de trabajar en los sistemas de combustible o eléctrico.

Si es posible, afloje el tapón de llenado o cubierta cuando cargue la batería desde una fuente externa (esto no se aplica a las baterías selladas o libres de mantenimiento). No cargue la batería con un valor excesivo o puede romperse.

Tenga cuidado cuando agregue agua a una batería con mantenimiento o cuando traslade una batería. El electrolito, aunque esté diluido, es muy corrosivo y no debe permitir que entre en contacto con la ropa o la piel.

Siempre utilice protección para ojos cuando limpie la batería para evitar que los depósitos cáusticos entren en los ojos.

Corriente doméstica

Cuando utilice una herramienta eléctrica, luz de inspección, etc., que funciona con corriente doméstica, siempre asegúrese de que la herramienta esté correctamente conectada al tomacorrientes y que, donde sea necesario, tenga la descarga correcta a tierra. No utilice estos elementos si están húmedos y, nuevamente, no cree una chispa ni aplique calor excesivo cerca del combustible o los vapores del combustible.

Fuego

Recomendamos firmemente que tenga todo el tiempo un extinguidor de fuego a mano adecuado para incendios por combustible y electricidad en el garaje o taller. Nunca intente extinguir los incendios por combustible o electricidad con agua. Coloque el número de teléfono del departamento de bomberos más cercano en una ubicación visible cerca del teléfono.

Gases

Ciertos gases son altamente tóxicos y pueden dejarlo inconsciente rápidamente o incluso llevarlo a la muerte si los inhala en exceso. Los vapores de gasolina entran en esta categoría, junto con los vapores de algunos solventes de limpieza. Cualquier drenaje o vertido de estos líquidos tan volátiles deben realizarse en un área bien ventilada.

Cuando utilice líquidos y solventes de limpieza, lea cuidadosamente las instrucciones del contenedor. Nunca utilice los materiales de contenedores sin marcar.

Nunca encienda el motor en un espacio cerrado, como un garaje. Los gases del escape contienen monóxido de carbono, que es extremadamente venenoso. Si debe encender el motor, hágalo al aire libre o al menos tenga la parte trasera del vehículo fuera del área de trabajo.

Gasolina

Siempre recuerde que la gasolina es altamente inflamable. Nunca fume o tenga ningún tipo de llama abierta mientras trabaje en el vehículo. Pero el riesgo no termina allí. Una chispa causada por un cortocircuito eléctrico, por el contacto de superficies de metal, o incluso por la estática de su cuerpo en ciertas condiciones, puede encender los vapores de la gasolina, que, en lugares cerrados, son altamente explosivos. Bajo ninguna circunstancia utilice gasolina para la limpieza de las piezas. Utilice un solvente seguro aprobado. Asimismo, NO GUARDE GASOLINA EN UN RECIPIENTE DE VIDRIO, use solamente un recipiente de metal o plástico aprobado.

Siempre desconecte el cable a tierra (-) de la batería antes de trabajar con cualquier pieza del sistema de combustible o del sistema eléctrico. Nunca se arriesgue a derramar combustible sobre un componente del motor o escape caliente.

Voltaje del sistema de ignición secundario

Puede sufrir una descarga eléctrica grave si toca ciertas piezas del sistema de ignición (como los cables de bujías) cuando el motor esté encendido o girando, particularmente si los componentes están húmedos o el aislante está defectuoso. En el caso de un sistema de ignición electrónico, el voltaje del sistema secundario es mucho más alto y puede ser fatal.

Mantener la limpieza

Acostúmbrese a revisar periódicamente el taller para verificar que no haya potenciales peligros. Mantenga el área de trabajo limpia y ordenada. Barra todos los residuos y deséchelos lo antes posible. No deje las herramientas dispersas en el piso.

Tenga mucho cuidado con los trapos aceitosos. Puede producirse una combustión espontánea si se los deja dispersos en algún lugar, por lo cual deséchelos de manera adecuada en un recipiente de metal tapado.

Controle todos los equipos y herramientas para evitar riesgos a la seguridad (como cuerdas deshilachadas). Realice las reparaciones necesarias tan pronto detecte algún problema, no espere a que una unidad de estantes colapse para arreglarla.

Accidentes y emergencias

Los accidentes en un taller varían desde cortes menores y nudillos despellejados hasta lesiones graves que requieren atención médica de inmediato. Los primeros son inevitables, mientras que los últimos son, siendo optimistas, evitables o al menos infrecuentes. Piense qué haría en caso de un accidente. Capacítese en primeros auxilios y tenga un kit de primeros auxilios adecuado en algún lugar de fácil alcance.

Piense qué haría si se lastimara gravemente y quedara incapacitado. ¿Hay alguna persona cerca a quien podría llamar rápidamente? Si es posible, nunca trabaje solo por si acaso algo sale mal.

Si otra persona tuviese un accidente, ¿sabría qué hacer? Cómo actuar ante un accidente es un tema amplio y complejo, y es fácil empeorar las cosas si no tiene idea de cómo reaccionar. En lugar de tratar este tema de manera superficial, le recomendamos que compre un buen libro sobre primeros auxilios y lo lea detenidamente. O mejor aún, tome un curso sobre primeros auxilios en algún establecimiento educativo local.

Seguridad ambiental

Asegúrese por completo de que todos los materiales se almacenen, manipulen y desechen correctamente. Nunca vierta aceite, solventes ni anticongelantes usados o restantes en el desagüe ni los arroje al piso. Asimismo, no permita que los líquidos volátiles se evaporen, manténgalos en recipientes sellados. El refrigerante del aire acondicionado nunca debe expulsarse a la atmósfera. Tenga una descarga en el taller correctamente equipada y recargue el sistema.

3 Diagnóstico de problemas del motor

Información general

Este capítulo se dedica a la revisión y el diagnóstico de los motores. Un diagnóstico correcto es una parte vital de toda reparación: sin un diagnóstico correcto, la única posibilidad que tiene de resolver el problema es... ¡la casualidad!

A veces, una ligera calibración de un elemento provocará síntomas de desgaste o un motor defectuoso. Asegúrese de que el motor esté calibrado según las especificaciones del fabricante antes de comenzar con los siguientes procedimientos de diagnóstico.

Las pruebas y revisiones en este capítulo deben ayudarlo a decidir si el motor necesita un reacondicionamiento de envergadura. La información incluye consejos que abarcan desde el consumo de aceite y la pérdida de rendimiento hasta procedimientos detallados paso por paso para lectura de bujías, medición de presión de aceite y vacuómetros, resolución de ruidos del motor, medición del árbol de levas y desgaste de la cadena de sincronización hasta compresión y pruebas de fugas.

Si le preocupa el estado del motor debido a un menor rendimiento o a la economía de combustible, realice una prueba de vacío, una prueba de equilibrio de potencia y, si se indica, una prueba de compresión. Si el motor pasa estos controles, inspeccione las bujías. Los motores con mucho millaje y/o con bajo rendimiento deben también revisar la elevación del lóbulo del árbol de levas y la tensión de la cadena de sincronización. Si el motor hace ruidos anormales, realice una prueba de presión del aceite y diagnostique los ruidos. Los motores que se controlan informáticamente se pueden controlar con una herramienta de análisis para eliminar el sistema como fuente del problema.

Por último, una vez que se determinó si se debe reacondicionar o remplazar el motor, plantearemos los pros y los contra de comprar motores usados o reconstruidos o de realizar el acondicionamiento usted mismo.

Interpretación de los síntomas

No siempre es fácil determinar cuándo se debe realizar el reacondicionamiento completo de un motor, o si es necesario hacerlo, ya que se deben tener en cuenta varios factores. La pérdida de potencia, la marcha inestable, los golpes o sonidos metálicos en el motor, el ruido excesivo del tren de válvulas y los altos índices de consumo de combustible pueden indicar la necesidad de un reacondicionamiento, especialmente si son simultáneos.

El millaje alto no es necesariamente una indicación de que haga falta realizar un reacondicionamiento, mientras que un millaje bajo no excluye la necesidad de hacerlo. La frecuencia del servicio es probablemente la consideración más importante. Lo más probable es que un motor al que se le realizaron cambios regulares y frecuentes de aceite y filtro, así como otros procedimientos de mantenimiento necesarios, le brinde miles de millas de servicio confiable. Por otro lado, es posible que un motor descuidado requiera un reacondicionamiento bastante rápido.

Uno de los motivos más comunes por los cuales las personas necesitan un reacondicionamiento de un motor es por el consumo de aceite. Antes de decidir si el motor necesita un reacondicionamiento sobre la base del consumo de aceite, asegúrese de que no sean responsables de este consumo las fugas de aceite. Si estaciona el vehículo en el mismo lugar todos los días sobre el pavimento, busque manchas de aceite o grumos. Para comprobarlo con mayor precisión, coloque un gran trozo de cartón debajo del motor durante la noche. Compare el color y la textura del aceite de la varilla con los fluidos que vio debajo del vehículo para verificar que sea aceite (el líquido de la transmisión es ligeramente rojizo).

Si hay goteos evidentes, coloque el vehículo en un elevador e inspeccione cuidadosamente la parte inferior. A veces, las fugas sólo se producen con el motor en caliente, con carga o inclinado. Busque signos de fugas y goteos activos. Si detecta una fuga de aceite importante, corríjala antes de tomar una medición del consumo de aceite.

Medición del consumo de aceite

El consumo excesivo de aceite es una indicación de que los cilindros, los pistones, los anillos, los vástagos de las válvulas, los sellos y/o las guías de válvula pueden estar desgastados. Si el sistema de ventilación del cárter está bloqueado puede también ser la causa del problema.

Todos los motores usan aceite a un ritmo diferente. No obstante, si un motor utiliza un cuarto de aceite en 700 millas o menos, o emite humo visiblemente azul, definitivamente necesita reparación.

Para medir el consumo de aceite con precisión, estacione el vehículo en una superficie nivelada y apague el motor. Espere unos 15 minutos para que se drene el aceite hacia el cárter. Limpie la varilla de medición e insértela en el tubo hasta el tope. Retírela suavemente y controle el nivel antes de que el aceite pueda escaparse. Rellene el cárter exactamente hasta la marca de lleno, con el aceite de grado y viscosidad correctos y anote las millas que muestra el odómetro. Luego controle el nivel de aceite con el mismo procedimiento de control hasta que se haya consumido un cuarto del aceite, y anote las millas.

Revisiones de diagnóstico

Ruidos internos

Cada pieza móvil del vehículo puede generar ruidos. Los propietarios suelen culpar al motor de un ruido que proviene, en realidad de la transmisión o del tren de potencia.

Coloque el freno de estacionamiento y coloque la transmisión en neutral (Park [estacionamiento] en el sistema automático). Arranque el motor con el capó levantado y determine si el ruido proviene del motor. Acelere el motor ligeramente; ¿el ruido aumenta directamente con la velocidad del motor? Si parece que el ruido proviene del motor y varía junto con la velocidad del motor, es probable que sea un ruido del convertidor de torque del motor o del plato de transmisión (únicamente en caso de las transmisiones automáticas).

¿Qué tipo de ruido hace? Si es un chirrido, verifique la tensión de la correa de transmisión. Rocíe protector para correas (disponible en las tiendas de autopartes) sobre las correas; si el ruido desaparece, ajuste o remplace las correas de ser necesario. A veces es necesario quitar la correa de transmisión un instante para eliminar los accesorios del motor como fuente de ruido. Una vez que se quitó la correa y se apagó el motor, gire cada accesorio manualmente y escuche si emite ruidos. Luego, ponga en marcha el motor un instante y escuche si sigue haciendo ruido.

Determine si el sonido se produce a la velocidad del cigüeñal o a la velocidad de la mitad del cigüeñal. Si no está seguro, conecte una lámpara de sincronización a cualquiera de las bujías y escuche mientras la luz parpadea. Si el sonido se produce cada vez que la luz parpadea, se está produciendo a la velocidad de la mitad del cigüeñal. Si el ruido se oye dos veces por cada parpadeo de la luz, se produce a velocidad del cigüeñal. **Precaución:** *Manténgase alejado de los componentes del motor en movimiento cuando el motor esté funcionando.*

Los golpeteos son el tipo más común de ruidos internos de un motor. Los ruidos que se producen a velocidad del cigüeñal suelen ser causados por el cigüeñal, la biela o los rodamientos, de modo que comience a buscar en la parte más baja del motor. Los ruidos que se producen a la velocidad de la mitad del cigüeñal suelen

3.1 La mejor manera de detectar la ubicación de los ruidos del motor es con un estetoscopio mecánico.

implicar al árbol de levas, los levantaválvulas, los balancines, las válvulas, los resortes o la varilla de empuje mecánica de la bomba de combustible. Escuche estos sonidos cerca de la parte superior del motor.

Para detectar la fuente del ruido, la mejor herramienta es un estetoscopio de mecánico **(vea la ilustración)**. Si no tiene, improvise con una manguera de cuatro pies de largo apoyada en su oreja. También puede sostener la manija de un destornillador largo contra su oreja y tocar la punta en las áreas de las que sospecha.

Mueva el dispositivo de auscultación por el área hasta que el sonido se oiga más fuerte. Separe brevemente la bujía del cilindro más cercano y registre cómo afecta eso en sonido. Piense qué componentes se encuentran en el área del ruido y qué pieza podría estar generándolo.

Si el ruido se escucha en la parte superior del motor, quite la cubierta de la válvula del lado afectado y arranque el motor un instante, dejándolo en marcha mínima lenta de modo que no libere tanto aceite. Compruebe si todas las válvulas parecen estar abriéndose con la misma cantidad y si las varillas de empuje rotan suavemente, como deberían hacerlo. Presione cada balancín con el pulgar bien por encima de la válvula. Si el sonido cambia o desaparece, ha detectado en cuál cilindro está el problema. Verifique el espacio libre de la válvula (ver Capítulo 7), y luego retire el balancín y la varilla de empuje. Inspecciónelos cuidadosamente para comprobar que no estén quebrados ni desgastados. Si no detecta otros problemas, probablemente el levantaválvulas esté descompuesto. Verifique la elevación del lóbulo (que se plantea más adelante en este Capítulo) y remplace los levantaválvulas (y el árbol de levas) de ser necesario.

Si el ruido proviene de la parte inferior del motor, verifique la holgura del pistón, el pasador cilíndrico, la biela, el rodamiento principal y los ruidos en el anillo del pistón.

La holgura del pistón se escucha más fuerte si el motor está frío y se aquieta a medida que el motor se calienta. Escuche si hay un sonido seco, hueco en la pared del cilindro, apenas por debajo de la culata que desaparece o disminuye si se corta la bujía. Otra forma de comprobar es retardando lentamente la sincronización de ignición mientras va escuchado atentamente. Si desaparece o disminuye, ha descubierto al culpable.

Si sospecha que un pistón tiene un orificio, quite la varilla de medir y escuche en el orificio. Sostenga un trozo de manguera de goma entre su oreja y el tubo. Debería poder oír y sentir los gases de combustión escapando si el pistón tuviese un orificio o estuviese agrietado.

Los pasadores cilíndricos hacen un doble clic que se detecta fácilmente en marcha mínima o a baja velocidad. Puede, bastante fácilmente, determinar cuál es el que hace ruido si corta la bujía adecuada.

El rodamiento principal emite un golpeteo suave y profundo dentro del motor que suena más fuerte cuando el motor apenas arranca. También es bastante notable cuando el vehículo tiene carga pesada. Puede determinar cuál es que hace ruido si corta la bujía adyacente.

Los rodamientos de la biela golpetean más fuerte cuando se presiona el acelerador brevemente y se libera rápidamente. El ruido suele estar provocado por un excesivo desgaste del rodamiento o una presión de aceite insuficiente.

Los anillos del pistón sueltos en sus ranuras o quebrados producen un ruido vibratorio que se oye con más fuerza durante la aceleración. Esto se confirma mediante una prueba de fugas del cilindro.

Lectura de las bujías

Información general

Las bujías constituyen una especie de ventanas hacia la cámara de combustión y pueden dar mucha información sobre el funcionamiento del motor a un mecánico entendedor. La mezcla de combustible, el rango de calor, el consumo de aceite y la detonación dejan sus marcas propias en las puntas de las bujías.

Antes de comenzar con los controles, conduzca el vehículo a velocidad de carretera, dejándolo calentar bien sin marcha mínima excesiva. Apague el motor y espere a que se enfríe lo suficiente como para no quemarse al tocar los escapes del múltiple.

Verifique los cables de la bujía para comprobar si tienen los números de los cilindros inscriptos. Etiquételos si hace falta de modo que vuelva a instalar las bujías en el orden correcto.

Quite las bujías y colóquelas en orden, sobre el filtro de aire. Anote la marca y el número de las bujías **(vea la ilustración)**. Compare estos datos con las recomendaciones de fábrica para determinar si se está utilizando el tipo y el rango de calor correctos de bujía.

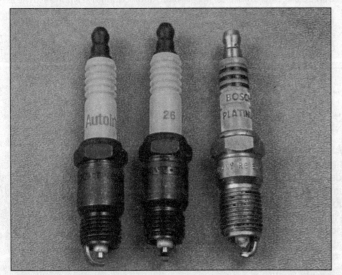

3.2 Anote la marca y el número de las bujías.

Rango de calor

Los fabricantes de bujías fabrican bujías con diferentes rangos de calor para diferentes condiciones de conducción. Los motores con mucha operación producen más calor en la cámara de combustión que los motores que se utilizan mayormente a baja velocidad. Las bujías con un rango de calor más bajo están diseñadas para transferir el calor lejos de la punta con mayor rapidez que las bujías más calientes. Como regla general, si usted conduce mayormente a baja velocidad, hace viajes cortos por la ciudad, use una bujía de rango de calor más alto para ayudar a quemar los depósitos que se puedan formar en la punta de la bujía. Si usted conduce normalmente a alta velocidad, use una bujía de rango de calor menor para evitar el sobrecalentamiento de la punta.

El motor debe tener las bujías con el rango de calor adecuado antes de que pueda leer las puntas de las bujías correctamente. Las bujías que se calientan demasiado generarán una lectura engañosa de una mezcla de combustible rica y, en contraposición, las bujías frías tenderán a engañar con una mezcla normal. En la mayoría de las bujías europeas y japonesas, a mayor número, menor el rango de calor. Las bujías americanas son exactamente lo opuesto.

Existen varios "cuentos de abuelas" sobre el rango de calor de las bujías que ya es hora de desenmarañar. Las bujías con un rango de calor más caliente no hacen que el motor funcione con más calor, no generan una chispa más caliente ni aumentan la temperatura de la cámara de combustión (a menos que la bujía fría no encienda).

Tal vez la mejor manera que tiene un mecánico doméstico de definir si el rango de calor de una bujía es el correcto es mirar la punta del electrodo del centro. Debe haber un ligero anillo azulado alrededor del electrodo, entre la punta y el cono aislador. Si la mezcla de combustible es demasiado rica, es posible que se deba raspar un poco de carbono para ver esto.

Si las bujías están muy calientes, los electrodos pueden estar quemados, los aisladores pueden estar empastados o hinchados o puede haber depósitos en el aislador que se hayan derretido o cristalizado. Si las bujías son demasiado frías, es probable que la punta de porcelana tenga hollín con depósitos de carbono negros.

Los rangos de calor recomendados por la fábrica son el mejor punto de partida para los motores estándar o ligeramente modificados. Por lo general, el cambio de solamente un rango de calor es suficiente para ajustar las bujías a sus condiciones de conducción.

Lectura de las bujías para diagnóstico

Ahora que tiene el rango de calor correcto, puede examinar las bujías para ver la condición interna del motor y su nivel de ajuste. Si alguna de las bujías llegase a estar mojada con aceite, se deberá reparar el motor de inmediato. Si las bujías tienen manchas grises o depósitos blancos, significa que se está filtrando una considerable cantidad de aceite en los cilindros y se deberá realizar una reparación urgente, o ha estado realizando muchos trayectos cortos.

El color ideal de las bujías utilizadas en motores que funcionan con gasolina con plomo es marrón claro en el cono aislador y beige en el electrodo a tierra (lateral). Los motores que funcionan con gasolina sin plomo tienden a dejar muy poca tonalidad en las bujías. Los motores de modelos nuevos con emisiones controladas funcionan con un alto nivel de limpieza. Por lo general, las bujías van de casi blanco a tostado en el cono aislador de porcelana y el electrodo de tierra debe ser marrón claro o gris oscuro.

Las mezclas de combustible excesivamente ricas hacen que las puntas de las bujías se pongan negras y las mezclas limpias mantienen las puntas claras o blancas. Por el color de las bujías se puede dar cuenta si hay mezcla de combustible alrededor, pero asegúrese de estar usando la mezcla correcta. Haga funcionar el motor con un analizador de gases de escape conectado delante del convertidor catalítico (de haberlo).

Si el motor presenta una falla al encenderlo y una o más bujías están empastadas con carbono, busque el problema en la ignición o baja compresión en los cilindros afectados. A veces, las bujías varían entre ellas de color porque la mezcla se distribuye inadecuadamente. Busque si hay fugas en alguna de las juntas de las entradas del múltiple de admisión si uno o más cilindros vecinos están limpios. Si las bujías se queman de forma despareja, es posible que un lado del carburador no funcione bien: puede tener una fuga de vacío o, en los modelos con inyección de combustible, puede tener una falla en los inyectores.

La detonación, el encendido prematuro y las bujías que son demasiado largas pueden dañar la punta. Verifique las fotos de color adjuntas (**vea dentro de la cubierta**) para saber identificar estos problemas.

Revisiones de diagnóstico del vacuómetro

Un vacuómetro proporciona información valiosa y económica sobre lo que sucede en el motor. Puede verificar que no haya desgaste en los anillos o las paredes de cilindros, fugas en las juntas de la culata o del múltiple de admisión, ajustes incorrectos del carburador, escape restringido, válvulas atoradas o quemadas, resortes débiles de válvula, sincronización incorrecta de ignición o de válvulas o problemas de ignición.

Desafortunadamente, las lecturas del medidor de vacío son fáciles de malinterpretar, así que se deben usar junto con otras pruebas para confirmar el diagnóstico.

Tanto las lecturas absolutas como el índice de movimiento de la aguja son importantes para una interpretación exacta. La mayoría de los medidores miden el vacío en pulgadas de mercurio (in-Hg). Las siguientes lecturas típicas de un vacuómetro se realizan bajo la premisa de que el diagnóstico se realiza a nivel del mar. A medida que aumenta la elevación (o disminuye la presión atmosférica), disminuye la lectura. Por cada incremento de 1,000 pies en la elevación sobre aproximadamente 2,000 pies, las lecturas del medidor disminuirán aproximadamente una pulgada de mercurio.Conecte el vacuómetro

3.3 Conecte el vacuómetro directamente a la entrada de vacío del múltiple de admisión.

directamente a la conexión de vacío del múltiple de admisión, no a la conexión de vacío con puerto (carburador) (**vea la ilustración**). Asegúrese de que no queden mangueras desconectadas durante la prueba u obtendrá lecturas falsas.

Antes de comenzar la prueba, dé tiempo a que el motor se caliente completamente. Bloquee las ruedas y aplique el freno de estacionamiento. Con la transmisión en neutro (o estacionamiento en sistemas automáticos), arranque el motor y déjelo funcionar en marcha mínima normal. **Advertencia:** *Inspeccione cuidadosamente que no haya rajaduras ni daños en las aspas del ventilador antes de arrancar el motor. Mantenga sus manos y el probador de vacío lejos del ventilador y no se pare frente al vehículo o en línea con el ventilador mientras funciona el motor.*

Observe el vacuómetro; un motor en buen estado debe producir aproximadamente de 15 a 20 pulgadas de vacío con una aguja razonablemente estable. **Nota:** *los motores con árbol de levas de alto rendimiento tendrán una lectura más baja y errática en marcha mínima. Los vehículos con control de emisiones de mediados de 1970 tienden a tener un vacío ligeramente menor debido a la sincronización de válvulas modificada y a la sincronización de ignición retardada.* Consulte las siguientes lecturas del vacuómetro y lo que indican sobre el motor:

0279 H

3.4 Lectura baja y continua.

Lectura baja y estable

Esto generalmente indica una fuga en una junta entre el múltiple de admisión y el carburador o cuerpo del acelerador, una fuga en la manguera de vacío, una sincronización tardía de ignición o una sincronización incorrecta del árbol de levas (**vea la ilustración**). Antes de quitar la cubierta de la cadena de sincronización para verificar las marcas de sincronización, revise la sincronización de ignición con una luz de sincronización y elimine cualquier otra causa posible usando las pruebas que se proporcionan en este capítulo.

Lectura baja y fluctuante

Si la aguja fluctúa entre tres y ocho pulgadas por debajo de lo normal **(vea la ilustración)**, es posible que haya una fuga en la junta del múltiple de admisión en un puerto de admisión o un inyector de combustible defectuoso (únicamente en los modelos con inyección baja).

3.5 Aguja, baja y fluctuante.

Caídas regulares

Si la aguja cae aproximadamente de dos a cuatro pulgadas **(vea la ilustración)** a un ritmo constante, es probable que las válvulas tengan fugas. Para confirmarlo, realice una revisión de compresión o una prueba de fugas.

3.6 Caídas regulares.

Caídas irregulares

Una caída irregular o una oscilación hacia abajo de la aguja **(vea la ilustración)** puede ser producto de una válvula adherida o un fallo de la ignición. Realice una revisión de compresión o una prueba de fugas y realice una lectura de las bujías.

3.7 Caídas irregulares.

Vibración rápida

Una vibración rápida de aproximadamente cuatro in-Hg **(vea la ilustración)** de vibración en marcha mínima junto con humo del escape indica guías de válvulas desgastadas. Para confirmarlo, realice una prueba de fugas. Si la vibración rápida aparece cuando se aumenta la velocidad del motor, revise que no haya fugas en la junta del múltiple de admisión o de la culata, resortes débiles de válvulas, válvulas quemadas o un fallo de la ignición.

3.8 Fluctuación rápida.

Fluctuación leve

Una fluctuación pequeña, digamos de una pulgada hacia arriba o hacia abajo, puede representar problemas de ignición. Revise todos los puntos de afinación normales y, de ser necesario, haga funcionar el motor en un analizador de ignición.

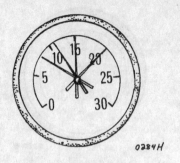

0284H

3.9 Fluctuación grande.

0283H

3.10 Retorno lento después de acelerar el motor.

Fluctuación importante

Si hay una gran fluctuación (**vea la ilustración**), realice una prueba de compresión o de fugas para verificar si hay un cilindro débil o muerto o una junta de culata fundida.

Rebote leve

Si la aguja se mueve lentamente a través de un amplio rango, revise que el sistema de ventilación positiva del cárter (PCV) no esté tapado, que no haya una mezcla incorrecta de combustible durante la marcha mínima, o que no haya fugas en el cuerpo del carburador/acelerador ni en la junta del múltiple de admisión.

Retorno lento después de la aceleración

Abra rápidamente el acelerador hasta que el motor alcance las 2,500 revoluciones por minuto (rpm) y deje que se cierre. Generalmente la lectura debe bajar a casi cero, elevarse por arriba de la lectura de marcha mínima normal (aproximadamente 5 in-Hg) y luego volver a la lectura de marcha mínima anterior (**vea la ilustración**). Si el vacío vuelve lentamente y no llega a un pico cuando se cierra el acelerador, es posible que los anillos estén desgastados. Si se demora mucho, verifique que el sistema de escape no esté restringido (a menudo el silenciador o el convertidor catalítico). Una forma fácil para verificar esto es desconectar en forma temporal el escape por delante de la pieza sospechosa y volver a realizar la prueba.

3.11a. Se prefiere un medidor con conexión de rosca para el orificio de la bujía en lugar del que requiere presión manual para mantener el sello durante la revisión de compresión.

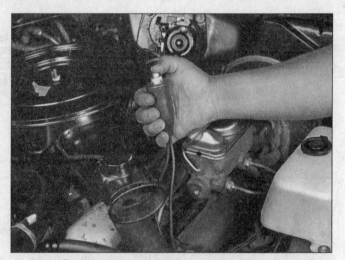

3.11b Conecte un interruptor de arranque a distancia en el terminal positivo de la batería y el terminal pequeño en el solenoide de arranque, como se muestra.

Revisión de compresión

1   Una revisión de la compresión le indicará en qué condición mecánica se encuentra la parte del extremo superior del motor (pistones, anillos, válvulas, juntas de culatas). Específicamente, le puede indicar si la compresión es baja por fugas producidas por un pistón o anillos gastados, válvulas y asientos defectuosos o una junta de culata fundida.

Nota: *Para esta revisión, el motor se debe encontrar a la temperatura* de funcionamiento normal y la batería debe estar completamente cargada. Además, si el motor tiene carburador, la válvula del estrangulador debe estar totalmente abierta para obtener una lectura de compresión precisa (si el motor está caliente, el estrangulador debe estar abierto).

2   Comience por limpiar el área alrededor de las bujías antes de extraerlas (debe usar aire comprimido, si tiene; de lo contrario, un cepillo pequeño o incluso un inflador de neumáticos de bicicleta le servirán). La idea es evitar que ingrese suciedad a los cilindros mientras se revisa la compresión.

CUADRO DE PORCENTAJE DE PRUEBA DE COMPRESIÓN

Máximo kPa (PSI)	Mínimo kPa (PSI)	Máximo kPa (PSI)	Mínimo kPa (PSI)	Máximo kPa (PSI)	Mínimo kPa (PSI)	Máximo kPa (PSI)	Mínimo kPa (PSI)
923.23 (134)	696.40 (101)	1130.78 (164)	848.09 (123)	1337.63 (194)	999.78 (145)	1544.48 (224)	1158.36 (138)
937.72 (136)	703.29 (102)	1144.57 (166)	858.98 (124)	1351.42 (196)	1013.57 (147)	1558.27 (226)	1165.26 (169)
951.51 (138)	717.08 (104)	1158.39 (168)	868.77 (126)	1365.21 (198)	1020.46 (148)	1572.06 (228)	1179.65 (171)
965.30 (140)	723.98 (105)	1172.15 (170)	875.67 (127)	1379.00 (200)	1034.25 (150)	1585.85 (230)	1185.94 (172)
979.09 (142)	737.77 (107)	1185.94 (172)	889.46 (129)	1392.79 (202)	1041.15 (151)	1599.64 (232)	1199.23 (174)
992.88 (144)	744.65 (108)	1199.73 (174)	903.25 (131)	1406.58 (204)	1054.94 (153)	1613.43 (234)	1206.63 (175)
1006.67 (146)	758.45 (110)	1206.63 (176)	910.14 (132)	1420.37 (206)	1061.83 (154)	1627.22 (236)	1220.42 (177)
1020.48 (148)	765.35 (111)	1227.31 (178)	917.04 (133)	1434.16 (208)	1075.62 (156)	1641.01 (238)	1227.31 (178)
1034.25 (150)	779.14 (113)	1241.10 (180)	930.83 (135)	1447.95 (210)	1082.52 (157)	1654.80 (240)	1241.10 (178)
1048.04 (152)	786.03 (114)	1254.89 (182)	937.72 (136)	1461.74 (212)	1089.41 (158)	1668.59 (242)	1248.00 (181)
1061.83 (154)	792.93 (115)	1268.68 (184)	951.51 (138)	1475.53 (214)	1103.20 (160)	1682.38 (244)	1261.79 (183)
1075.62 (156)	806.72 (117)	1282.47 (186)	965.30 (140)	1489.32 (216)	1116.99 (162)	1696.17 (246)	1268.68 (184)
1089.41 (158)	813.61 (118)	1296.26 (188)	972.20 (141)	1503.11 (218)	1123.89 (163)	1709.96 (248)	1282.47 (186)
1103.20 (160)	827.40 (120)	1310.05 (190)	979.09 (142)	1560.90 (220)	1137.68 (165)	1723.75 (250)	1289.37 (187)
1116.99 (162)	834.30 (121)	1323.84 (192)	992.88 (144)	1530.69 (222)	1144.57 (166)		

3.12 Ubique su lectura máxima de compresión en el cuadro y busque la compresión mínima aceptable a la derecha. Luego, compárela con la lectura más baja que haya obtenido.

3   Retire todas las bujías del motor. Asegúrese de mantenerlas en orden para poder leer las puntas.

4   Bloquee el acelerador en posición completamente abierta.

5   Desconecte el cable de la bobina del centro de la tapa del distribuidor y conéctelo a tierra en el bloque del motor. Con un cable puente con abrazaderas en cada extremo, asegúrese una buena conexión a tierra. En los vehículos con inyección de combustible electrónica, el circuito de la bomba de combustible también se debe deshabilitar quitando su fusible.

6   Instale el medidor de compresión en el orificio de la bujía número uno **(vea la ilustración).**

7   Haga girar el motor durante al menos cinco carreras de compresión con un interruptor de arranque a distancia y observe el medidor **(vea la ilustración).** En un motor en buen estado, la compresión se debe acumular rápidamente. Una compresión baja en la primera carrera, seguida por una presión que se incrementa gradualmente en las carreras sucesivas, es indicio de anillos de pistón gastados. Una lectura baja de compresión durante la primera carrera que no se incrementa durante las carreras siguientes, indica fugas en las válvulas o una junta de culata fundida (una culata rajada también puede ser la causa). Los depósitos en la parte inferior de las culatas de las válvulas también pueden producir baja compresión. Registre la lectura más alta del medidor.

8   Repita el procedimiento para los cilindros restantes. Si las lecturas varían mucho más que el 20 por ciento entre los cilindros, los componentes internos del motor están excesivamente gastados.

3.13a Quite la unidad de envío de presión de aceite (flecha). Puede encontrarse junto al filtro de aceite o sobre el bloque, detrás del múltiple de admisión.

3.13b Enrosque un medidor de presión de aceite mecánico en el lugar de la unidad de envío.

9   Si alguna de las lecturas da un resultado bajo, agregue un poco de aceite para motor (aproximadamente tres chorros de una lata de aceite estilo émbolo) a cada cilindro, a través del orificio de la bujía y repita la prueba.

10   Si aumenta la compresión después de que agregó el aceite, los anillos del pistón definitivamente están gastados. Si la compresión no aumenta demasiado, hay una fuga en las válvulas o en la junta de la culata. Las fugas que se producen más allá de las válvulas pueden ser consecuencia de asientos o caras de válvulas quemadas o válvulas combadas, rajadas o dobladas.

11   Si dos cilindros adyacentes tienen una compresión igualmente baja, existe una gran posibilidad de que la junta de culatas que se encuentra entre ellos se haya fundido. La aparición de refrigerante en las cámaras de combustión o en el cigüeñal confirma este problema.

12   Si un cilindro está un 20% más bajo que los demás, y el motor tiene una marcha mínima algo inestable y/o explosiones del motor, la causa puede ser un lóbulo desgastado en el árbol de levas.

13   Si la compresión es inusualmente alta, es probable que las cámaras de combustión estén cubiertas con depósitos de carbón. De ser así, debe extraer las culatas de los cilindros y descarbonizarlas.

14   Si la compresión es muy baja o varía mucho entre cilindros, sería una buena idea que un taller de reparación de automóviles realizara una prueba de fugas, como se describe en este Capítulo. Esta prueba indicará exactamente dónde se produce la fuga y su gravedad.

Revisión de la presión de aceite

La presión de aceite del motor ofrece una indicación bastante clara de la condición del rodamiento en un motor. A medida que la superficie de los rodamientos se desgasta, aumenta el espacio para el aceite. Este aumento del espacio libre le permite al aceite fluir a través de los rodamientos con más facilidad, con lo cual se reduce la presión de aceite. Las bombas de aceite también se desgastan, y ocasionan una pérdida de presión adicional.

Retire la varilla de medir y verifique el nivel de aceite. Si el aceite está sucio, contaminado con gasolina de viajes cortos o demasiado ligero (de baja viscosidad) para la estación en la que está, cámbielo.

Para revisar la presión de aceite, instale un medidor en el lugar de la unidad de envío de presión de aceite (vea la ilustración). Deje

que el motor alcance su temperatura de funcionamiento normal antes de realizar la prueba. Si la presión es extremadamente baja, es probable que los rodamientos o la bomba de aceite estén desgastados. Como regla general, debe haber unos diez psi de presión por cada 1,000 rpm de velocidad del motor.

Revisión de la altura del lóbulo del árbol de levas

Es muy común encontrar lóbulos del árbol de levas desgastados en motores con muchas millas recorridas. Si el motor tiene poca potencia, marcha inestable y/o explota constantemente a través de la entrada de aire o del escape, sospeche que tiene los cables de la ignición cruzados, una grieta en la tapa del distribuidor o un árbol de levas gastado. Estos problemas no se evidencian en una prueba de compresión (a menos que la válvula no se abra para nada), pero sí se detectan en una prueba de equilibrio de potencia.

Para verificar si los lóbulos del árbol de levas están desgastados, quite las cubiertas de las válvulas. Luego retire los balancines o gírelos para correrlos de las varillas de empuje.

Monte un indicador de esfera en el extremo de la varilla de empuje (vea la ilustración).

3.14 Monte un indicador de esfera de modo que la varilla de empuje accione directamente sobre el émbolo.

3.15 Mida la distancia hasta la cadena cuando está tirante...

3.16 ...luego mida la diferencia por holgura.

Con un juego de trinquete y dados en el perno del amortiguador de vibración, gire lentamente el cigüeñal en sentido horario dos rotaciones completas (720 grados) mientras observa el indicador de esfera. Registre las lecturas bajas y altas y reste el valor de la lectura baja del valor de la lectura alta para calcular la elevación. Registre las mediciones de cada cilindro y anote si era de escape o de entrada.

Compare las mediciones de todos los lóbulos de entrada; deben estar dentro de las 0.005 pulgadas unas de otras. Repita esta verificación para los lóbulos de escape.

Cuando se desgasta la cobertura dura de la superficie de un lóbulo del árbol de levas, el metal debajo de esta se corroe rápidamente. Por lo general, los lóbulos desgastados medirán varias décimas de pulgada menos que los que están en buenas condiciones.

Si tiene uno o más lóbulos desgastados, remplace el árbol de levas y los levantaválvulas como un conjunto. No use levantaválvulas viejos en un árbol de levas nuevo.

Verificación de la holgura de la cadena de sincronización

1   Quite la cubierta de la cadena de sincronización (vea el Capítulo 4).
2   Reinstale provisoriamente el perno del amortiguador de vibración. Con este perno, rote el cigüeñal en sentido antihorario para zanjar la holgura del lado del pasajero (derecho) de la cadena.
3   Determine un punto de referencia en el bloque y mida desde ese punto hasta la cadena **(vea la ilustración)**.
4   Rote el cigüeñal en sentido horario para zanjar la holgura del lado del conductor (izquierdo) de la cadena.
5   Con los dedos, fuerce la cadena para que se salga y mida la distancia entre los puntos de referencia y la cadena **(vea la ilustración)**. La diferencia entre las dos mediciones es la holgura.
6   Si la holgura supera la 1/2 pulgada, instale una nueva cadena y ruedas dentadas.

Prueba de equilibrio de potencia

La prueba de equilibrio de potencia se utiliza para determinar qué cilindros no cumplen su parte del trabajo cuando se produce una marcha mínima inestable y despareja y/o un rateo con pérdida de potencia. La chispa para cada cilindro se corta o desconecta momentáneamente y se utiliza un tacómetro para medir la caída resultante en la velocidad de marcha mínima. Si el cilindro no

produce potencia, la velocidad de marcha mínima no disminuirá cuando se desconecte. **Precaución:** *En vehículos con ignición electrónica, corte el cable de la bujía a tierra, para evitar dañar los componentes.*

La mayoría de analizadores de motores electrónicos tienen una función de prueba de equilibrio de potencia que le permite al operador verificar rápidamente la diferencia entre cilindros. Si no tiene acceso a un analizador, puede realizar la misma prueba usando un tacómetro, como los que se encuentran en la sección de tacómetros/medidores de ángulo de cierre.

Conecte un tacómetro de prueba de acuerdo con las instrucciones de su fabricante. Permita que el motor se caliente completamente. Coloque el freno de estacionamiento y coloque la transmisión en neutro (estacionamiento en el sistema automático).

Desconecte los cables de la bujía de a uno por vez y registre la caída de rpm para cada bujía, y luego compare los resultados **(vea la ilustración)**. En modelos con ignición electrónica, desconecte inmediatamente el cable a tierra del motor para evitar daños en el sistema. Si el cambio en velocidad de marcha mínima es muy leve al desconectar un cilindro, el cilindro está débil. **Advertencia:** *Use una herramienta de algún material no conductivo (como plástico) para desconectar los cables. El alto voltaje del*

3.17 Desconecte los cables de la bujía de a uno por vez y anote la caída de las rpm.

sistema de ignición puede provocar choques graves. **Precaución:** *Si el motor cuenta con un convertidor catalítico, no deje la bujía desconectada o en corto durante más de 15 segundos. Luego deje pasar unos 30 segundos para que el convertidor se enfríe antes de probar el siguiente cilindro.* **Nota:** *Dado que las fundas suelen atorarse con el tiempo en las bujías, es buena idea retirar y reemplazar cada cable de las bujías, de a uno a la vez, con el motor apagado. Esto evitará que tenga que forcejear con ellos mientras el motor está encendido y usted está una herramienta de plástico. Si el motor tiene válvula EGR, desconecte y bloquee la manguera durante la prueba.*

Un motor sano muestra una variación de caída de rpm no mayor que 40 ó 50 entre los cilindros más altos y más bajos. Si alguno de los cilindros da una diferencia mayor que esta, hay algún problema.

Si alguno de los cilindros da resultados insuficientes en la prueba de equilibrio de potencia, realice una prueba de compresión o de fugas para determinar si la compresión es satisfactoria. Si la compresión es baja, realice las reparaciones pertinentes para revertir la situación. Si la compresión es normal, busque un problema con la ignición, como una falla de las bujías, los cables de las bujías o la tapa del distribuidor. La prueba de equilibrio de potencia también se ve afectada por las fallas de los componentes del sistema de combustible. Busque fugas de vacío en la junta entre el múltiple de admisión y la culata del cilindro. En los modelos con puertos de inyección de combustible, verifique también si alguno de los inyectores no funciona.

Prueba de fugas en el cilindro

Cada vez que una prueba de compresión identifica uno o más cilindros débiles, debe realizar una prueba de fugas de cilindro para determinar exactamente donde radica el problema. Las pruebas de fugas de cilindro detectan los problemas como una junta fundida, fugas en las válvulas de entrada o escape, paredes o culatas del cilindro quebradas y pistones o anillos fallados. Dado que los probadores de fugas son costosos, es probable que desee que este procedimiento lo realice un taller que cuente con los equipos necesarios.

Los probadores de fugas **(vea la ilustración)** presurizan el cilindro con aire comprimido que administran a través de un compresor de aire. El aire entra en el cilindro a la fuerza con las válvulas cerradas, y se mide el ritmo de fuga en forma de un porcentaje.

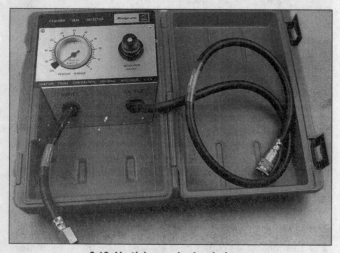

3.18 Un típico probador de fugas.

Prepare el motor para la prueba quitando las bujías (etiquete los cables con los números de los cilindros, de ser necesario). Pruebe los cilindros de a uno por vez, siguiendo el orden de explosión. **Nota:** *El orden de explosión y los números del cilindro aparecen inscritos en el múltiple de admisión.*

Desconecte el cable del terminal negativo de la batería. Comenzado con el cilindro número uno, lleve el pistón hasta el punto muerto superior (TDC) de la carrera de compresión. Pídale a un asistente que gire el perno en el centro del amortiguador de vibración en sentido horario lentamente con un dado y un mango articulado. Mantenga un dedo sobre el orificio de la bujía para detectar la presión de aire; esto indicará si el pistón está en la carrera de compresión. **Nota:** *Algunos probadores traen un silbato especial para realizar esta tarea. Siga siempre las instrucciones del fabricante del probador.*

Detenga la rotación del cigüeñal cuando la marca de "0" o de TDC en el amortiguador de vibración se alinee con el señalador de la cubierta de la cadena de sincronización.

Enrosque la manguera de aire en el orifico de la bujía y conecte el probador. Conecte el conducto desde el compresor de aire y coloque el medidor en cero girando la perilla del regulador de presión. **Nota:** *El cigüeñal se debe mantener en esta posición; cuando se aplica presión de aire, tenderá a moverse. En modelos de transmisión manual, coloque una marcha alta y aplique el freno de estacionamiento. En modelos de transmisión automática, pídale a un asistente que sostenga el cigüeñal con un dado y un mango articulado sobre el perno en el centro del amortiguador de vibración.* **Advertencia:** *Asegúrese de que el mango articulado se sostenga bien firme y que el resto del cuerpo de la persona que lo asiste esté alejado de este: ¡si la barra se zafa, puede causar una lesión!*

Verifique el ritmo de fuga. Un ritmo del 10 por ciento se considera normal; si el ritmo de fuga del cilindro es de 20 por ciento o más, ¡es hora de una reconstrucción!

Con el cilindro presurizado, el aire se escapará después de las partes desgastadas o defectuosas. Al escuchar el aire que se escapa puede determinar desde dónde sale. Si se escucha salir aire de la tubería trasera, la válvula de escape pierde y si sale aire del múltiple de admisión significa que pierde una válvula de entrada. Quite el tapón de llenado de aceite y escuche si hay sonido de aire que provenga del cárter, lo cual indicaría un desvío de gases después de los pistones y los anillos.

Repita el procedimiento para cada cilindro siguiendo el orden de explosión y registre los resultados. Marque el amortiguador de vibración justo a intervalos de 90 grados (1/4 de vuelta) desde la marca de "O" o TDC. Luego, gire el cigüeñal 1/4 de vuelta (90 grados) hasta que llegue al TDC del cilindro siguiente en el orden de explosión. Si no está seguro de estar en el TDC, inserte una pajilla plástica para refrescos en el orificio de la bujía (después de que comience a salir el aire bajo presión) mientras el cigüeñal se gira. El punto donde la pajilla deja de moverse hacia afuera, antes de que comience a moverse hacia atrás, es el TDC.

Pruebas del sistema de enfriamiento

Un bloque o culata del cilindro quebrados y/o una junta fundida provocarán una pérdida de potencia, un sobrecalentamiento y una cadena de otros problemas. Estos problemas suelen ser ocasionados por un marcado sobrecalentamiento o congelamiento por escaso nivel de anticongelante.

Si sospecha una fuga interna en el motor, verifique el aceite en la varilla de medir para comprobar que el aceite no esté contaminado con refrigerante. El nivel de aceite puede aumentar y el aceite aparecerá con un aspecto lechoso. A veces, el aceite también puede filtrarse en el radiador; en este caso, suele quedar flotando encima del refrigerante. Rara vez el tubo del escape liberará vapor y

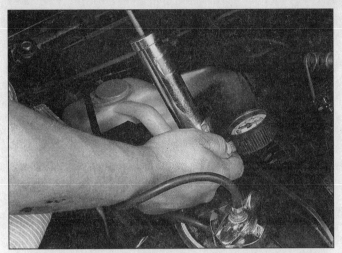

3.19 Bombee el probador del sistema de enfriamiento hasta que la presión equivalga a la calificación de la tapa del radiador (que suele ser de unos 15 psi), y luego busque fugas y observe el medidor del probador para comprobar que la presión no caiga.

3.20 Use la perilla de goma para extraer una muestra en el probador.

refrigerante, aun cuando el motor esté caliente, debido a una fuga en una junta de la culata. **Nota:** *No confunda esto con el vapor de condensación que suele estar presente cuando un motor se calienta y el clima está frío).*

Se puede comprobar que no haya fugas en el sistema de enfriamiento y el motor con un probador de presión **(vea la ilustración)**. Siga las instrucciones del fabricante de la herramienta. Corrija las fugas externas en mangueras, bomba de agua y radiador, etc. Si no se detectan fugas externas, busque y escuche señales de fugas en el motor. **Nota:** *Los núcleos de calefactores con fugas provocarán una pérdida de presión oculta. Quite las abrazaderas de las mangueras que llegan hasta los calefactores para eliminar el origen de la fuga.*

Otro dispositivo que resulta útil para determinar si hay una grieta en el motor o juntas de culatas fundidas es un probador de bloqueo para fugas de combustión. Los probadores de bloqueo de fugas en la combustión **(vea la ilustración)** utilizan un fluido azulado para probar los gases de combustión en el sistema de enfriamiento, que indica una fuga de compresión de un cilindro hacia el refrigerante. Asegúrese de seguir las instrucciones del probador. El probador extrae una muestra de los gases presentes en la parte superior del radiador. Si hay gases de combustión presentes en la muestra, el líquido de prueba cambiará de color a amarillo. El probador de bloqueos y el líquido para pruebas se consiguen en la mayoría de las tiendas de autopartes.

Si el motor se recalienta pero las pruebas no indican que hay juntas quebradas o fundidas ni otros problemas internos, inspeccione cuidadosamente el sistema de enfriamiento para ver que no tenga problemas y, si los tiene, corríjalos. Frecuentemente, los radiadores parcialmente obstruidos, los termostatos atascados y las bombas de agua con problemas provocan sobrecalentamiento. Si las pruebas anteriores indican un problema interno en el motor, intente determinar qué cilindro está afectado quitando las bujías y comprobando las puntas. Si está entrando refrigerante en la cámara de combustión, la bujía estará totalmente limpia o tendrá restos de refrigerante. A veces, incuso puede salir refrigerante por el orificio de la bujía.

Si se detecta una fuga interna de refrigerante, la culata del cilindro se debe retirar para inspeccionarla detenidamente. Si se fundió una junta, solicite a un taller de maquinado automotriz que compruebe que no haya alabeo en ambas culatas y que rectifiquen la superficie si es necesario. Si no se detecta alabeo, solicite que

revisen ambas culatas del cilindro para comprobar que no estén quebradas. Si las pruebas indican una fuga interna pero las culatas están sanas, solicite que revisen el bloque.

Corrija la causa de la falla, como un bloqueo en el radiador, antes de poner el vehículo nuevamente en servicio. Si no, es probable que el problema se vuelva a presentar.

Herramientas de análisis

Los motores computarizados presentan problemas únicos que las herramientas de análisis convencionales no siempre pueden detectar. Las empresas de herramientas del mercado de autopartes han desarrollado varios probadores especiales, conocidos genéricamente como herramientas de análisis, para comprobar los motores controlados por computadora. Estas herramientas hacen que las computadoras entren en modo diagnóstico y midan los diferentes componentes y subsistemas electrónicamente.

La mayoría de estas herramientas utilizan indicaciones para ingresar datos y generan resultados en códigos que informan el estado de cada parte del sistema. Si tiene un modelo computarizado y aparece la luz indicadora de "Verificar motor", probablemente se necesite una herramienta de análisis de algún tipo para poder diagnosticar el vehículo. Consulte con su concesionario local de piezas para conocer las funciones y los costos de las herramientas de análisis disponibles para mecánicos domésticos.

¿Vale la pena la reconstrucción del motor?

La persona que hace sus propias reparaciones se encontrará con diversas opciones al momento de realizar el reacondicionamiento de un motor. La decisión de reemplazar el bloque del motor, los conjuntos de pistón y biela y el cigüeñal depende de diversos factores, siendo el principal el estado del bloque. Otras consideraciones son el costo, el acceso a instalaciones de taller de maquinado, la disponibilidad de piezas, el tiempo requerido para completar el proyecto y el grado de experiencia mecánica con la que cuenta. Además, evalúe el valor del vehículo. Con frecuencia, el costo de las piezas para reconstruir un motor es más alto que el valor del vehículo. En ese caso, es posible que quiera comprar un motor usado o, en última instancia, vender el vehículo como chatarra. Un motor reconstruido no aumenta el valor de un vehículo tanto como la gente suele creer.

Antes de comenzar con el reacondicionamiento, familiarícese con el alcance y los requisitos del trabajo. Si se siguen todas las instrucciones cuidadosamente, se tienen las herramientas y los equipos necesarios y se presta mucha atención a todas las especificaciones, reacondicionar el motor no es difícil; sin embargo, toma mucho tiempo. Tenga en cuenta que el vehículo estará sujeto al procedimiento durante un mínimo de dos semanas, especialmente si debe llevar piezas a un taller de maquinado automotriz para reparación o reacondicionamiento. Verifique que las piezas estén disponibles y asegúrese de conseguir las herramientas y los equipos especiales necesarios por adelantado. La mayor parte del trabajo se puede realizar con herramientas de mano comunes, aunque se necesitan diversas herramientas de medición de precisión para inspeccionar piezas y determinar si es necesario remplazarlas. Por lo general, los talleres de maquinado automotriz pueden encargarse de la inspección de las piezas y aconsejar si es necesario reacondicionarlas o reemplazarlas.

Nota: *Siempre espere hasta que se haya desarmado completamente el motor y se hayan inspeccionado todos los componentes, especialmente el bloque del motor, antes de decidir qué operaciones de servicio o reparación debe realizar el taller de maquinación automotriz. Dado que el estado del bloque será uno de los principales factores a considerar para determinar si se debe* reacondicionar el motor original o comprar uno usado o reconstruido, no compre piezas ni encargue trabajos de maquinación de otros componentes hasta que se haya inspeccionado completamente el bloque. Como regla general, el costo principal de un reacondicionamiento es el tiempo, por lo que no es recomendable instalar piezas gastadas o de baja calidad.

Algunas de las alternativas para la reconstrucción incluyen:

Motores usados: un motor usado suele ser la manera más económica de recuperar un vehículo con el motor roto. No obstante, existen varias desventajas. Si compra un motor usado sin escucharlo funcionar, puede que esté en malas condiciones. Si compra uno tal como está, puede perder el costo del motor si resulta que estaba en malas condiciones. Hay algunas ferias de remate que ofrecen garantías breves, pero no reembolsan el trabajo que deberá ejecutar para reemplazar el motor defectuoso que les compró. Además, un motor usado ya está parcialmente desgastado cuando lo compra, y tiene más probabilidades de fallar en cualquier momento si se lo compara con una unidad nueva.

Piezas individuales: si los procedimientos de inspección revelan que el bloque del motor y la mayoría de los componentes se pueden volver a usar, la alternativa más económica puede ser comprar piezas individuales. Debe inspeccionar con cuidado las culatas de los cilindros, el bloque, el árbol de levas, el cigüeñal y los conjuntos de pistón y biela. Aunque el bloque tenga muy poco desgaste, debe afilar la superficie de los huecos de los cilindros y los anillos del pistón se deben reemplazar.

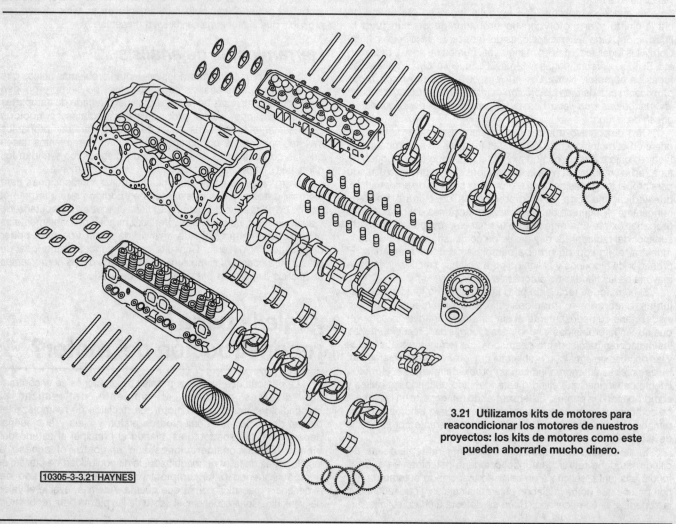

3.21 Utilizamos kits de motores para reacondicionar los motores de nuestros proyectos: los kits de motores como este pueden ahorrarle mucho dinero.

10305-3-3.21 HAYNES

Muchos talleres de autopartes y empresas de venta por correo ofrecen kits completos de reacondicionamiento que constan de rodamientos, sellos, juntas, anillos, etc. **(vea la ilustración).** Comprar estos kits suele ser más económico que comprar cada elemento por separado. Además, hay kits de pistón y cigüeñal en los mismos proveedores. Se puede ahorrar mucho dinero en esta compra. Compare precios antes de comprar.

Bloque corto: Un bloque corto consiste de un bloque de motor con un cigüeñal renovado y con los conjuntos de pistones y bielas ya instalados. Ya estarán incorporados los rodamientos nuevos y todos los espacios serán correctos. Ciertos bloques cortos vienen con árbol de levas y levantaválvulas; si no es su caso, el árbol de levas y los levantaválvulas actuales, junto con los componentes del tren de válvulas, las culatas de cilindro y las piezas externas se pueden atornillar al bloque corto con muy poco trabajo mecánico.

Bloque largo: Un bloque largo consiste en un bloque corto más una bomba de aceite, un colector de aceite, culatas de cilindros, componentes del árbol de levas y del tren de válvulas, ruedas dentadas de sincronización, cadena de sincronización y cubierta de sincronización. Estos motores suelen conocerse como "remanufacturados". Todos los componentes ya están instalados con rodamientos, sellos y juntas nuevos incorporados. Suele suceder que sólo es necesario instalar los múltiples y las piezas externas.

Motores nuevos de reemplazo: los motores nuevos completos están disponibles a través de los concesionarios de Chevrolet. Cuestan más que las otras alternativas, pero suelen tener garantías más extensas y tienden a durar más que las unidades reconstruidas.

Piense cuidadosamente qué alternativa le conviene más y analice la situación junto con talleres de maquinado automotriz locales, distribuidores de autopartes o reconstructores experimentados antes de pedir o comprar piezas de reemplazo.

Notas

4 Preparación para un reacondicionamiento

Preparación para quitar el motor

Retirar el motor es una de las etapas más problemáticas y potencialmente peligrosas de la reconstrucción del motor. El nivel de dificultad se incrementa cuando es el momento de instalar el motor. Debe recordar cómo se encastran todas las piezas. Un desmontaje cuidadoso y ordenado minimizará cualquier problema y ayudará a que el proyecto ocurra sin problemas.

Existen varios pasos preliminares que debe seguir antes de poder quitar el motor.

Es extremadamente importante encontrar un lugar de trabajo. Necesitará un espacio de trabajo adecuado y un lugar para guardar el vehículo. Si no dispone de un taller o un garaje, al menos necesitará una superficie de trabajo de concreto o asfalto plana, nivelada y limpia. Si la única superficie disponible es de asfalto, asegúrese de recordar que la mayoría de los soportes de gato tienden a "hundirse" en el asfalto cuando sostienen una cantidad de peso extrema. Use contrachapado o lámina de metal debajo de los soportes de gato para proporcionar una superficie rígida para los soportes de gatos cuando sostienen un vehículo.

Limpiar el compartimiento del motor y el motor antes de comenzar el procedimiento de desmontaje le ayudará a mantener las herramientas limpias y organizadas. El mejor método para limpiar el motor y los compartimientos del motor es pedir que un taller de detalles de automóviles profesional lo limpie con vapor. Un método alternativo que usa la mayoría de los mecánicos domésticos es desengrasar el motor. Compre una lata de desengrasante de motores en la tienda de autopartes local (dos latas si hay una cantidad extraordinaria de suciedad y grasa en el motor y el compartimiento). Existen varias marcas para elegir, pero asegúrese de que la etiqueta califique especialmente el producto como un desengrasante de motores, y no como un limpiador de frenos o carburadores. Antes de desarmar el vehículo, llévelo a un lavadero de autos tipo autoservicio o a un lugar equipado con un equipo de limpieza de alta presión y el drenaje apropiado. Asegúrese de que el trayecto hacia el lavadero de autos haya dejado que el motor se caliente hasta la temperatura de funcionamiento normal para permitir que el desengrasante "entre en acción" cuando se lo aplique. Utilice algunos trapos viejos o una bolsa de plástico y envuelva el distribuidor con cuidado para evitar que ingrese agua. Esto ayudará a que el motor se encienda luego de haberlo limpiado. Pulverice el desengrasante del motor sobre el motor y las paredes del compartimiento del motor. Concéntrese en las áreas donde se haya acumulado más grasa (por ejemplo, el área de la bomba de combustible y el área de la cubierta de la cadena de sincronización, etc.). Deje que el desengrasante o el solvente penetre en la grasa durante cinco o diez minutos antes de continuar. Inserte las monedas en la máquina, gire el selector hasta la posición WASH (lavado) y empiece lavando el compartimiento del motor. Acerque la boquilla de presión para "atacar" las áreas que están cubiertas de suciedad y grasa y aleje la boquilla para limpiar partes sensibles, como relés, filtros o unidades eléctricas pequeñas. Cuando limpie cualquier pieza eléctrica con agua caliente de alta presión, tenga cuidado y use su sentido común para asegurarse que las piezas estén bien limpias pero no dañadas involuntariamente. Luego, mueva la boquilla de alta presión sobre el motor. Comience con las secciones inferiores del motor para que el agua y el jabón no cubran la grasa y dificulten la visión de las áreas sucias. Trabaje a su manera limpiando cuidadosamente las esquinas del motor así como las superficies más evidentes de la cubierta de la cadena de sincronización y las tapas de válvulas. Finalice el trabajo enjuagando todo el compartimiento del motor y el motor con la máquina configurada en RINSE (enjuague). Si el motor y el compartimiento aún tienen una cantidad considerable de grasa, repita el procedimiento.

También necesitará un elevador para motor o cercha. Asegúrese de que el equipo tenga una clasificación superior a la clasificación combinada del motor y los accesorios. Dados los peligros potenciales involucrados en levantar del motor del vehículo, la seguridad es de gran importancia. Uno de los métodos más comunes para quitar un motor es colocar un elevador con cadenas sobre una viga dentro del garaje, levantar el vehículo y colocarlo sobre soportes de gato y luego tirar el motor bajando el vehículo. No recomendamos este método y, desafortunadamente, cuando se usa este método, el dinero que se ahorró al no comprar o alquilar el equipo adecuado con frecuencia se destina a las reparaciones del techo del garaje o las consultas con el médico. Otra desventaja de este método es que se debe mover el vehículo antes de que salga el motor. Es mucho más difícil mover un automóvil alrededor de un motor que mover el motor dentro de un automóvil.

Otro método común de los mecánicos domésticos es el enfoque del "bastidor tipo A". Construya un bastidor tipo A de 11 a 15 pies de largo y postes de acero pesados de 5 a 6 pulgadas de diámetro dispuestos como un trípode. Átelos de manera segura con una cadena en la parte superior y cuelgue un elevador con cadena de la cadena. Conduzca el vehículo debajo del trípode, levántelo del suelo y sostenga el extremo delantero sobre los soportes de gato o use rampas de acceso. Asegúrese de que el suelo esté firme y será un área segura para trabajar. Bloquee las ruedas traseras para evitar que el vehículo se desplace hacia atrás. Un bastidor tipo A que esté adecuadamente construido y sujetado es mucho más fuerte que una viga del garaje.

El dispositivo más fuerte y más conveniente que se utiliza para quitar el motor, y el que nosotros recomendamos, es el elevador de motores o "grúa automóvil". Puede alquilarlo en una tienda de alquiler de equipos a un bajo costo más un depósito. Un tipo de grúa automóvil se puede remolcar detrás de su vehículo y otro tipo se puede desarmar en ocho u diez piezas y transportarse fácilmente en un vehículo grande.

Asegúrese de tener a mano las herramientas apropiadas, los colectores para drenaje, los soportes de gato y otros equipos necesarios. El gato de piso y el soporte de gato son dos elementos importantes. Asegúrese de que estén en buenas condiciones y estén funcionando adecuadamente para evitar que haya problemas al levantar el vehículo. Tenga a mano varios colectores para drenaje para que se puedan separar y reciclar los líquidos en barriles de desechos peligrosos. La mayoría de los recicladores no permiten que el refrigerante se mezcle con el aceite, o viceversa. Consulte con la Oficina de Reparaciones Automotrices local, la compañía de recolección de desechos o la autoridad ambiental para encontrar las ubicaciones de los sitios. Además, es importante tener a mano otros elementos, como los protectores de guardabarros, bloques de madera, solvente de limpieza (para limpiar cualquier derrame), cinta de enmascarar (para identificar mangueras de vacío, conexiones eléctricas, etc.) y trapos de taller o toallas.

Tenga en cuenta que el vehículo estará fuera de uso durante bastante tiempo. Un taller de maquinado deberá realizar parte del trabajo que la persona que hace sus propias reparaciones no puede realizar sin los equipos especiales. Estos talleres suelen tener mucho trabajo, por lo que es aconsejable consultarlos antes de extraer el motor para calcular en forma exacta el tiempo necesario para reconstruir o reparar los componentes.

Siempre sea extremadamente cuidadoso al extraer e instalar el motor. Puede sufrir lesiones graves como resultado de acciones descuidadas. Planifique de antemano, tómese su tiempo y podrá realizar exitosamente un trabajo de gran magnitud como este.

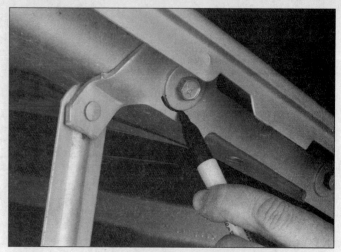

4.1 Utilice un marcador indeleble o un trazador para marcar el área alrededor del borde de la bisagra y el perno para indicar la alineación del capó.

Extracción del motor

Dado que este manual cubre tantos modelos diferentes, motores y años, el procedimiento de desmontaje será general, pero se aplicará a todos los motores. El mecánico doméstico deberá ocuparse de algunos detalles que se indican anteriormente, así como otros que no están aquí descritos. La foto del vehículo en este manual corresponde a un Nova Chevrolet 1973 con un motor de 350 in3.

Primero, desconecte la batería y quítela del compartimiento del motor. Asegúrese de que las tapas de celdas (si tiene) se encuentran en su lugar, dado que el ácido podría salpicar en su cara cuando apoye la batería.

Coloque protectores de guardabarros sobre los guardabarros. Utilice mantas o algo similar si los protectores de guardabarros tipo profesional no están disponibles.

Luego, quite el capó del vehículo. La mayoría de los automóviles y los camiones tienen bisagras del capó atornilladas. Antes de aflojar los pernos, marque las ubicaciones de los pernos en las bisagras del capó con un marcador indeleble o un trazador **(vea la ilustración)**. Esto asegurará una alineación correcta cuando el capó esté instalado. No confíe en su memoria. Disponer de un poco más de tiempo para marcar la ubicación de las bisagras, las piezas de la carrocería o piezas eléctricas puede ahorrarle horas de trabajo al reinstalar luego el motor.

Debido a su peso y tamaño impráctico, se necesitan dos personas para quitar el capó. Pídale a un asistente que sostenga el capó abierto mientras se quitan los pernos. Coloque trapos debajo de las esquinas del capó para impedir que el capó se mueva de forma repentina y raye o abolle la carrocería. Levante cuidadosamente el capó y llévelo a un lugar de almacenamiento seguro.

Utilice cinta de enmascarar para marcar todos los cables eléctricos y las líneas de vacío y luego desconecte los accesorios de luz del capó y las líneas de agua o vacío (accesorios del limpiaparabrisas).

Seleccione un lugar para guardar el capó en el taller o garaje que sea seguro y que esté fuera del camino. El lugar debe estar suficientemente lejos del área de trabajo para evitar la posibilidad de que una herramienta caiga en la superficie y provoque daños.

4.2 Coloque los soportes de gato debajo del bastidor del vehículo a una altura uniforme.

4.3 Retire los tornillos para láminas de metal (flechas) de la cubierta del ventilador.

Si el capó está almacenado en el extremo, ate la traba del capó a un anclaje de caucho con un trozo de cable de galga gruesa.

Cuando trabaje en una camioneta, se debe quitar el capó delantero, la rejilla y las diferentes piezas de la carrocería para quitar el motor de la parte delantera del vehículo. Consulte el *Manual de reparación automotriz de Haynes* de su vehículo en particular para obtener más detalles. Revise cuidadosamente la camioneta para determinar cuál es el método más fácil para quitar el motor en base a la altura de la camioneta, la posición y el peso del motor.

Levante el vehículo y asegure el chasis con soportes de gato. Asegúrese de haber elegido el área correcta, ya que el vehículo estará fuera de servicio por un tiempo y no se lo moverá a menos que se den circunstancias inusuales. Cuando levante el vehículo, coloque el gato debajo del travesaño que abarca el motor (si tiene). Esto equilibrará el extremo delantero cuando se lo eleve. Algunos automóviles con diseño de una pieza no están equipados con este travesaño, por lo que debe usar un lugar alternativo que sea sólido (por ejemplo, el soporte de la barra puntal de la suspensión delantera) y levante el vehículo. Consulte el manual del propietario del vehículo para conocer las ubicaciones de los puntos de elevación. No intente colocar el gato de piso en ninguno de los soportes que sujetan el sistema de escape. Coloque los soportes de gato en forma uniforme a la misma altura **(vea la ilustración)**. Solo es necesario levantar el frente del vehículo para retirar el motor, pero si prefiere trabajar en un vehículo que esté nivelado, coloque los soportes de gato debajo del extremo trasero. Asegúrese de que también estén a la misma altura.

Ahora, camine alrededor e inspeccione el vehículo y codéelo ligeramente una o dos veces para verificar su solidez al estar apoyado en los soportes de gato. Si tiene dudas sobre su seguridad, vuelva a posicionar los soportes de gato o busque un lugar de trabajo más adecuado, pero asegúrese de que el vehículo esté bien apoyado antes de continuar con el trabajo.

Drene los líquidos del motor, el sistema de enfriamiento y la transmisión automática (si tiene). Coloque un colector (lo suficiente grande para retener dos o tres galones de líquido) debajo del tapón de drenaje y abra el tapón. Quite la tapa del radiador para purgar la presión de aire y deje que el líquido se drene más rápido. Si el radiador no tiene un tapón de drenaje, quite la abrazadera de la manguera inferior y deje que drene desde el tubo de entrada. Cuando use este método, tenga cuidado al liberar el refrigerante. El refrigerante fluye rápidamente y en grandes cantidades. Utilice un recipiente o un colector para drenaje diferente, desenrosque el tapón de drenaje de aceite del colector de aceite y deje que el aceite salga del motor. Es una buena idea extraer el filtro de aceite y volcar el aceite en el colector para drenaje, y luego volver a instalar temporalmente el filtro de aceite. Esto protegerá las roscas de la caja del filtro de aceite cuando se levante el motor. Desconecte las líneas de enfriamiento de la transmisión (si tiene) del radiador y la transmisión, y deje que el líquido drene en un recipiente o un colector diferente. Si se cambió recientemente el líquido de la transmisión y está relativamente limpio, asegúrese de que el colector esté limpio para poder volver a utilizar el líquido.

Extracción del radiador

Las primeras piezas que se deben quitar del compartimiento del motor son el radiador y sus componentes relacionados, que se deben desconectar primero. Las aletas del radiador se doblan y dañan con facilidad, lo que hace prácticamente imposible quitar el motor con el radiador en el vehículo. Las aletas del núcleo del radiador son muy filosas, por lo que debe prestar atención a sus nudillos cuando trabaje cerca. Asegúrese de que se haya drenado todo el refrigerante del sistema, de que se haya quitado el colector y se haya desechado el refrigerante de manera adecuada (muchas comunidades cuentan con centros de recolección que pueden desechar el aceite y el anticongelante de manera adecuada). Deberá "rodar" en su plataforma rodante debajo del vehículo para retirar las abrazaderas, los colectores para evitar salpicaduras, las líneas de enfriamiento de la transmisión, etc., por lo que es una buena idea asegurarse de que el área esté limpia y no haya ningún obstáculo.

Retire los pernos y los tornillos para láminas de metal que sujetan la cubierta del ventilador sobre el radiador **(vea la ilustración)**. Algunas cubiertas de ventilador usan lengüetas para mantener la parte inferior sujeta al cuerpo o a la estructura del radiador. Otras cubiertas se atornillan o enroscan al radiador por la parte inferior. Use una linterna o una luz portátil en las esquinas oscuras del compartimiento del motor para ayudar a identificar el tamaño correcto del perno y evitar cometer errores (por ejemplo, usar una llave o un cubo de mayor tamaño y dañar la cabeza). Después de desconectar la cubierta del ventilador, colóquela lejos del radiador, directamente sobre el ventilador.

4.4 Desconecte las conexiones de las líneas de enfriamiento de la transmisión (flechas) del radiador. Use una llave de apoyo en el lado del radiador de la conexión (si tiene) mientras se desatornilla la tuerca externa más grande de la conexión.

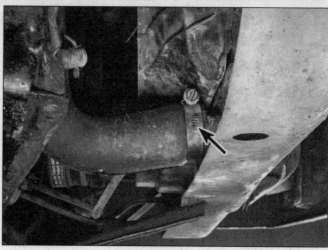

4.5 Afloje las abrazaderas (flechas) y retire las mangueras del calefactor del motor.

Si el vehículo está equipado con una transmisión automática, desconecte las líneas de enfriamiento de la transmisión del radiador y la transmisión **(vea la ilustración)**. Utilice una llave para tuerca abocinada para evitar dañar la cabeza de la conexión. Si las conexiones están muy ajustadas, no haga fuerza para aflojar la conexión porque hay muchas posibilidades de que se rompa el radiador en el empalme. Utilice una llave de sujeción en la unión del radiador para mantenerlo fijo. Quite todos los clips o soportes que sostienen las líneas de transmisión al motor y desconecte cuidadosamente las líneas. Trate de no doblar demasiado las líneas al desconectarlas.

Desconecte y retire las abrazaderas del radiador y las mangueras del radiador y del bloque del motor. Si la manguera está ajustada de una manera inusual alrededor de las conexiones, doble la manguera con la mano hasta liberarla. Si todavía no cede, envuelva el extremo difícil de liberar con un trapo de taller y utilice una tenaza ajustable grande para apretar y girar la manguera haciendo palanca. Generalmente, si la manguera está corroída, se la deberá reemplazar por una nueva. Es una buena

idea reemplazar todas las mangueras del radiador si tienen más de dos años o si se conduce con frecuencia el vehículo en climas calientes y secos. Desconecte las mangueras del calentador del bloque del motor o el núcleo del calefactor (generalmente en el lado del pasajero del cortafuegos) **(vea la ilustración)**. Tenga cuidado de que el exceso de refrigerante no se haya drenado del núcleo del calefactor.

Quite los pernos que fijan el radiador hacia abajo. Algunos tipos de radiadores (flujo transversal) se sujetan a la estructura en la parte superior del radiador con un soporte largo. Por lo general, este tipo se mantiene en su lugar en la parte inferior con pestañas que se insertan sobre soportes de caucho. Otro tipos de radiadores (flujo descendente) se atornillan a la estructura en la parte superior e inferior. Retire todos los pernos y los soportes del radiador y levante el radiador para quitarlo **(vea la ilustración)**. Tenga cuidado de no dañar las aletas del radiador golpeándolas contra el ventilador o el bastidor del vehículo. Encuentre un lugar seguro en el taller o el garaje y coloque el radiador con el lado plano mirando hacia abajo.

Lleve el radiador a un taller profesional de reparación de radiadores y solicite que lo prueben para detectar fugas, su capacidad de enfriamiento y condición general. En las mejor condiciones, el radiador solo necesitará un enjuague y una revisión. Si el núcleo está bloqueado pero se lo puede recuperar, el radiador necesitará una limpieza con barras (se lo moja con un solvente químico anticorrosivo). Si el técnico determina que el núcleo tiene un daño permanente, será necesario reemplazar el núcleo del radiador por uno nuevo (se quita la estructura y se suelda un núcleo nuevo en el lugar). Los precios pueden variar bastante, así que espere lo mejor pero prepárese para lo peor. De todos modos, es extremadamente importante que se diagnostique el radiador en condiciones de funcionamiento óptimas para asegurarse de que el motor reconstruido esté frío en todas las condiciones de funcionamiento (por ejemplo, con carga, días de calor, en la autopista, etc.). Sin dudas, el tipo de seguro más económico que puede adquirir para su motor reconstruido es un radiador que funcione bien.

Ahora que el radiador se encuentra afuera, quite la cubierta del compartimiento del motor, y luego quite el ventilador. Utilice una llave de extremo cuadrado, preferentemente una con mango largo, y afloje los pernos **(vea la ilustración)**. Sostenga el ventilador para que no se mueva la polea. En los ventiladores de

4.6 Vuelva a colocar la cubierta del ventilador y quite el radiador.

4.7 Utilice una llave de extremo cuadrado para retirar los pernos del conjunto del ventilador.

4.8 Utilice un destornillador de punta plana para hacer palanca y quitar el cable del acelerador del carburador o del cuerpo del acelerador.

accionamiento por embrague, use una llave de boca abierta para llegar a las tuercas o pernos entre el ventilador y la polea. Si el ventilador es de accionamiento viscoso o tipo embrague, guárdelo mirando hacia abajo para evitar la fuga de líquidos.

Retirar el filtro de aire

Retire el elemento del filtro de aire y la caja del filtro de aire. Utilice cinta de enmascarar y marque con cuidado cada manguera y conector eléctrico sujetado a la caja del filtro de aire. Desconecte todas las líneas de vacío, las mangueras y los conectores eléctricos y extraiga la caja. Tenga cuidado de no dañar ninguno de los tubos o las mangueras.

Desconexión del varillaje del cable del acelerador

Desconecte el cable del acelerador del carburador o la unidad de inyección de combustible. La mayoría de estos modelos están equipados con varillaje tipo barra y palanca o tipo cable. Si el varillaje es tipo barra y palanca, desconéctelo del varillaje del carburador y déjelo a un lado. Si el varillaje es tipo cable, desconecte el cable del carburador o la unidad de inyección de combustible y utilice tenazas de punta fina para pellizcar las pestañas y retire el cable del soporte del múltiple de admisión **(vea la ilustración)**. Si necesita quitar algún clip de las bielas, colóquelos nuevamente después de desconectar el varillaje o el cable del acelerador. De este modo, no tendrá que preocuparse por perderlos. Si el vehículo está equipado con una transmisión automática, desconecte el cable de la válvula del acelerador (TV) o la varilla para rebasar de la unidad de inyección o el carburador. Conéctelo al cortafuegos o en algún lugar fuera del camino.

Extracción de los accesorios

Advertencia: *La gasolina es extremadamente inflamable; por lo tanto, tome precauciones adicionales cuando trabaje en cualquier parte del sistema de combustible. No fume ni permita llamas expuestas o bombillas descubiertas cerca del área de trabajo y no trabaje en un garaje donde haya algún tipo de aparato a gas (tal como un termotanque o secador de ropa) con un piloto encendido. Si se derrama combustible sobre la piel, enjuáguese de inmediato*

con agua y jabón. Cuando realice cualquier tipo de trabajo con el sistema de combustible, use gafas de seguridad y tenga a mano un extintor de incendios Clase B.

Antes de desconectar cualquier elemento accesorio, es una buena idea obtener un poco de cinta de enmascarar y marcar con cuidado cada conector eléctrico, manguera de vacío o línea de combustible, o todo aquello que debe desconectarse para quitar el motor. Coloque un trozo de cinta en cada lado **(vea la ilustración)** y etiquete claramente cada trozo de cinta adhesiva para que resulte evidente a dónde pertenece cada conexión cuando el motor esté listo para "ser conectado". Por ejemplo, etiquete CARB.SOL. cada lado en una válvula de solenoide del carburador o A/C COMP. en el compresor de aire acondicionado. No se confunda. Lo que es fácil de desconectar AHORA, DESPUÉS es difícil de volver a conectar y hacerlo lleva tiempo.

Antes de quitar alguna línea de combustible, despresurice el sistema de combustible. En los vehículos carburados, simplemente envuelva el conector de la línea de combustible con algunos trapos de taller, haga retroceder el perno cuidadosamente y deje

4.9 Use cinta de enmascarar para marcar cada extremo de los diferentes conectores eléctricos, mangueras y líneas de vacío antes de desconectarlos.

4.10 Afloje el perno de pivote (A) y extraiga el perno de ajuste (B) para quitar esta correa del aire acondicionado.

4.11 Retire los pernos (flechas) que sujetan el soporte del aire acondicionado al motor.

que el exceso de combustible drene en los trapos. A menudo, si es difícil aflojar las líneas, utilice llaves de sujeción para sostener la línea de combustible y evite que se doble. En los motores con inyección de combustible, consulte el manual del propietario y desactive la bomba de combustible retirando el fusible que controla la bomba de combustible y el relé. Esto permite que la presión se disipe. Para obtener más información sobre los sistemas de inyección de combustible, siga el procedimiento del *Manual de reparación automotriz de Haynes* para su vehículo en particular.

Ahora, desconecte los conectores eléctricos, las líneas de vacío, las mangueras, los componentes de inyección de combustible o todo aquello que esté conectado al motor. Desconecte los cables del mazo de la unidad de envío de presión de aceite, la unidad de envío de temperatura del agua, unidades de control de emisión (sistema EGR, sistema EFE, etc.), la bobina y el distribuidor, mangueras de aire caliente o válvulas y dispositivos del carburador. No fuerce ninguno de los clips de los conectores eléctricos. En cambio, utilice un destornillador pequeño y angosto y presione las pestañas de liberación.

Afloje las correas y quite el compresor de aire acondicionado (si tiene) del motor. Es mejor dejar que el compresor de aire acondicionado permanezca fijo al sistema de aire acondicionado en vez de descargar y separar el compresor. Si decide desconectar las líneas de compresión del aire acondicionado, debe solicitar que un taller profesional de aire acondicionado descargue el sistema y, cuando el motor esté funcionando nuevamente, se lo debe recargar con freón. Todo este trabajo de recambio implicará más dinero en el monto de la factura. **Nota:** *Si desconecta las líneas, asegúrese de conectar todas las conexiones y líneas que están desconectadas para evitar que ingrese humedad y suciedad, los dos peores enemigos de cualquier sistema de aire acondicionado.* **Advertencia:** *El sistema de aire acondicionado está bajo alta presión. NO desarme ninguna pieza del sistema (mangueras, compresor, conexiones de líneas, etc.) hasta que el departamento de servicio de un distribuidor o una estación de servicio hayan despresurizado el sistema.*

Libere la tensión de las correas **(vea la ilustración)**. Afloje el perno de pivote y la tuerca o el perno de ajuste. Retirar las correas Si no se puede quitar la correa debido a la posición de la polea principal, colóquela al lado, fuera del camino.

Retire el compresor de aire acondicionado del motor. Según

el tipo del compresor de aire acondicionado y los soportes de montaje, retire los pernos que lo sujetan a la culata de cilindros y al bloque. Si es imposible llegar a los pernos del compresor, quite los pernos que fijan los soportes del compresor al motor **(vea la ilustración)** y extraiga el compresor con el soporte. Utilice un poco de cable resistente de mecánico y átelo al cortafuegos del compartimiento del motor.

Quite los pernos que sostienen la bomba de dirección hidráulica al motor **(vea la ilustración)**. En este caso, también es mejor mantener las mangueras de dirección hidráulica sujetadas a la bomba para evitar un gran exceso de trabajo. Después de quitar la bomba de dirección hidráulica, utilice cable de galga gruesa o cable de mecánico y átelo contra el cortafuegos del compartimiento del motor. Intente atarlo lo más lejos posible del motor para dejar espacio suficiente para que el motor se mueva alrededor una vez que esté libre de la transmisión. Asegúrese de que la parte superior de la bomba permanezca arriba para que no haya fugas de líquido desde el depósito.

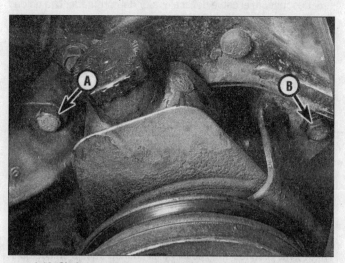

4.12 Si el soporte de su bomba de la dirección hidráulica tiene este aspecto, afloje el perno (A), luego afloje el perno (B) para eliminar la tensión de la correa de la dirección hidráulica. Retire los pernos que sujetan la parte inferior del soporte de la bomba de dirección hidráulica al bloque del motor (no se muestra en la fotografía).

4.13 Quite los dos pernos largos (flechas) del motor de arranque.

4.14 Quite los pernos (flechas) y los platos de la cubierta para tener acceso a las tuercas del convertidor de torque.

Retire el motor de arranque del lado de abajo del motor (**vea la ilustración**). Desconecte los cables del arranque (etiquételos) y colóquelos fuera del camino. Quite los pernos que sujetan el arranque. Puede ser difícil alcanzar el perno superior, por lo que debería usar una extensión y un dado para llegar a los espacios reducidos. Bajar el arranque Tenga cuidado. El arranque es pequeño pero pesa bastante.

Revise su trabajo para verificar si el etiquetado es correcto, asegúrese de que las piezas extraídas estén en orden, que se hayan extraído todos los accesorios y que el área alrededor del vehículo esté limpia antes de continuar con la extracción.

Desconexión del convertidor de torque

Si el vehículo está equipado con una transmisión automática, quite las tuercas del convertidor de torque. Primero, retire los pernos del plato de la cubierta delantera (**vea la ilustración**) y baje el plato. Asegúrese de marcar los pernos o de guardarlos en una caja etiquetada. Los pernos de la campana de embrague tienen tamaños extraños, por lo que debe tener en cuenta las diferencias para que sea más fácil instalar el motor. Antes de extraer los pernos del convertidor de torque, use pintura blanca y marque el convertidor

de torque en relación al plato de transmisión (**vea la ilustración**). Esto asegurará que el plato de transmisión y el convertidor de torque estén armados siguiendo exactamente el mismo patrón de alineación. Además, es una buena idea utilizar un dado de seis puntos en las tuercas del convertidor de torque para evitar que se redondee la cabeza de la tuerca. Quitar las tuercas del convertidor de torque que estén dañadas es una pérdida de tiempo.

Rote el convertidor de torque girando el cigüeñal. Use un dado profundo y un trinquete de 1/2 pulgada para girar la polea del cigüeñal. Revise cuidadosamente cada tuerca del convertidor de torque (suele haber tres) mientras gira la polea. Es más fácil quitar cada tuerca en orden y evitar el arduo trabajo de buscar la tuerca del convertidor de torque que se le pasó por alto. Si el motor que está extrayendo tiene un cigüeñal congelado (rodamiento o varilla adherida), deberá retirar el convertidor de torque con el motor. Tenga cuidado de no dañar el eje de entrada o el convertidor de torque.

Desconecte el sistema de escape

Desconecte los tubos de escape de los múltiples de escape (**vea la ilustración**). Antes de intentar retirar aquellas tuercas de la brida que estén viejas o corroídas, rócielas con un lubricante de

4.15 Use pintura blanca para marcar el convertidor de torque en relación al plato de transmisión.

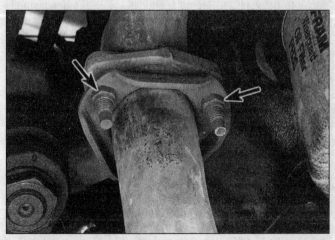

4.16 Retire las tuercas (flechas) que sujeta la brida del tubo de escape al múltiple de escape (no se muestra el tercer perno).

4.17 La cadena debe estar conectada al motor con una holgura adecuada para evitar romper el carburador u otros componentes cuando se aplica tensión con el elevador del motor.

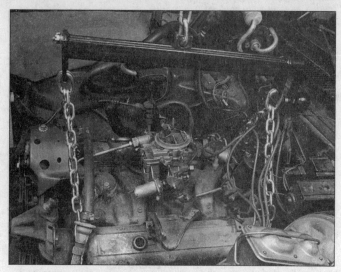

4.18 Utilice una herramienta especial para ajustar el ángulo del motor mientras se lo levanta del compartimiento del motor.

penetración confiable. Espere unos minutos para que el líquido penetre en las roscas. Use un dado de seis puntos para evitar redondear las tuercas o los pernos.

Use una extensión en el trinquete, pero intente mantener la extensión lo más corta posible para evitar perder el apalancamiento. Desconecte todos los soportes o abrazaderas del sistema de escape para dejar que los tubos caigan lo suficientemente bajo para que de este modo haya bastante espacio para extraer el motor.

Desconectar el cable del embrague o el varillaje del embrague

Desconecte el cable del embrague o el varillaje del embrague del motor y la transmisión. Dependiendo del tipo de sistema que esté instalado en el vehículo, asegúrese de que el sistema no interfiera con el desmontaje del motor. En el varillaje del embrague de barra y palanca, desconecte el resorte de retorno que está sujetado al bastidor y la palanca de liberación. Esto liberará presión del conjunto. Quite los clips de retención y la varilla del conjunto del varillaje. Reemplace todas las piezas desgastadas por piezas nuevas. Retire el eje transversal del motor y el bastidor. Gira en un soporte que está fijado al bastidor. Después de retirar los pernos y el soporte, se puede quitar fácilmente el eje transversal del conjunto del pivote del motor.

Desmontaje del motor del vehículo

En los sistemas de desembrague hidráulico, quizás sea necesario desatornillar el cilindro de desembrague. No desconecte la línea hidráulica o deberá purgar el sistema de desembrague del embrague.

Desconecte todas aquellas "pequeñas" cosas que ha estado postergando. No pase por alto el tubo de llenado de la transmisión automática y las bandas de descarga a tierra del motor. Por lo general, el tubo de llenado está sujetado a la parte posterior de la cabeza del cilindro pero, desafortunadamente, es difícil de alcanzar. Utilice una llave de extremo cuadrado larga y quite lentamente el perno. Saque el tubo de llenado girándolo y levantándolo para dejar que las curvas del tubo liberen la campana

de embrague y el motor. Las bandas de descarga a tierra son más fáciles de quitar pero son más difíciles de encontrar. En algunos modelos, están sujetadas a la campana de embrague cerca de la parte inferior y otras están sujetadas a la culata de cilindros. Simplemente busque un cable trenzado y grueso con forma de banda, generalmente sin aislante. Inspeccione el motor y vuelva a verificar que todo esté desconectado. Es mejor revisar primero todo aquello de la parte superior del motor, deslícese debajo del vehículo con la plataforma rodante y revisar sistemáticamente todas las conexiones que estén en la parte inferior.

Desatornille la campana de embrague de la transmisión del bloque del motor. Los pernos superiores están muy cerca de la carrocería, por lo que puede ser necesario usar un dado giratorio en el extremo de las extensiones largas o juntas giratorias conectadas entre extensiones para llegar a las esquinas. La selección de herramientas es muy importante para este paso. A veces, las diferentes disposiciones están en orden. Tenga en cuenta que los pernos de la campana de embrague tienen longitudes diferentes. Márquelas con cuidado para garantizar una instalación adecuada.

Instalación del elevador del motor

Utilice una cadena para trabajos pesados y fíjela al motor. Algunos motores están equipados con orejetas de elevación o ganchos. Por lo general, se conectan a la culata de cilindro con los múltiples de escape y los pernos. A veces, se encuentran en los extremos del múltiple de admisión. Use una arandela, una tuerca y un perno para trabajos pesados y ajuste la cadena a las orejetas de elevación. Guíe la cadena en el motor dejando suficiente holgura en la cadena para dejar que el elevador levante el motor sin dañar ningún componente una vez que la cadena esté ajustada **(vea la ilustración mano)**. Por otro lado, la cadena no debe ser demasiado larga o el motor no liberará la parte delantera del vehículo cuando se lo levante. Deslice el elevador de motor o mueva el elevador o la "grúa automóvil" sobre el vehículo y coloque el gancho en la mitad de la cadena. Esto permitirá que el motor esté equilibrado una vez que se lo separe del vehículo. Si el motor no está equipado con orejetas de elevación, diríjase a una tienda de autopartes y compre algunas o envuelva la cadena a través del múltiple de escape y atornille los extremos a la cadena.

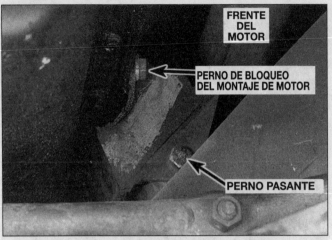

4.19 Montura de motores de bloque pequeño.

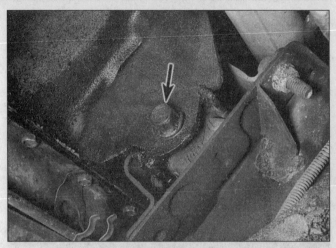

4.20 Quite el perno pasante (flecha) y retire el motor mientras la montura superior está sujetada al bloque.

Nota: *Si los eslabones de la cadena son demasiado grandes para colocarlos a través del múltiple de escape, será necesario obtener orejetas de elevación. Otros alternativas pueden no ser seguras ni confiables.*

En vehículos con pequeños compartimientos del motor, quizás deba inclinar ligeramente el motor para liberar el extremo delantero del compartimiento del motor. Utilice una herramienta especial que permita ajustar el ángulo del ángulo del motor mientras se lo levanta del compartimiento del motor **(vea la ilustración)**. Esta herramienta está disponible en tiendas de autopartes o tiendas de rendimiento automotriz. Si no hay ninguna disponible, calcule la cantidad de área de trabajo y coloque el gancho en la cadena dos o tres eslabones antes del centro para proporcionar un ángulo mínimo después de haber elevado el motor. Suba el elevador del motor hasta que la cadena esté ajustada y el motor empiece a elevarse.

Desconexión de las monturas del motor

Desconecte las monturas del motor del bloque del motor **(vea la ilustración)**. Las monturas del motor vienen de diferentes formas y tamaños, según el tamaño del motor y el tipo de vehículo.

Básicamente, las monturas del motor están separadas en secciones superiores e inferiores y están unidas por un perno pasante **(vea la ilustración)**.

Levante el motor ligeramente. Una vez que quite el peso de la montura del motor, retire los pernos pasantes. Hay algunos modelos que requerirán que se retire completamente las monturas del motor antes de que se eleve el motor.

Extracción del motor del vehículo

Deslice el gato de piso debajo de la transmisión y ajuste la transmisión de modo que no se caiga súbitamente cuando se retire el motor. Asegúrese de colocar un trozo de madera entre la transmisión y la superficie del gato de piso. Eleve parcialmente el motor fuera del compartimiento del motor y separe el motor de la campana de embrague con un destornillador largo o una palanca calzada entre los dos **(vea la ilustración)**. Empuje el motor hacia adelante tanto como sea posible **(vea la ilustración)** y levántelo nuevamente hasta que el motor esté lejos de las monturas del motor. Mantenga el gato en contacto con la transmisión. Vuelva a

4.21 Use una palanca o un destornillador grande y haga palanca para quitar la campana de embrague de la transmisión.

4.22 Balancee suavemente el motor y empújelo hacia adelante mientras lo levanta ligeramente. No fuerce el motor y preste atención a todo aquello que no se haya desconectado.

4.23 No raye la carrocería ni doble el emblema mientras el motor traspasa la parte superior. Si no puede levantar el motor lo suficiente, puede solicitar que asistentes se sienten en frente del vehículo para bajarlo.

4.24 Utilice un trozo de tubo para montar el compartimiento del motor. Instale pernos largos en la transmisión para sostenerlo.

verificar que todos los accesorios, los cables, las mangueras, etc. estén adecuadamente desconectadas y eleve el motor para quitarlo del vehículo (vea la ilustración). No fuerce el motor para sacarlo del vehículo. Si está colgando de algún lugar, ESPERE, inspeccione la situación cuidadosamente y determine con exactitud qué está ocasionando el problema. Por lo general, es algo que haya pasado por alto, como el cable del sensor de temperatura, la banda de descarga a tierra, amarres o abrazaderas, etc. Realice las desconexiones necesarias y prosiga con la extracción.

Eleve el motor sobre la parte delantera del vehículo y vuelva a deslizar el elevador hasta que el motor esté lejos del vehículo. Baje el motor y déjelo sobre una paleta de madera o en el suelo, si es posible extender el elevador hasta esa altura. Coloque el motor abajo hasta que el peso esté afuera del motor, pero aún no desconecte el elevador del motor.

Instale un trozo de tubería a lo largo del bastidor para sostener la transmisión (vea la ilustración). Use pernos o cable de galga gruesa para sostener la transmisión al tubo. Quite el gato de piso que está debajo de la transmisión y colóquelo en

forma temporal en la esquina del taller.

Retire el plato de transmisión (transmisión automática) o el conjunto del embrague (transmisión estándar) del motor.

En los motores equipados con un plato de transmisión, use pintura blanca y marque la posición del plato de transmisión en relación al cigüeñal (vea la ilustración). Esto asegurará la alineación correcta para la instalación posterior. Retire los pernos del plato de transmisión. Esto es más fácil con una llave de impacto de aire. Si no tiene ninguna, deslice un destornillador a través de los orificios en el plato de transmisión para asegurarlo en su lugar mientras afloja los pernos. Este es un buen momento para juntar cajas de zapatos o jarras para mantener organizadas todas las tuercas y pernos del motor y otros elementos diversos.

En los motores equipados con un conjunto de embrague, marque la posición del plato de presión y el volante del motor antes de extraer los pernos. Retire el plato de presión y el disco de fricción y coloque los pernos en una caja que esté etiquetada. Observe qué extremo de las caras del disco de fricción está orientado hacia el volante del motor para poder instalarlo de la

4.25 Use pintura blanca para marcar la ubicación del plato de transmisión en el cigüeñal.

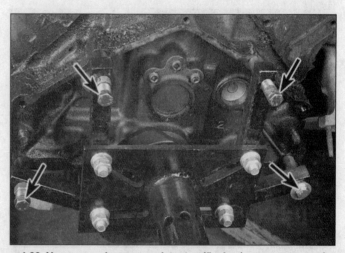

4.26 Use pernos largos y resistentes (flechas) para sostener el bloque del motor en el soporte. Asegúrese de que estén ajustados antes de bajar el motor y apoyar todo el peso sobre el soporte.

misma manera. Luego, desatornille el volante del motor. Esto es más fácil con una llave de impacto de aire. Si no tiene ninguna, inserte un destornillador grande entre el diente de la corona del volante del motor y una saliente en la parte trasera del bloque del motor para asegurar el volante del motor en su lugar mientras lo desenrosca. Tenga cuidado cuando retira el último perno y retira el volante del motor porque el volante es muy pesado.

Ahora que la parte trasera del bloque del motor está expuesta, levante el motor e instálelo en el soporte del motor. Coloque el soporte del motor dentro de las patas del elevador del motor y levante el motor hasta que esté unas pulgadas arriba de la altura del soporte. Extraiga el anclaje del motor del soporte e instálelo sobre el bloque del motor. El anclaje tiene cuatro bridas ajustables que pueden colocarse para atornillarlo a un bloque del motor de cualquier tamaño. Verifique que todos los separadores y pernos sean uniformes y que el espacio roscado tenga el tamaño adecuado, y ajuste todos los pernos. Coloque el soporte del motor sobre el anclaje (**vea la ilustración**) y baje el conjunto al piso. No coloque todo el peso del motor abajo de una vez. Revise todos los pernos y el soporte del motor para asegurarse de que esté firme y seguro. Desconecte el elevador del motor y la cadena del motor y coloque el elevador del motor en la esquina del taller. Ahora puede retirar los componentes del bloque del motor.

Extracción de los componentes externos del motor

Inspeccione todo el motor. El trabajo siguiente es quitar todos los componentes del motor del bloque del motor, limpiar todas las piezas y recordar dónde y cómo se vuelven a ensamblar en el bloque. Parece fácil. En realidad, cada componente tiene una determinada función y ubicación, pero, desafortunadamente, se ensamblan como un rompecabezas. Revise cuidadosamente para detectar todas las opciones que pueden instalarse en el motor (por ejemplo, control de velocidad crucero, aire acondicionado, dirección hidráulica, etc.) y tome notas sobre sus conectores eléctricos, soportes, abrazaderas, mangueras, etc. Con frecuencia, resulta útil hacer un bosquejo de las conexiones o tomar una fotografía. Aunque tenga buena memoria, a las semanas de desarmar el motor olvidará al menos algunos detalles. Intentar comprender estas cosas puede llevar mucho tiempo y ser muy frustrante. Extraiga cuidadosamente cada componente en el orden correcto y el proceso de armado será más simple. Las herramientas neumáticas son de gran ayuda al momento de destornillar los componentes, pero si no las tiene, un mango regulador de velocidad para sus dados acelerará el proceso. Un mango regulador de velocidad (disponible en la mayoría de los fabricantes de herramientas) es una varilla larga doblada dentro de un cigüeñal con un accionador de 3/8 o 1/2 pulgadas en un extremo. Le permite girar rápidamente los pernos de las tapas de válvulas, el colector de aceite, la bomba de agua, etc. Cuando quite los componentes, siga el orden básico.

1 Tapas de válvulas
2 Accesorios restantes (alternador, bomba de agua, compresor de aire acondicionado, bomba de dirección hidráulica).
3 Múltiples de escape
4 Carburador o cuerpo del acelerador
5 Distribuidor
6 Bomba de combustible
7 Termostato
8 Múltiple de admisión
9 Bomba de agua
10 Monturas del motor
11 Amortiguador de vibración
12 Cubierta de la cadena de sincronización
13 Colector de aceite
14 Unidad de envío de presión de aceite

Tapas de válvulas

Los primeros elementos que se deben quitar del motor son las tapas de válvulas. Quite los cables de la bujía y la tapa del distribuidor del motor. Es mejor dejar los cables conectados a la tapa y marcar cada cable de la bujía de acuerdo al número del cilindro. Esto hará que la instalación sea rápida y sencilla. De lo contrario, puede confundir el orden de encendido y no poder descubrir por qué el motor explota después de pasar tanto tiempo reconstruyéndolo. Los números de los cilindros suelen estar estampados en el múltiple de admisión sobre la bujía.

4.27 Quite los pernos (flechas) que fijan la tapa de la válvula a la culata de cilindros (se muestra un motor de 350).

Consulte el *Manual de reparación automotriz de Haynes* de su vehículo en particular para obtener más detalles. Quite los pernos que fijan las tapas de válvulas a las culatas de cilindro (**vea la ilustración**). Retire las tapas de válvulas y raspe todo el material de la junta de la superficie de la brida con un raspador de juntas. Limpie bien adentro y afuera de las tapas de válvulas con un cepillo para piezas en un tanque de solvente. Si el tanque de solvente no está disponible, guarde las tapas en una caja con otros componentes externos del motor que tengan grasa y llévelos a un lavadero de autos tipo autoservicio. El agua caliente de alta presión quita bastante bien la grasa y suciedad.

Accesorios restantes

Advertencia: *El sistema de aire acondicionado está bajo alta presión. NO desarme ninguna pieza del sistema (mangueras, compresor, conexiones de líneas, etc.) hasta que el departamento de servicio de un distribuidor o una estación de servicio hayan despresurizado el sistema.*

Si todos los componentes accesorios se ensamblan en el bloque, es más fácil quitar primero el alternador y el aire de la

4.28 Retire los pernos del alternador (flechas) de los soportes.

4.29 Retire los pernos (flechas) y la polea de la bomba de aire.

4.30 Quite el perno de pivote (flecha) y los tornillos que fijan el soporte al bloque del motor.

bomba Se debe quitar el compresor de aire acondicionado (A/C) y la bomba de dirección hidráulica del motor antes de extraer el motor del vehículo para no dejar que se alteren los líquidos y la presión del sistema. Si decide desconectar las mangueras de los sistemas de dirección hidráulica y de A/C, es posible retirar más tarde el compresor y la bomba de dirección hidráulica. Asegúrese de que se hayan extraído todas las correas de transmisión.

Retire los soportes y los pernos del alternador **(vea la ilustración)**. El alternador está sujetado a la culata del cilindro y la bomba de agua con soportes y separadores. Organice los pernos y etiquete cada uno para garantizar un ensamblaje correcto. Tome notas, dibuje un diagrama o tome una fotografía para mostrar dónde está ubicado cada separador y cada soporte. Nuevamente, el soporte se ve simple hasta que se lo retire y coloque en una caja para piezas. Es una buena idea mantener los soportes del alternador separados de los otros soportes para evitar confusiones posteriormente.

Retire la bomba de aire y los soportes del bloque del motor. Primero, afloje el perno de ajuste del soporte y gire la bomba para poder retirar la correa **(vea la ilustración)**. Luego, extraiga la polea de la bomba de aire. A continuación, retire el soporte superior **(vea la ilustración)**. Retire los pernos y soportes y separe la bomba de aire del bloque. Tómese un poco más de tiempo para hacer anotaciones o dibujar un diagrama de la ubicación del soporte o la bomba para garantizar una correcta instalación.

Si aún no lo ha hecho, retire el compresor de aire acondicionado del bloque del motor. Consulte la ilustración **4.11** para tener una idea de la ubicación de los pernos del compresor y el soporte. Si su compresor es diferente, observe bien el soporte y los pernos que lo sujetan al bloque del motor. Si no se puede quitar el compresor del soporte, quítelo del motor junto con el soporte. Es importante que los pernos estén etiquetados y organizados para evitar instalar pernos de diferentes longitudes en los orificios incorrectos. Una vez que se haya quitado el compresor, revise el nivel de aceite dentro del compresor y, si el nivel es bajo o el compresor está excesivamente sucio, es una buena idea reemplazarlo.

Retire la bomba de dirección hidráulica del bloque del motor y coloque cuidadosamente todos los pernos y soportes que sujetan el conjunto de dirección hidráulica al bloque. Si la bomba es diferente, tome notas sobre la ubicación de los pernos, los soportes y la longitud de los pernos para que le sirva de ayuda

posteriormente con la instalación. Retire todos los pernos y los soportes.

Múltiples de escape

Extraiga los múltiples de escape de las culatas de cilindro. Pulverice los pernos y las tuercas que sujetan el múltiple de escape y el protector contra calor con aceite penetrante confiable. Si los pernos del múltiple de escape están equipados con pestañas de bloqueo, utilice un cincel y vuelva a doblarlas **(vea la ilustración)**. Quite los pernos del múltiple de escape **(vea la ilustración)**. Algunos modelos están equipados con un protector de bujía que deben quitarse para obtener acceso a los pernos del múltiple **(vea la ilustración)**. Si su modelo en particular posee algún equipo de emisión adicional (EFE, TAC, etc.), asegúrese de etiquetarlo y quitarlo de los múltiples de escape. Extraiga los múltiples de escape del bloque. **Nota:** *Asegúrese de inspeccionar cuidadosamente los múltiples de escape en busca de rajaduras* **(vea la ilustración)**.

4.31 Utilice un cincel y vuelva a doblar las pestañas de bloqueo para dejar espacio para una llave o un dado.

4.32 Utilice una llave de extremo cuadrado o un dado para retirar los pernos.

4.33 Quite el perno (flecha) que sujeta el protector contra calor al bloque.

Una vez que se hayan retirado los múltiples de escape del motor, es una buena idea verificar si hay alabeos. Si no tiene las herramientas correctas, lleve los múltiples a un taller de maquinado de confianza y solicite que un operario los revise. Utilice una regla de precisión en el lado de la culata de cilindros del múltiple de escape. Intente insertar una galga de espesores debajo de la regla en diferentes puntos en la superficie del múltiple. Si las mediciones son excesivas (entre 0.003 y 0006 in), solicite que se rectifiquen los múltiples de escape en un taller de maquinado. El taller de maquinado debe poseer las especificaciones exactas para el año y modelo de sus múltiples.

Carburador o cuerpo del acelerador

Advertencia: *La gasolina es extremadamente inflamable; por lo tanto, tome precauciones adicionales cuando trabaje en cualquier parte del sistema de combustible. No fume ni permita llamas expuestas o bombillas descubiertas cerca del área de trabajo y no trabaje en un garaje donde haya algún tipo de aparato a gas (tal como un termotanque o secador de ropa) con un piloto encendido. Si se derrama combustible sobre la piel, enjuáguese de inmediato con agua y jabón. Cuando realice cualquier tipo de trabajo con el sistema de combustible, use gafas de seguridad y tenga a mano un extintor de incendios Clase B.*

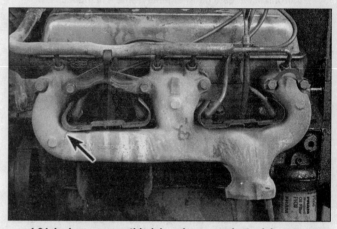

4.34 La inmensa cantidad de calor proveniente del escape puede romper fácilmente el múltiple de escape (flecha).

Retire el carburador o el cuerpo del acelerador del múltiple de admisión. Primero, desconecte todas las mangueras y líneas de vacío y retire los pernos de montaje delanteros **(vea la ilustración)** y traseros **(vea la ilustración)** de la base del carburador o del

4.35 Retire las tuercas y los pernos delanteros del carburador (se muestra el motor de bloque pequeño)...

4.36 ...y las tuercas y los pernos traseros (se muestra el motor de bloque grande).

4.37 Gire el cigüeñal hasta que el cero en la escala del plato de sincronización esté directamente frente a la muesca del amortiguador de vibración.

4.38 Retire la abrazadera y el perno del distribuidor de la base del distribuidor. Una llave especial, como la que se muestra aquí, suele ser útil.

cuerpo del acelerador. Asegúrese de etiquetar todo correctamente antes de extraer el carburador o el cuerpo del acelerador. Quite la unidad del múltiple. Cubra la parte superior del carburador o el cuerpo del acelerador con un trapo limpio para evitar la entrada de suciedad o agua.

Distribuidor

En la mayoría de los modelos, es necesario extraer el distribuidor antes de quitar el múltiple de admisión. Es una buena idea configurar el motor en Punto muerto superior (TDC) antes de quitar el distribuidor. Esto lo familiarizará con la alineación correcta del rotor del distribuidor y sus marcas de sincronización y el plato de sincronización. Utilice un trinquete de 1/2 pulgada y un dado profundo y gire la polea hasta que la ranura en la polea esté alineada con el 0 en el plato de sincronización. Si el plato de sincronización aún tiene grasa, rocíe un poco de solvente y límpielo con un trapo de taller. En la mayoría de los casos, el número 0 indica TDC y está rodeado por otros números (por ejemplo, 10, 20, 30, etc.) que hacen referencia a los grados del cigüeñal después del Punto muerto superior (ATDC) o antes del Punto muerto superior (BTDC), según el lado en el que esté el 0 **(vea la ilustración)**. Quite la tapa del distribuidor y realice una marca en el aro del distribuidor con pintura para indicar la ubicación del rotor. Revise el cable de la bujía en el terminal correspondiente de la tapa del distribuidor y sígalo hasta el cilindro número uno. **Nota:** *Si se han quitado los cables de la bujía, observe la estampa en el cable o la etiqueta para conocer el número correcto. Si el rotor apunta directamente en sentido contrario al terminal número 1, gire el cigüeñal 180 grados y vuelva a alinear las marcas. El rotor ahora debería apuntar al terminal número 1.*

Además, pinte una marca en la base del distribuidor y el múltiple de admisión para garantizar una instalación correcta. Esto le permitirá insertar el distribuidor con la unidad de avance de vacío exactamente en la misma posición para evitar interferir con otros componentes.

Retire la abrazadera del distribuidor **(vea la ilustración)** y levante el distribuidor para quitarlo del múltiple de admisión. Si está atascado, use una palanca pequeña o un destornillador grande y haga palanca en el distribuidor para sacarlo **(vea la ilustración)**. No fuerce el distribuidor. Simplemente gírelo mientras se aplica la fuerza ascendente.

4.39 Si el distribuidor está atascado, use una palanca para girar y levantar el distribuidor para quitarlo del múltiple. Asegúrese de hacer palanca hacia arriba y de no ejercer mucha fuerza ya que la caja del distribuidor de aluminio fundido se rompe con facilidad.

Bomba de combustible

Advertencia: *La gasolina es extremadamente inflamable; por lo tanto, tome precauciones adicionales cuando trabaje en cualquier parte del sistema de combustible. No fume ni permita llamas expuestas o bombillas descubiertas cerca del área de trabajo y no trabaje en un garaje donde haya algún tipo de aparato a gas (tal como un termotanque o secador de ropa) con un piloto encendido. Si se derrama combustible sobre la piel, enjuáguese de inmediato con agua y jabón. Cuando realice cualquier tipo de trabajo con el sistema de combustible, use gafas de seguridad y tenga a mano un extintor de incendios Clase B.*

Si el motor es un motor de inyección de combustible, deje la bomba de combustible montada en el chasis pero, si es carburado y está equipado con una bomba de combustible mecánica, quítela del bloque del motor **(vea la ilustración)**. Vierta todos los restos de combustible que hayan quedado atrapados dentro de la bomba

4.40 Las conexiones de la línea de combustible incluyen una línea de metal con una parte hexagonal (A) y una línea de combustible de caucho con una abrazadera (B).

4.41 Quite los pernos (flechas) de la bomba de combustible.

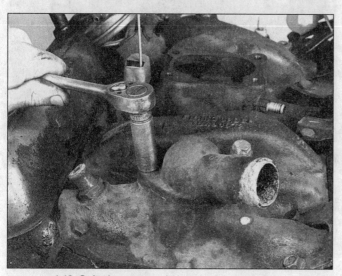

4.42 Quite los pernos de la caja del termostato.

4.43 Observe la ubicación del termostato en el múltiple (el extremo con el arco mira apunta hacia afuera, como se muestra aquí) y retírelo. Si está atorado, utilice un destornillador y haga palanca con cuidado para quitar el termostato.

en un contenedor aprobado para gasolina inmediatamente después de extraer la bomba de combustible del bloque.

En los motores de bloque pequeño, quite el plato debajo de la bomba (dos pernos más) y deslícelo afuera de la varilla de empuje de la bomba de combustible. En los motores de bloque grande, deberá retirar el tapón que está debajo de la superficie de montaje de la bomba antes de poder deslizar hacia afuera la varilla de empuje en el bloque. Es posible que necesite un imán que lo ayude a quitarla.

Termostato y caja del termostato

Quite el termostato de la caja del termostato. Primero, retire todas las mangueras conectadas al sensor del refrigerante en la caja (si tiene). Tenga cuidado de no doblar las conexiones cuando retire las piezas de plástico. Si están atascadas, use un

destornillador pequeño y haga palanca para quitar la manguera mientras tira simultáneamente.. Quite los pernos de la caja del termostato (**vea la ilustración**) y retire la caja. Quite el termostato del bloque (**vea la ilustración**). Use un termostato nuevo para reconstruir el motor a menos que se haya cambiado recientemente el termostato. Si este es el caso, pruébelo en un colector de agua ubicado en una parrilla o un calentador. Eleve la temperatura y observe la temperatura del agua con un termómetro. Si el termostato se abre a la temperatura correcta (generalmente de 160 a 185 ºF), se puede reinstalar la pieza en el motor reconstruido. No intente usar un termostato viejo sin probarlo antes.

Múltiple de admisión

Retire el múltiple de admisión del bloque del motor. Desconecte todas las mangueras o líneas que aún puedan estar conectadas.

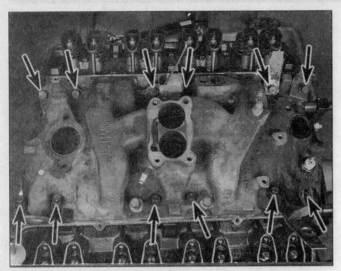

4.44 Retire los pernos del múltiple de admisión (flechas) (se muestra un motor de 350).

4.45 Quite los pernos (flechas) de la bomba de agua.

4.46 Retire los pernos de montaje del motor (flechas) del bloque.

4.47 Retire los tres pernos de la polea (flechas) y levante la polea para extraerla del amortiguador.

Afloje los pernos del múltiple de admisión **(vea la ilustración)** en varias etapas. Asegúrese de haber localizado todos los pernos y observe que es necesario desmontar algunos múltiples de admisión antes de quitarlos. Etiquete todos los pernos si estos no tienen la misma longitud. Esto garantizará una instalación correcta. Levante el múltiple del bloque del motor. Si el múltiple de admisión permanece adherido a la superficie, use una palanca o un destornillador grande y haga palanca en una saliente de fundición del múltiple para no dañar la superficie de juntas del múltiple de admisión o el bloque del motor. **Nota:** *Es fácil que se le pase por alto un perno del múltiple de admisión escondido, especialmente en un motor sucio. Si el múltiple no sale con relativa facilidad, vuelva a controlar para asegurarse de que se hayan quitado todos los pernos. Raspe todo el material de las juntas viejas de las superficies y coloque el múltiple de admisión a un lado para que lo limpien con calorifugado en el taller de maquinado.*

Bomba de agua

Retire la bomba de agua del bloque del motor. Primero, desconecte todas las mangueras que aún puedan estar conectadas.

Afloje y quite los pernos, y preste atención a los diferentes diámetros y longitudes para que sea posible regresarlos a sus mismos orificios **(vea la ilustración)**. Puede haber orificios vacíos correspondientes a aquellos pernos que se quitaron del soporte del aire acondicionado y la bomba de la dirección hidráulica. Levante la bomba de agua del bloque del motor. Si la bomba permanece adherida a la superficie, use una palanca pequeña o un destornillador grande y haga palanca en una saliente de fundición de la bomba de agua que no dañe la superficie de la junta de la bomba de agua o la cubierta de la cadena de sincronización. Raspe el material de las juntas viejas de las superficies.

Monturas del motor

Quite las monturas del motor del bloque del motor **(vea la ilustración)**. Etiquete cada lado (DERECHO o IZQUIERDO). Si el aislante de caucho está endurecido, rajado, deteriorado, separado del refuerzo de acero o dañado de algún otro modo, reemplace la unidad por una pieza nueva. Dado que es fácil efectuar el reemplazo en este paso, se recomienda reemplazar periódicamente las monturas del motor. Cuando se vuelve a instalar el motor, no es tan fácil reemplazar las monturas.

4.48 Utilice una herramienta especial (volante de dirección y extractor de amortiguadores) para quitar el amortiguador de vibración.

4.49 Retire los pernos de la cubierta de la cadena de sincronización (flechas) del bloque del motor (se muestra el bloque pequeño).

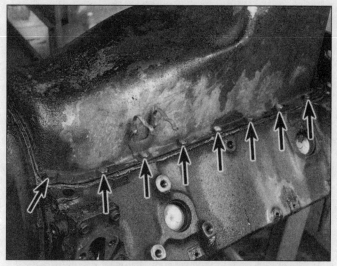

4.50 Retire los pernos y las tuercas del colector de aceite. Observe la longitud y la posición de todos los pernos de diferente tamaño.

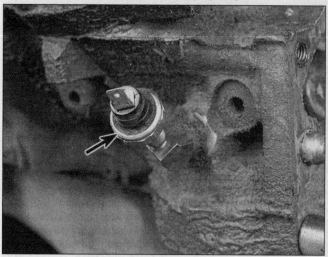

4.51 Use un dado profundo y retire la unidad de envío de presión de aceite. El tipo que se muestra aquí es para un indicador de luz. Si tiene un medidor en el tablero, la unidad de envío será más grande y con forma de recipiente (se muestra un motor de bloque grande). En un bloque pequeño, la unidad de envío está en la parte trasera superior del motor.

Amortiguador de vibración

Quite los tornillos pequeños y desacople la polea del cigüeñal **(vea la ilustración)**, y luego quite el perno grande en el centro del amortiguador de vibración. Una llave de impacto de aire facilitará este trabajo. Sin embargo, si no hay ninguna llave disponible, asegure el motor en su lugar utilizando uno de los métodos descritos anteriormente en Extracción del motor del vehículo, y luego use un dado y una llave de cubo grande para aflojar el perno, que suele estar muy ajustado. Utilice un extractor especial **(vea la ilustración)** y quite el amortiguador de vibración del cigüeñal. Observe cuidadosamente para asegurarse de que la polea permanece uniforme con la cubierta de la cadena de sincronización ya que está "desenroscada". Cualquier fuerza innecesaria en los lados dañará el cigüeñal.

Cubierta de la cadena de sincronización

Extraiga la cubierta de la cadena de sincronización de la parte delantera del motor **(vea la ilustración)**. Etiquete cada perno indicando su longitud y el orificio que tiene designado. Esto hará que la instalación sea más sencilla. Utilice una palanca pequeña para separar la cubierta de la cadena de sincronización del bloque del motor, si es necesario. No dañe las superficies de las juntas. Haga palanca en una saliente de fundición que no esté cerca de la superficie de la junta. Extraiga la cubierta de la cadena de sincronización y quite el material de las juntas viejas de la cubierta. Limpie minuciosamente en solvente o con calorifugado en el taller de maquinado.

Colector de aceite

Retire la bandeja de aceite del bloque del motor. Afloje todos los pernos y retírelos **(vea la ilustración)**. Si los pernos tienen longitudes y diámetros diferentes, etiquételos para que sea posible regresarlos a sus ubicaciones originales. Si el colector de aceite no se separa del bloque del motor, use una maza de caucho o un martillo y un bloque de madera para golpear la bandeja hasta liberarla. Retire el colector y limpie el material de las juntas viejas del bloque y el colector.

Unidad de envío de presión de aceite

Quite la unidad de envío de presión de aceite **(vea la ilustración)** del bloque del motor. Use un dado diseñado para este propósito, una llave de boca abierta o un dado profundo para evitar dañar la unidad.

Notas

...s los componentes de cada válvula y
...elos en una bolsa separada.

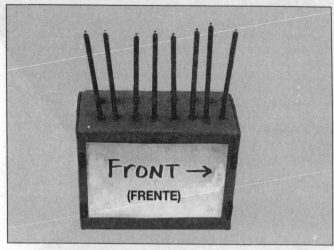

5.4 Utilice una caja de cartón para hacer un organizador
de varillas de empuje (perforar agujeros en un trozo de
madera hará uno permanente).

...trozo largo de cable, sólo debe etiquetar el primer
...én puede colocarlas en bolsas de plástico (etiquete
...o hace) (vea la ilustración). No mezcle las piezas, ya
...olver a colocarse en sus ubicaciones originales.
...e las varillas de empuje y guárdelas en un envase
...para que puedan volver a colocarse en sus ubicaciones
...s. Si planea reacondicionar las culatas de los cilindros
...mente, realice un soporte para la varilla de empuje. Tome
...adera corta de 4 x 4 y perfore dos hileras de ocho orificios en
...ayor parte de su extensión. Etiquete un extremo como "frente"
...bloque y guarde las varillas de empuje en el soporte, de adelante
...cia atrás, a medida que las quite. Si está apurado o no planea
...ener el hábito de reconstruir culatas, una caja de cartón será
...adecuada (vea la ilustración). Recuerde no mezclar las varillas de
empuje si planea volver a utilizarlas. Si está instalando varillas
nuevas, no produce ninguna diferencia.

Cada culata está fijada al bloque con varios pernos (vea la
ilustración). Los inferiores están separados uniformemente en la

parte inferior de la culata y los demás están ubicados cerca de los
resortes de las válvulas. ¡Quite todos los pernos! Si olvida quitar un
perno e intenta hacer palanca y quitar la culata, no podrá sacarla y
podría dañarla.

6 Para evitar que la culata se caiga del motor, gire un perno
nuevamente en cada extremo de la culata lo suficiente para recoger
un par de roscas.

7 Inserte un mango articulado en uno de los puertos de admisión
y haga palanca y quite la culata. Si eso no rompe la unión entre el
bloque y la culata, inserte cuidadosamente una palanca o un cincel
afilado entre el bloque y la culata y desprenda la culata (vea la
ilustración). Si tiene que recurrir a este segundo método, asegúrese
de no dañar el borde de la superficie de contacto entre el bloque
y la culata.

8 Una vez que se haya roto la unión entre el bloque y la culata,
quite los pernos y levante la culata. Etiquétela como "izquierda"
o "derecha".

9 Repita los pasos de 1 a 8 en la otra culata.

5.5 Cada culata de cilindros está fijada al bloque con varios
pernos (flechas); si trabaja desde los extremos, quítelos de
forma cruzada.

5.6 Si la culata está atorada en el bloque, haga palanca
con cuidado en una saliente de fundición para levantarla
(no haga palanca en las superficies de la junta).

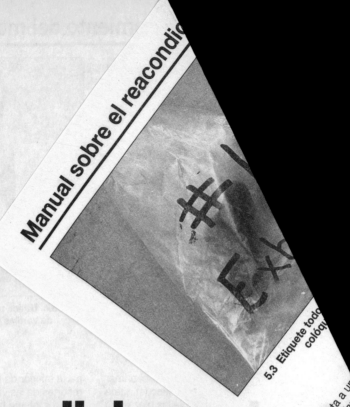

5.3 Etiquete todo...
coloqu...

las conecta a un...
conjunto. Tamb...
cada bolsa si...
que deben v...
4   Levant...
marcado...
originale...
regular...
una m...
la de...
ha...

5 Reacondicionami... las culatas de cili...

Extracción de las culatas de cilindros

Nota: *Si este procedimiento se realiza con el motor en el vehículo, primero debe quitarse el múltiple de admisión y los múltiples de escape deben separarse de las culatas. Si el vehículo cuenta con*

culatas de aluminio, vea el Manual de reparació... de Haynes sobre su vehículo en particular para ob... procedimientos adicionales y los valores de torque.

1   Quite las cubiertas del balancín.
2   Quite las tuercas del balancín **(vea la ilustración)**.
3   Levante y quite los balancines y los pivotes. A medida que quite cada conjunto de balancín/pivote, conecte las piezas **(vea la ilustración)**. Si quita las piezas en orden (por número de cilindro) y

5.1 Quite la tuerca del balancín (flechas).

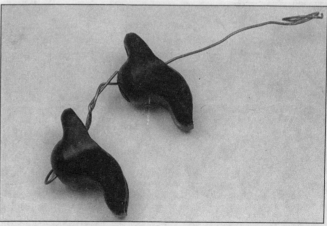

5.2 Conecte cada conjunto de balancín/pivote y forme los conjuntos secuencialmente, por orden de cilindro, en un trozo de cable continuo: si los conjuntos se conectan en orden, solo debe etiquetar el primer conjunto (cilindro N.º 1).

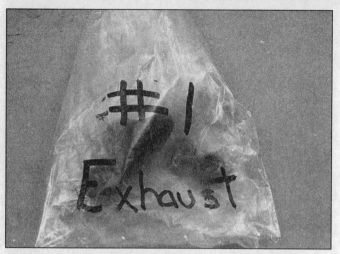

5.3 Etiquete todos los componentes de cada válvula y colóquelos en una bolsa separada.

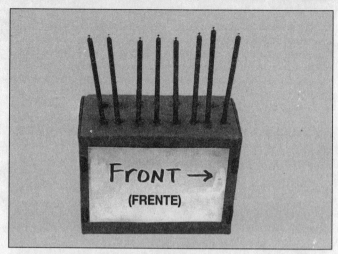

5.4 Utilice una caja de cartón para hacer un organizador de varillas de empuje (perforar agujeros en un trozo de madera hará uno permanente).

las conecta a un trozo largo de cable, sólo debe etiquetar el primer conjunto. También puede colocarlas en bolsas de plástico (etiquete cada bolsa si lo hace) **(vea la ilustración)**. No mezcle las piezas, ya que deben volver a colocarse en sus ubicaciones originales.

4   Levante las varillas de empuje y guárdelas en un envase marcado para que puedan volver a colocarse en sus ubicaciones originales. Si planea reacondicionar las culatas de los cilindros regularmente, realice un soporte para la varilla de empuje. Tome una madera corta de 4 x 4 y perfore dos hileras de ocho orificios en la mayor parte de su extensión. Etiquete un extremo como "frente" del bloque y guarde las varillas de empuje en el soporte, de adelante hacia atrás, a medida que las quite. Si está apurado o no planea tener el hábito de reconstruir culatas, una caja de cartón será adecuada **(vea la ilustración)**. Recuerde no mezclar las varillas de empuje si planea volver a utilizarlas. Si está instalando varillas nuevas, no produce ninguna diferencia.

Cada culata está fijada al bloque con varios pernos **(vea la ilustración)**. Los inferiores están separados uniformemente en la parte inferior de la culata y los demás están ubicados cerca de los resortes de las válvulas. ¡Quite todos los pernos! Si olvida quitar un perno e intenta hacer palanca y quitar la culata, no podrá sacarla y podría dañarla.

6   Para evitar que la culata se caiga del motor, gire un perno nuevamente en cada extremo de la culata lo suficiente para recoger un par de roscas.

7   Inserte un mango articulado en uno de los puertos de admisión y haga palanca y quite la culata. Si eso no rompe la unión entre el bloque y la culata, inserte cuidadosamente una palanca o un cincel afilado entre el bloque y la culata y desprenda la culata **(vea la ilustración)**. Si tiene que recurrir a este segundo método, asegúrese de no dañar el borde de la superficie de contacto entre el bloque y la culata.

8   Una vez que se haya roto la unión entre el bloque y la culata, quite los pernos y levante la culata. Etiquétela como "izquierda" o "derecha".

9   Repita los pasos de 1 a 8 en la otra culata.

5.5 Cada culata de cilindros está fijada al bloque con varios pernos (flechas); si trabaja desde los extremos, quítelos de forma cruzada.

5.6 Si la culata está atorada en el bloque, haga palanca con cuidado en una saliente de fundición para levantarla (no haga palanca en las superficies de la junta).

5 Reacondicionamiento de las culatas de cilindros

Extracción de las culatas de cilindros

Nota: *Si este procedimiento se realiza con el motor en el vehículo, primero debe quitarse el múltiple de admisión y los múltiples de escape deben separarse de las culatas. Si el vehículo cuenta con* culatas de aluminio, vea el Manual de reparación automotriz de Haynes sobre su vehículo en particular para obtener los procedimientos adicionales y los valores de torque.

1   Quite las cubiertas del balancín.

2   Quite las tuercas del balancín **(vea la ilustración)**.

3   Levante y quite los balancines y los pivotes. A medida que quite cada conjunto de balancín/pivote, conecte las piezas **(vea la ilustración)**. Si quita las piezas en orden (por número de cilindro) y

5.1 Quite la tuerca del balancín (flechas).

5.2 Conecte cada conjunto de balancín/pivote y forme los conjuntos secuencialmente, por orden de cilindro, en un trozo de cable continuo: si los conjuntos se conectan en orden, solo debe etiquetar el primer conjunto (cilindro N.º 1).

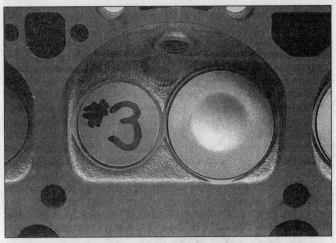

5.7 Otra estrategia útil es etiquetar cada válvula con un rotulador.

5.8 Instale el compresor de resortes de válvulas tipo C en la culata y comprima el resorte . . .

Reconstrucción de las culatas de cilindros

Reconstruir las culatas es un trabajo sucio y tedioso, pero debe hacerse bien. Cuando comience, trate de enfocarse en una tarea hasta que la termine a fin de reducir la posibilidad de perder o mezclar piezas.

Primero, un consejo: Si nunca reconstruyó culatas de cilindros, será mejor que se limite a quitarlas e instalarlas. Puede comprar culatas de cilindros nuevas y reconstruidas para la mayoría de los motores Chevy en concesionarios y tiendas de autopartes. Cambiar las culatas puede ser más práctico y económico que desarmar, inspeccionar, reacondicionar y rearmar las originales. Para tener éxito en la reconstrucción de las culatas, necesita algunas herramientas especiales y habilidad para utilizarlas. Por lo general, esta habilidad se desarrolla a medida que adquiere experiencia. También necesita la actitud adecuada. El trabajo con culatas es riguroso y preciso: si lo aborda de manera descuidada o desorganizada, terminará con chatarra.

Por otra parte, si ha logrado reunir los equipos necesarios y tiene aptitudes para la mecánica, sin dudas, continúe leyendo. Le mostraremos cómo retirar, limpiar e inspeccionar las culatas. Esto le dará una buena idea de lo que debe hacerse para restaurar las culatas y que queden como nuevas. Pero deje el trabajo de precisión a un maquinista automotriz experto. Incluso es probable que no le cobre más para decapar las culatas.

Desarmado de las culatas de los cilindros

1   Fabrique un organizador de válvulas a partir de un trozo de cartón o una tira delgada de madera. Haga orificios en el cartón o en la madera para que acepte las válvulas a medida que las quita. Para estar seguro, etiquete cada válvula con un rotulador **(vea la ilustración)**.

2   Necesitará un compresor del resorte de válvula para este procedimiento (vea el Capítulo 2). Instale el compresor en la culata de la primera válvula **(vea la ilustración)**, comprima el resorte, quite los sujetadores **(vea la ilustración)**, suelte el resorte, aparte el compresor y quite el retenedor, el resorte y la válvula. Repita este paso en cada válvula. A medida que quite las válvulas, colóquelos en el organizador de válvulas. Coloque las otras piezas en una bolsa de plástico etiquetada con letra clara **(vea la ilustración)**.

5.9 . . . luego quite los sujetadores con un imán pequeño o pinzas de punta de aguja.

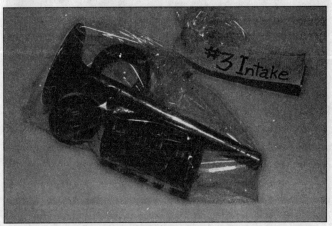

5.10 A medida que quite cada conjunto de sujetadores, retenedor de válvula, resorte, cuñas y válvula, colóquelos en una bolsa etiquetada con letra clara.

5.11 Si los sujetadores están atorados en sus ranuras en el vástago de la válvula, coloque un accionador de 3/8 pulgadas y un dado de 9/16 pulgadas de profundidad simétricamente sobre la punta de la válvula y, en el retenedor, golpee el dado enérgicamente con una maza (si el golpe es lo suficientemente enérgico, aflojará los sujetadores y soltará el retenedor y el resorte).

3   Es común que los sujetadores se peguen en las ranuras del vástago de la válvula. Si es difícil quitar alguno de los sujetadores, coloque la culata con el lado derecho hacia arriba en el banco y coloque un bloque de madera pequeño debajo de la válvula con los sujetadores pegajosos. Coloque un cubo de 9/16 pulgadas de profundidad simétricamente sobre la punta de la válvula, en el retenedor **(vea la ilustración)**. Golpee el dado enérgicamente con un martillo de cara blanda hasta aflojar los sujetadores. Si el golpe es lo suficientemente enérgico, a veces quitará los sujetadores y soltará el retenedor y el resorte. Si no lo es, vuelva a instalar el compresor y quite los sujetadores.

4   Quite la válvula de la culata y luego quite el sello de aceite de la guía. Si la válvula se traba en la guía (no sale), habrá una rebaba alrededor de la punta del vástago de la válvula que generará que la válvula cuelgue en la guía. Vuelva a colocar la válvula en la culata y

5.12 Si no puede pasar la válvula por la guía, desrebabe el borde de la punta del vástago con una lima plana o una piedra de amolar pequeña (gire la culata de la válvula mientras sostiene la piedra en un ángulo en el borde de la punta de la válvula).

desbarbe el extremo de la válvula con una lima plana o una piedra de amolar **(vea la ilustración)**. Gire la culata de la válvula mientras sostiene la lima en un ángulo en el borde de la punta de la válvula.

Limpieza de las culatas de cilindros

Nota: *Si planea que un profesional reconstruya las culatas de los cilindros, omita los siguientes procedimientos de limpieza e inspección, y lleve las culatas directamente al taller de maquinado ahora mismo. Allí se las limpiará con calorifugado o se las cocerá en un horno* **(vea la ilustración)** *y se las secará con aire comprimido* **(vea la ilustración)** *para quitar todos los depósitos. Además se las revisará cuidadosamente y se instalarán todas las nuevas piezas*

5.13 Tradicionalmente, las culatas se han "limpiado con calorifugado" para quitar la suciedad y el hollín, pero ahora las máquinas como esta calientan las culatas en aproximadamente 750 grados para limpiarlas.

5.14 Después de calentar la culata, se cuelga para que se enfríe y los desechos se limpian con aire comprimido.

5.15 Utilice un raspador para quitar todos los rastros de material de la junta usada.

5.16 Pula suavemente las cámaras de combustión y los puertos de admisión y escape con un cepillo giratorio.

necesarias. Cuando se devuelvan las culatas, ya estarán listas para instalarse en el motor sin trabajo adicional. Si elige realizar los procedimientos de inspección por su cuenta, también deberá hacer una limpieza preliminar, especialmente si las culatas están muy enlodadas o carbonadas. Cuando haya terminado de inspeccionarlas, aún deberá llevarlas a un taller de maquinado automotriz para que las limpien con calorifugado y las soplen en chorro, aunque usted efectúe el trabajo de servicio por su cuenta.
Advertencia: *Use gafas de seguridad para limpiar las culatas. También recomendamos usar guantes de goma diseñados para evitar que el solvente toque sus manos.*

1   Con un raspador de juntas, quite todos los restos de juntas viejas de las superficies de las culatas de cilindros **(vea la ilustración).** En la mayoría de las tiendas de autopartes se venden solventes especiales para remover juntas que ablandan las juntas y facilitan mucho la extracción. Quite el lodo, los depósitos de carbón y el aceite con solvente y un cepillo de alambre. Los químicos para descarbonizar pueden ser útiles para limpiar las culatas de cilindros y los componentes del tren de válvulas, pero son muy cáusticos y se deben utilizar con cuidado. Asegúrese de seguir las instrucciones del envase.

2   Lave la culata del cilindro con un solvente limpio y séquela con aire comprimido. **Advertencia:** *Use protección para los ojos al utilizar aire comprimido.* También limpie todos pasajes de refrigerante y aceite.

3   Limpie los balancines, las tuercas, los fulcros y las varillas de empuje con solvente y séquelos. No los mezcle durante el proceso de limpieza.

4   Limpie todos los resortes de válvulas, los asientos de resortes, los sujetadores y los retenedores (o rotadores) con solvente y séquelos cuidadosamente. Trabaje con los componentes de una válvula a la vez para evitar mezclar las piezas.

5   Raspe cualquier depósito pesado que se pueda haber formado en las válvulas y luego utilice un cepillo de alambre motorizado para quitar los depósitos de las culatas de cilindros y los vástagos. Nuevamente, asegúrese de que no se mezclen las válvulas.

6   Con un cepillo de alambre rígido, quite los depósitos restantes de los pasajes de refrigerante y los orificios de aceite. Con cuidado, raspe los depósitos de carbón residuales de las cámaras de combustión y los puertos de admisión y escape. Luego límpielos con un cepillo de alambre **(vea la ilustración)**.

7   Limpie las roscas de los pernos prisioneros del balancín con un cepillo de alambre. Pase un roscador en cada orificio roscado

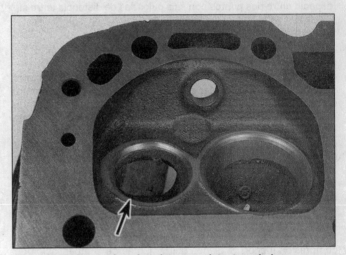

5.17 Inspeccione la culata para detectar rajaduras, especialmente alrededor de los asientos de válvula (flecha) (la culata generalmente se desecha si está rajada, aunque su taller de maquinado esté dispuesto a "fijarla" para usted).

para quitar la corrosión y el sellador de roscas. Limpie todos los desechos de los orificios. **Advertencia:** *Use protección para los ojos al utilizar aire comprimido.*

Inspección de las culatas de cilindros

Detección de rajaduras

Inspeccione la culata del cilindro para detectar rajaduras **(vea la ilustración).** Examine los asientos de válvulas en las cámaras de combustión con mucho cuidado. Si están quemados, rajados o astillados, lleve la/s culata/s de un maquinista automotriz y vea si se puede/n reparar. Si no es así, cambie la culata.

Revisión de la planicidad de las culatas de cilindros

Las culatas de cilindros se someten a calor y presión extremos. Debido a que tienen una estructura débil en comparación

5.18 Con una regla ubicada diagonalmente en la culata, mida el espacio entre la regla y la culata del cilindro (en la superficie de la junta del bloque); si hay más 0.003 de espacio entre dos puntos con seis pulgadas de distancia entre sí, o si la variación en cualquier parte de la culata supera las 0.006 pulgadas, frese la culata.

5.19 Si se fresan más de 0.020 pulgadas de las culatas, también se debe fresar la parte inferior y los costados del múltiple de admisión de modo que aún se puedan alinear los puertos de admisión, los pasajes del refrigerante y los orificios de los pernos.

con un bloque de motor, se deforman muy fácilmente. Si el motor se recalentó demasiado, las culatas probablemente se deformen. La deformación produce combustión y fugas de refrigerante, de modo que todas las superficies de la junta deben estar niveladas. Revise las superficies de las juntas de las culatas con una regla y calibres de espesor. Coloque la regla de forma longitudinal y diagonal en la culata en ambas direcciones. Mida el espacio entre la culata y la regla con un juego de galgas **(vea la ilustración)**. La variación máxima permitida en cualquier superficie de junta es de 0.003 pulgadas entre dos puntos dentro de seis pulgadas. La variación en la longitud de la culata no debe ser mayor que 0.006 pulgadas en las culatas con relación de compresión de 10:1, o de 0.007 pulgadas en las culatas con una relación de compresión menor. Si planea utilizar juntas de compensación de tipo cuña (más compatibles), la deformación aceptable es la mitad de lo que aparece en las figuras anteriores. Si la culata no se encuentra dentro de las especificaciones, se la deberá rectificar (fresar) en un taller de maquinado automotriz debidamente equipado.

Rectificación (fresado) de culatas de cilindros

Si se debe fresar alguna de las culatas (en un taller de maquinado automotriz), debe realizarse en ambas culatas al mismo tiempo **(vea la ilustración)**. De lo contrario, una culata tendrá una relación de compresión ligeramente más alta que la otra. La cantidad de material que se quite no debe superar las 0.010 pulgadas. Teóricamente, puede quitar hasta 0.040 pulgadas, pero no es buena idea si planea utilizar gasolina de bomba. Esto es especialmente importante si trabaja en un motor sobrecomprimido anterior a 1972. Fresar las culatas en más de 0.010 pulgadas en uno de estos motores significa problemas (se producirá una detonación).

Si se quitan más de 0.020 pulgadas de las culatas, también se debe reacondicionar la parte inferior y los costados del múltiple de admisión, para garantizar que se alineen los pasajes del refrigerante y los orificios de los pernos. El taller de maquinado debe tener un cuadro que indique la cantidad que se debe quitar del múltiple.

Inspección de los componentes del balancín

Examine los pernos prisioneros del balancín. Busque roscas dañadas, pernos prisioneros rotos y "muescas". Las muescas se producen cuando un balancín se balancea sobre un costado y el borde de la abertura del balancín hace contacto con el perno prisionero y lo desgasta formando una muesca. Cambie todos los pernos con muescas, ya que estas pueden provocar fallas. Los pernos prisioneros del balancín comprimidos se deben cambiar en un taller de maquinado automotriz.

Revise que no haya desgaste excesivo, astillado, corrosión, rayas, rajaduras ni trabas en las superficies del balancín (las áreas que están en contacto con los extremos de la varilla de empuje y con los vástagos de la válvula), las áreas de contacto del eje de giro del balancín y los pivotes **(vea la ilustración)**.

Inspección de las varillas de empuje

Revise que no haya desgaste excesivo en los extremos de la varilla de empuje. Es normal que el patrón de desgaste en el extremo del balancín se extienda más alrededor de la bola que en el extremo del levantaválvulas. Pero si la bola del extremo del

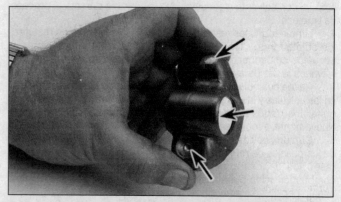

5.20 Revise que no haya desgaste en donde la varilla de empuje y la válvula entran en contacto con el balancín.

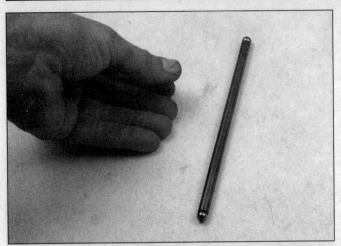

5.21 Gire cada varilla de empuje en una superficie suave, como una placa de vidrio (si se mece cuando gira, revísela con un juego de galgas), si puede obtener un medidor más grueso que 0.008 pulgadas entre la varilla de empuje y la superficie, cambie la varilla de empuje.

5.22 Coloque la culata sobre un banco, tire cada válvula hacia afuera en aproximadamente 1/8 pulgada, coloque un indicador de esfera con la sonda tocando el vástago de la válvula, mueva la válvula y mida su movimiento.

balancín es ovalada, cambie la varilla de empuje.

Haga girar cada varilla de empuje sobre una superficie perfectamente plana para determinar si está doblada **(vea la ilustración)**. Si se mece cuando gira, utilice un calibre de espesor para medir el espacio entre la varilla de empuje y la superficie plana. Si puede pegar un juego de galgas más grueso que 0.008 pulgadas entre la varilla de empuje y la superficie plana, cambie la varilla de empuje. No intente enderezarla.

Inspección de las guías y los vástagos de la válvula

Nota: *Las guías de las válvulas generalmente se cambian al momento del reacondicionamiento. Si encuentra alguna guía dudosa, es buena idea cambiarla o reacondicionarla.*

Si las guías están muy desgastadas, las válvulas no se asentarán simétricamente en los asientos, lo cual permitirá que se produzcan fugas más allá de las válvulas y que haya recalentamiento y pérdida de potencia. Las guías desgastadas también permiten que haya demasiado aceite entre el vástago de la válvula y las

paredes de la guía, lo cual genera un gran consumo de aceite, un escape aceitoso y la acumulación de residuos aceitosos en la cámara de combustión. Esto hace que se empasten las bujías y se eleve la relación de compresión, lo cual produce una detonación.

Para medir el desgaste de la guía de la válvula en la culata o el vástago de la válvula, utilice un indicador de esfera para medir la deflexión de la válvula cuando se mueve.

Coloque la culata en el banco. Coloque un indicador de esfera perpendicular al vástago de la válvula. Quite la válvula de la guía ligeramente (1/8 pulgadas aproximadamente), luego muévala lo más alejado posible en cada dirección **(vea la ilustración)**. La lectura total del indicador debe estar dividida por dos para lograr la deflexión, la cual no debe superar las 0.010 pulgadas aproximadamente. En cualquier caso, las guías de la válvula generalmente se cambian al momento del reacondicionamiento.

Para obtener una lectura más exacta, se puede utilizar un calibre de agujeros para medir el tamaño de la abertura de la guía (cerca del extremo), y luego un micrómetro para medir el diámetro del vástago de la válvula. Reste el diámetro de la medición de la abertura para obtener el espacio **(vea la ilustración)**.

5.23a O, para una lectura más exacta, inserte un medidor de orificios pequeños en la guía y expándalo hasta que se ajuste a la guía con una varilla liviana: revise el hueco de la guía en varios lugares hacia arriba y abajo del hueco para ubicar el desgaste máximo (ubicado generalmente en el extremo inferior).

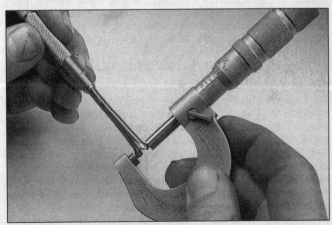

5.23b Cada vez que tome una lectura de la guía, extraiga el medidor de orificios pequeños y regístrelo con micrómetro, luego anote su medición en un diagrama con la ubicación de cada medición (si las mediciones varían mucho más de 0.002 pulgadas, se debe cambiar o reacondicionar la guía).

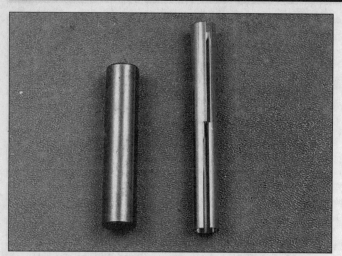

5.24 Las guías de la válvula de reemplazo están hechas de hierro fundido, bronce o bronce al silicio, y están disponibles como "guías falsas" (reemplazos de presión), insertos de paredes delgadas e insertos roscados (no se muestran).

Reacondicionamiento de las guías de la válvula

Hay dos maneras comunes en que los talleres de maquinado automotriz reacondicionan las guías de la válvula: Moleteado e insertos de la guía.

Moleteado de la guía

El proceso de moleteado desplaza el material y enrolla un nuevo patrón elevado en las paredes de la guía. El moleteado reduce el diámetro efectivo de la guía de manera que queda de menor tamaño que el anterior. Debido a que la guía de la válvula ahora es efectivamente más chica, se debe escariar para lograr un tamaño estándar. El escariado de la guía pule los picos (los puntos altos del patrón moleteado).

El moleteado es económico pero no es rentable. El área real de contacto entre la guía y el vástago de la válvula se reduce sustancialmente, lo cual produce un aumento proporcional en la presión de contacto entre el vástago y la guía. Por lo tanto, la guía y el vástago se desgastan más rápidamente. El gran consumo de aceite generado por las guías desgastadas no se resolverá, simplemente se postergará. No recomendamos el moleteado.

Instalación de insertos de la guía de la válvula

Los insertos de la guía de la válvula (vea la ilustración) restauran las guías a su estado original (y a veces, a un estado aún mejor), según el material utilizado. Los insertos de hierro fundido restauran las guías a su estado original. Para instalarlos, las guías originales se reacondicionan al mismo diámetro interno que el diámetro externo de los nuevos insertos, menos algunas milésimas para un ajuste con apriete, y luego se escarian para obtener el tamaño, si es necesario (vea la ilustración). Este paso no es necesario para todos los insertos; depende del fabricante.

Los insertos de bronce de paredes delgadas ofrecen una vida útil mejor que la original. Hay dos tipos: de roscado y de presión. Los tipos de presión, como las líneas K, se instalan al escariar las guías existentes (vea la ilustración), instalar los insertos, eliminar el exceso de material y, con el asiento de la válvula original como

5.25 Las nuevas "guías falsas" de hierro fundido se instalan al reacondicionar las guías originales al mismo diámetro interno que el diámetro externo de las nuevas guías, menos algunas milésimas para un ajuste con apriete, y al presionar las nuevas guías en su lugar y escariarlas para obtener el tamaño (si es necesario).

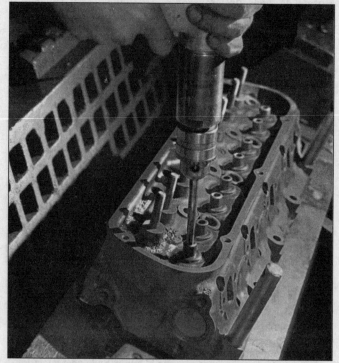

5.26 Los nuevos insertos de paredes delgadas de silicio se instalan al escariar el tamaño grande de las guías viejas . . .

5.27 . . . e instalar los insertos y "pulir" (extender) y escariar el inserto.

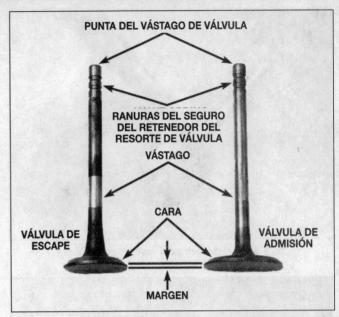

5.28a Inspeccione estas áreas en cada válvula.

Labels in figure 5.28a:
PUNTA DEL VÁSTAGO DE VÁLVULA
RANURAS DEL SEGURO DEL RETENEDOR DEL RESORTE DE VÁLVULA
VÁSTAGO
CARA
VÁLVULA DE ESCAPE
VÁLVULA DE ADMISIÓN
MARGEN

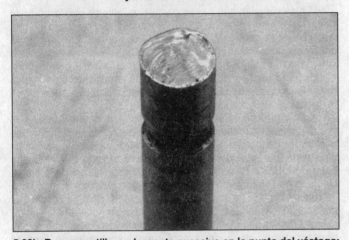

5.28b Busque astillas y desgaste excesivo en la punta del vástago: Esta punta es un buen ejemplo de lo que puede suceder si la guía se desgasta tanto que permite que la punta se doble bajo presión del balancín, o si se adhiere el levantaválvulas y desaparece el espacio entre la punta y el balancín, o si se afloja la tuerca o el perno del balancín y permite que se mueva demasiado.

5.28c Inspeccione la cara de la válvula para detectar signos de abrasión, desgaste desparejo, deformación, rajaduras y astillado (los signos de daños generalmente son un poco más sutiles que en esta válvula quemada).

piloto para evitar la inclinación, "pulir" (extender) y escariar cada guía para obtener el tamaño (vea la ilustración).

El tipo de roscado del inserto de bronce es similar en su aspecto a un Heli-Coil, excepto que no hay roscas internas. Se instala al enroscar el hueco de la guía existente con el tamaño de roscador especificado por el fabricante. Debe utilizarse un roscador afilado, de lo contrario, el inserto de la guía no se asentará completamente, lo cual permitirá que gradualmente se mueva hacia arriba y abajo cada vez más y que bombee aceite hacia la cámara de combustión. El inserto se enrosca en la guía y se extiende para asegurarlo en su lugar de modo que no se mueva hacia los costados de la rosca, y así las partes traseras de la rosca estarán en contacto total con la culata del cilindro de hierro fundido durante una transferencia de calor máxima entre el vástago de la válvula y la culata. Por último, la guía se escaria para obtener el tamaño.

Las guías de bronce y de bronce al silicio son más costosas que las guías de hierro fundido o totalmente de bronce. Sin embargo, debido a que se mueven naturalmente en los vástagos de la válvula, por lo general tienen una vida útil de 150,000 millas.

Inspección de las válvulas

Inspeccione las válvulas para detectar daños evidentes, como culatas quemadas y puntas muy desgastadas. También busque signos de desgaste desparejo, deformación, rajaduras y astillado (vea la ilustración). Examine si hay arañazos y corrosión en el vástago de la válvula e inspeccione el cuello para detectar rajaduras. Gire la válvula y revise que no haya indicaciones evidentes de que está doblada. Busque astillas y desgaste excesivo en la punta del vástago. Si se presenta alguna de estas condiciones, realice el servicio de las válvulas en un taller de maquinado automotriz o cámbielas.

Compare las áreas desgastadas y no desgastadas en cada vástago de válvula. El desgaste máximo del vástago generalmente ocurre en el extremo de la válvula (lo reconocerá fácilmente porque es más brillante que el resto del vástago y hay una marcada división entre esta parte y el área no desgastada). El borde inferior del área brillante representa la abertura máxima de la válvula. Este es el

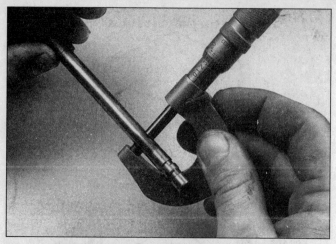

5.29 Mida el diámetro del vástago de la válvula con un micrómetro.

punto en el cual la válvula se detiene en su guía en su posición completamente abierta. Con un micrómetro de una pulgada, mida el diámetro del vástago de cada válvula inmediatamente encima y debajo de la línea de desgaste máximo **(vea la ilustración)** y luego réstelo para determinar el desgaste.

¿Cuánto desgaste del vástago de cada válvula es aceptable? Bueno, depende de la vida útil que espera obtener de su motor luego de la reconstrucción, el modo en que reacondicionó las guías y otros factores. Consulte con el taller de maquinado si no está seguro. **Nota:** *Las válvulas en los motores de gasolina previamente sin plomo necesitan teatrilplomo en la gasolina sin plomo para lograr la lubricación.* Si reconstruye un motor antiguo y quiere hacerlo funcionar con gasolina sin plomo, obtenga las nuevas válvulas con "capa de stellite" diseñadas para funcionar sin plomo. También necesitará nuevos insertos de asientos de válvulas endurecidos especialmente fabricados para utilizar con las válvulas nuevas.

Reacondicionamiento de las válvulas

Si las válvulas aún tienen cierta vida útil, llévelas a un buen taller de maquinado automotriz para que las reacondicionen. Asegúrese de rectificar las caras y las puntas. La cara es la superficie de la válvula que está en contacto con el asiento de la válvula en la culata cuando se cierra la válvula. El sello debe ser perfecto para evitar que los gases de la combustión escapen hacia los puertos de admisión y escape cuando el resorte cierra la válvula.

Las caras de la válvula se rectifican con una amoladora diseñada especialmente **(vea la ilustración)**. La válvula gira en un portabroca de mordazas a un ángulo de 44 grados en una rueda de amolar de alta velocidad. A medida que la cara de la válvula gira contra la rotación de la rueda, también oscila en la cara de la rueda. Un baño de enfriamiento con lubricante para cuchillas vertido en la válvula y la rueda de amolar lava el amolado. Sólo se rectifica el material suficiente fuera de la cara para exponer el metal nuevo. Si se quita demasiado material, el margen de la válvula (el ancho de su borde exterior en la cara) será demasiado delgado **(vea la ilustración)**. Una válvula, especialmente de escape, con poco o nada de margen, es susceptible al recalentamiento. Como regla básica, una válvula de escape debe tener al menos 0.030 pulgadas, aproximadamente 1/32 pulgadas, de ancho. Una admisión no se calienta tanto, de modo que su margen puede

5.30 Las caras de la válvula se rectifican con una rectificadora de válvulas especialmente diseñada: La válvula gira en un portabroca de mordazas a un ángulo de 44 grados en una rueda de amolar de alta velocidad; a medida que la cara de la válvula gira contra la rotación de la rueda, también oscila en la cara de la rueda; un baño de enfriamiento con lubricante para cuchillas se vierte en la válvula y la rueda de amolar durante la operación para lavar las virutas de metal.

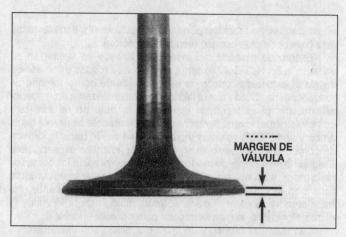

MARGEN DE VÁLVULA

5.31 Sólo se debe quitar material suficiente de la cara de la válvula para exponer el metal nuevo; si se quita demasiado material, el margen de la válvula (el ancho de su borde exterior en la cara) será demasiado delgado y la válvula se recalentará.

5.32 Luego de rectificar la cara, la punta quedará enfrentada (rectificada simétricamente en la línea central del vástago de la válvula) con otro accesorio de la rectificadora de válvulas.

ser un poco delgado, pero no inferior a 0.015 pulgadas, o aproximadamente 1/64 pulgadas.

Luego de rectificar la cara de la válvula, la punta quedará enfrentada (rectificada simétricamente en la línea central del vástago de la válvula) con otro accesorio de la máquina de rectificado de válvulas **(vea la ilustración)**. Por último, la punta se bisela para eliminar el borde filoso que se crea al rectificar la punta. Ahora sus válvulas están listas para la instalación.

Reacondicionamiento de los asientos de válvulas

Los asientos de válvulas también deben volver a rectificarse en un taller de maquinado automotriz **(vea la ilustración)**. Los equipos para rectificar asientos de válvulas son costosos, altamente especializados y exigen mucha habilidad y experiencia para operarlos. Si se han cambiado las guías, el reacondicionamiento de los asientos de válvulas es fundamental debido a que los asientos ya no estarán concéntricos con las nuevas guías (no tienen los mismos centros). Por lo tanto, si un asiento está en buen estado, la válvula no se asentará correctamente cuando se cierre ya que la guía lo colocará fuera del centro del asiento. Un asiento de válvula se rectifica con un mandril centrado en la guía de la válvula; de modo que, una vez que el asiento vuelva a rectificarse, estará concéntrico con la guía.

Asentamiento de válvulas

El asentamiento de válvulas es una tradición consagrada (aunque pocas veces usada) de rectificar la cara de la válvula y su asiento juntos con un compuesto para asentamiento. Debe aplicar el compuesto o la pasta para asentamiento a la cara de la válvula, instalar la válvula en su guía y girar la válvula hacia atrás y adelante con un movimiento circular mientras presiona la culata de la válvula contra el asiento. Sin embargo, excepto para verificar la concentricidad del asiento de la válvula con la cara de la válvula, el asentamiento es en gran medida una pérdida de tiempo. ¿Por qué? Porque si la cara y el asiento no están correctamente rectificados, el asentamiento no los corregirá. Y si se realizó correctamente, el asentamiento no sería necesario. Lo esencial aquí es que no se puede reemplazar el trabajo realizado por un maquinista que sabe lo que hace.

5.33 Los asientos de la válvula se rectifican con una máquina como la que se muestra aquí: debido a que la piedra de amolar se centra con un mandril en la nueva guía de la válvula, el asiento se vuelve a rectificar concéntrico a la guía nueva.

Inspección de los resortes de válvulas

Nota: *Los resortes de las válvulas generalmente se cambian al momento del reacondicionamiento.*

Detección de simetría

La simetría del resorte de válvulas es la rectitud con la que un resorte se sostiene en una superficie plana o cuanto se inclina. Los resortes de válvulas deben ser simétricos para que carguen a los retenedores del resorte regularmente en toda su circunferencia. La carga irregular del retenedor aumenta el desgaste del vástago y la guía.

5.34 Para revisar los resortes de la válvula, párelos en una superficie perfectamente plana, coloque una escuadra junto a cada resorte y gire el resorte mientras lo sostiene contra la escuadra; si hay un espacio entre el resorte y la escuadra, mida el espacio; si el espacio supera las 1/16 pulgadas, cambie el resorte.

5.35 Una forma rápida de determinar la altura uniforme de los resortes es alinearlos sobre una superficie nivelada y comparar sus alturas relativas: si las alturas libres de cualquiera de ellos varían en más de 0.625 pulgadas, cámbielos.

Para esta revisión, necesita una superficie plana y una escuadra exacta de carpintero. Pare el resorte sobre una superficie plana, colóquelo contra la escuadra **(vea la ilustración)**, gírelo contra la escuadra para determinar su inclinación máxima y mida el espacio entre la parte superior del resorte y la superficie vertical de la escuadra. Si el espacio supera las 1/16 pulgadas, cambie el resorte.

Revisión de la altura libre del resorte

En general, no hay manera de revisar la carga del resorte a la altura en que se instaló o a la altura abierta en su hogar. Es necesario un probador especial de resortes para realizar estas dos pruebas (vea a continuación). Sin embargo, hay un par de revisiones simples que puede hacer en su hogar para determinar si los resortes son útiles y si su estado merece una mayor revisión en un probador de resortes. Primero, revise la altura libre del resorte.

La altura libre es la altura sin carga de un resorte. Si la altura libre del resorte es demasiado larga o corta, probablemente se haya fatigado o sobrecalentado por la temperatura operativa excesiva del motor. La carga aplicada por ese resorte cuando se instala es incorrecta porque su retenedor lo comprime más, o menos, que los demás resortes.

Alinee los resortes en una superficie plana y compare sus alturas relativas **(vea la ilustración)**. Si las alturas libres de cualquiera de ellos varía por más de 0.0625 pulgadas, se deberán cambiar. Esta es una buena guía básica: Cambie los resortes que sean 1/8 pulgadas más cortos que su altura libre especificada. Es correcto volver a utilizar un resorte que sea 1/16 pulgadas o menos más corto que su altura libre especificada, pero sólo en un servicio liviano. Base su decisión en la clase de uso que hará su motor y en cuanto más cortos son los resortes. En otras palabras, si el motor se utilizará para viajar todos los días al trabajo y conducir por la ciudad, puede utilizar los resortes marginales; pero si el motor se utilizará para conducir en superficies difíciles, deseche los resortes marginales. Estos se debilitarán progresivamente y, con el tiempo, las válvulas que controlan comenzarán a "flotar", lo cual limitará las rpm. Su única alternativa

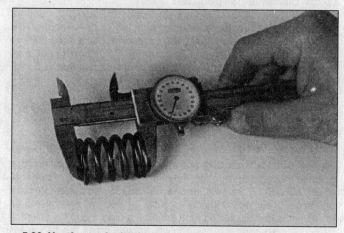

5.36 Una forma de determinar la altura libre de los resortes es medir cada resorte con un calibre.

es revisar los resortes en un probador de resortes para determinar si se pueden corregir mediante acuñamiento.

Si alguna de las alturas libres del resorte parecen marginales, mídalas más detenidamente con un calibre vernier **(vea la ilustración)** y compare sus mediciones con las especificaciones de fábrica (vea el *Manual de reparación automotriz de Haynes* sobre su vehículo en particular).

Revisión de la carga del resorte a la altura instalada

La carga de un resorte a su altura instalada es una especificación común del resorte. Una especificación típica de carga a la altura instalada es de 76 a 84 libras en 1.820 pulgadas. Si se comprime a una altura de 1.820 pulgadas de su altura libre, la carga generada por el resorte debe ser de 76 a 84 libras. La carga absoluta mínima instalada es un 10 por ciento menor que el

5.37 Usted puede encontrar un probador como este que puede utilizar con su tornillo de banco para verificar la carga del resorte a la altura instalada.

5.38 Si el motor tiene sellos tipo sombrilla, envuelva con cinta alrededor de las ranuras del sujetador para proteger el sello de la válvula cuando se instala; quite la cinta luego de colocar el sello.

5.39 Aplique una pequeña cantidad de grasa a cada sujetador antes de la instalación, como se muestra aquí; los mantendrá en su lugar sobre el vástago de la válvula cuando se suelte el resorte.

5.40a Asegúrese de que el sello del anillo O debajo del retenedor esté asentado en la ranura inferior y no esté doblado antes de instalar los sujetadores.

límite inferior de la carga, o 68 libras. Si un resorte no supera el límite estándar mínimo, o al menos lo alcanza, cámbielo. Esta prueba generalmente se realiza en un taller de maquinado automotriz, pero puede haber probadores caseros disponibles **(vea la ilustración)**.

A veces, los resortes débiles o los resortes con una altura libre demasiado corta se pueden calzar mediante cuñas para restaurar sus cargas instaladas y abiertas. Para calzar un resorte de válvula débil mediante cuñas, debe colocar una cuña (una arandela plana especial) entre el resorte y la culata del cilindro para que el resorte se comprima más y así aumente su carga a la altura abierta e instalada (cuando se acciona). Con la cuña instalada, la carga del resorte en sus alturas instaladas y abiertas se vuelve a revisar en el probador de resortes.

El exceso de acuñamiento puede producir daños graves en el tren de válvulas al generar que el resorte se enrolle con la bobina (alcance su altura sólida) antes de que su válvula se abra completamente. Otro problema es que un resorte está diseñado para comprimirse a una cantidad determinada. Esta cantidad es la diferencia entre sus alturas abiertas e instaladas. Si se comprime más de esta cantidad, se puede sobrexigir, fatigar y "despedirse" (perder su capacidad de producción de carga).

Armado de las culatas

Nota: *Las culatas generalmente son armadas por el taller de maquinado automotriz que realiza el trabajo en las culatas.*

Una vez que haya recolectado las piezas nuevas y todas las piezas viejas reacondicionadas del taller de maquinado, podrá rearmar las culatas. Necesitará su compresor de resortes de válvulas y una regla de acero de seis pulgadas o calibres vernier. Tenga mucho cuidado cuando instale los nuevos sellos de válvula tipo sombrilla en los vástagos de válvulas. Las ranuras del sujetador pueden dañar fácilmente a los sellos, por lo tanto, utilice cinta sobre las ranuras del sujetador cuando los instale **(vea la ilustración)**. Además, utilice una pequeña cantidad de grasa blanca en cada sujetador para mantenerlo en su lugar en el vástago de la válvula a medida que suelta el compresor de resortes **(vea la ilustración)**. Si trabaja en un bloque pequeño que cuenta con sellos de anillo O, instale el sello de anillo O después de comprimir el resorte, asegúrese de no doblarlo y revíselo luego de la instalación **(vea la ilustración)**.

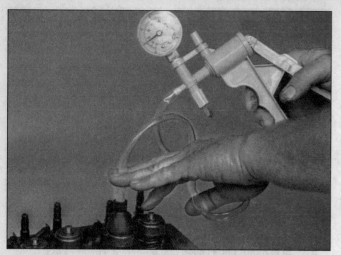

5.40b Se requiere un adaptador especial y una bomba de vacío para revisar que no haya fugas en los sellos del vástago de la válvula del anillo O.

5.41 La forma más precisa de medir la altura del resorte instalado es con calibres vernier: la medición se realiza desde las pastillas del resorte hasta la punta del resorte.

Revisión de la altura instalada del resorte de válvula

Cada resorte debe estar en su altura instalada; de lo contrario, su válvula no se cargará correctamente. ¿Recuerda la altura instalada? Es la altura a la que debe estar el resorte de la válvula con la válvula cerrada y el resorte, la válvula, el retenedor, los sujetadores y las cuñas (si están instaladas) armadas (las cuñas están incluidas en la altura instalada de los resortes SI se utilizan para corregir la altura instalada). Si las cuñas debían estar en la altura, el taller que realice el trabajo ya debe tener las culatas armadas para usted (con las cuñas en los lugares correctos).

Instale las válvulas, los sellos, los resortes, los retenedores y los sujetadores. Para verificar la altura, coloque una regla de acero junto al resorte de la válvula armado y mida sólo la altura del resorte (generalmente con una regla de acero o calibres vernier) (vea la ilustración). Revise el *Manual de reparación automotriz de Haynes* sobre su vehículo en particular para obtener la especificación correcta. Si el taller de maquinado ha realizado su trabajo correctamente, la altura debe ser correcta, pero no suponga nada.

Revisión del sello de la válvula

Luego de haber armado las culatas, verifique que las válvulas y los asientos reacondicionados se sellen correctamente antes de instalar las culatas. Coloque las culatas hacia abajo en el banco de trabajo con el nivel de superficie de la junta de la culata. Llene cada cámara de combustión con queroseno y revise que no haya fugas en el interior de los puertos. Si no encuentra ninguna, significa que las válvulas se sellan correctamente. Si no encuentra ninguna fuga, vuelva al taller de maquinado y hable con el maquinista.

Instalación de las culatas

Coloque el bloque en posición vertical en el soporte. Asegúrese de que el borne esté apretado. No recomendamos que intente instalar las culatas con el bloque en el piso ya que el bloque se vuelve inestable apenas instala una culata. Si debe trabajar en el piso, asegúrese de bloquear el motor en los rebordes de la bandeja de aceite o los salientes de la campana para evitar que se caiga cuando instale las culatas.

Revise las juntas de la culata nueva en su juego de juntas y asegúrese de que se coincidan con las culatas. Revise los pernos de la culata para asegurarse de que estén todos y que se encuentren en buen estado. Si aún no lo ha hecho, limpie las roscas de todos los pernos de la culata con la matriz adecuada. Limpie los huecos roscados en el bloque de los pernos de la culata con un roscador (vea la ilustración). También limpie las roscas en los huecos de los múltiples de admisión y escape. Limpie todos los desechos metálicos de los orificios. Limpie con solvente las superficies de la culata y la junta del bloque y séquelas. Asegúrese de que todas las clavijas de ubicación de la culata de cilindros se encuentren en su lugar. Estas clavijas son fundamentales, ya que ubican a las culatas correctamente en la superficie de la cubierta del bloque. Aún si falta una, reemplácela. Inserte el extremo recto en el bloque con el extremo biselado (cónico) proyectado hacia arriba y golpéelo hasta que esté en su lugar.

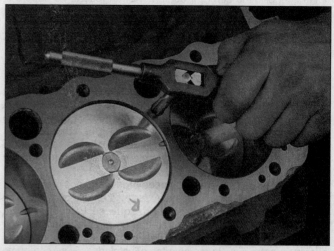

5.42 Limpie los huecos roscados en el bloque de los pernos de la culata; también limpie las roscas en los huecos roscados de las culatas de los múltiples de admisión y escape.

5.43 Instale las juntas de las culatas con la designación "Frente" en la junta apuntando hacia arriba, en la parte delantera del motor; si instala una junta de culata hacia atrás o hacia abajo, aunque parezca un buen ajuste, podría bloquear un pasaje de lubricación o de refrigerante, lo cual produciría daños graves al motor.

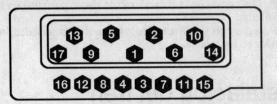

5.44 Secuencia de apriete de los pernos de culata en motores de bloque pequeño: apriete los pernos de manera suave y uniforme en esta secuencia, a 65 ft-lb.

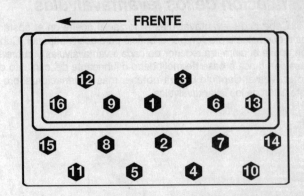

5.45 Secuencia de apriete de los pernos de culata en motores de bloque grande: apriete los pernos de manera suave y uniforme en esta secuencia, a 80 ft-lb.

Algunos consejos para los propietarios de motores anteriores a 1972

Si tiene un motor anterior a 1972 con una relación de compresión alta, utilice una junta dura, como "Permatorque" de Felpro o "Victorcor" de Victor. Estas juntas no se ajustan muy bien a las irregularidades de la superficie; por lo tanto, asegúrese de que las superficies del bloque y de la junta de la culata sean lisas y no tengan deformaciones. **Nota:** *Las juntas de la culata son parte de un juego completo de juntas para reconstrucción del motor; por lo tanto, asegúrese de comprar un juego hecho por alguno de los fabricantes mencionados anteriormente o alguna otra marca que incluya juntas similares de culata de tipo duro.*

Debido a sus pequeñas cámaras de combustión y las relaciones de compresión alta, los motores anteriores a 1972 generalmente experimentan problemas de detonación. Si instaló pistones de compresión baja, entonces omita esta sección. Si no lo hizo, continúe leyendo.

Una forma de mitigar la detonación, aunque puede contradecir las recomendaciones del fabricante, es instalar *dos* juntas de culata debajo de cada culata. El volumen del espacio adicional reducirá la relación de compresión en un punto aproximadamente. Por ejemplo, si la relación de compresión era de 11:1, será de 10:1 con la configuración de junta doble. Si hablamos de relación de compresión, ¡un punto es mucho! Ahora será mucho menos probable que su motor detone.

Instalación de las juntas de las culatas

No es necesario que cubra la mayoría de las juntas de las culatas. Si el fabricante de las juntas recomienda no utilizar sellador, no utilice ninguno. Sin embargo, si se recomienda o no hay recomendaciones específicas, utilice un sellador de juntas en aerosol, como High Tack o Copper Coat. Cubra ambos lados de las juntas uniformemente y deje secar. Cuando estén secas, coloque las juntas de las culatas en el bloque de motor en las clavijas con la designación FRENTE en las juntas de la parte delantera del motor **(vea la ilustración)**. Si instala una de las juntas de las culatas hacia

atrás, los pasajes del refrigerante se bloquearán y las culatas se sobrecalentarán poco después del arranque.

Instalación de las culatas

Nota: *Si el vehículo cuenta con culatas de aluminio, vea el Manual de reparación automotriz de Haynes sobre su vehículo en particular para obtener los procedimientos adicionales y los valores de torque específicos.*

Deslice un par de pernos de la culata de la parte inferior en sus orificios de perno en la culata. **Nota:** *Para evitar fugas de refrigerante, todos los pernos de las culatas deben tener sus roscas cubiertas con un sellador que no se endurezca (como el Permatex N.º 2) antes de la instalación.* Estire una banda elástica entre ellos para evitar que sobresalgan de la parte inferior de la culata. Con la junta de la culata en su lugar, levante la culata del cilindro y colóquela cuidadosamente en el bloque. Asegúrese de que se conecte a las clavijas de ubicación y presiónela firmemente sobre el bloque. Coloque los dos pernos de culata de la parte inferior lo suficiente para evitar que se caiga la culata. Cuando termine con la primera culata, repita todo hasta este punto e instale la otra culata.

Aplique aceite para motor en las roscas de los pernos de la culata de cilindros y lubríquelas debajo de sus culatas. Instale los pernos de la culata de cilindros sin apretarlos. Ajuste los pernos de manera suave y uniforme, en secuencia, en el torque especificado **(vea la ilustración)**. Vea el *Manual de reparación automotriz de*

Haynes sobre su vehículo en particular para obtener las cifras de torque. Los pernos de la culata también deben ajustarse en tres a cinco etapas.

Para proteger los cilindros de la humedad y la suciedad, instale las bujías en las culatas.

Instalación del tren de válvulas

Asegúrese de tener 16 levantaválvulas, varillas de empuje, balancines, fulcros, tuercas y pernos.

Instalación de los levantaválvulas

Cebe cada levantaválvulas al forzar el aceite en el costado hasta que salga a presión por el orificio para aceite superior. Cubra con aceite el diámetro exterior de cada levantaválvulas y cubra su base con grasa a base de molibdeno o lubricante del conjunto del motor. Vea el Capítulo 6 para obtener más información sobre la instalación de los levantaválvulas.

Instalación de las varillas de empuje

Si instala varillas de empuje nuevas, lo puede hacer en cualquier orden. Si instala las varillas de empuje viejas, hágalo en el mismo orden en el cual se quitaron, pero cambie los extremos, es decir, el extremo que accionaba el balancín ahora debe estar en el levantaválvulas. Usted puede determinar cuál es cada extremo al observar el patrón de desgaste en cada extremo. El patrón de desgaste en el extremo del levantaválvulas es mucho más pequeño que el patrón de desgaste en el extremo del balancín. Deslice cada varilla de empuje en un hueco del levantaválvulas y centre su extremo inferior en el levantaválvulas.

Instalación de los balancines

Aplique una capa de aceite al pivote y los puntos de contacto de la varilla de empuje, y aplique grasa de molibdeno a las puntas del vástago de la válvula. Coloque cada balancín en su varilla de empuje y punta de la válvula. Si instala balancines nuevos, no importa donde se coloquen. Pero si instala los balancines y pivotes viejos, debe mantenerlos juntos en sus pares originales e instalarlos en el mismo lugar del que se quitaron. Instale las rótulas pivotantes de los balancines, ajuste a mano cada tuerca y continúe con el Capítulo 7, en donde le mostraremos cómo ordenar el cigüeñal, ajustar las válvulas e instalar las cubiertas del balancín.

Notas

Notas

6 Reacondicionamiento del bloque del motor

Desarmado

Cadena de sincronización y ruedas dentadas

1   Quite los pernos de montaje de la rueda dentada del árbol de levas.

2   Haga palanca en la rueda dentada y en la cadena del árbol de levas con dos destornilladores o palancas grandes, y desconecte la cadena de la rueda dentada del cigüeñal **(vea la ilustración)**. No pierda el pasador que se encuentra en el extremo del árbol de levas (si tiene).

3   Se puede sacar la rueda dentada del cigüeñal con dos destornilladores o palancas grandes.

Levantaválvulas

Existen distintas formas para quitar los levantaválvulas de los huecos. Muchas empresas de herramientas diseñan herramientas especiales para sujetar y quitar los levantaválvulas y están ampliamente disponibles **(vea la ilustración)**, pero quizás no sean necesarias en cada caso. En los motores nuevos, que no tienen una gran acumulación de barniz, los levantaválvulas a menudo se pueden quitar con un pequeño imán o incluso con los dedos. Se puede usar un trazador de maquinista con un extremo doblado para quitar los levantaválvulas colocando la punta debajo del anillo retenedor en la parte superior de cada levantaválvulas. **Precaución:** *No use tenazas para quitar los levantaválvulas, a menos que tenga la intención de reemplazarlos por unos nuevos (junto con el árbol de levas). Las tenazas pueden dañar a los levantaválvulas maquinados con precisión y endurecidos, lo cual los hace inútiles.* En motores con mucho lodo y barniz, mueva los levantaválvulas en forma ascendente y descendente, usando un spray limpiador de carburador para aflojar los depósitos.

Antes de quitar los levantaválvulas, organícese para guardarlos en una caja etiquetada con letra clara para asegurarse de volver a instalarlos en sus posiciones originales. **Nota:** *En los motores que cuentan con levantaválvulas de rodillo, se deben desmontar el retenedor guía y el restrictor guía antes de retirar los levantaválvulas.*

6.1 Uso de dos palancas para retirar la rueda dentada del árbol de levas.

6.2 Si se le dificulta quitar los levantaválvulas, tal vez deba quitarlos con un extractor de levantaválvulas especial.

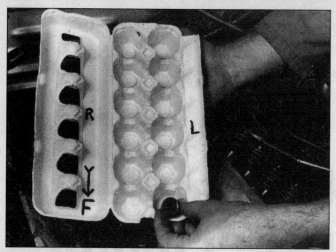

6.3 Asegúrese de guardar los levantaválvulas de forma organizada para asegurarse de volver a instalarlos en su ubicación original.

6.4 Retiro del perno de montaje de la bomba de aceite.

Desmonte los levantaválvulas y almacénelos en un lugar en el que no se ensucien **(vea la ilustración)**.

Bomba de aceite

1   Quite el perno de montaje de la bomba de aceite **(vea la ilustración)**.
2   Baje la bomba y el eje propulsor del motor y luego separe el eje propulsor y el manguito de nailon.
3   Si se reemplazará la bomba, separe el tubo de recolección de la bomba.

Pistones/bielas

1   Quite la estría completamente de la parte superior de cada cilindro con un escariador **(vea la ilustración)**. Siga las instrucciones del fabricante incluidas con la herramienta. Si no se quita la estría antes de intentar retirar los conjuntos de pistón y biela, se puede producir la rotura del pistón.
2   Después de que haya eliminado las estrías del cilindro, coloque el motor boca abajo de forma tal que el cigüeñal mire hacia arriba.
3   Antes de quitar las bielas, revise el juego longitudinal con

juegos de galgas. Deslícelos entre cada biela y la alzada del cigüeñal hasta que se elimine el juego libre **(vea la ilustración)**. El juego longitudinal es igual al grosor del juego de galgas. Si el juego longitudinal supera el límite de servicio (aproximadamente 0.023 pulgadas en la mayoría de los modelos), se necesitarán bielas nuevas. Si instala bielas nuevas (o un cigüeñal nuevo), el juego longitudinal puede encontrarse dentro del mínimo especificado, aproximadamente 0.010 pulgadas en la mayoría de los modelos (si es así, deberá maquinar las bielas para restaurarlas; de ser necesario, consulte a un taller de maquinado automotriz). Repita el procedimiento para las bielas restantes.
4   Revise que haya marcas de identificación en las bielas y en las tapas **(vea la ilustración)**. Si no tienen marcas claras, use un punzón centrado pequeño para realizar la cantidad correcta de indentaciones en cada biela y tapa (1 a 8 en el cilindro al que estén asociadas).
5   Afloje cada tuerca de la tapa de la biela, gire una vuelta por vez hasta que las pueda quitar con la mano. Quite la tapa y el inserto del rodamiento de la biela número uno. No deje caer el inserto del rodamiento fuera de la tapa. Deslice un trozo de manguera de plástico o caucho sobre cada perno de la tapa de la biela para proteger el muñón del cigüeñal y la pared del cilindro al quitar el pistón **(vea la ilustración)**. Empuje hacia afuera el conjunto de pistón y biela a través de la parte superior del motor Use un martillo con mango de madera para empujar el inserto del rodamiento

6.5 Se requiere un escariador para cilindros para quitar la estría de la parte superior del cilindro. Haga esto antes de quitar los pistones.

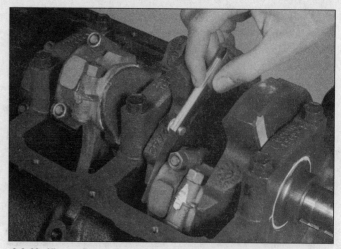

6.6 Verifique el espacio lateral de la biela con un juego de galgas, tal como se muestra.

6.7 Si las bielas y las tapas no están marcadas para indicar en qué cilindro están instaladas, márquelas con un punzón centrado para evitar la confusión durante el rearmado.

6.8 Para evitar daños en los muñones del cigüeñal y en las paredes del cilindro, deslice trozos de manguera sobre los pernos de la biela antes de desmontar los pistones.

superior en la biela. Si encuentra resistencia, vuelva a revisar que se haya eliminado toda la estría del cilindro.

6   Repita el procedimiento para los cilindros restantes. Después del desmontaje, vuelva a armar las tapas de la biela y los insertos del rodamiento en sus bielas respectivas e instale las tuercas de la tapa con la mano. Dejar los insertos viejos del rodamiento en su lugar hasta el rearmado ayudará a evitar que las superficies del rodamiento de la biela se mellen o rayen accidentalmente.

Anillos de pistón

1   Tenga cuidado de no mellar ni rayar los pistones.
2   Si se consigue un expansor de anillos de pistón, úselo para expandir y retirar los dos anillos (de compresión) superiores (**vea la ilustración**).
3   Si el expansor no está disponible, use sus manos para rotar los dos pistones superiores y retirarlos, o para romperlos a la mitad.
Nota: *Se recomienda usar guantes para quitar los anillos ya que puede sufrir cortes si no tiene cuidado.*
4   Las tres secciones del anillo inferior (control de aceite) se deben quitar a mano.

Cigüeñal

1   Revise el juego longitudinal antes de desmontar el cigüeñal. Monte un indicador de esfera con el vástago alineado con el cigüeñal y apenas en contacto con las alzadas del cigüeñal (**vea la ilustración**).
2   Empuje el cigüeñal hasta la parte trasera y coloque el indicador de esfera en cero. Luego, haga palanca sobre el cigüeñal para llevarlo tan al frente como sea posible y revise la lectura en el indicador de esfera. La distancia que se desplaza es el juego longitudinal. Si es superior a aproximadamente 0.012 in, revise las superficies de empuje del cigüeñal para detectar desgaste. Si no hay rastros de desgaste, debería poder corregirse el juego longitudinal con nuevos rodamientos principales.

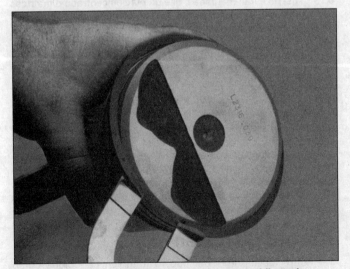

6.9 Un expansor de anillos es útil, pero no obligatorio, al desmontar los dos anillos superiores (de compresión).

6.10 Revisión del juego longitudinal del cigüeñal con un indicador de esfera.

6.11 Revisión del juego longitudinal del cigüeñal con un juego de galgas.

6.12 Las tapas del rodamiento principal generalmente tienen una flecha marcada que apunta a la parte delantera del motor, y están numeradas consecutivamente desde la parte delantera del motor hasta la parte trasera, sin embargo . . .

3   Si no dispone de un indicador de esfera, puede usar un juego de galgas. Haga palanca o empuje suavemente el cigüeñal hasta el frente del motor. Deslice los juegos de galgas entre el cigüeñal y la superficie frontal del rodamiento principal (trasero) de empuje para determinar el espacio **(vea la ilustración)**.

4   Si el motor está equipado con un sello de aceite del cigüeñal trasero de una pieza, desatornille el retenedor del sello de la parte trasera del bloque.

5   Revise las tapas del rodamiento principal para ver si tienen marcas que indiquen sus ubicaciones. Deben estar numeradas consecutivamente desde el frente del motor hasta la parte trasera. Las tapas del rodamiento principal generalmente tienen una flecha marcada que apunta a la parte delantera del motor **(vea la ilustración)**. Si no están correctamente marcadas, márquelas con matrices de estampado de números o con un punzón centrado **(vea la ilustración)**. Afloje cada uno de los pernos de la tapa de rodamiento principal de - vuelta por vez, hasta que los pueda quitar con la mano.

6   Golpee suavemente las tapas con un martillo de superficie blanda y luego sepárelas del bloque del motor. Si es necesario, use los pernos como palanca para quitar las tapas. Si los insertos del rodamiento salen con las tapas, evite dejarlos caer.

7   Eleve cuidadosamente el cigüeñal del motor. Es una buena idea contar con un asistente, ya que el cigüeñal es bastante pesado. Con los insertos del rodamiento colocados en el bloque del motor y en las tapas del rodamiento principal, vuelva a colocar las tapas en sus respectivas ubicaciones sobre el bloque del motor y apriete los pernos con la mano.

Árbol de levas

1   Monte un indicador de esfera de forma tal que la punta del indicador esté en contacto con el frente del árbol de levas.

2   Empuje el árbol de levas hacia la parte trasera del motor y coloque el indicador de esfera en cero.

3   Empuje el árbol de levas hacia la parte delantera para leer el juego longitudinal del árbol de levas.

4   El juego longitudinal debe estar aproximadamente en el rango de 0.002 a 0.008 (para obtener la especificación exacta, consulte el *Manual de reparación automotriz de Haynes* para su vehículo en particular). Si no se encuentra dentro de las especificaciones, revise

6.13 . . . si no están marcadas, use un punzón centrado o matrices de estampado numeradas para marcar las tapas del rodamiento principal a fin de asegurarse que vuelvan a instalarse en sus ubicaciones originales en el bloque (haga las marcas del punzón cerca de una de las cabezas del perno).

el plato de empuje y el frente del árbol de levas para detectar desgaste excesivo una vez que haya retirado el árbol de levas.

5   Retire los pernos que fijan el plato de empuje del árbol de levas y luego separe el plato de la parte delantera del bloque del motor.

6   Tire cuidadosamente el árbol de levas hacia afuera. Sujete la leva para que los lóbulos no rayen ni deformen los rodamientos a medida que la saca **(vea la ilustración)**. Si encuentra resistencia, no tire con más fuerza. Verifique dónde se agarrota la leva y vuelva a posicionarla.

Tapones del núcleo

Retire los tapones del núcleo (también conocidos como tapones de congelación o tapones suaves) del bloque del motor.

6.14 Quite lentamente el árbol de levas, sujetándolo en dos lugares, y asegúrese de que los lóbulos de las levas y el engranaje del distribuidor no deformen los rodamientos en el bloque.

6.15 Retire los tapones del núcleo golpeando en uno de los lados del bloque con un martillo y un punzón...

6.16 . . . luego retire el tapón con tenazas.

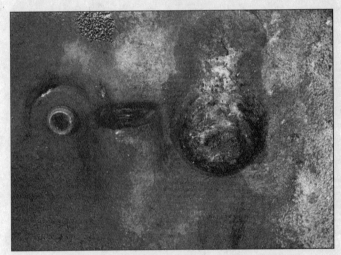

6.17 Si los tapones del núcleo están muy oxidados, se pueden usar cortadores de lado para cortar y luego sacar los tapones del bloque.

Para ello, golpee un lado de cada tapón en dirección al bloque con un martillo y un punzón (**vea la ilustración**), y luego tómelo con tenazas grandes y retírelo del bloque (**vea la ilustración**).

Tapones de la galería de aceite

Retire todos los tapones de la galería de aceite con una llave Allen o una llave hexagonal (**vea las ilustraciones**). Los tapones generalmente están muy ajustados; quizá tenga que quitarlos con un taladro y volver a perforar los orificios. Deseche los tapones y use otros nuevos al rearmar el motor.

Limpieza e inspección

Bloque del motor

1   Use un raspador de juntas para quitar todo rastro de material de la junta del bloque del motor. Tenga mucho cuidado de no rayar ni deformar las superficies de sellado de la junta.

6.18 Algunos tapones de la galería de aceite pueden ser difíciles de retirar. Si se encuentra con uno, pruebe colocar aceite penetrante en las roscas.

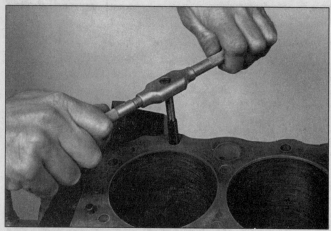

6.19 Todos los orificios para pernos en el bloque, en particular los de la tapa de rodamiento principal y del cabezal, deben limpiarse y restaurarse con un roscador (asegúrese de quitar los desechos de los orificios después de hacerlo).

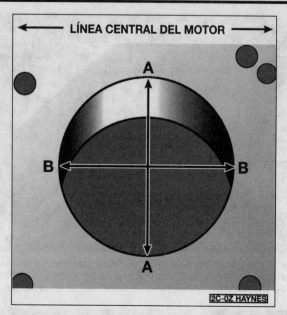

6.20 Mida el diámetro de cada cilindro en ángulo recto respecto de la línea central del motor (A) y en paralelo a la línea central del motor (B). El ovalado es la diferencia entre A y B, la conicidad es la diferencia entre A y B en la parte superior del cilindro y A y B en la base del cilindro.

2   Si el motor está extremadamente sucio, debe llevarlo a un taller de maquinado automotriz para que lo limpien.

3   Después de que le devuelvan el bloque, limpie todos los orificios y las galerías de aceite una vez más. Puede conseguir cepillos diseñados específicamente para este propósito en la mayoría de las tiendas de autopartes. Enjuague los pasajes con agua caliente hasta que el agua salga clara, seque completamente el bloque y pase un paño con aceite liviano antióxido sobre todas las superficies maquinadas. Si tiene acceso a aire comprimido, úselo para limpiar todos los orificios y pasajes de aceite. **Advertencia:** *Use protección para los ojos al utilizar aire comprimido.*

4   Si el bloque no está demasiado sucio o enlodado, puede limpiarlo adecuadamente con agua jabonosa caliente y un cepillo rígido. Tómese el tiempo necesario y haga un buen trabajo. Sin importar el método de limpieza que use, asegúrese de limpiar minuciosamente todos los orificios y las galerías de aceite; seque completamente el bloque y cubra todas las superficies maquinadas con aceite liviano.

5   Los orificios roscados en el bloque deben estar limpios para asegurar lecturas de torque exactas durante el rearmado. Pase un roscador del tamaño apropiado en cada orificio para eliminar cualquier tipo de óxido, corrosión, sellador de roscas o lodo, y para restaurar cualquier rosca dañada **(vea la ilustración)**. De ser posible, use aire comprimido para eliminar los desechos que producen esta operación de los orificios. Éste es un buen momento para limpiar las roscas de los pernos de la culata y de los pernos de la tapa del rodamiento principal.

Inspección

1   Vuelva a revisar para asegurarse de que se haya quitado completamente la estría de la parte superior de cada cilindro.

2   Revise visualmente que no haya rajaduras, óxido ni corrosión en el bloque. **Nota:** *La mayoría de las rajaduras se encuentran en la parte inferior de los cilindros, cerca de los tapones del núcleo, en los asientos del rodamiento principal y entre los cilindros y las camisas de agua. Revise los huecos de los levantaválvulas en busca de daños. Busque roscas dañadas en los orificios roscados.*

3   También es una buena idea que se revise el bloque en busca de rajaduras ocultas en un taller de maquinado automotriz que tenga el equipo especial para realizar este tipo de trabajos. Si se encuentran defectos, haga reparar o reemplazar el bloque.

4   Revise que no haya arañazos ni rayas en los huecos de los cilindros.

5   Mida el diámetro de cada cilindro paralelo y perpendicular al cigüeñal **(vea la ilustración)** en la parte superior (justo debajo del área de la estría), en el centro y en la parte inferior del hueco del cilindro **(vea las ilustraciones)**.

6   La especificación de ovalado del hueco de cilindro es la diferencia entre la lectura paralela y la perpendicular. Generalmente, ningún cilindro debe tener un ovalado superior a 0.005 in (para obtener la especificación exacta, vea el *Manual de reparación automotriz de Haynes* para su vehículo en particular).

7   El ahusamiento del cilindro es la diferencia entre el diámetro del hueco en la parte superior y el diámetro en la parte inferior. Generalmente, el ahusamiento no debe superar las 0.010 in (para obtener las especificaciones exactas, vea el *Manual de reparación automotriz de Haynes* para su vehículo en particular).

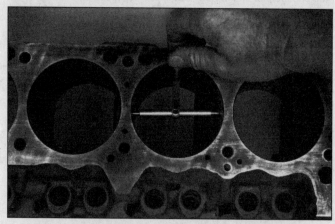

6.21a La capacidad de "percibir" cuando el medidor telescópico está en el punto correcto se desarrollará con el tiempo, así que trabaje lentamente y repita el control hasta que considere que la medición del hueco es exacta.

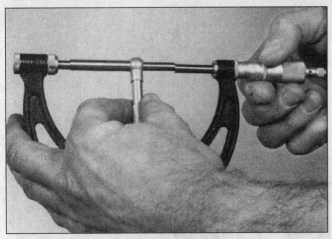

6.21b El medidor se mide luego con un micrómetro para determinar el tamaño del hueco.

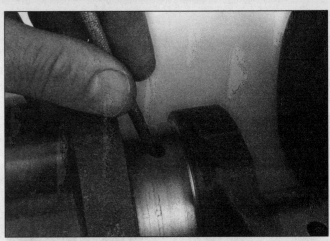

6.22 Los orificios para aceite deben estar biselados para que los bordes filosos no deformen ni rayen los rodamientos nuevos.

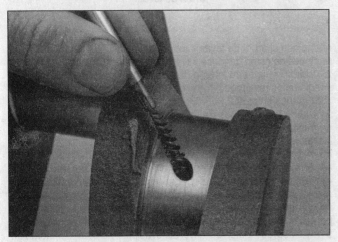

6.23 Use un cepillo de alambre o de cerdas de plástico rígidas para limpiar los pasajes de aceite en el cigüeñal.

6.24 Mida en varios puntos alrededor de la circunferencia de cada muñón y luego mida en cada extremo. Esto le ayudará a identificar ovalados y ahusamientos.

Cigüeñal

1   Limpie el cigüeñal con solvente y séquelo con aire comprimido (si tiene). Asegúrese de limpiar los orificios de aceite con un cepillo rígido y enjuáguelos con solvente **(vea la ilustración)**. Bisele los orificios de aceite para eliminar los bordes filosos **(vea la ilustración)**. Verifique que no haya desgaste desparejo, rayas, desniveles ni rajaduras en los muñones del rodamiento de la biela y en el muñón principal. Verifique visualmente que no haya rajaduras ni otros daños en el resto del cigüeñal.

2   Con un micrómetro, mida el diámetro del muñón principal y del muñón de la biela **(vea la ilustración)**. Consulte el *Manual de reparación automotriz de Haynes* para su vehículo en particular para conocer las especificaciones correctas. Al medir el diámetro en diversos puntos alrededor de la circunferencia de cada muñón, podrá determinar si el muñón está ovalado. Tome la medición en cada extremo del muñón, cerca de las alzadas del cigüeñal, para determinar si el muñón está ahusado. Generalmente, el ahusamiento y el ovalado no debe superar las 0.0005 pulgadas aproximadamente.

3   Verifique la desviación del cigüeñal colocándolo en el bloque soportado solamente por rodamientos de los extremos. Utilizando un micrómetro colocado contra el muñón del rodamiento principal

6.25 Uso de un indicador de esfera para medir la desviación del cigüeñal.

central, rote el cigüeñal para leer la desviación **(vea la ilustración)**. Generalmente, la desviación no debe exceder las 0.004 in aproximadamente.

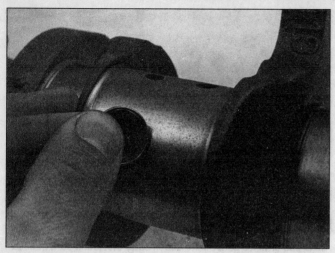

6.26 Frotar una moneda a lo largo de cada muñón revelará su estado: si el cigüeñal toma el cobre de la moneda, los muñones deben restaurarse.

6.27 Medición de los muñones de los rodamientos del árbol de levas.

4   Si los muñones del cigüeñal están dañados, ahusados, ovalados o desgastados en exceso, haga restaurar el cigüeñal en un taller de maquinado automotriz. Si reacondiciona el cigüeñal, asegúrese de que se usen insertos de rodamiento del tamaño correcto.

5   Revise las superficies de contacto del sello de aceite en el cigüeñal. Si están rayadas, melladas o dañadas de alguna manera, los sellos de aceite podrían tener fugas al rearmar el motor. Se pueden reparar (consulte en un taller de maquinado automotriz).

6   Si las dimensiones del cigüeñal son correctas, frote una moneda sobre cada muñón varias veces **(vea la ilustración)**. Si el muñón toma el cobre de la moneda, significa que es muy áspero y debe restaurarse.

Árbol de levas

1   Después de quitar el árbol de levas del motor, limpiarlo con solvente y dejarlo secar, inspeccione los muñones del rodamiento para detectar desgaste desparejo, desniveles y corrosión. Si los muñones están dañados, es probable que los insertos del rodamiento en el bloque también estén dañados. Si éste es el caso,

reemplace el árbol de levas y los rodamientos. Normalmente, si los muñones no están dañados y tienen un acabado suave, están bien.

2   Mida el diámetro interno de cada rodamiento del árbol de levas y registre los resultados (tome dos mediciones en cada rodamiento, a 90 grados entre sí).

3   Mida los muñones de los rodamientos del árbol de levas con un micrómetro **(vea la ilustración)**. Compare las mediciones con las especificaciones en el *Manual de reparación automotriz de Haynes* para su vehículo en particular. Si son inferiores a lo especificado, se debe reemplazar el árbol de levas por uno nuevo.

4   Reste los diámetros del muñón del rodamiento de las mediciones de diámetro interno del rodamiento correspondiente a fin de obtener el espacio para el aceite. Generalmente, el espacio para el aceite no debe ser superior a 0.006 in aproximadamente.

5   Revise los lóbulos del árbol de levas para detectar decoloración por calor, rayas, áreas astilladas y erosión. Si se registra alguna de estas condiciones en algún lóbulo, reemplace el árbol de levas.

6   Si dispone de especificaciones de altura del lóbulo para el árbol de levas, mídalo de la siguiente forma.

7   Con un micrómetro, mida el lóbulo en su mayor dimensión y a 90 grados de la mayor dimensión **(vea las ilustraciones)**.

6.28a Medición del lóbulo del árbol de levas en su mayor dimensión.

6.28b Medición del lóbulo del árbol de levas en su menor dimensión.

6.29 Si el levantaválvulas se encuentra aplanado o erosionado, debe ser reemplazado.

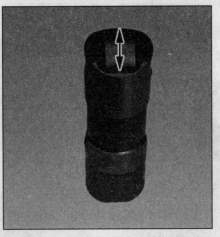

6.30 El rodillo de los levantaválvulas de rodillo debe girar libremente; revíselo para detectar desgaste y juego libre excesivo.

6.31a Las ranuras del anillo de pistón se pueden limpiar con una herramienta especial, como se muestra aquí . . .

8 La altura del lóbulo del árbol de levas es la diferencia entre estas dos mediciones. Si es inferior a lo especificado para el árbol de levas, reemplácelo.

Levantaválvulas

Levantaválvulas convencionales

1 Limpie los levantaválvulas con solvente y séquelos cuidadosamente sin mezclarlos.

2 Verifique que no haya arañazos, rayas o desgaste disparejo en cada pared del levantaválvulas, del asiento y de la base de varilla de empuje y rodillo. Cada base del levantaválvulas (la superficie que se monta en el lóbulo de leva) debe ser ligeramente convexa, aunque esto pueda ser difícil de determinar a simple vista.

3 Si la base del levantaválvulas es plana o cóncava **(vea la ilustración)**, se deben reemplazar los levantaválvulas y el árbol de levas.

4 Si las paredes del levantaválvulas están dañadas o desgastadas (lo cual es muy improbable), inspeccione también los huecos de los levantaválvulas en el bloque del motor.

5 Si se instalan nuevos levantaválvulas, también debe instalarse un nuevo árbol de levas.

6 Si instala un árbol de levas nuevo, use también levantaválvulas nuevos. ¡Nunca instale levantaválvulas usados, a menos que el árbol de levas original sea usado y los levantaválvulas puedan volver a instalarse en sus ubicaciones originales!

Levantaválvulas de rodillos

7 Verifique cuidadosamente que no haya desgaste ni daños en los rodillos y asegúrese de que giren libremente sin juego libre excesivo **(vea la ilustración)**.

8 El procedimiento de inspección para los lados (paredes) de los filtros convencionales también se aplica a los levantaválvulas de rodillos.

9 A diferencia de los levantaválvulas convencionales, los levantaválvulas de rodillo usados se pueden volver a instalar con un árbol de levas nuevo y el árbol de levas original se puede usar si se instalan levantaválvulas nuevos.

Pistones/bielas

1 Antes de poder realizar el proceso de inspección, debe limpiar

6.31b . . . o con un trozo de anillo roto.

los pistones y las bielas, y debe quitar los anillos originales de los pistones. **Nota:** *Siempre use anillos de pistón nuevos al rearmar el motor.*

2 Raspe todos los restos de carbón de la parte superior del pistón. Una vez que haya raspado la mayoría de los depósitos, puede usar un cepillo de alambre de mano o un trozo de tela de esmeril de grado fino. Bajo ninguna circunstancia use un cepillo de alambre montado en un taladro para eliminar los depósitos de los pistones. El material del pistón es suave y se puede quitar con un cepillo de alambre.

3 Use una herramienta para limpiar las ranuras de los anillos de pistones para eliminar los depósitos de carbón de las ranuras del anillo. Si no dispone de la herramienta, puede utilizar un trozo partido de un anillo viejo. Tenga mucho cuidado y elimine sólo los depósitos de carbón, no quite ningún metal ni melle o raye los lados de las ranuras del anillo **(vea las ilustraciones)**.

4 Una vez que haya quitado los depósitos, limpie los conjuntos de pistón y biela con solvente y séquelos con aire comprimido (si tiene). Asegúrese de que los orificios de retorno de aceite de las partes laterales traseras de las ranuras del anillo estén limpios.

5 Si los pistones y las paredes del cilindro no están dañados ni tienen un desgaste excesivo, y no se rectificó el bloque del motor, no será necesario utilizar pistones nuevos. El desgaste normal de

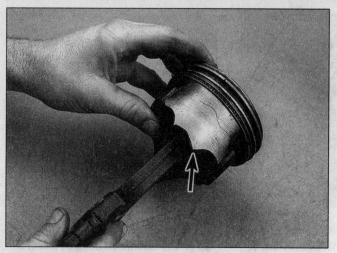

6.32 El pistón tiene una falda rota (flecha).

6.33 Esto es lo que ocurre cuando una válvula cae a la cámara de combustión.

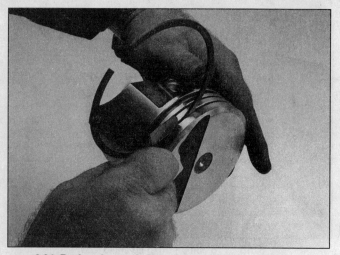

6.34 Revise el espacio lateral del anillo con un juego de galgas en varios puntos alrededor de la ranura.

6.35 Mida el diámetro del pistón a un ángulo de 90 grados respecto del pasador del pistón, y en línea con él.

los pistones se muestra como desgaste parejo y vertical en las superficies de empuje del pistón y una ligera holgura del anillo superior en su ranura. Siempre se deben usar anillos de pistón nuevos al rearmar un motor.

6   Verifique cuidadosamente que no haya rajaduras en la falda **(vea la ilustración)**, en las salientes del pasador y en las superficies del anillo.

7   Verifique que no haya arañazos ni rayas en las superficies de empuje de la falda, orificios en la corona del pistón **(vea la ilustración)** ni áreas quemadas en el borde de la corona. Si la falda está arañada o rayada, es posible que el motor se haya recalentado o que se haya producido una combustión anormal. Se deben revisar cuidadosamente los sistemas de enfriamiento y lubricación. Un orificio de la corona del pistón es indicio de que se produjo una combustión anormal (encendido prematuro o detonación), de que el pistón golpeó una válvula abierta (sincronización incorrecta de la válvula) o que había un objeto extraño en la cámara de combustión. Si se presenta cualquiera de los problemas mencionados, debe corregir las causas; de lo contrario, el daño se producirá nuevamente.

8   Si el pistón presenta corrosión en forma de pequeños desniveles, existe una fuga de refrigerante a la cámara de combustión, al cigüeñal o a ambos. Nuevamente, debe corregir la causa o el problema puede continuar en el motor reconstruido.

9   Mida el espacio lateral del anillo del pistón; para hacerlo, coloque un anillo de pistón nuevo en cada ranura del anillo y deslice un juego de galgas junto a él **(vea la ilustración)**. Revise el espacio libre en tres o cuatro ubicaciones alrededor de cada ranura. Asegúrese de usar el anillo correcto para cada ranura, puesto que son diferentes. Si el espacio lateral es superior a 0.004 in aproximadamente, debe usar pistones nuevos.

10 Revise el espacio entre el pistón y el hueco midiendo el diámetro del hueco y del pistón. Asegúrese de que los pistones y los huecos coincidan correctamente. Mida el pistón a lo largo de la falda, en un ángulo de 90 grados y alineado con el pasador de pistón **(vea la ilustración)**. Para calcular el espacio, reste el diámetro del pistón del diámetro del hueco. Generalmente, no debe ser superior a 0.003 in aproximadamente (para obtener las especificaciones exactas, consulte el *Manual de reparación automotriz de Haynes* para su vehículo en particular). Si es mayor que lo especificado, tendrá que rectificar el bloque e instalar pistones nuevos.

11 Para revisar el espacio entre el pistón y la biela, gire el pistón y la biela en direcciones opuestas **(vea la ilustración)**. Cualquier

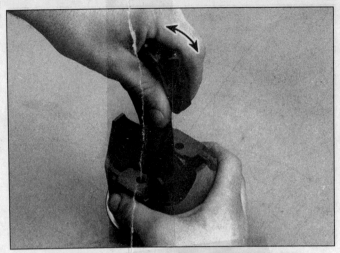

6.36 Revise si hay juego entre el pistón y el conjunto de biela girando la biela contra el pasador.

juego libre observable indica desgaste excesivo, que se debe corregir. Se deben llevar los conjuntos de pistón y biela a un taller de maquinado automotriz para que se rectifiquen los pistones y las bielas y se instalen pasadores nuevos.

12 Si por cualquier motivo debe quitar los pistones de las bielas, los debe llevar a un taller de maquinado automotriz. Como los talleres para máquinas cuentan con equipos especiales para este propósito, haga que verifiquen si las bielas están dobladas o torcidas. **Nota:** *A menos que se instalen nuevos, no desarme los pistones ni las bielas.*

13 Revise las bielas para detectar rajaduras y otros daños. Quite temporalmente las tapas de las bielas, extraiga los insertos del rodamiento viejo, limpie las superficies de la biela y de la tapa de rodamiento y revise que no haya rayas, deformaciones ni rasguños. Después de revisar las bielas, reemplace los rodamientos viejos, coloque en su lugar las tapas y apriete las tuercas con la mano.

Rodamientos

1 Los rodamientos principales y de la biela deben ser reemplazados por otros nuevos durante el reacondicionamiento del motor, pero se deben guardar los rodamientos viejos para examinarlos detenidamente ya que pueden revelar información valiosa sobre la condición del motor (**vea la tabla de condición del rodamiento en las páginas 6-13 a 6-16**).

2 Al examinar los rodamientos del cigüeñal, quítelos del bloque del motor, de las tapas del rodamiento principal, de las bielas y de las tapas de las bielas, y apóyelos en una superficie limpia en la misma posición general que su ubicación en el motor. Esto le permitirá hacer coincidir cualquier problema del rodamiento con el muñón del cigüeñal que corresponda.

3 Las fallas del rodamiento se producen por falta de lubricación, presencia de polvo u otras partículas extrañas, sobrecarga del motor o corrosión. Cualquiera sea el motivo de la falla del rodamiento, se lo debe corregir antes de rearmar el motor para evitar que suceda nuevamente.

4 El polvo y otras partículas extrañas ingresan al motor de diversas formas. Puede quedar en el motor durante el armado o puede pasar a través de los filtros o el sistema de PCV (ventilación positiva del cárter). Puede ingresar al aceite y desde ahí a los rodamientos. A menudo se encuentran astillas de metal de

operaciones de maquinado y del desgaste normal del motor. Algunas veces quedan abrasivos en los componentes del motor después del reacondicionamiento, sobre todo cuando no se limpian cuidadosamente las piezas con los métodos de limpieza correctos. Cualquiera sea su origen, estos objetos extraños a menudo acaban incrustados en el material del rodamiento y se los puede reconocer fácilmente. Las partículas grandes no se incrustarán en el rodamiento, pero rayarán o deformarán el rodamiento y el muñón. La mejor prevención contra esta causa de fallas del rodamiento es limpiar con mucha atención todas las piezas y mantener todo inmaculadamente limpio durante el armado del motor. También se recomiendan cambios frecuentes y regulares del aceite para motor y del filtro.

5 La falta de lubricación (o la falla de lubricación) tiene diversas causas interrelacionadas. El calor excesivo (que diluye el aceite), la sobrecarga (que escurre el aceite de la superficie del rodamiento) y las fugas de aceite o descargas (por espacios excesivos del rodamiento, bomba de aceite gastada o altas velocidades del motor) contribuyen a la falla de lubricación. Los pasajes de aceite bloqueados, que generalmente son el resultado de orificios de aceite mal alineados en el rodamiento, también restringirán el paso de aceite al rodamiento y lo destruirán. Cuando la causa de una falla del rodamiento es la falta de lubricación, el material del rodamiento desaparece o se extrude por el refuerzo de acero del rodamiento. Las temperaturas también pueden aumentar al punto en que el refuerzo de acero se vuelve azul por sobrecalentamiento.

6 Los hábitos de conducción pueden tener un efecto definitivo sobre la duración del rodamiento. El funcionamiento con máxima aceleración y baja velocidad (funcionamiento forzado del motor) impone cargas muy altas sobre el rodamiento, que tiende a eliminar la capa de aceite. Estas cargas provocan que se flexionen los rodamientos, lo cual produce rajaduras finas en la superficie del rodamiento (falla por fatiga). Con el tiempo, el material del rodamiento se aflojará por pedazos y se desprenderá del refuerzo de acero. Conducir por trayectos cortos provoca corrosión en los rodamientos debido a que se produce una cantidad insuficiente de calor en el motor para eliminar el agua condensada y los gases corrosivos. Estos productos se acumulan en el aceite para motor, formando ácido y lodo. A medida que se transporta aceite a los rodamientos del motor, el ácido ataca y corroe el material del rodamiento.

7 La instalación incorrecta del rodamiento durante el armado del motor también provocará una falla del rodamiento. Los rodamientos demasiado ajustados dejan poco espacio para el aceite del rodamiento, lo que provocará una falta de aceite. El polvo o las partículas extrañas atrapadas detrás de un inserto del rodamiento producirán puntos elevados sobre el rodamiento que resultarán en una falla.

Bomba de aceite

1 Si el motor está desgastado y las astillas de metal han estado flotando en el aceite, existen posibilidades de que la bomba de aceite también esté gastada o dañada. A menos que se haya reemplazado recientemente la bomba de aceite, se sepa que está en buenas condiciones y pase las siguientes revisiones, ni siquiera se moleste en revisarla, reemplácela con una nueva. La bomba es relativamente económica comparada con los gastos del motor recién acondicionado.

2 Con el tubo de captación de la bomba de aceite dentro de un envase de solvente limpio, gire el eje propulsor. Luego de dos o tres revoluciones, el solvente deberá fluir por el puerto de presión de la bomba (el orificio en el centro de la brida de montaje de la bomba). Reemplace la bomba si no funciona como se indica.

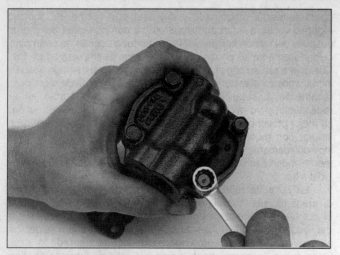

6.38 Retire los pernos que retienen la cubierta
de la bomba de aceite.

6.39 Inspeccione la cubierta de la bomba en busca
de rayas y erosión. Esta cubierta está desgastada,
por lo que la bomba debe ser reemplazada.

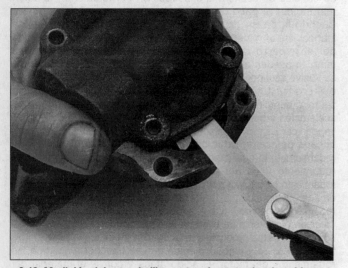

6.40 Medición del espacio libre entre el engranaje y la cubierta.

3   Inspeccione que no haya daños en el eje propulsor.
4   Quite la cubierta del extremo de la bomba **(vea la ilustración)**.
5   Inspeccione el interior de la cubierta en busca de ranuras y desgaste **(vea la ilustración)**. Si encuentra alguno de los dos, reemplace la bomba.
6   Si la cubierta está bien, posiciónela sobre la bomba y mida el espacio entre el conjunto del engranaje y la cubierta **(vea la ilustración)**. Esto le dará el espacio final del conjunto del engranaje, Generalmente, no debe exceder las 0.003 in aproximadamente.
7   Quite los engranajes.
8   Inspeccione el engranaje y el eje del engranaje para detectar desgaste.
9   Inspeccione la caja del engranaje **(vea la ilustración)**.
10   Use un destornillador y presione la válvula de alivio para asegurarse de que esté suelta y tenga presión del resorte **(vea la ilustración)**.
11   Si alguno de los procedimientos de revisión mencionado indica un problema, se deberá reemplazar la bomba.

6.41 Inspeccione la caja del engranaje en busca de rayas,
erosión y desgaste. Esta caja presenta un desgaste normal.

6.42 Empuje la válvula de alivio de presión para asegurarse
de que está suelta y tiene presión del resorte.

ANÁLISIS DE LOS RODAMIENTOS DEL MOTOR

Desechos

Rodamiento Babbitt con incrustación de desechos del maquinado

Detalles microscópicos de los desechos

Detalles microscópicos de ralladuras

Rodamiento de aleación de cobre rayado por desechos de hierro fundido

Rodamiento de aluminio con incrustaciones de vidrio

Detalles microscópicos de las incrustaciones de vidrio

Forros dañados por suciedad que quedó en el lomo del rodamiento

Armado incorrecto

Resultado de armar la mitad inferior en la mitad superior – bloquea el flujo de aceite

Espacio excesivo para aceite. Se indica por un arco de contacto corto

Los lomos pulidos o con manchas de aceite resultan de un mal ajuste en el hueco de la caja

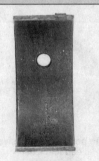

Resultado de una tapa incorrecta, invertida o fuera de lugar

Sobrecarga

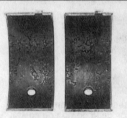

Daño por marcha mínima excesiva que resultó en una película de aceite que no pudo soportar la carga impuesta

Rodamientos superiores de la biela dañados por funcionamiento forzado del motor; los rodamientos principales inferiores (no se ilustran) fueron afectados similarmente

Los daños que muestran estos rodamientos superiores e inferiores de la biela fueron causados por el funcionamiento del motor a velocidades más altas que las clasificadas bajo carga

Desalineamiento

Un cigüeñal de acabado pobre causó el surcado de espacios iguales que se ilustra

Un hueco ahusado de la caja causó daño a lo largo de un borde de estos dos

Una biela retorcida causó el daño en el patrón en "V"

Un cigüeñal deformado causó este desgaste severo en el centro que disminuye hacia los extremos

Lubricación

Corrosión

Detalles microscópicos de la corrosión

La corrosión es un ataque de ácido sobre el forro del rodamiento causado generalmente por mantenimiento inadecuado, operación muy caliente o fría o por uso de aceites o combustibles de baja calidad

Resultado de un arranque en seco - los rodamientos de la izquierda, que están más lejos de la bomba de aceite, muestran más daños

Detalles microscópicos de cavitación

Ejemplo de cavitación – erosión de la superficie causada por cambios de presión en la película de aceite

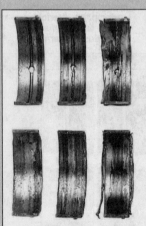

Resultado de alimentación de aceite insuficiente o falta de aceite

Desgaste severo por espacio de aceite inadecuado

Daño por fuerza excesiva o espacio axial insuficiente

Rodamiento afectado por disolución del aceite causada por desviación o una mezcla demasiado rica

Registro de servicio

Fecha	Millaje	Trabajo ejecutado

Registro de servicio

Fecha	Millaje	Trabajo ejecutado

6.43 El desgaste desigual del pistón, como éste, indicó que había una biela retorcida.

6.44 Un maquinista verifica la presencia de una biela retorcida.

Procedimientos del taller de maquinado

Inspecciones

Doblez y torcedura de la biela

Los siguientes procedimientos son normalmente realizados en un taller de maquinado automotriz ya que se necesitan equipos y habilidades especiales. La información que se incluye aquí le ayudará en la comunicación con el taller que realiza el trabajo.

Inspeccione los pistones para detectar marcas de desgaste desparejo. Si los pistones tienen marcas de desgaste desparejo, es muy posible que la biela esté doblada o retorcida **(vea la ilustración)**. Lleve los conjuntos de pistón y biela a un taller de maquinado automotriz para que puedan ser inspeccionados en una guía especial que verifica que la biela no esté doblada o retorcida **(vea la ilustración)**.

Hueco y alineación del rodamiento principal
Hueco

Se puede revisar el hueco del rodamiento principal con las tapas del rodamiento principal instaladas y ajustadas con la especificación correcta. Las especificaciones generales son las siguientes:

Bloque pequeño con tapas de rodamiento principal de dos pernos: 75 ft-lb
Bloque pequeño con tapas de cuatro pernos: 65 ft-lb
Bloque grande con tapas de dos pernos: 95 ft-lb.
Bloque grande con tapas de cuatro pernos: 110 ft-lb

El tamaño del hueco y el ovalado se determinan utilizando un micrómetro interno o un medidor de hueco y un micrómetro **(vea la ilustración)**. Si el diámetro no se encuentra dentro de las especificaciones (indicadas en el manual Haynes de su vehículo o disponible en un taller de maquinado automotriz), se deben alinear los huecos del bloque en un taller de maquinado.

6.45 Uso de un medidor de hueco para verificar el rodamiento principal.

6.46 Verificación de la alineación del rodamiento principal con una regla y un juego de galgas.

Alineación

Se puede verificar l lineación de los huecos en un taller de maquinado automotriz. La alineación se verifica colocando una regla de precisión en la línea central de al menos tres asientos del

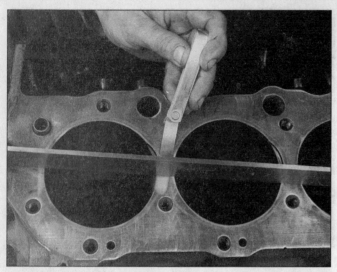

6.47 Se utilizan una regla de precisión y un juego de galgas para verificar la cubierta en busca de alabeo.

rodamiento principal. Luego se utiliza un juego de galgas para verificar el espacio entre la regla y los asientos del rodamiento principal (**vea la ilustración**). Se deben alinear los huecos del bloque si el espacio es superior a la mitad del espacio libre recomendado del rodamiento.

También se puede verificar la alineación utilizando un eje de prueba más pequeños por 0.001 pulgada que el hueco del rodamiento insertado y atornillado al cigüeñal. La alineación es correcta si se puede rotar el eje de prueba utilizando una manija de 12 pulgadas.

Alabeo para la cubierta

También se puede verificar la cubierta del bloque en busca de alabeo en un taller de maquinado automotriz. Se verifica colocando una regla de precisión sobre la superficie de la junta de la cubierta. Se utiliza un juego de galgas para medir el espacio libre entre la regla y la cubierta. Las medidas se toman a lo largo y ancho del bloque de cilindros en varios puntos (**vea la ilustración**).

Si el alabeo para la cubierta supera las 0.006 in en general (o 0.003 in en seis pulgadas cualesquiera), se debe maquinar la superficie del bloque hasta que quede plana. Si se maquinan 0.020 in o más del conjunto de la superficie de la culata de cilindros y la cubierta del bloque, también se deberá maquinar el múltiple de admisión para recibir una cuenca más pequeña entre las culatas (vea el Capítulo 5).

Revisión de rajaduras

Nota: Estos procedimientos deben ser realizados por un taller de maquinado automotriz ya que se necesitan equipos y habilidades especiales. Se incluye aquí un breve resumen que lo ayudará en la comunicación con el taller que realiza el trabajo.

Magnaflux

Este tipo de inspección está restringido para materiales ferrosos (imantados), en su mayoría bloques de cilindros y cigüeñales. Se realiza mediante la magnetización del componente o de un área localizada del componente. Se aplica polvo metálico al área magnetizada. El polvo es absorbido en las rajaduras por magnetismo, lo que hace que las rajaduras se hagan visibles.

6.48 Perforación de un bloque del motor.

Presión

Se pueden probar los componentes con cavidades en busca de rajaduras usando un medidor de presión. Este tipo de prueba se realiza tapando todos los orificios, a excepción de uno, del componente e inyectando agua o aire en el pasaje abierto.

Cuando se usa agua, las áreas húmedas o mojadas indican la presencia de rajaduras. Cuando se usa agua, es necesario pulverizar la superficie con agua jabonosa y buscar burbujas.

Zyglo

Este procedimiento se utiliza comúnmente en materiales no ferrosos (como aluminio). El componente se cubre con una tintura fluorescente especial y normalmente se lo calienta para expandir cualquier rajadura que pudiera encontrarse. La tintura se filtra en las rajaduras expandidas. Luego se limpia minuciosamente la superficie y se le aplica una solución de contraste. La tintura que emana de una rajadura resalta por la solución de contraste y es fácilmente visible en un espacio a oscuras cuando se inspecciona con una luz negra.

Ondas de sonido

Este es un proceso costoso. Debido al costo, generalmente se restringe a piezas costosas de motores de competición. Usa ondas ultrasónicas para encontrar rajaduras internas en los componentes que no se pueden identificar de otro modo.

Rayos x

Esta es otra inspección costosa usada para detectar rajaduras y fallas internas y externas. Funciona de manera similar a los rayos X médicos y requiere equipos costosos y un análisis cuidadoso. Nuevamente, se utiliza por lo general para motores de competición.

Reparaciones

Rectificado del cilindro

La rectificación del cilindro se realiza con un equipo especialmente diseñado para este proceso, generalmente denominado rectificador **(vea la ilustración)**. Consta de una herramienta eléctrica cortante en una prensa. La prensa se alinea al centro del cilindro cerca de la parte inferior del hueco del cilindro donde se ha producido el menor desgaste.

Al centrarse, la máquina de rectificación se sujeta en posición, normalmente en la superficie de la cubierta del bloque (si hay algún alabeo en la cubierta debe aplanarse). Se levanta la prensa y se le agrega una herramienta de corte. Con las tapas del rodamiento principal ajustadas con la especificación, la herramienta de corte se ajusta al diámetro deseado y luego se perfora el cilindro desde la parte superior hasta abajo. Se podrán necesitar varias pasadas, ásperas y finas, para agrandar el cilindro hasta el tamaño requerido. El cilindro está perforado en 0.0005 a 0.002 pulgadas menos que lo requerido. El tamaño del cilindro y el acabado de la pared se completan por afilado.

Reemplazo del rodamiento del árbol de levas

Después de quitar el tapón del hueco del rodamiento trasero del árbol de levas, se utiliza una herramienta especial para retirar e instalar los rodamientos del árbol de levas. Es esencial que el rodamiento delantero se instale a la profundidad correcta y que los orificios de aceite en todos los rodamientos estén alineados con los orificios de aceite en el bloque.

Amolado del cigüeñal

Los muñones ligeramente dañados se pueden corregir al amolar los muñones en centros pulidos **(vea la ilustración)**. Si el

6.49 Un cigüeñal con conexión a tierra del muñón del rodamiento principal.

eje tiene dobleces, el taller de maquinado los enderezará antes del amolado.

Si el cigüeñal de producción estándar está dañado más allá de los límites de amolado, se lo debe reemplazar. A los cigüeñales de competición más costosos, o a los cigüeñales que se deben modificar, se les puede construir los muñones con soldadura o con técnicas especiales de pulverización de metal. Luego se los restaura. Este proceso es costoso y solo se realiza cuando es menos costoso que comprar un cigüeñal nuevo.

Amolado del árbol de levas

Los árboles de levas pueden restaurarse en amoladoras de árboles de levas. Esto puede realizarse como una reparación o como una forma de modificar el lóbulo de leva (el lóbulo puede construirse con una soldadura antes del amolado). Como generalmente es más costoso amolar un árbol de levas que comprar uno nuevo, el amolado solo se realiza en árboles de levas especiales y en algunos árboles de levas de producción baja.

Reparación de rajaduras en el bloque del motor

Las rajaduras en el bloque darán lugar a fugas o no soportarán las cargas del motor. La ubicación de la rajadura y el costo de reparación son factores a considerar para decidir si se debe reparar la rajadura o reemplazar el bloque. Las rajaduras en el exterior del pasaje del refrigerante usualmente se reparan fácilmente con soldadura. Las rajaduras en los nervios entre los rodamientos principales no son reparables.

Elección de los anillos de pistón y afilado de los cilindros

Elección de los anillos

Generalmente, hay tres tipos de anillos disponibles. El tipo que elija determinará con cuánta aspereza afilará sus cilindros y, además, cuánto durará el período de asentamiento luego del reacondicionamiento del motor.

a) *Hierro fundido:* El anillo se asienta rápido pero no dura tanto como otros tipos de anillos.

b) *Molibdeno:* Este tipo de anillo está diseñado para retener una cantidad máxima de aceite entre el anillo y la pared del cilindro. Es más costoso y lleva más tiempo para asentarse que un anillo de hierro fundido, pero dura más.

c) *Cromo:* Este anillo está diseñado para ser usado en aplicaciones industriales en las que el motor inhalará mucha suciedad. El período de asentamiento de estos anillos generalmente es más largo que el de los otros tipos. También son más costosos que los anillos de hierro fundido.

Afilado de los cilindros

1   Si los cilindros están perforados, se los debe perforar a 0.0005 a 0.002 pulgadas menos que lo requerido. El tamaño del cilindro y el acabado requerido de la pared se deben completar mediante afilado **(vea la ilustración en la página siguiente)**.

2   Si los cilindros no están perforados, puede afilarlos usted mismo o en un taller de maquinado automotriz (usualmente a un

6.50 Si los cilindros están perforados, el taller de maquinado puede hacerle el afilado en una máquina como esta.

6.51 También puede afilar los cilindros con un taladro y un afilador de cilindros especial.

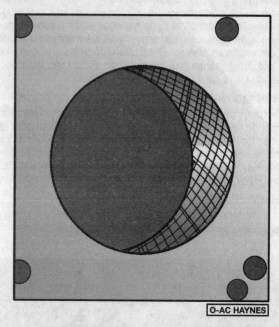

O-AC HAYNES

6.52 El afilador de cilindros debe dejar un patrón suave y cuadriculado y las líneas deben cruzarse aproximadamente a un ángulo de 60 grados.

precio razonable) **(vea la ilustración)**. El tipo de anillo que se use determinará el grano de la piedra de afilado requerida para el acabado. Si se utilizan anillos de hierro fundido o de cromo, las ranuras de afilado para retener el aceite deben ser más profundas. Se debe utilizar una piedra de afilar de grano 280.

3   Si se usan anillos de molibdeno, las ranuras de afilado para retener el aceite deben ser superficiales. Se debe utilizar una piedra de afilar de grano 400.

4   Para afilar los cilindros, recomendamos lo siguiente:

a) *Instale las tapas del rodamiento principal y apriete los pernos al torque especificado.*

b) *Monte el afilador en un taladro, comprima las piedras (si corresponde) y deslícelo en el primer cilindro. ¡Use gafas de seguridad o una máscara protectora!*

c) *Lubrique el cilindro con partes iguales de aceite de peso 20 y queroseno, encienda el taladro y mueva el afilador en forma ascendente y descendente en el cilindro a una velocidad que produzca un patrón cuadriculado en las paredes del cilindro. Idealmente, las líneas cuadriculadas se deben cruzar a un ángulo aproximado de 60 grados* **(vea la ilustración)**. *Asegúrese de usar suficiente lubricante y no quite más material del que sea necesario.*

d) *No retire el afilador del cilindro mientras esté funcionando. En cambio, apague el taladro y continúe moviendo el afilador en forma ascendente y descendente en el cilindro hasta que se detenga por completo, luego comprima las piedras y retire el afilador.*

e) *Limpie el aceite del cilindro y repita el procedimiento con los cilindros restantes.*

f) *Después de completar el trabajo de afilado, bisele los bordes superiores de los huecos del cilindro con una lima pequeña para que no se enganchen los anillos al instalar los pistones. ¡Tenga mucho cuidado de no mellar las paredes del cilindro con el extremo de la lima!*

6.53 Se puede usar un dado grande con un prolongador para guiar los nuevos tapones de núcleo hacia los huecos.

6.54 Aplique grasa a base de molibdeno o lubricante para el conjunto del motor a los lóbulos y los muñones del árbol de levas antes de instalarlo.

g) *Se debe lavar nuevamente todo el bloque del motor con agua jabonosa caliente para eliminar cualquier rastro de arenilla abrasiva que se pueda haber producido durante la operación de afilado.* **Nota:** *Los huecos se consideran limpios cuando se pasa por ellos una tela blanca, humedecida con aceite para motor limpio, y no recoge ningún residuo del afilado, que aparece como un área gris en la tela.*

h) *Después de enjuagarlo, seque el bloque y aplique una capa de aceite liviano antióxido a todas las superficies maquinadas. Envuelva el bloque con una bolsa de basura plástica para mantenerlo limpio y póngalo a un lado hasta el rearmado.*

Rearmado

Tapones del núcleo y tapones de la galería de aceite

1   Recubra ligeramente el tapón y el hueco con un sellador resistente al aceite.

2   Los tapones del núcleo tipo tapa se instalan con el borde bridado hacia afuera.

3   Se debe colocar el tapón en el hueco usando una herramienta que no haga contacto con la brida **(vea la ilustración)**.

4   El borde bridado del tapón debe quedar justo por debajo del borde biselado del hueco en el bloque.

5   Los tapones de la galería de aceite se instalan de la misma forma, excepto que, luego de instalar los tapones, es una buena idea trabar el borde del bloque de cilindros alrededor del tapón con un martillo y un cincel. Esto asegurará que los tapones permanezcan en su lugar. Se pueden atornillar los tapones roscados luego de cubrir las roscas con sellador.

Árbol de levas

1   Aplique lubricante para el conjunto del motor a los lóbulos, los muñones de rodamientos del árbol de levas y a los rodamientos del árbol de levas **(vea la ilustración)**.

2   Con mucho cuidado de no dañar los rodamientos, inserte el árbol de levas en el bloque. Sujete el árbol de levas en dos lugares al insertarlo.

3   Instale el plato de empuje y apriete los pernos de retención. Revise el juego longitudinal (vea el procedimiento descrito anteriormente en este capítulo).

Cigüeñal, rodamientos principales, sello de aceite principal trasero

1   La instalación del cigüeñal es el primer paso principal del rearmado del motor. En este punto, se supone que ya se limpiaron, inspeccionaron y reacondicionaron el bloque del motor y el cigüeñal.

2   Coloque el motor con la parte inferior apuntando hacia arriba.

3   Quite los pernos de la tapa del rodamiento principal y quite las tapas. Colóquelas en el orden apropiado para asegurar una instalación correcta.

4   Si siguen en su lugar, quite los insertos viejos del rodamiento del bloque y las tapas del rodamiento principal. Limpie las superficies del rodamiento principal del bloque y las tapas con una tela limpia y sin pelusas. Deben estar inmaculadamente limpios.

5   Limpie las superficies traseras de los nuevos insertos del rodamiento principal y coloque una mitad de rodamiento en cada asiento del rodamiento principal del bloque. Coloque la otra mitad de rodamiento de cada juego en la tapa de rodamiento principal correspondiente. Asegúrese de que la pestaña del inserto del rodamiento encaje en la cavidad del bloque o la tapa. Los orificios de aceite del bloque, además, deben estar alineados con los orificios de aceite del inserto del rodamiento. **Precaución:** *No martille los rodamientos para asentarlos en su lugar y no melle ni deforme las superficies de los rodamientos.*

6   El rodamiento de empuje con brida se debe instalar en la tapa trasera (quinta) y en el asiento.

7   Limpie las superficies de los rodamientos en los muñones del rodamiento principal del bloque y del cigüeñal con una tela limpia y sin pelusas.

8   Coloque cuidadosamente el cigüeñal en posición en los rodamientos principales.

9   Antes de que se pueda instalar el cigüeñal de forma permanente, se debe verificar el espacio para el aceite del rodamiento principal.

10   Recorte trozos de Plastigage del tamaño apropiado (deben ser ligeramente más cortos que el ancho de los rodamientos principales) y coloque un trozo en cada muñón del rodamiento principal del

6.55 Coloque las tiras de Plastigage (flecha) sobre los muñones del rodamiento principal, paralelas a la línea central del cigüeñal.

6.56 Compare el ancho del Plastigage aplastado con la escala que aparece en el sobre para determinar el espacio del sello de aceite del rodamiento principal (tome siempre la medición en el punto más ancho del Plastigage); use la escala correcta, se incluyen las escalas estándar y métricas.

cigüeñal, paralelo al eje del muñón **(vea la ilustración)**.

11   Limpie las superficies de los rodamientos en las tapas e instale las tapas en sus posiciones respectivas (no las mezcle) con las flechas apuntando hacia el frente del motor. No altere el Plastigage.

12   Desde el principal central y hacia los extremos, apriete los pernos de la tapa del rodamiento principal en tres pasos al torque especificado. Las especificaciones generales se encuentran en el procedimiento de control del hueco del rodamiento principal tratado anteriormente en este capítulo. **Nota:** *No gire el cigüeñal en ningún momento durante esta operación.*

13   Quite los pernos y levante cuidadosamente las tapas del rodamiento principal. Manténgalas en orden. No altere el Plastigage ni gire el cigüeñal. Si se le dificulta quitar cualquiera de las tapas del rodamiento principal, golpéelas levemente de lado a lado con un martillo de superficie blanda para aflojarlas.

14   Para obtener el espacio para el aceite del rodamiento principal, compare el ancho de la Plastigage aplastada en cada muñón con la escala impresa en el recipiente de Plastigage **(vea la ilustración)**. Generalmente, el espacio debe ser 0.001 a 0.002 pulgadas aproximadamente (para obtener las especificaciones exactas, vea el *Manual de reparación automotriz de Haynes* para su vehículo en particular).

15   Si el espacio no está de acuerdo a lo especificado, puede que los insertos del rodamiento sean de un tamaño incorrecto (lo que significa que necesitará otros). Antes de determinar que necesita insertos diferentes, asegúrese de que no hubiera polvo ni aceite entre los insertos del rodamiento y las tapas o el bloque cuando realizó la medición del espacio. Si el Plastigage es visiblemente más ancho en un extremo que en otro, es posible que el muñón esté ahusado.

16   Si el espacio es correcto, raspe cuidadosamente todo rastro de material Plastigage de los muñones del rodamiento principal y de las superficies del rodamiento. No melle ni raye las superficies del rodamiento.

17   Eleve cuidadosamente el cigüeñal del motor.

18   Si está trabajando en un motor equipado con un sello principal trasero de una pieza, vaya al Paso 28. Si está trabajando en un motor con un sello de dos piezas (de cuerda o de labio), proceda de la siguiente forma:

Sello de cuerda

19   Coloque una sección del sello en el borde de la ranura del sello en el bloque y empújela con los pulgares hasta colocarla en su lugar. Ambos extremos del sello deben sobresalir ligeramente del bloque **(vea la ilustración)**.

20   Asiéntelo en la ranura haciendo girar una llave de cubo o una barra de acero grande a lo largo del sello **(vea la ilustración)**. Como alternativa, empuje el sello con mucho cuidado hacia su lugar con un martillo con mango de madera.

21   Una vez que se asegure que el sello está completamente asentado en la ranura, recorte el excedente en los extremos con una cuchilla de una sola hoja o con un cuchillo navaja (los extremos del sello deben estar al ras con las superficies de contacto del bloque con la tapa) **(vea las ilustraciones)**. Asegúrese de que no haya fibras del sello atrapadas entre el bloque y la tapa.

22   Repita todo el procedimiento para instalar la otra mitad del sello en la tapa del rodamiento. Aplique una película delgada de

6.57 Cuando la instalación es correcta, los extremos del sello de cuerda deben sobresalir del bloque.

6.58 Asiente el sello en la ranura, pero no lo presione por debajo de la superficie del rodamiento (el sello debe hacer contacto con el muñón del cigüeñal).

6.59 Recorte los extremos alineados con el bloque . . .

lubricante para el conjunto del motor al borde del sello, donde entra en contacto con el cigüeñal (**vea la ilustración**).

23 Durante la instalación final del cigüeñal (luego de que los espacios para el aceite del rodamiento principal hayan sido controlados con Plastigage), aplique una película delgada y pareja de sellador de juntas anaeróbica a las áreas de la tapa del rodamiento principal trasera indicadas en las ilustraciones adjuntas. **Precaución:** *No coloque sellador en las superficies del rodamiento o del sello.*

Sello del labio de neopreno (dos piezas)

24 Inspeccione las superficies de contacto de la tapa del rodamiento y del bloque del motor y las ranuras del sello para detectar mellas, rebabas y rayaduras. Elimine los defectos con una lima fina o una herramienta para desrebabar.

25 Instale una sección del sello en el bloque con el labio hacia el *frente* del motor (**vea las ilustraciones**). Deje que un extremo sobresalga del bloque aproximadamente _ a 3/8 de pulgada y asegúrese de que esté completamente asentado.

6.60 . . . pero deje que el borde interno (flecha) sobresalga ligeramente.

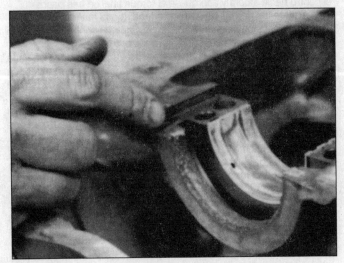

6.61 Lubrique el sello con lubricante para conjunto o grasa a base de molibdeno.

6.62 Cuando aplique el sellador, asegúrese de que llegue hasta la esquina y hasta la superficie de contacto vertical del bloque con la tapa; de lo contrario se producirán fugas de aceite.

6.63 Aplique sellador de juntas anaeróbico a las áreas coloreadas de la tapa de rodamiento principal trasera.

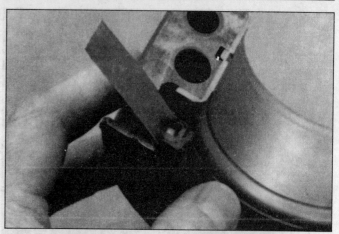

6.64 Con la herramienta que viene con el sello, tal como un "calzador", deslice las secciones del sello hasta la tapa del rodamiento y el bloque . . .

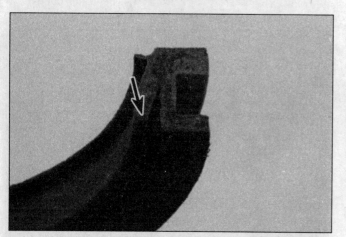

6.65 . . . con el labio del sello de aceite (flecha) hacia el frente del motor.

6.66 Aplique lubricante para el conjunto del motor a las superficies de rodamiento del cigüeñal.

26   Repita el procedimiento para instalar la mitad restante del sello en la tapa de rodamiento principal trasera. En este caso, deje que el extremo opuesto del sello sobresalga de la tapa aproximadamente la misma distancia que el sello del bloque sobresale del bloque.

27   Durante la instalación final del cigüeñal (luego de que los espacios para el aceite del rodamiento principal hayan sido controlados con Plastigage), aplique una película delgada y pareja de sellador de juntas anaeróbica a las áreas de la tapa o del bloque indicadas en la **ilustración 6.63**. *Precaución: No coloque sellador en la superficie del rodamiento, el muñón del cigüeñal o el labio del sello*. Además, lubrique los labios del sello con grasa a base de molibdeno o lubricante para el conjunto del motor.

28   Limpie las superficies del rodamiento en el bloque y luego aplique una capa fina y uniforme de grasa a base de molibdeno o lubricante del conjunto de motor limpios a cada una de las superficies del rodamiento **(vea la ilustración)**. Asegúrese de recubrir las superficies de empuje y la superficie del muñón del rodamiento (trasero) de empuje.

29   Asegúrese de que los muñones del cigüeñal estén limpios y luego coloque al cigüeñal en su lugar en el bloque. Limpie las superficies de los rodamientos en las tapas y luego aplíqueles lubricante. Instale las tapas en sus respectivas posiciones, con las flechas hacia la parte delantera del motor. Instale los pernos.

30   Apriete todos los pernos, excepto los de la tapa trasera (la que

tiene el rodamiento de empuje) al torque especificado (trabaje desde el centro hacia afuera y acérquese al torque final en tres pasos).

31   Apriete los pernos de la tercera tapa con la mano.

32   Haga palanca hacia adelante en el cigüeñal contra la superficie de empuje de la mitad superior del rodamiento.

33   Sostenga el cigüeñal hacia adelante y haga palanca hacia la parte trasera sobre la tapa del rodamiento. Mientras mantiene la presión hacia adelante en el cigüeñal, apriete los pernos de la tapa según lo especificado.

34   Vuelva a ajustar los pernos de la tapa de rodamiento principal al torque especificado, desde el principal central hacia los extremos.

35   Gire manualmente el cigüeñal algunas vueltas para detectar signos claros de agarrotamiento.

36   Verifique el juego longitudinal del cigüeñal con un juego de galgas o un indicador de esfera (vea el procedimiento descrito anteriormente en este capítulo). El juego longitudinal debe ser correcto si las superficies de empuje del cigüeñal no están desgastadas ni dañadas y se instalaron los rodamientos nuevos.

37   En motores de bloque pequeño con un sello de una pieza **(vea la ilustración)**, limpie el cigüeñal y el hueco del retenedor del sello con diluyente de barniz o acetona. Revise cuidadosamente la superficie de contacto del sello para detectar rayaduras y

6.67 Para retirar el sello de la caja, inserte la punta del destornillador en cada muesca y extraiga el sello mediante palanca.

6.68 Al revisar el espacio final del anillo del pistón, el anillo debe estar simétrico en el hueco del cilindro (esto se hace empujando el anillo hacia abajo con la parte superior del pistón, tal como se muestra).

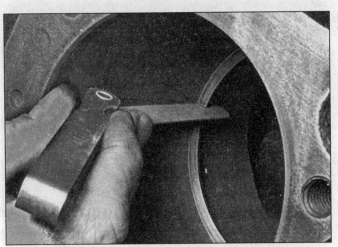

6.69 Con el anillo bien colocado en el cilindro, mida el espacio final con un juego de galgas.

6.70 Si el espacio final es muy pequeño, sujete una lima en una prensa y lime los extremos de los anillos (solo de afuera hacia adentro) para agrandar levemente el espacio.

hendiduras que puedan dañar el labio del sello nuevo y causar fugas de aceite.

38   Asegúrese de que el hueco esté limpio; luego, aplique una capa fina de aceite para motor en el borde externo del sello nuevo. Aplique grasa a base de molibdeno a los labios del sello. Se debe presionar el sello en su lugar en el retenedor de sello hasta el fondo. Idealmente, esto debe realizarse en un taller de maquinado con una prensa. Sin embargo, generalmente puede hacerlo con un trozo de madera grande y un martillo si trabaja con cuidado (la madera distribuye la fuerza de los golpes del martillo por todo el sello). Instale el retenedor del sello con una junta nueva.

Anillos de pistón

1   Antes de instalar los nuevos anillos de pistón, debe revisar los espacios finales de los anillos. Se supone que el espacio lateral del anillo del pistón ya se revisó y se confirmó como correcto (vea el procedimiento descrito anteriormente en este capítulo).

2   Disponga los conjuntos de pistón y biela y los nuevos juegos de anillos en forma tal que los juegos de anillos coincidan con el mismo pistón y cilindro durante la medición del espacio final y el armado del motor.

3   Inserte el anillo superior (número uno) en el primer cilindro y empújelo con la parte superior del pistón para encuadrarlo con las paredes del cilindro **(vea la ilustración)**. El anillo se debe encontrar cerca de la parte inferior del cilindro, en el límite inferior del trayecto del anillo.

4   Para medir el espacio final, deslice un juego de galgas entre los extremos del anillo hasta que encuentre un calibre igual al ancho del espacio **(vea la ilustración)**. El juego de galgas se debe deslizar entre los extremos del anillo con un leve arrastre. El espacio debe ser de 0.010 a 0.020 pulgadas aproximadamente. Si el espacio es mayor o menor que lo especificado, revise nuevamente para asegurarse de que tiene los anillos correctos antes de proceder. Un espacio demasiado grande no es importante a menos que supere las 0.038 pulgadas aproximadamente.

5   Si el espacio es muy pequeño, debe agrandarse; de lo contrario, los extremos del anillo pueden entrar en contacto entre sí cuando el motor esté en funcionamiento, lo que puede provocar daños graves al motor. Si lima los extremos del anillo cuidadosamente con una lima fina, puede aumentar el espacio final. Coloque la lima en una prensa con mordazas suaves,

6.71 Instalación del separador y el expansor en la ranura del anillo de control de aceite.

6.72 NO use una herramienta de instalación de anillos de pistón cuando instale los rieles laterales del anillo de aceite.

deslice el anillo sobre la lima con los extremos en contacto con la superficie de la lima y mueva suavemente el anillo para eliminar el material de los extremos. Al realizar esta operación, lime solamente desde el exterior hacia adentro (**vea la ilustración**).

6   Repita el procedimiento para cada anillo que instalará en el primer cilindro y para cada anillo de los cilindros restantes. Recuerde mantener juntos los anillos, los pistones y los cilindros correspondientes.

7   Una vez que haya verificado y corregido los espacios finales del anillo, puede instalar los anillos en los pistones.

8   Primero se instala el anillo de control de aceite (el de más abajo en el pistón). Está compuesto por tres componentes separados. Deslice el separador o expansor en la ranura (**vea la ilustración**). Si usa una lengüeta antirrotación, asegúrese de que esté insertada en el orificio perforado en la ranura del pistón. Luego instale el riel del lado inferior. No use la herramienta de instalación de anillos de pistón en los rieles laterales del anillo de aceite, ya que los puede dañar. En cambio, coloque un extremo del riel lateral en la ranura, entre el separador o expansor y la superficie del anillo, sosténgalo firmemente en su lugar y deslice un dedo alrededor del pistón mientras empuja el riel hacia la ranura (**vea la ilustración**). Luego instale el riel lateral superior de la misma forma.

9   Después de instalar los tres componentes del anillo de aceite, revise para asegurarse de que los rieles laterales inferiores y superiores pueden girar suavemente en la ranura del anillo.

10   Luego se instala el anillo número dos (medio). Tiene estampada una marca que indica qué lado debe apuntar hacia la parte superior del pistón. **Nota:** *Siempre siga las instrucciones impresas en el empaque o la caja del anillo; diferentes fabricantes pueden requerir diferentes enfoques. No mezcle los anillos superiores y medios, ya que tienen diferentes secciones transversales.*

11   Use una herramienta de instalación de anillos de pistón y asegúrese de que la marca de identificación apunte hacia la parte superior del pistón; luego, deslice el anillo en la ranura media del pistón (**vea la ilustración**). No expanda el anillo más de lo necesario para deslizarlo sobre el pistón.

12   Instale el anillo número uno (superior) de la misma forma. Asegúrese de que la marca mire hacia arriba. Tenga cuidado de no confundir los anillos número uno y número dos.

13   Repita el procedimiento para los pistones y anillos restantes.

6.73 Instalación de los anillos de compresión con un expansor de anillos: la marca (flecha) debe mirar hacia arriba.

Pistones/bielas

1   Antes de instalar los conjuntos de pistón y biela, las paredes de los cilindros deben estar inmaculadamente limpias, el borde superior de cada cilindro debe estar biselado y el cigüeñal debe estar en su lugar.

2   Retire la tapa de la biela del extremo de la biela número uno. Quite los insertos viejos del rodamiento y limpie las superficies del rodamiento de la biela y la tapa con una tela limpia y sin pelusas. Deben estar inmaculadamente limpios.

3   Limpie la parte trasera de la nueva mitad del rodamiento superior, luego colóquela en su lugar en la biela. Asegúrese de que la pestaña del rodamiento encaje en la cavidad de la biela. No martille el inserto del rodamiento para colocarlo en su lugar y tenga mucho cuidado de no mellar ni deformar la superficie del rodamiento. No lubrique el rodamiento en este momento.

4   Limpie la parte trasera del inserto del rodamiento restante e instálelo en la tapa de la biela. Nuevamente, asegúrese de que la pestaña del rodamiento encaje en la cavidad de la tapa y no aplique ningún tipo de lubricante. Es muy importante que las superficies de contacto del rodamiento y la biela estén perfectamente limpias y libres de aceite al armarlas.

5   Disponga los espacios del anillo de pistón a intervalos

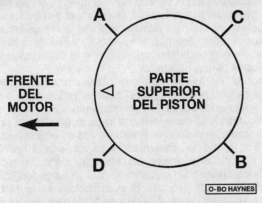

FRENTE DEL MOTOR ◁ **PARTE SUPERIOR DEL PISTÓN**

O-BO HAYNES

6.74 Posiciones finales de distancia del anillo.

A *Espacio del riel lateral del anillo de aceite: inferior*
B *Espacio del riel lateral del anillo de aceite: superior*
C *Espacio del anillo superior de compresión*
D *Segundo espacio del anillo de compresión y distancia de separación del anillo de aceite.*

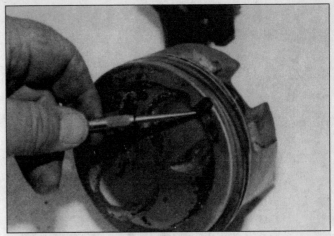

6.75 La muesca o flecha en la parte superior de cada pistón debe mirar hacia el FRENTE del motor a medida que se instalan los pistones.

alrededor del pistón **(vea la ilustración)** y luego deslice un trozo de manguera de plástico o caucho sobre cada perno de la tapa de la biela.

6   Lubrique el pistón y los anillos con aceite para motor limpio y conecte un compresor de anillo de pistón al pistón. Deje que la falda sobresalga aproximadamente _ de pulgada para guiar el pistón hacia el cilindro. Los anillos deben permanecer comprimidos hasta que estén alineados con el pistón.

7   Gire el cigüeñal hasta que el muñón de la biela número uno se encuentre en BDC (punto muerto inferior) y aplique una capa de aceite para motor a las paredes del cilindro.

8   Con la muesca en la parte superior del pistón **(vea la ilustración)** hacia la parte delantera del motor, inserte suavemente el conjunto de pistón y biela en el hueco del cilindro número uno y apoye el borde inferior del compresor del anillo en el bloque del motor. Golpee ligeramente el borde superior del compresor de anillos para asegurarse de que esté en contacto con el bloque en toda su circunferencia.

9   Golpee cuidadosamente la parte superior del pistón con el

extremo de un mango de martillo de madera **(vea la ilustración)** mientras guía el extremo de la biela hasta su lugar en el muñón del cigüeñal. Es posible que los anillos del pistón puedan salir del compresor del anillo justo antes de ingresar en el hueco del cilindro, así que mantenga un poco de presión hacia abajo sobre el compresor de anillos. Trabaje despacio; si encuentra resistencia a medida que el pistón ingresa en el cilindro, deténgase de inmediato. Descubra qué sucede y arréglelo antes de proceder. Por ningún motivo fuerce el pistón hacia adentro del cilindro, ¡ya que puede romper un anillo o el pistón!

10   Una vez que instaló el conjunto de pistón y biela, debe verificar el espacio para el aceite del rodamiento de la biela antes de empernar permanentemente la tapa de la biela en su lugar.

11   Corte un trozo de Plastigage del tamaño apropiado, ligeramente más corto que el ancho del rodamiento de la biela, y colóquelo sobre el muñón de la biela número uno, paralelo al eje del muñón **(vea la ilustración)**.

12   Limpie la superficie del rodamiento de la biela, quite las mangueras protectoras de los pernos de la biela e instale la tapa de la biela. Asegúrese de que la marca de contacto de la tapa esté del mismo lado que la marca de la biela. Instale las tuercas y

6.76 Guíe suavemente el pistón dentro del hueco del cilindro con el extremo del mango de madera o de plástico de un martillo.

6.77 Coloque las tiras de Plastigage sobre cada muñón de rodamiento de la biela, paralelas a la línea central del cigüeñal.

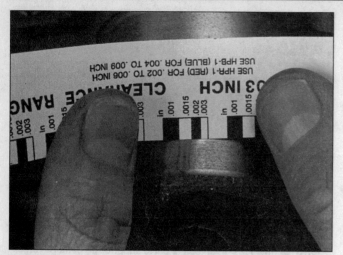

6.78 Medición del ancho del Plastigage aplastado para determinar el espacio para el aceite del rodamiento de la biela (asegúrese de usar la escala correcta: se incluyen la estándar y la métrica).

ajústelas en tres pasos al torque correcto. A continuación se enumeran las cifras de torque aproximadas: Bloque pequeño: pernos de 11/32 pulgadas, 30 a 35 ft-lb; pernos de 3/8 pulgadas, 40 a 45 ft-lb. Bloque grande: pernos de 3/8 pulgadas, 50 ft-lb; pernos de 7/16 pulgadas, 67 ft-lb. **Nota:** *Use un dado de paredes delgadas para evitar lecturas de torque erróneas, las que se pueden producir si se encaja el dado entre la tapa de la biela y la tuerca. ¡No gire el cigüeñal en ningún momento durante esta operación!*

13 Quite la tapa de la biela teniendo mucho cuidado de no alterar el Plastigage. Para calcular el espacio para el aceite, compare el ancho del Plastigage aplastado con la escala impresa en el recipiente de Plastigage **(vea la ilustración)**. Generalmente, el espacio debe ser 0.001 a 0.002 pulgadas aproximadamente (para obtener las especificaciones exactas, vea el *Manual de reparación automotriz de Haynes* para su vehículo en particular). Si el espacio no está de acuerdo a lo especificado, puede que los insertos del rodamiento sean de un tamaño incorrecto (lo que significa que necesitará otros). Antes de determinar que necesita insertos diferentes, asegúrese de que no hay polvo ni aceite entre los insertos del rodamiento y la biela o la tapa cuando realizó la medición del espacio. Además, vuelva a verificar el diámetro del muñón. Si el Plastigage es más ancho en un extremo que en otro, es posible que el muñón esté ahusado.

14 Raspe cuidadosamente todo rastro de material Plastigage de los muñones de la biela y de la superficie del rodamiento. Tenga cuidado de no dañar el rodamiento; use la uña o una tarjeta de crédito. Asegúrese de que las superficies del rodamiento estén perfectamente limpias y luego aplique una capa uniforme de grasa a base de molibdeno o lubricante del conjunto de motor limpios a ambas. Deberá empujar el pistón hacia adentro del cilindro para exponer la superficie del inserto del rodamiento en la biela; asegúrese de colocar primero mangueras protectoras sobre los pernos.

15 Deslice la biela nuevamente en su lugar en el muñón, quite las mangueras protectoras de los pernos de la tapa de la biela, instale la biela y ajuste las tuercas al torque especificado. Nuevamente, alcance el torque final en tres pasos.

16 Repita el procedimiento completo para los conjuntos de pistón y biela restantes. Mantenga los lados traseros de los insertos de los rodamientos y el interior de la biela y la tapa perfectamente limpios cuando los arme. Asegúrese de que tiene

el pistón correcto para el cilindro y que la muesca del pistón mira hacia el frente del motor cuando se instala el pistón. Recuerde usar suficiente aceite para lubricar el pistón antes de instalar el compresor de anillo. Además, al instalar las tapas de la biela por última vez, asegúrese de lubricar las superficies de los rodamientos con lubricante para el conjunto.

17 Después de haber instalado correctamente todos los conjuntos de pistón y biela, gire el cigüeñal varias veces a mano para detectar signos claros de agarrotamiento.

18 Como paso final, debe revisar el juego longitudinal de la biela (vea el procedimiento descrito anteriormente en este capítulo). Si era correcto antes del desarmado y se volvieron a instalar el cigüeñal y las bielas originales, debería seguir siendo correcto. Si se instalaron bielas o un cigüeñal nuevos, el juego longitudinal puede ser demasiado pequeño. Si es así, deberá sacar las bielas y llevarlas a un taller de maquinado automotriz para que les den el tamaño correcto.

Bomba de aceite

1 Cebe la bomba de aceite antes de instalarla. Vierta aceite limpio en el recolector y gire el eje de la bomba a mano hasta que el aceite salga a chorros.

2 Si separa la bomba del tubo recolector, vuelva a conectarlos firmemente. Hay una herramienta especial para este propósito. Sin embargo, quizás pueda hacerlo con un martillo y una llave de boca abierta del tamaño adecuado. **Nota:** *Una fuga de aire en este punto causará una disminución en la presión del aceite.*

3 Conecte el eje propulsor a la bomba de aceite usando un manguito de nailon nuevo, y luego conecte la bomba de aceite al bloque.

4 Instale el perno de montaje y apriételo firmemente.

Cadena de sincronización/ruedas dentadas

1 Alinee la ranura de chaveta en la rueda dentada del cigüeñal con la llave Woodruff en el extremo del cigüeñal. Presione la rueda dentada contra el cigüeñal con el perno del amortiguador de vibración, un dado grande y algunas arandelas, o golpéelo suavemente hasta que esté completamente asentado. **Precaución:** *Si encuentra resistencia, NO golpee la rueda dentada hacia el eje con un martillo. Puede moverse hacia su lugar, pero puede rajarse en el proceso,* fallar más adelante y dañar seriamente el motor. Además, se alterará el juego longitudinal del cigüeñal.

2 Gire el cigüeñal hasta que la llave mire en posición de las dos en punto **(vea la ilustración)**.

3 Cubra la rueda dentada del árbol de levas con la cadena y gire la rueda dentada hasta que la marca de sincronización mire hacia abajo (posición de las 6 en punto). Entrelace la cadena con la rueda dentada del cigüeñal y posicione la rueda dentada del árbol de levas sobre el extremo de la leva **(vea la ilustración)**. Si es necesario, gire el árbol de levas para que la clavija encaje en el orificio de la rueda dentada.

4 Cuando están instalados correctamente, debe pasar una línea recta a través del centro del árbol de levas, de la marca de sincronización del árbol de levas (posición de las 6 en punto), de la marca de sincronización del cigüeñal (posición de las 12 en punto) y del centro del cigüeñal **(vea la ilustración)**. ¡NO proceda hasta que la sincronización de la válvula sea correcta! Gire el motor al menos dos vueltas y vuelva a revisar las marcas de sincronización.

5 Aplique Loc-Tite a las roscas e instale los pernos de la rueda dentada del árbol de levas. Ajuste firmemente los pernos.

6.79 Coloque el cigüeñal con la llave mirando hacia la posición de las dos en punto y luego . . .

6.80 . . . deslice la cadena sobre la rueda dentada del cigüeñal y conecte la rueda dentada del árbol de levas al árbol de levas.

Levantaválvulas

Convencional

1   Si se instalan nuevos levantaválvulas, también debe instalarse un nuevo árbol de levas. Si instala un árbol de levas nuevo, use también nuevos levantaválvulas. ¡Nunca instale levantaválvulas usados, a menos que el árbol de levas original sea usado y los levantaválvulas puedan volverse a instalar en sus ubicaciones originales!

Rodillo

2   A diferencia de los levantaválvulas convencionales, los levantaválvulas de rodillo usados se pueden volver a instalar con un árbol de levas nuevo y el árbol de levas original se puede usar si se instalan levantaválvulas nuevos.

Todos los tipos

3   Si está reinstalando los levantaválvulas originales, debe colocarlos en sus ubicaciones originales. Cúbralos con grasa a base de molibdeno o lubricante para el conjunto del motor.

4   Instale los levantaválvulas en los huecos.

5   Instale los platos y el retenedor guías (solamente en los levantaválvulas de rodillos).

6.81 Alinee correctamente las marcas de sincronización (flechas).

7 Rearmado e instalación del motor

Introducción

Este capítulo brinda al mecánico doméstico los pasos y detalles necesarios para rearmar e instalar el motor. A esta altura, el bloque del motor está completamente armado (incluye las culatas de cilindros) y se ha limpiado, pintado e inspeccionado detenidamente cada componente del motor. Asegúrese de que todos los pernos y tuercas también se hayan limpiado.

Antes de instalar el motor, revise el compartimiento del motor. Asegúrese de que el compartimiento del motor se haya limpiado detenidamente y en detalle (consulte el Capítulo - para conocer el procedimiento de limpieza del motor). Un compartimiento de motor limpio hará que el mantenimiento sea más sencillo y disfrutable en su motor reconstruido. Asimismo, si el motor tiene una pequeña fuga de aceite o de refrigerante, es mucho más fácil detectarla si el compartimiento del motor está limpio.

Reemplazo del sello delantero de la transmisión

En este punto se debe revisar la transmisión dado que es mucho más fácil acceder a ella ahora con el motor sobre el banco. Las transmisiones suelen tener fugas en el sello delantero y el líquido cae desde la campana de embrague. En las transmisiones estándar, el líquido suele confundirse con una fuga del sello de aceite principal trasero del motor. En las transmisiones automáticas, el líquido que se fuga a veces es negro debido a la falta de mantenimiento correcto. El líquido negro también es provocado por el líquido que cae en el interior de la campana de embrague con suciedad y que recolecta grasa antes de gotear en el piso del garaje. Ahora es un buen momento para avanzar y limpiar el interior de la transmisión con solvente y trapos.

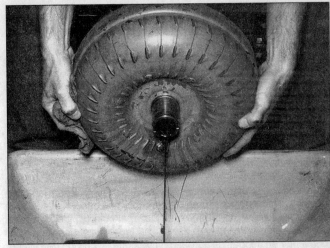

7.1 Drene el líquido de transmisión viejo del convertidor de torque.

Reemplace el sello delantero con una unidad nueva. En las transmisiones estándar, reemplace el sello si está perdiendo o si no se ha realizado un mantenimiento en la transmisión por un largo tiempo (aproximadamente 50.000 millas). En las transmisiones automáticas, reemplace el sello por una cuestión de mantenimiento. Las transmisiones automáticas requieren mantenimiento frecuente, de modo que reemplace el sello mientras sea de fácil acceso.

En las transmisiones automáticas, quite el convertidor de torque de la transmisión. Si hace tiempo que no se cambia el líquido de transmisión, drene el líquido a un colector o barril de desecho **(vea la ilustración)** y agregue más líquido antes de arrancar el motor. ¡Atención! El convertidor de torque es pesado por su tamaño. Algunos convertidores de torque tienen un pequeño perno de drenaje ubicado en la parte inferior. En este tipo de convertidor

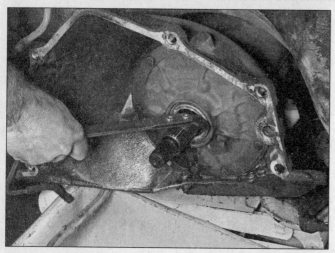

7.2 Haga palanca para quitar el sello de aceite delantero con una herramienta de extracción especial (tal como se muestra a continuación) o un destornillador grande.

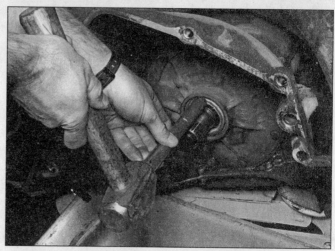

7.3 Golpee suavemente el sello delantero hacia el interior del hueco con una clavija de metal o de madera grande.

es mejor drenar el líquido a un colector antes de quitarlo de la transmisión. Antes de instalar el convertidor, es una buena idea agregar líquido de modo que no se seque al principio cuando se inicie el motor.

Luego de quitar el convertidor de torque, quite el sello delantero de la cara de la caja. Utilice un destornillador mediano o una herramienta para extracción de sellos y haga palanca cuidadosamente para sacar el sello **(vea la ilustración)**. No dañe el eje de entrada o el hueco del sello con la herramienta. Mueva la herramienta hacia otro punto si el sello se resiste y no se mueve. No fuerce el sello hacia afuera con presión excesiva o con martillo y un cincel. Esto solo hará que el nuevo sello pierda luego de haberlo instalado. Asegúrese de que el hueco del sello está limpio y que no tiene deformaciones ni rayaduras profundas.

Prepare el hueco de la bomba delantera de la transmisión antes de instalar el sello. Limpie la superficie con disolvente de barniz y una toalla de papel. Vuelva a revisar que no haya rayaduras profundas en el metal. En las transmisiones automáticas, también revise el buje de bronce en la bomba delantera, debajo del sello. El tubo de accionamiento del convertidor gira contra este buje y, si está gastado, el convertidor y/o la transmisión pueden dañarse y la junta se dañará más fácilmente y será propensa a las fugas. Puede reemplazar el buje con herramientas de extracción e instalación especiales (que por lo general puede conseguir en tiendas de autopartes). Aplique un cordón de sellador alrededor de la parte externa del sello para evitar fugas. Utilice el dedo para esparcir el sellador para que quede plano y parejo alrededor de la superficie del sello. Es una buena idea dejar que el sellador se asiente (endurezca ligeramente) antes de instalar el sello en el hueco.

Para instalar el sello delantero, colóquelo correctamente en el hueco con el borde del sello mirando hacia el convertidor de torque. Golpee el sello hasta que quede en su lugar con un martillo de cara blanda y una clavija de madera o punzón **(vea la ilustración)** y observe detenidamente que el sello entre en el hueco perfectamente nivelado con la cara de la caja. Si nota que el sello está levemente trabado solo golpee en el otro lado para compensar el error. Cuanto más cuidadoso sea, más fácil se tornará el trabajo.

Revise el convertidor de torque antes de instalarlo en la campana de embrague. Revise la superficie del convertidor que va contra la superficie del sello. Debe estar suave y no debe tener rayaduras ni rebabas. Utilice una lija de esmeril para suavizar cualquier punto problemático. Este es un paso muy importante para prevenir las fugas de aceite de la transmisión. Si no se puede reparar la superficie, reemplace el convertidor de torque por una unidad nueva.

Cubra ligeramente en interior del sello delantero con grasa blanca e instale el convertidor de torque. Encienda el convertidor en el eje de entrada de la transmisión y gírelo hacia adelante y hacia atrás mientras empuja simultáneamente el convertidor. El convertidor de torque debe acoplarse con las ranuras en el eje de entrada al igual que las ranuras en la bomba delantera y el soporte del estator. Podrá sentir cómo el convertidor se acopla en las ranuras en cada etapa con un ligero sonido de encastre y golpe. Siga rotando y empujando el convertidor de torque si no se acopla. No se rinda A veces lleva tiempo. Una vez que el convertidor de torque se encuentra en su lugar, coloque un orificio de perno directamente en la parte inferior para facilitar la alineación del plato de transmisión del motor **(vea la ilustración)**.

Vuelva a observar su trabajo y una vez que esté satisfecho con la transmisión y el compartimiento del motor, siga adelante e instale los componentes.

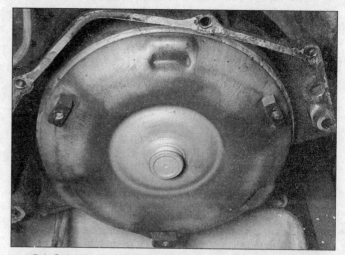

7.4 Coloque un orificio de perno de convertidor de torque directamente en la parte inferior de la campana de embrague.

7.5 Envuelva las roscas en la unidad de envío de presión de aceite con cinta selladora de roscas antes de instalarlas en el bloque (se muestra un motor de bloque chico).

7.6 Utilice una herramienta de arrastre para sellos especial para instalar el sello delantero de la cubierta de sincronización.

Armado del motor

Coloque los componentes en el bloque del motor. Siga el orden inverso del procedimiento de retiro de componentes (consulte el Capítulo 4). Observe todos los componentes y asegúrese de que están limpios y listos para volver a ser colocados.

1. Unidad de envío de presión de aceite
2. Cubierta de la cadena de sincronización
3. Colector de aceite
4. Amortiguador de vibración
5. Monturas del motor
6. Bomba de agua
7. Múltiple de admisión
8. Termostato
9. Bomba de combustible
10. Distribuidor
11. Tapas de válvulas
12. Carburador/cuerpo del acelerador
13. Múltiples de escape
14. Accesorios (alternador/bomba de aire/compresor del aire acondicionado/bomba de dirección hidráulica)
16. Volante del motor/plato de transmisión

Unidad de envío de presión de aceite

Instale la unidad de envío de presión de aceite en el bloque. Envuelva las roscas del interruptor con cinta de teflón **(vea la ilustración)**. Use un dado profundo o una llave de boca abierta para instalar la unidad sin dañar el conector eléctrico. Si sospecha que el interruptor de algún aceite pierde debido a un aislante con rajaduras, asegúrese de reemplazar la pieza por una nueva.

Cubierta de la cadena de sincronización

Antes de instalar la cubierta de la cadena de sincronización, reemplace el sello de aceite del cigüeñal delantero. Su kit de juntas de motor debe tener un sello nuevo. Utilice un punzón o destornillador y martillo para extraer el sello de la cubierta.

Mantenga la cubierta lo más cerca del hueco del sello como sea posible. Tenga cuidado de no deformar la cubierta ni de raspar la pared del hueco del sello. Si el motor ha acumulado muchas millas, aplique aceite penetrante en la junta del sello a la cubierta en cada lado y deje que se absorba antes de intentar quitar el sello.

Luego de retirar el sello delantero, limpie el hueco para quitar cualquier material de sello viejo y corrosión. Sostenga la cubierta con bloques de madera y coloque el sello nuevo en el hueco con el extremo abierto del sello mirando al interior. Una pequeña cantidad de aceite aplicada al borde externo del sello nuevo hará la instalación más sencilla, pero no aplique demasiada cantidad.

Instale el sello en el interior del hueco con una herramienta de arrastre para sellos y un martillo **(vea la ilustración)** hasta que esté completamente asentado. Seleccione una herramienta de arrastre que tenga el mismo diámetro externo que el sello.

Una vez que el sello delantero se instale correctamente, vuelva a colocar la cubierta de la cadena de sincronización en la parte delantera del bloque del motor. Revise las superficies de las juntas del bloque del motor y la cubierta para detectar cualquier material de juntas sobrante. Observe la cubierta de la cadena de sincronización para detectar rajaduras, alabeo u otros daños y reemplace la cubierta, si es necesario. Aplique una capa delgada

7.7 Asegúrese de instalar los pernos de la cubierta de sincronización en los orificios correspondientes (flechas).

7.8 Use cemento de contacto para sellar la junta del colector de aceite al bloque de motor.

7.9 Use un destornillador chico para meter el sello de caucho en la cubierta y el bloque.

de cemento de contacto a la superficie de la junta de la cubierta de la cadena de sincronización. Deje que el cemento de contacto se asiente antes de acoplar la junta. Espere hasta que el sellador se endurezca levemente o se torne pegajoso. Coloque la junta en la cubierta de la cadena de sincronización. Aplique una capa delgada de sellador a la superficie de contacto de la cubierta en el bloque de motor. Instale la cubierta, colocando los pernos del largo correcto en los orificios correspondientes **(vea la ilustración)**. Apriete los pernos hasta alrededor de 10 a 12 ft-lb aproximadamente. Consulte el *Manual Haynes de reparación automotriz* de su vehículo para conocer especificaciones exactas y obtener información adicional.

Colector de aceite

Instale una junta nueva en el bloque del motor y coloque el colector de aceite en su posición. Si tiene el motor en un soporte para motor, gire el motor 180 grados o hasta que la parte inferior de este esté cara arriba. Este es, lejos, el método más fácil. Asegúrese de que la bomba de aceite y el tubo recolector estén en su lugar y que las superficies de la junta no contengan ningún material de junta sobrante.

Si el labio del colector de aceite tiene abolladuras o está deformado y tiene daños al punto de que perderá, repare la

superficie. Coloque el colector de aceite en un objeto metálico plano tal como la prensa de la mesa de trabajo. Utilice un martillo metálico (martillo de bola) y golpee los bordes hasta que vuelvan a quedar planos. Gire la bandeja de aceite hacia abajo y apóyela en la mesa de trabajo u otra área nivelada y revise para asegurarse de que el colector de aceite está derecho. Continúe trabajando en las áreas dañadas hasta que queden nuevamente planas. Si el colector de aceite está muy dañado, reemplácelo por una unidad nueva.

Con el bloque del motor girado hacia abajo, aplique una capa delgada de cemento de contacto en los rieles laterales del colector de aceite en el bloque **(vea la ilustración)**. Utilice el dedo y esparza el sellador por la superficie del bloque hasta que sea uniforme y delgado. No aplique demasiada cantidad en el bloque. Instale la(s) junta(s) en el bloque. Instale las juntas de caucho sobre el sello de la tapa principal trasera y la cubierta delantera, si tiene **(vea la ilustración)**. **Nota:** *Los motores Chevrolet* están equipados con una junta de caucho "delgada" o "gruesa" en la parte delantera **(vea la ilustración)**. *Instale cada una y temporalmente coloque el colector de aceite sobre cada junta para determinar qué sello calza mejor.* Una las juntas con una muesca. Aplique una pequeña cantidad de sellador RTV en las esquinas sobre las muescas y esparza el sellador en el interior de las ranuras **(vea la ilustración)**. Sea un poco más generoso en este paso. Arme un pequeño montículo de sellador en cada esquina para que pueda esparcirse cuando instala el colector

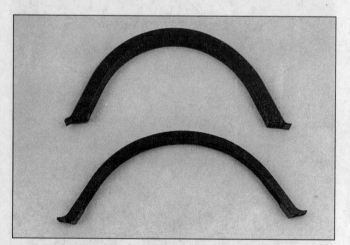

7.10 Antes de aplicar cualquier sellador RTV, pruebe cada junta de caucho para determinar el tamaño correcto para su motor.

7.11 Aplique un cordón delgado de sellador de silicona en las esquinas donde se tocan la junta de corcho y la junta de caucho.

7.12 Aplique grasa blanca en el interior y exterior del amortiguador de vibración para facilitar la instalación y evitar la formación de óxido.

7.13 Use una herramienta especial para instalar el amortiguador de vibración; la llave de tubo mantiene fijo el eje o la eslinga principal mientras que la llave ajustable gira la tuerca grande que empuja el amortiguador hacia adentro del cigüeñal.

de aceite. Deje que el sellador se asiente aproximadamente 5 a 10 minutos dependiendo de la temperatura del aire.

Instale el colector de aceite, los pernos y las tuercas. Ajústelos en una serie de tres a cuatro rotaciones para evitar pellizcar la junta del colector de aceite de un lado. Utilice un torque ligero para evitar acoplar la junta y provocar una fuga de aceite. Ajuste los pernos del colector de aceite a 7 a 9 ft-lb en los pernos de 1\4 pulgadas y 9 a 11 ft-lb en los pernos de 5\16 pulgadas. Consulte el *Manual Haynes de reparación automotriz* de su vehículo para conocer especificaciones exactas y obtener información adicional.

Amortiguador de vibración

Instale el amortiguador de vibración en el cigüeñal. Asegúrese de que el amortiguador no está doblado ni dañado al punto de causar una vibración innecesaria. Si es necesario, reemplace el amortiguador de vibración por una unidad nueva. Cubra el interior del amortiguador con un compuesto antiadherente o grasa **(vea la ilustración)**. Esto ayudará a que el amortiguador se deslice sobre el cigüeñal y evitará que el amortiguador tenga corrosión dentro del cigüeñal durante millas de recorrido. Utilice una herramienta de instalación de amortiguador de vibración especial y ajuste el amortiguador de modo que quede al ras con el cigüeñal (vea **la** ilustración). Utilice una llave de tubo para sostener la fijación del eje principal. Observe detenidamente que el amortiguador quede a nivel y sin agarrotarse. **Nota:** *No intercambie los amortiguadores de vibración de un motor de un tamaño con aquellos de otro motor de un tamaño diferente o incrementará el ruido del motor y posiblemente dañará el cigüeñal.*

Ajuste el amortiguador a 70 a 90 ft-lb. Consulte el *Manual Haynes de reparación automotriz* de su vehículo para conocer especificaciones exactas y obtener información adicional.

Monturas del motor

Instale las monturas del motor en el bloque. Si las monturas están gastadas o dañadas, asegúrese de reemplazarlas con unidades nuevas; es mucho más fácil hacerlo ahora que cuando el motor está instalado.

Bomba de agua

Instale la bomba de agua en la parte delantera del bloque del motor. Aplique una capa delgada de sellador RTV en las superficies

de contacto en la bomba de agua y la cubierta de la cadena de sincronización. Deje que el sellador se asiente. Coloque la junta de la bomba de agua en la bomba de agua (la junta debe pegarse a la superficie de la bomba de agua). Lubrique ligeramente con aceite todos los pernos y coloque la bomba en el bloque del motor. Ubique los pernos del largo correcto en los orificios correspondientes. Utilice el diagrama que dibujó como guía (consulte el Capítulo 4).

Ajuste los pernos de la bomba de agua; el ajuste va de 18 a 30 ft-lb. Consulte el *Manual Haynes de reparación automotriz* para conocer especificaciones exactas y obtener información adicional.

Múltiple de admisión

Nota: *Las superficies de contacto de las culatas de cilindros, el bloque y el múltiple deben estar perfectamente limpias cuando se instale el múltiple. Si no limpió el múltiple de admisión con calorifugado, puede obtener solventes en aerosol para quitar juntas en la mayoría de las tiendas de autopartes y pueden ser útiles cuando quite material de juntas viejo adherido a las culatas y al múltiple. El raspado intensivo puede provocar daños. Asegúrese de seguir las instrucciones impresas en el envase.*

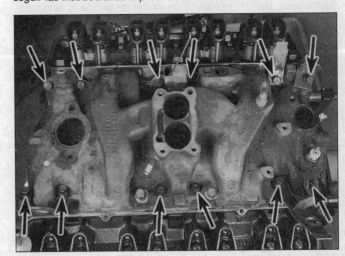

7.14 Quite los pernos del múltiple de admisión (flechas) - motor 350 mostrado 350.

7.15 Selle la circunferencia de los puertos de agua con cemento de contacto.

7.16 Asegúrese de que la indicación **THIS SIDE UP** (este lado hacia arriba) sea claramente visible en la junta del múltiple de admisión (flecha).

7.17 Selle el lado de la junta al múltiple de admisión con cemento de contacto.

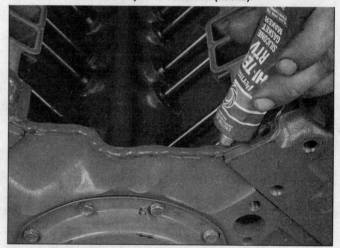

7.18 Si el juego de juntas no está equipado con juntas de caucho, coloque un cordón de sellador de silicona a través del aro (parte delantera y trasera) del bloque de motor.

Si el múltiple estaba desarmado, vuelva a armarlo (**vea la ilustración**). Utilice cinta de teflón en las roscas de la unidad de envío de temperatura. Utilice una nueva junta de válvula EGR. Use un raspador de juntas para quitar todos los restos de sellador y material de junta viejo, luego limpie las superficies de contacto con diluyente de barniz o acetona. Si hay sellador viejo o aceite en las superficies de contacto cuando instale el múltiple, pueden aparecer fugas de vacío o aceite.

Las juntas del múltiple de admisión vienen en una serie de diferentes tamaños y materiales. Las juntas que sellan las culatas de cilindro en el múltiple de admisión suelen ser de metal y las juntas que sellan las secciones delantera y trasera del bloque suelen ser de caucho. **Nota:** *El juego de juntas está equipado con un par de restrictores metálicos que están ubicados en el puerto central de la junta del múltiple de admisión. Consulte las instrucciones de la junta para saber si el año y el modelo particular que usted posee debería tenerlas instaladas.*

Aplique un cordón de 1/8 pulgadas de ancho de sellador RTV en las cuatro esquinas donde convergen el múltiple, el bloque y las culatas. **Nota:** Tenga en cuenta que el sellador se asienta muy rápido (más rápido aún en temperaturas cálidas). No tarde mucho tiempo para instalar y ajustar el múltiple una vez que haya aplicado

el sellador dado que se podrán producir fugas. Aplique una pequeña cantidad de adhesivo de contacto a la superficie de contacto de la junta del múltiple en cada culata de cilindro (**vea la ilustración**). Coloque las juntas en las culatas de cilindro (**vea la ilustración**). La parte superior de cada junta tendrá estampada una etiqueta con la inscripción TOP (superior) o THIS SIDE UP (este lado hacia arriba) para asegurarse de que la instale de forma correcta. También aplique una pequeña cantidad de adhesivo de contacto en las juntas del múltiple de admisión (**vea la ilustración**) alrededor de los puertos de agua. Coloque los sellos de los extremos en el bloque, aplique un cordón de 1/8 pulgadas de ancho de sellador RTV a los cuatro puntos donde se unen los sellos con las culatas (**vea la ilustración**).

Asegúrese de que todas las aberturas de puerto de entrada, orificios de pasaje del refrigerante y los orificios de los pernos estén alineados de forma correcta.

Baje el múltiple cuidadosamente a la ubicación una vez que el sellador se haya asentado (**vea la ilustración**). **Precaución:** *No toque las juntas y no mueva el múltiple hacia adelante y hacia atrás después de que haga contacto con los sellos en el bloque. Asegúrese de que no se hayan alterado los sellos de los extremos.*

7.19 **Espere algunos minutos y asegúrese de que la silicona se ha asentado (endurecido ligeramente) y coloque el múltiple de admisión en el bloque de motor.**

7.20a **Secuencia de torque de los pernos del múltiple de admisión (motor de bloque chico) - ajuste los pernos de forma suave y pareja, en esta secuencia, a 30 ft-lb.**

Instale los pernos y ajústelos al torque correcto. Consulte el *Manual Haynes de reparación automotriz* de su vehículo para conocer especificaciones exactas y obtener información adicional. Siga la secuencia recomendada (**vea las ilustraciones**). Llegue al torque final en tres pasos.

Vuelva a controlar el torque del perno de montaje y quite los pasadores guía.

Termostato

Instale el termostato en el múltiple de admisión y coloque la caja en posición (**vea la ilustración**). Revise las superficies de contacto de la junta del múltiple de admisión y la caja del termostato para ver si hay exceso de material de junta. Utilice un raspador de juntas y quite cualquier material sobrante. Pulverice una cantidad pequeña de diluyente de barniz sobre las superficies y séquelas. Observe nuevamente y luego pase el dedo por el área. Un trozo pequeño de material puede causar una fuga pequeña pero irritante de refrigerante que vaya de la caja del termostato a la parte delantera del motor hasta el piso.

Aplique una pequeña cantidad de sellador RTV a las superficies de contacto de la junta en la caja del termostato y en el múltiple de admisión. Utilice el dedo y esparza el sellador para que quede una capa delgada y pareja. Espere unos minutos para permitir que el

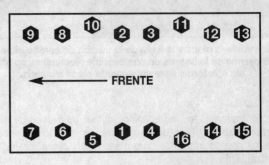

7.20b **Secuencia de torque de los pernos del múltiple de admisión (motor de bloque grande) - ajuste los pernos de forma suave y pareja, en esta secuencia, a 30 ft-lb.**

sellador se asiente antes de instalar la caja. Coloque una junta nueva en la caja del termostato e instale los pernos. Coloque la caja en el motor y ajuste los pernos de manera segura.

Bomba de combustible

Instale la bomba de combustible y la junta en el bloque del motor. Asegúrese de cubrir la varilla de la varilla de empuje con grasa (**vea la ilustración**). Ajuste los pernos de manera segura.

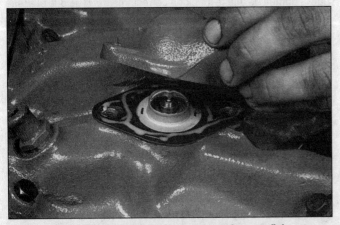

7.21 **Aplique cemento de contacto a la superficie de la junta del termostato.**

7.22 **Aplique grasa a la varilla de empuje de la bomba de combustible para que se mantenga en su lugar dentro de la caja mientras instala la bomba de combustible.**

7.23 Instale la placa y la junta de la bomba de combustible con los pernos de la bomba de combustible (flechas) en su lugar sin ajustarlos para mantener la placa alineada.

7.24 Un taladro eléctrico conectado al eje del distribuidor modificado acciona la bomba de aceite - asegúrese de que gire en sentido horario visto desde arriba.

Nota: *En motores de bloque chico, instale los pernos de montaje superiores en la placa de la bomba de combustible cuando ajuste los pernos inferiores para mantener la placa alineada* (**vea la ilustración**).

Distribuidor

Cebado de la bomba de aceite

Antes de instalar el distribuidor, es necesario cebar la bomba de aceite. El eje propulsor de la bomba de aceite es fácilmente accesible en este punto. El colector de aceite debe estar seguro y listo para rellenarse con aceite. Vierta alrededor de dos cuartos de aceite a través del orificio del distribuidor en el bloque y déjelo que drene completamente en el colector.

El eje del distribuidor suele propulsar la bomba de aceite, pero, para cebar los rodamientos, el árbol de levas y el cigüeñal,

conecte una herramienta especial al eje propulsor de la bomba de aceite. Para este procedimiento se necesitará un distribuidor Chevrolet de bloque chico o grande; puede conseguir uno en un depósito de chatarra a un precio razonable. A fin de funcionar como una herramienta de lubricación previa, el distribuidor debe tener el engranaje en el extremo inferior del eje despegado del piso (**vea la ilustración**) y, si tiene, no debe tener los pesos avanzados en el extremo superior del eje.

Instale el distribuidor de lubricación previa en el lugar del distribuidor original y asegúrese de que el extremo inferior del eje coincida con el extremo superior del eje propulsor de la bomba de aceite. Gire el eje del distribuidor hasta que estén alineados y el cuerpo del distribuidor se asiente en el bloque. Instale el perno y la abrazadera de retención del distribuidor.

Coloque el extremo superior del eje en la broca de un taladro eléctrico y utilice el taladro para girar el eje del distribuidor de lubricación previa, lo que accionará la bomba de aceite y hará circular aceite por todo el motor (**vea la ilustración**). **Nota:** *El taladro debe girar en sentido horario.*

Puede demorar de dos a tres minutos, pero el aceite debe comenzar a fluir por todos los orificios del balancín, lo que indicará que la bomba de aceite funciona correctamente. Deje que el aceite circule durante unos segundos, luego apague el motor del taladro.

Cuando vea el aceite, observe detenidamente si fluye de forma pareja y uniforme por cada balancín. Si es necesario, instale un medidor de presión de aceite en el orificio de la unidad de envío de presión de aceite y obtenga una lectura de presión. Una vez que el aceite fluya correctamente, quite la herramienta de cebado de aceite.

Ubicación del punto muerto superior (TDC) para el pistón número uno

Antes de que pueda realmente insertar el distribuidor en el bloque, debe tener el árbol de levas y el cigüeñal sincronizados en el punto muerto superior (TDC) del cilindro número uno. El punto muerto superior (TDC) es el punto más alto en el cilindro al que llega cada pistón a medida que se desplaza hacia arriba y hacia

7.25 De los orificios de los balancines comenzará a fluir aceite, lubricante para armado o grasa si la bomba de aceite y el sistema de lubricación funcionan correctamente.

7.26 Gire el amortiguador de vibración hasta que el puntero indique 0 grados (A) y las válvulas de admisión (B) y escape (C) estén cerradas (los resortes sin comprimir y los balancines flojos) - el motor está en el TDC número 1.

7.27 Si la válvula de escape (flecha) está abierta, debe girar el cigüeñal otra revolución y volver a alinear las marcas.

abajo cuando gira el cigüeñal. Cada pistón alcanza el TDC en la carrera de compresión y otra vez en la carrera de escape, pero el TDC suele referirse a la posición del pistón en la carrera de compresión. Las marcas de sincronización en el amortiguador de vibración instalado en la parte delantera del cigüeñal hacen referencia al TDC del pistón número uno en la carrera de compresión. El TDC del cilindro número uno es la posición que se utiliza para instalar el distribuidor, iniciar el procedimiento de ajuste de válvulas y detectar la sincronización del motor con una luz de sincronización estroboscópica.

Tenga en cuenta el hecho de que el amortiguador y el árbol de levas girarán dos revoluciones completas antes de que los ocho cilindros completen su ciclo (orden de encendido). Esto hará que la marca de grado O en el amortiguador de vibración pase el indicador de sincronización dos veces; una vez el cilindro número uno estará en el TDC en la carrera de compresión, y otra vez estará en el TDC en la carrera de escape.

Para que cualquier pistón llegue al TDC, debe girar el cigüeñal. Cuando mira la parte delantera del motor, la rotación normal del cigüeñal es en sentido horario. El método preferido es girar el cigüeñal con un dado grande y un mango articulado unido al perno del amortiguador de vibración en el frente del cigüeñal. Consulte el procedimiento de desmontaje del distribuidor en el Capítulo 4.

Gire el cigüeñal hasta que el cero o la ranura del amortiguador de vibración estén alineados con el puntero o la marca del TDC **(vea la ilustración)**.

Para que el pistón llegue al TDC en la carrera de compresión, debe primero determinar si las válvulas en el cilindro número uno están en la posición cerrada (carrera de compresión) o en la posición abierta (carrera de escape). Si las válvulas están cerradas, los balancines debe estar nivelados y los resortes de válvulas a una altura de asiento (no comprimidos). Si el pistón está en el TDC en la carrera de escape, uno de los resortes de válvula (escape) estará comprimido **(vea la ilustración)**. Si una de las válvulas está abierta, el número seis (cilindro compañero) y NO el número uno está en el TDC en la carrera de compresión. Esto es muy importante. Gire la polea del cigüeñal 360 grados y revise nuevamente. Ambas válvulas en el cilindro número uno DEBEN ESTAR CERRADAS cuando se configura la sincronización en el

TDC del número uno.

Una vez que el pistón número uno ha sido colocado en el TDC en la carrera de compresión, la posición de encendido del cilindro para cualquiera de los cilindros restantes puede localizarse girando el cigüeñal y siguiendo la orden de encendido, que debería estar estampada en el múltiple de admisión. (1-8-4-3-6-5-7-2). **Nota:** *Los números de terminal suelen estar marcados en los cables de bujías cerca del distribuidor. Es importante recordar que las válvulas de cada cilindro en particular deben estar CERRADAS cuando el cilindro está listo para la ignición en su carrera de compresión. Esto se puede determinar por la posición de los balancines para cada cilindro en particular.*

Instalación del distribuidor

Ahora que el motor está colocado para el TDC número uno y la bomba de aceite está cebada y lista para funcionar, instale el distribuidor en el bloque de motor. Normalmente el distribuidor se desliza hasta su posición, pero no se frustre si se atasca y lleva varios intentos o si no queda bien alineado la primera vez. El mayor obstáculo es el eje propulsor de la bomba de aceite. El eje propulsor de la bomba de aceite debe estar alineado correctamente para acomodar el eje del distribuidor.

A medida que baja el distribuidor hasta su posición, advierta las marcas blancas que pintó en el aro del distribuidor y en el motor (vea el Capítulo 4). Estas marcas deben estar alineadas. Si no hay marcas (digamos que, por ejemplo, está instalando un distribuidor nuevo), coloque la tapa del distribuidor en su lugar, encuentre el terminal de la bujía número uno y apunte el rotor hacia ese punto. Intente mantener el distribuidor en posición de modo que la unidad de avance de vacío no interfiera con ningún objeto cuando gire unas pulgadas en cualquier dirección.

Dado que los engranajes impulsores del distribuidor están cortados en ángulo, tendrá que empezar a dejar caer el distribuidor hasta su lugar con el rotor ligeramente inclinado hacia el lado de la marca **(vea la ilustración)**; el rotor se moverá a medida que el distribuidor caiga. Cuando la base del distribuidor quede al ras con el motor y el rotor esté apuntando a las marcas de pintura, significará que realizó el trabajo de forma correcta.

7.28 Cuando instale el distribuidor, alinee el rotor con las dos marcas de pintura blanca que hizo durante el desarmado - una en el aro del cuerpo del distribuidor (flecha) y una en el bloque de motor (flecha) - esto asegurará que el motor esté sincronizado de modo que hará explosión directamente cuando se le dé arranque.

7.29 Gire la varilla de empuje al mismo tiempo que ajusta lentamente la tuerca del balancín para encontrar el punto exacto donde el levantaválvulas comienza a colapsar. Esto es evidente cuando la varilla de empuje ya no gira libremente (bloque chico mostrado).

Ajuste de las válvulas

Debe ajustar cada válvula en su posición completamente cerrada. El método de ajuste dependerá del motor que tenga. Los motores con levantaválvulas mecánicos (poco comunes) se ajustan para producir una determinada cantidad de movimiento libre o espacio entre la punta de la válvula y el balancín. Si tiene un motor que utiliza levantaválvulas hidráulicos, el ajuste es para la configuración del levantaválvulas inicial.

Gire el cigüeñal hasta que el puntero quede alineado con el TDC número uno (vea el procedimiento de localización del TDC mencionado anteriormente). Ambas válvulas de un cilindro se cierran cuando el pistón está en el TDC en su carrera de compresión, de modo que coloque cada cilindro en el TDC antes de ajustar sus válvulas (vea el procedimiento de localización del TDC mencionado anteriormente).

Levantaválvulas hidráulico

Baje la tuerca de ajuste por el perno prisionero hasta que el ajustador de holgura se salga del balancín y de la varilla de empuje. Verifique que el ajustador de holgura ya no esté (todavía falta que caiga el émbolo del levantaválvulas) girando la varilla de empuje (cuando el ajustador de holgura ya no está, no gira). Cuando se tense el ajustador de holgura, dele a la tuerca de ajuste otra vuelta completa **(vea la ilustración)**. Y así, la válvula queda ajustada. Proceda a la siguiente válvula y repita este procedimiento para los cilindros restantes. El objetivo aquí es que el émbolo del levantaválvulas caiga hasta la mitad de su recorrido. Si el levantaválvulas está completamente cebado, puede ser que todavía no caiga. Puede tomar un poco de tiempo hasta que se purgue.

Levantaválvulas mecánicos

Con el pistón en el TDC, ajuste el movimiento libre, que es el espacio entre el balancín y la punta de la válvula. Inserte el juego de galgas entre el balancín y la punta de la válvula, mueva el balancín para garantizar que hay tensión en el tren de válvulas y ajuste la tuerca de manera que haya un poco de arrastre en el juego de galgas a medida que lo desliza entre la punta de la válvula y el balancín (debe sentirse como si el juego está siendo corrido por un imán). Con el movimiento libre (en frío) configurado, instale las contratuercas en las tuercas de ajuste sin ajustarlas. Tendrá que ajustar la válvula a una especificación diferente luego de que el motor se caliente (movimiento libre en caliente). Puede ajustar las contratuercas una vez que el motor esté caliente (movimiento libre en caliente). Para conocer las especificaciones de movimiento libre, consulte el *Manual Haynes de reparación automotriz* para su vehículo particular o consulte con el fabricante del cigüeñal.

Tapas de válvulas

Instale las juntas de la tapa de válvulas en las tapas de válvulas. Asegúrese de que las lengüetas de la junta se acoplen en las ranuras de la tapa de válvula (si tiene). Para garantizar que estas juntas permanezcan en su lugar mientras instala las tapas de válvulas, utilice cemento de contacto entre la junta y la tapa. Luego, si es necesario, puede quitar las tapas de válvulas sin destruir las juntas. Esto es especialmente útil en motores con levantaválvulas mecánicos, dado que es necesario quitar las tapas de válvula más adelante para un ajuste de movimiento libre en caliente.

7.30 No sobreajuste los pernos de la tapa de válvulas.

7.31 Use solamente juntas de carburador nuevas cuando instale el carburador - asegúrese de que las superficies de contacto están completamente limpias.

7.32 Use diagramas o fotografías de los accesorios para ayudarse en la instalación (motor 350 de 1973 mostrado).

Una vez que las juntas estén en su lugar, instale las tapas de válvulas **(vea la ilustración)**. No ajuste demasiado los pernos. Lo único que conseguirá será doblar las bridas de la tapa de válvulas, lo que aumentará las probabilidades de una fuga de aceite. Ajuste los pernos gradualmente para comprimir la junta de corcho, luego ajuste los pernos muy ligeramente (a aproximadamente 5 ft-lb).

Carburador/cuerpo del acelerador

Instale el carburador del cuerpo del acelerador en el múltiple de admisión. Inspeccione las superficies de la placa base del carburador y la parte inferior del carburador mismo. Con un raspador de juntas, retire los restos de material de junta viejo. Instale nuevas juntas en la parte superior e inferior de la placa base del carburador, si tiene **(vea la ilustración)**. Instale el carburador o las tuercas/pernos del cuerpo del acelerador y ajústelos de forma segura. Consulte el *Manual Haynes de reparación automotriz* de su vehículo para conocer especificaciones exactas de torque y obtener información adicional.

Múltiples de escape

Instale los múltiples de escape en las cabezas de cilindro. Revise cuidadosamente todas las superficies de junta para detectar restos sobrantes de material de junta. Instale nuevas juntas de escape y ajuste los pernos a aproximadamente 18 a 24 ft-lb. Consulte el *Manual Haynes de reparación automotriz* de su vehículo para conocer especificaciones exactas y obtener información adicional. **Nota:** *Muchos motores vienen de fábrica nuevos sin juntas. Esto se debe a las tolerancias de maquinado preciso. El ciclo de calentamiento/enfriamiento de los múltiples y las cabezas de cilindro que alguna vez se reacondicionaron genera un alabeo que hace que sea imposible volver a fijar los múltiples sin juntas.*

Accesorios (alternador/bomba de aire/ compresor del aire acondicionado/ bomba de dirección hidráulica)

Instale los accesorios en el motor. Consulte el Capítulo - para conocer el procedimiento de desmontaje y revierta los pasos. Consulte sus diagramas para ayudar a ubicar todos los pernos y soportes del tamaño correcto **(vea la ilustración)**. **Nota:** *Cuando instale el soporte de la bomba de inyección de aire, utilice sellador RTV en las roscas de los pernos para prevenir fugas de aceite.*

7.33 Use compuesto fijador de roscas en las roscas de los pernos del volante del motor/plato de transmisión.

Volante del motor/plato de transmisión

Nota: *Si tiene una transmisión manual, inspeccione el embrague, tal como se describe a continuación, antes de instalar el volante del motor.*

Los componentes finales que se deben montar en el bloque largo son el volante del motor y el conjunto del embrague en una transmisión manual o el plato de transmisión en una transmisión automática. Coloque la cadena y el elevador al motor (consulte el Capítulo 4) y levante el motor con el soporte ligeramente despegado del piso. Retire el soporte del mazo del motor y desconecte el mazo del motor del bloque de motor. Ahora tiene acceso a la parte trasera del motor. Baje el motor a un pallet de madera y/o al piso de la tienda lo suficiente como para sacar el peso del motor del elevador. No es necesario desconectar el conjunto de la cadena.

Alinee las marcas de pintura en el cigüeñal y el volante del motor/plato de transmisión para verificar que la alineación sea correcta (vea el Capítulo 4). Instale los pernos del volante del motor/ plato de transmisión **(vea la ilustración)**. Ajuste los pernos a aproximadamente 75 a 85 ft-lb. Consulte el *Manual Haynes de reparación automotriz* de su vehículo para conocer especificaciones exactas y obtener información adicional.

7.34 Use una herramienta de alineamiento de embrague para centrar el disco de embrague y luego ajuste los pernos del plato de presión.

7.35 Asegúrese de que el disco de embrague esté instalado con la cara marcada contra el volante del motor.

En modelos con transmisión manual, limpie el volante del motor y las superficies maquinadas del plato de presión con diluyente de barniz o alcohol. Es importante que no haya aceite o grasa en estas superficies o en el forro del disco del embrague. Manipule las piezas únicamente con las manos limpias. Coloque el disco del embrague y el plato de presión contra el volante del motor con el disco sostenido en su lugar con una herramienta de alineamiento **(vea la ilustración).** Asegúrese de que se haya instalado correctamente (la mayoría de las placas de embrague estarán marcadas con la inscripción "lado del volante del motor" o algo similar). Si no está marcada, instale el disco del embrague con los resortes del amortiguador hacia la transmisión) **(vea la ilustración).** Ajuste los pernos que sujetan el plato de presión al volante del motor solo con los dedos, trabajando alrededor del plato de presión. Centre el disco del embrague asegurando que la herramienta de alineamiento se extienda a través del cubo estriado y hacia adentro del rodamiento piloto en el cigüeñal. Mueva la herramienta hacia arriba y abajo o de lado a lado, según sea necesario para bajarla al rodamiento piloto. Ajuste los pernos que sostienen el plato de presión al volante del motor de a poco y trabaje en un patrón cruzado para evitar deformar la cubierta. Una vez que todos los pernos estén firmes, ajústelos de manera segura. Revise el *Manual Haynes de reparación automotriz* de su vehículo para conocer especificaciones exactas y obtener información adicional. Quite la herramienta de alineamiento.

Inspeccione el embrague y el volante del motor

Advertencia: El polvo producido por el desgaste del embrague y depositado en los componentes del embrague puede contener amianto, que es peligroso para la salud. NO lo disperse con aire comprimido y NO lo inhale. NO use gasolina ni solventes a base de petróleo para quitar el polvo. Debe usarse limpiador de sistema de frenos para eliminar el polvo y enviarlo a un colector para drenaje. Después de limpiar con un trapo los componentes del embrague, deseche los trapos contaminados y el limpiador en un contenedor marcado cubierto.

Si tiene una transmisión estándar, inspeccione el conjunto del embrague (el plato de presión, el disco y el rodamiento de desembrague) y reemplace cualquier pieza gastada **(vea la ilustración).** Si el embrague se resbaló antes de que se quitara el motor, hay probabilidades de que el conjunto del embrague deba

reemplazarse por una unidad nueva. Si el embrague estaba bien antes de que se reconstruyera el motor, debe revisarse el conjunto del embrague cuidadosamente para determinar cuántas millas le quedan al embrague antes de que sea necesario reemplazarlo. Entonces podrá decidir si desea dedicar DINERO adicional

DESGASTE DE DEDO NORMAL

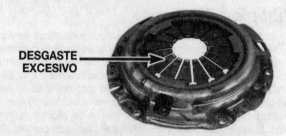

DESGASTE DE DEDO EXCESIVO

DEDOS ROTOS O TORCIDOS

7.36 Reemplace el plato de presión si es evidente el desgaste excesivo.

7.37 Este embrague está muy gastado - el disco se gastó hasta los remaches . . .

7.38 . . . lo que dañó el plato de presión, que ahora necesita reemplazarse.

AHORA y reemplazar el conjunto del embrague o esperar y dedicar TRABAJO adicional MÁS ADELANTE para quitar la transmisión. En cualquier caso, debe revisarse el conjunto del embrague a fin de tomar una decisión inteligente.

Inspeccione el grosor y las condiciones de desgaste generales del disco del embrague. Si el disco ha sido utilizado de forma excesiva, el material del disco estará desgastado y quedarán los remaches a la vista **(vea la ilustración)**. Cuando esto suceda, los remaches de metal entrarán en contacto con el plato de presión **(vea la ilustración)** y el volante del motor, y rayarán o deformarán las superficies. Esto requerirá un nuevo conjunto de embrague y la rectificación del volante del motor (el nivel laminado o cortado de la superficie) por parte de una tienda con maquinaria calificada. Si el mecánico determina que el grosor del volante del motor no es adecuado para la maquinación, reemplace el volante del motor por una unidad nueva. Si el disco se ve bien, mídalo para controlar el estado. Sujete el disco en una prensa de banco con una abrazadera pero tenga cuidado de no dañar las caras y no permita que caiga grasa o aceite sobre ellas. Apriete el disco lo suficiente como para comprimir el resorte ondulado a una posición plana. Mida el grosor del disco lo más cerca posible de la abrazadera con un micrómetro. El grosor de un disco de embrague nuevo es de 0.330 pulgadas aproximadamente, lo que permite un desgaste de 0.050 pulgadas. Los remaches estarán al mismo nivel que la cara del disco a 0.280 pulgadas. Deberá reemplazar el disco en este punto. Cualquier cifra cercana a esta medición será una cuestión de tiempo. Emplee su propio criterio en función de su presupuesto.

Inspeccione las superficies del volante del motor y el plato de presión. Una buena regla general es: si el disco está completamente gastado, reemplace el conjunto del plato de presión; si el disco está bien, inspeccione el plato de presión cuidadosamente y reemplace solo los componentes necesarios. Simplemente observe la superficie y verifique si hay indicios de desgaste inusual. Si la superficie de fricción está brillante y no tiene ranuras ni rayaduras, la superficie está bien y se puede volver a utilizar. Si la superficie tiene marcas negras y azules (puntos calientes), el plato de presión está dañado y debe reemplazarse por una unidad nueva y una tienda con maquinaria calificada debe rectificar el volante del motor. Revise también la superficie para asegurarse de que esté nivelada. Apoye una regla de borde recto o acero pesado sobre la superficie del plato de presión. Si hay alabeo evidente, reemplace el plato de presión por una unidad nueva. Asimismo, si la superficie tiene ranuras o rajaduras, reemplace el

plato de presión por una unidad nueva. Si las mismas condiciones se presentan en la superficie del volante del motor, tenga cuidado e inspeccione el volante cuidadosamente. Un mecánico calificado puede quitar los puntos calientes y las ranuras pequeñas (y hasta algunas rajaduras de la superficie), pero las rajaduras deben inspeccionarse muy de cerca. Si hay rajaduras en la superficie del volante del motor y continúan creciendo, debe reemplazar el volante del motor por una unidad nueva. Haga que una tienda de maquinado automotriz revise las rajaduras. Un volante de motor con rajaduras puede explotar con facilidad y volar en pedazos con la fuerza de una granada de mano.

Si se determina que el volante del motor está bien, debe limpiarlo. Use papel de lija de grano fino para emparejar la superficie. Continúe trabajando hasta que la superficie vidriada y brillosa haya sido minuciosamente rayada y haya quedado sin brillo. Esto proporcionará a la superficie una textura como bordada o arenosa. Luego de lijar, limpie la superficie con un solvente que no sea a base de petróleo tal como diluyente de barniz o alcohol. Esto eliminará cualquier depósito de aceite. Limpie, a su vez, la superficie del plato de presión.

Si los puntos calientes, el alabeo o las rajaduras son mínimos y la condición general del plato de presión no luce tan mal, se recomienda que considere el costo de un plato de presión reconstruido por oposición al costo de uno nuevo. Revise las garantías y los precios de cada tipo (nuevo y reconstruido) y tome su decisión en función de los hechos. Si hay algún indicio de problema con los componentes del embrague, reemplácelos por unidades nuevas o reconstruidas.

Quite la palanca de desembrague del perno prisionero de bola deslizándola hacia afuera del perno prisionero de bola (si tiene) y empújándola a través de la campana de embrague. Luego retire el rodamiento de la palanca. Revise el rodamiento de desembrague para ver si tiene desgaste y reemplácelo por una unidad nueva, si es necesario. Coloque el rodamiento sobre una superficie firme. Con la palma de la mano, haga presión contra la superficie que normalmente entra en contacto con los dedos del plato de presión y rote la palma hacia adelante y hacia atrás. Debe girar suavemente sin agarrotamiento, asperezas ni ruidos. De lo contrario, reemplácelo. Dado que el rodamiento no suele ser muy costoso, y dado que es un dolor de cabeza quitar la transmisión solo para reemplazar el rodamiento, debe reemplazar el rodamiento mientras esté fuera de la transmisión; muchas veces fallan durante el funcionamiento.

7.39 Acondicione la cavidad detrás del rodamiento piloto con grasa espesa y fuércelo hacia afuera de forma hidráulica con una varilla apenas menor que el agujero del rodamiento - cuando el martillo golpee la varilla, el rodamiento se saldrá del cigüeñal.

Lubrique ligeramente la corona de la palanca de embrague y la corona de retención de resorte donde entran en contacto con el rodamiento con grasa para altas temperaturas. Rellene la ranura interior del rodamiento con la misma grasa. Conecte el rodamiento de desembrague a la palanca de embrague. Lubrique el dado del perno prisionero de bola de la palanca de desembrague con grasa para altas temperaturas y empuje la palanca hacia el perno prisionero hasta que se asiente firmemente. Aplique una capa delgada de grasa para altas temperaturas a la cara del rodamiento de desembrague, donde entra en contacto con los dedos del diafragma del plato de presión.

Inspeccione el rodamiento piloto. Si reemplaza el conjunto del embrague, instale también un nuevo rodamiento piloto. El rodamiento piloto es un rodamiento de rodillos de aguja que va a presión en la parte posterior del cigüeñal. Se engrasa en la fábrica y no necesita lubricación adicional. Su propósito principal es soportar la parte delantera del eje de entrada de la transmisión. Debe inspeccionar el rodamiento piloto siempre que se quiten los componentes del embrague del motor. Dada su inaccesibilidad, si duda de su condición, reemplácelo por uno nuevo. Inspeccione para ver si hay desgaste excesivo, estrías, falta de grasa, sequedad o daño evidente. Si observa alguna de estas condiciones, debe reemplazar el rodamiento. Una linterna puede ayudarlo a dirigir la luz dentro de la cavidad.

Puede retirar el rodamiento con un extractor especial y un martillo deslizante, pero un modo alternativo también funcionará muy bien **(vea la ilustración).** Busque una barra de acero macizo que tenga un diámetro apenas menor que el rodamiento. Las alternativas a una barra maciza serían una clavija de madera o dado con un perno fijo en el lugar para hacerlos macizos. Revise que la barra encaje; debe deslizarse dentro del rodamiento dejando muy poco espacio. Acondicione el rodamiento y el área detrás de él (en la cavidad del cigüeñal) con grasa espesa. Colóquela de forma ajustada para eliminar todo el aire posible. Inserte la barra en el hueco del rodamiento y golpee la barra firmemente con un martillo, lo que hará que la grasa llegue a la parte trasera del rodamiento. Limpie la grasa de la cavidad del cigüeñal.

Para instalar el nuevo rodamiento, ligeramente lubrique la superficie exterior con grasa a base de litio, hágala llegar hasta la cavidad con un martillo y un cubo apenas más pequeño que el diámetro exterior del rodamiento. El sello debe estar orientado hacia afuera.

Instalación del motor

Finalmente, ha llegado el momento. Los componentes del motor están correctamente instalados en el bloque del motor y es momento de elevarlo e instalarlo en el vehículo. Vuelva a verificar que la cadena y las orejetas de elevación estén aseguradas y listas. Si está trabajando con una transmisión automática, asegúrese de que el orificio marcado en el plato de transmisión esté en la parte inferior. El perno prisionero marcado en el convertidor de torque también debe estar ubicado en la parte inferior. Levante el motor hasta la posición. Tenga cuidado con el emblema o decorado del cuerpo a medida que el motor se desliza sobre el extremo delantero. Si tiene, utilice una eslinga de motor ajustable (consulte el Capítulo 4) para cambiar el ángulo del motor. Es mejor inclinar levemente el motor hacia la transmisión a medida que baja.

Coloque un gato de piso debajo de la transmisión y levántelo y quite la barra sobre la que está montado el compartimiento del motor. Retire los pernos y cualquier otra cosa que sostenga la transmisión y los tubos de escape.

En las transmisiones manuales, lubrique ligeramente con aceite el rodamiento piloto del cigüeñal, coloque una pequeña cantidad de grasa en el eje de entrada de la transmisión y ponga la transmisión en la segunda marcha. Revise el compartimiento del motor para asegurarse de que nada interferirá con la instalación del motor.

Lentamente baje el motor al compartimiento del motor. Levante la parte frontal de la transmisión tan alto como sea posible para facilitar la instalación y ayudar a limpiar las monturas del motor.

En las transmisiones manuales, centre el conjunto del embrague con el eje de entrada hasta que estén posicionados (nivelados) en el mismo plano. No deje que el peso del motor descanse sobre el eje de entrada mientras baja el motor. Observe cuidadosamente siempre que el motor no cuelgue ni roce la transmisión. Coloque el motor en la campana de embrague de la transmisión a medida que el motor baja lentamente. La instalación será mucho más suave si el motor se baja una pulgada a la vez y si se verifica constantemente la alineación del motor y la transmisión. Una vez que el disco de embrague y el eje de entrada se toquen, coloque un cubo y una llave en la polea delantera y gire el cigüeñal hacia adelante y hacia atrás hasta que encastren las ranuras. Luego de que se hayan acoplado, vuelva a colocar la transmisión en neutral para permitir que el motor se alinee con las clavijas de la campana de embrague de la transmisión. Coloque el motor en la campana de embrague de la transmisión hasta que el motor y la transmisión coincidan. El motor y la transmisión harán un "clic" literalmente cuando se unan. Instale dos de los pernos en la campana de embrague.

En las transmisiones automáticas, los pernos prisioneros del convertidor de torque y las clavijas deben acoplarse casi de forma simultánea. Empuje el motor hacia el interior de la transmisión pero no lo fuerce. Aquí otra vez, el ángulo del motor en relación a la transmisión es de suma importancia para una instalación suave. Si el motor queda colgando revise la alineación del convertidor de torque y el plato de transmisión. También revise las monturas y el bloque para asegurarse de que no se hayan bloqueado prematuramente.

Cuando el motor y la transmisión coincidan y los pernos de la campana de embrague estén firmes, baje cuidadosamente el motor hasta las monturas del motor o el bastidor. Baje el motor hasta que haga contacto con la superficie y alinee las monturas del motor. No baje el motor completamente hasta que las monturas estén alineadas. Tenga paciencia en este paso. Todo lo que se desarme fácilmente será muy difícil de volver a colocar. Utilice una barreta o la ayuda de un asistente para colocar el motor en la posición correcta exacta. Es de mucha ayuda que una persona trabaje sobre la montura del motor izquierda y la otra sobre la montura del motor derecha. Instale todos los pernos pasantes (si tiene) o las tuercas de montaje y ajústelas de manera segura.

Una vez que las monturas del motor estén acopladas y el motor esté ajustado a la transmisión, quite el elevador del motor y la cadena del motor del área de trabajo. Asegúrese de reemplazar los pernos del múltiple por los pernos originales luego de quitar la cadena y las orejetas del motor.

Compruebe que los soportes de gato debajo del vehículo estén asegurados y que el área de trabajo sea segura. Deslícese debajo del vehículo con la plataforma rodante e instale los pernos restantes en la campana de embrague o monturas del motor. Revise cada uno cuidadosamente y ajústelos de manera segura. Revise el *Manual Haynes de reparación automotriz* de su vehículo para conocer especificaciones exactas y obtener información adicional.

Instale el resto de los componentes siguiendo el procedimiento inverso al del Capítulo 4. Utilice compuesto antiadherente en los sujetadores del sistema de escape para que no se peguen y sea imposible quitarlos más adelante. Cuando conecte los cables de bujías, utilice clips de plástico, manténgalos alejados de los componentes calientes y no intente colocar un cable al lado del otro por tramos largos; esto puede provocar fuego cruzado inducido por corriente **(vea la ilustración)**. Llene el sistema de enfriamiento con una mezcla 50/50 de agua y refrigerante. Llene el sistema lentamente y permita que el aire atrapado se purgue. Puede tardar media hora o más en expulsarse todo el aire. Agregue aceite suficiente para llevarlo hasta el nivel normal. Si el vehículo está equipado con transmisión automática y se quitó el convertidor de torque, el nivel de líquido puede no ser correcto.

Arranque el motor

Nota: *Dado que debe inspeccionar los medidores, escuche si hay ruidos y verifique si hay fugas, en el mismo momento, cuando el motor hace explosión; resulta útil contar con un asistente.*

Finalmente ha llegado el momento. El motor está instalado y los sistemas de enfriamiento, arranque y combustible están en orden y el motor está listo para que le dé arranque. Observe el compartimento del motor por última vez. Retire las herramientas, rollos de cinta o abrazaderas sueltas y pernos del compartimento del motor. Revise si hay fugas potenciales (o activas) de combustible, aceite y refrigerante. Asegúrese de que todo esté montado de manera segura, incluido el distribuidor, el tapón del radiador, el filtro de aire, el tapón de aceite y el filtro de combustible. Revise todas las conexiones eléctricas para asegurarse de que está todo correcto y firme. Asegúrese de que la batería tiene la carga completa. Arranque el motor.

Si el motor gira pero no hace explosión, deténgase un momento y revise para asegurarse de que el cable de la bobina está ubicado en el tapón del distribuidor y en la bobina. También revise el combustible en el carburador. Si se inyecta combustible al carburador sentirá el olor cuando se acerque al carburador. Agregue una cantidad pequeña (2 o 3 cucharadas) a la garganta del carburador para cebarlo. Si el motor arranca momentáneamente y luego se detiene, considere la posibilidad de que haya un problema en la bomba de combustible o en el sistema de combustible. Si el motor sigue sin siquiera hacer un chispazo o explosión, considere la posibilidad de que haya un problema en el sistema eléctrico o en el sistema de ignición.

Si el motor petardea y produce detonaciones en el escape, revise la orden de encendido. Si está bien, es posible que esté apagada la sincronización de ignición. Intente aflojar la retención

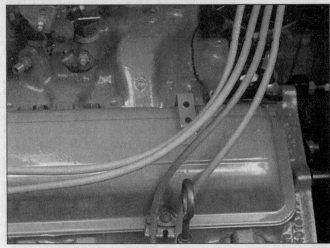

7.40 Use clips de cable de bujía para sostenerlos en su lugar y mantenerlos organizados - aleje los cables de los componentes que se calientan cuando el motor está en funcionamiento.

del distribuidor y rotar lentamente el distribuidor en cualquier dirección mientras que un asistente arranca el motor. Si realizó alguna reparación en el distribuidor, la luz de platinos puede ser incorrecta.

Si el motor arranca y los levantaválvulas hacen ruido, no se alarme. Espere dos o tres minutos y el ruido se disipará a medida que el aceite se bombee a los levantaválvulas. Deje que el motor gire entre 1200 y 1500 rpm para mantener la presión de aceite alta y hacer que el ventilador tire aire frío sobre el radiador. Esté atento al nivel de rpm; la velocidad de marcha mínima (750 a 900 rpm) es demasiado lenta mientras que un exceso de rpm (2000) sobrecargará las piezas nuevas del motor. Vigile el medidor o la luz de presión de aceite y el medidor de temperatura del agua para asegurarse de que todo se mantiene normal. También vigile el motor, busque fugas y preste atención a los ruidos.

Si el motor hace un ruido excesivo, apague el motor inmediatamente. Revise el conjunto del ventilador, las correas de transmisión y los pernos de la brida del escape. Si todo está bien, revise las tuercas del convertidor de torque (transmisión automática). A su vez, el convertidor de torque a veces "grita" si no se llena con suficiente líquido antes del rearmado. En este caso, arranque el motor y espere a que la bomba de la transmisión llene el convertidor de torque. Si esto no ocurre relativamente rápido, apague el motor y agregue líquido.

Una vez que el motor funcione correctamente, deje el motor en la marcha mínima y ajuste la sincronización. Primero apague la ignición y afloje apenas la abrazadera del distribuidor; debe quedar lo suficientemente floja como para girar el distribuidor sin dejar que este cambie su posición de vibración del motor. Conecte una luz de sincronización estroboscópica al cable de bujía número uno y a los terminales de batería en la batería. Arranque el motor y ajuste la sincronización. Si el vehículo está equipado con puntos, configure el ángulo de platinos. Consulte el *Manual Haynes de reparación automotriz* de su vehículo para conocer especificaciones exactas y obtener información adicional.

Apague el motor y busque en todo el motor y el compartimiento fugas de aceite, fugas de refrigerante, etc. Revise el nivel del aceite para motor, refrigerante, aceite de transmisión y del aceite de la bomba de dirección hidráulica. Agregue cualquier líquido necesario.

En los motores equipados con levantaválvulas sólidos, ajuste las válvulas una vez que el motor esté caliente.

Asentamiento del motor

Tenga en cuenta que los motores reconstruidos requieren un período de asentamiento para que las piezas nuevas (aros, pistones, rodamientos, etc.) se asienten y calcen en la posición correcta. Vaya y dé un paseo en su vehículo, disfrute su arduo trabajo, pero no lleve el vehículo a límites extraordinarios. Conducir a una velocidad de carretera normal los primeros viajes no dañará el automóvil. Evite las aceleraciones bruscas y no varíe la velocidad constantemente. Escuche cuidadosamente para detectar ruidos raros o vibraciones provenientes del motor reconstruido. Cuando regrese, revise todos los niveles de líquidos y la condición general del motor. Es una buena idea cambiar el aceite al poco tiempo de haber hecho funcionar el vehículo nuevamente (por lo general dentro de 200 millas aproximadamente), dado que el asentamiento del motor deposita grandes cantidades de metal en el aceite. Vuelva a cambiar el aceite dentro de aproximadamente 3000 millas y, si no hay ningún consumo de aceite excesivo, considere que el motor ha quedado asentado.

¿Qué sucede si el motor nuevo consume aceite?

El consumo de aceite excesivo luego de un reacondicionamiento puede deberse a varios motivos, tales como fugas y aros y sellos de válvula instalados de forma incorrecta. Además, los aros que no se hayan asentado correctamente causarán este problema. Los aros de pistón deben crear un patrón de desgaste entre ellos y la pared del cilindro para evitar que ingrese aceite a la cámara de combustión. Usualmente esto sucede durante los primeros cientos de millas del período de asentamiento, de modo que espere un consumo de aceite durante este tiempo. Tenga en cuenta que los aros cromados suelen tardar más en asentarse que los de hierro fundido y los aros de molibdeno; si instaló aros cromados, espere un consumo de aceite elevado durante los primeros miles de millas.

Si persiste el consumo de aceite más de unos miles de millas, es posible que haya un problema de asentado de aros. Si, cuando afiló los cilindros, realizó un buen patrón entramado con la arena adecuada para su tipo de aro de pistón (vea el Capítulo 6), normalmente puede buscar el problema en otro lado (vea el Capítulo 3). No obstante, si sospecha que el afilado de cilindros puede haber sido insuficiente para los aros que eligió, este puede ser el problema. La única manera verdaderamente correcta de lidiar con este problema es desarmar el motor otra vez y configurarlo bien; no obstante, algunas tiendas han elaborado métodos que a veces funcionan sin necesidad de desarmar nada. Revise todo; puede ahorrarle mucho trabajo.

Mantenga el motor en marcha un tiempo largo

Ahora que tiene tanto tiempo, esfuerzo y dinero puesto en el motor, querrá asegurarse de obtener los mejores resultados:

Algunas personas aún desconocen que pueden a veces duplicar o triplicar la vida del motor solo cambiándole el aceite regularmente. Generalmente recomendamos cambiar el aceite cada 3000 millas. Cambiárselo más seguido no será perjudicial; no obstante, descubrimos que esto es algo que disminuye la ganancia. No cambiar el aceite a intervalos regulares es sinónimo de buscar problemas. Algunas personas creen que el aceite es costoso. Usted ahora sabe lo que cuestan las piezas del motor.

Revisar el filtro de aire y de PVC regularmente evitará que se restrinja el flujo de aire, lo que aumentará la economía de combustible y mejorará el funcionamiento del motor. Además, mantendrá la suciedad perjudicial fuera del motor.

Asegúrese de mantener el motor afinado; no espere a que el motor esté funcionando de forma deficiente, dado que esto le genera una carga excesiva a los componentes internos del motor, lo que reduce la vida de este.

Probablemente contemos con un *Manual Haynes de reparación automotriz* para su vehículo particular que le ayudará a mantener su nuevo motor en perfecto estado. Siga el cronograma de mantenimiento y su nuevo motor estará agitándose durante muchos años.

Notas

8 Reparaciones relacionadas

Ya que el objetivo de la reconstrucción del motor es ofrecerle un vehículo confiable y dado que, de todas maneras, los componentes están fuera del motor, el momento de reacondicionamiento es una excelente oportunidad para revisar y reemplazar o reacondicionar los subsistemas del motor para que no fallen ahora que tiene un motor confiable. Éstos incluyen el carburador, el distribuidor, la bomba de combustible, el arranque y el alternador.

Reacondicionamiento del carburador

Advertencia: *La gasolina es extremadamente inflamable; por lo tanto, tome precauciones adicionales cuando trabaje en cualquier parte del sistema de combustible. No fume ni permita llamas expuestas o bombillas descubiertas cerca del área de trabajo y no trabaje en un garaje donde haya algún tipo de aparato a gas (tal como un termotanque o secador de ropa) con un piloto encendido. Si se derrama combustible sobre la piel, enjuáguese de inmediato con agua y jabón. Cuando realice cualquier tipo de trabajo con el tanque de combustible, use gafas de seguridad y tenga a mano un extintor de incendios Clase B.*

1   Al momento de reacondicionar el carburador, tiene varias opciones. Si intenta reacondicionar el carburador usted mismo, primero adquiera un kit de reconstrucción de carburador de buena calidad (que incluya todas las juntas, piezas internas, instrucciones y una lista de piezas). También necesitará solvente especial y un medio para soplar los pasajes internos del carburador con aire.

2   Una alternativa es adquirir un carburador nuevo o reconstruido. Puede encontrarlos disponibles en concesionarios y tiendas de autopartes. Asegúrese de que el carburador de recambio sea idéntico al original. El número de modelo del carburador está estampado en la cubeta o en la lengüeta metálica (**vea la ilustración**). Esto ayudará a determinar el tipo exacto del carburador que tiene. Cuando adquiera un carburador reconstruido o un kit de reconstrucción, asegúrese de que éstos coincidan exactamente con la aplicación. Las diferencias aparentemente insignificantes pueden hacer una gran diferencia en el rendimiento del motor.

3   Si decide reacondicionar su propio carburador, tómese el tiempo suficiente para desarmarlo cuidadosamente, moje las piezas necesarias en solvente de limpieza (por lo general, al menos medio día o según las instrucciones indicadas en el limpiador del carburador) y vuelva a armarlo, que generalmente lleva más tiempo

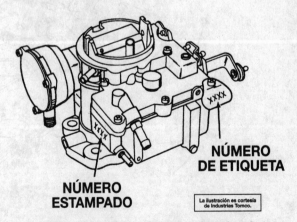

DOS JUEGOS ROCHESTER 2G, 2GC, 2GV, 2GE   **2BBL**

NÚMERO DE ETIQUETA

NÚMERO ESTAMPADO

La ilustración es cortesía de Industrias Tomco.

8.1 El número del modelo está estampado en la cubeta o en la lengüeta metálica fijada al carburador. Este número se debe usar al comprar piezas de repuesto o un carburador nuevo (o reconstruido).

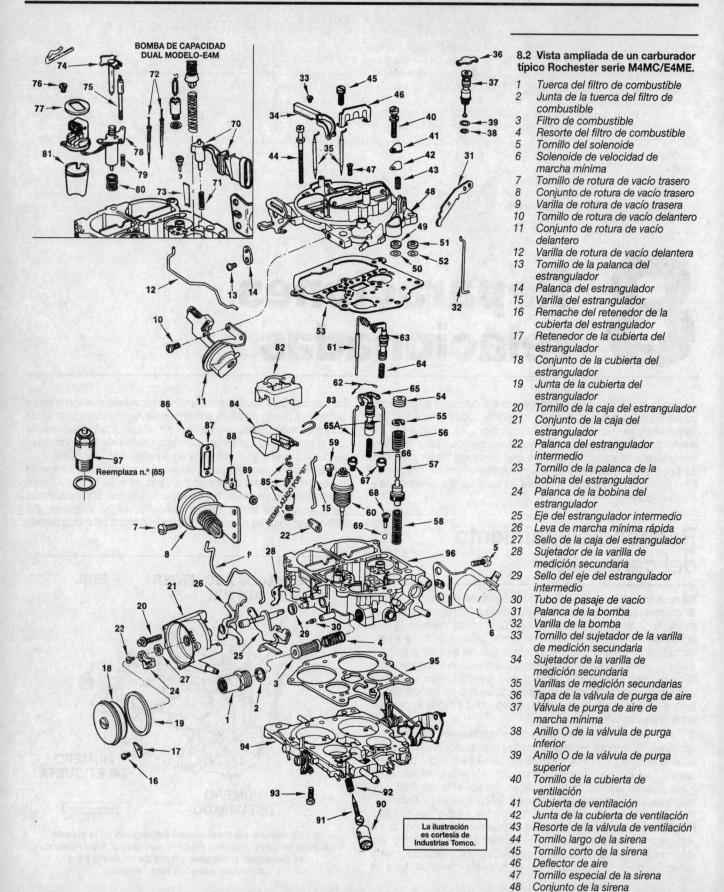

BOMBA DE CAPACIDAD DUAL MODELO-E4M

Reemplaza n.º (85)

REEMPLAZADO POR "97"

La ilustración es cortesía de Industrias Tomco.

8.2 Vista ampliada de un carburador típico Rochester serie M4MC/E4ME.

1 Tuerca del filtro de combustible
2 Junta de la tuerca del filtro de combustible
3 Filtro de combustible
4 Resorte del filtro de combustible
5 Tornillo del solenoide
6 Solenoide de velocidad de marcha mínima
7 Tornillo de rotura de vacío trasero
8 Conjunto de rotura de vacío trasero
9 Varilla de rotura de vacío trasera
10 Tornillo de rotura de vacío delantero
11 Conjunto de rotura de vacío delantero
12 Varilla de rotura de vacío delantera
13 Tornillo de la palanca del estrangulador
14 Palanca del estrangulador
15 Varilla del estrangulador
16 Remache del retenedor de la cubierta del estrangulador
17 Retenedor de la cubierta del estrangulador
18 Conjunto de la cubierta del estrangulador
19 Junta de la cubierta del estrangulador
20 Tornillo de la caja del estrangulador
21 Conjunto de la caja del estrangulador
22 Palanca del estrangulador intermedio
23 Tornillo de la palanca de la bobina del estrangulador
24 Palanca de la bobina del estrangulador
25 Eje del estrangulador intermedio
26 Leva de marcha mínima rápida
27 Sello de la caja del estrangulador
28 Sujetador de la varilla de medición secundaria
29 Sello del eje del estrangulador intermedio
30 Tubo de pasaje de vacío
31 Palanca de la bomba
32 Varilla de la bomba
33 Tornillo del sujetador de la varilla de medición secundaria
34 Sujetador de la varilla de medición secundaria
35 Varillas de medición secundarias
36 Tapa de la válvula de purga de aire
37 Válvula de purga de aire de marcha mínima
38 Anillo O de la válvula de purga inferior
39 Anillo O de la válvula de purga superior
40 Tornillo de la cubierta de ventilación
41 Cubierta de ventilación
42 Junta de la cubierta de ventilación
43 Resorte de la válvula de ventilación
44 Tornillo largo de la sirena
45 Tornillo corto de la sirena
46 Deflector de aire
47 Tornillo especial de la sirena
48 Conjunto de la sirena

que el desmontaje. Al desarmar el carburador, haga coincidir cada pieza con la ilustración en el kit del carburador y deje las piezas en orden en una superficie de trabajo limpia. Los reacondicionamientos realizados por mecánicos sin experiencia pueden tener como resultado un motor que no funciona bien o que directamente no funciona. Para evitarlo, desarme el carburador con cuidado y paciencia, y así podrá rearmarlo correctamente.

4 Ya que el fabricante modifica constantemente los diseños del carburador a fin de cumplir con las regulaciones de emisiones que son cada vez más exigentes, no es posible incluir un reacondicionamiento paso a paso de cada tipo. Recibirá un juego de instrucciones detalladas y bien ilustradas con el kit de reacondicionamiento del carburador; éstas se aplican de manera más específica al carburador en su vehículo. Se incluye una vista ampliada del carburador de cuatro bocas **(vea la ilustración)**.

Reacondicionamiento del distribuidor

Nota: Como alternativa al reacondicionamiento de un distribuidor, comúnmente puede encontrar distribuidores reconstruidos por completo en grandes tiendas de autopartes. Por lo general, los precios son muy razonables. Si decide reacondicionar el distribuidor, asegúrese de que las piezas necesarias estén disponibles (lea el procedimiento completo primero).

1 Instale el distribuidor en un banco, con bloques de madera para proteger la caja.

2 Consulte las vistas ampliadas adjuntas del distribuidor tipo punto **(vea la ilustración)** y del distribuidor sin interrupciones

49	Sello del vástago de la bomba
50	Retenedor del sello del vástago de la bomba
51	T.P.S. Sello del émbolo
52	Retenedor del sello del émbolo de T.P.S.
53	Junta de la sirena
54	Separador del vástago de la bomba
55	Retenedor del resorte de la bomba
56	Resorte de la bomba
57	Conjunto del vástago de la bomba
58	Resorte de retorno de la bomba
59	Tornillo del conjunto aneroide
60	Conjunto aneroide
61	Varilla de medición auxiliar
62	Resorte de la varilla de medición
63	Pistón de potencia auxiliar
64	Resorte del pistón de potencia auxiliar
65	Conjunto del pistón de potencia
66	Varillas de medición principales
67	Boquillas principales
68	Tornillo de bola de descarga de la bomba
69	Bola de descarga de la bomba
70	Conjunto del sensor de posición del acelerador
71	T.P.S. Resorte
72	Resorte y varilla de medición principales
73	Deflector de bomba
74	Émbolo del solenoide
75	Tornillo de ajuste de la mezcla pobre del solenoide
76	Tornillo del conector ECM
77	Junta del conector ECM
78	Conjunto de solenoide y conector ECM
79	Resorte del tornillo de mezcla pobre
80	Resorte del solenoide
81	Inserto de orificios
82	Combustible, inserto de cubierta
83	Pasador flotante de bisagra
84	Conjunto de palanca y flotador
85	Conjunto de aguja y asiento
86	Tornillo de la cubierta del compensador de marcha mínima en caliente
87	Cubierta del compensador de marcha mínima en caliente
88	Conjunto del compensador de marcha mínima en caliente
89	Junta del compensador de marcha mínima en caliente
90	Tapa limitadora de marcha mínima
91	Aguja de marcha mínima
92	Resorte de la aguja de marcha mínima
93	Tornillo del cuerpo del acelerador
94	Cuerpo del acelerador
95	Junta del cuerpo del acelerador
96	Cuerpo principal
97	Válvula de entrada giratoria

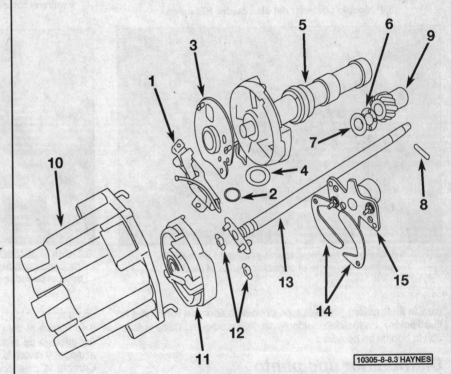

8.3 Distribuidor tipo punto típico: vista ampliada.

1	Conjunto del punto de contacto
2	Anillo de retención
3	Plato del disyuntor
4	Arandela de fieltro
5	Caja del distribuidor
6	Arandela y laminilla
7	Arandela de plástico
8	Pasador de rodillo del engranaje impulsor
9	Engranaje impulsor del distribuidor
10	Tapa del distribuidor
11	Rotor
12	Resortes del peso de avance
13	Eje principal
14	Pesos de avance
15	Base del peso de avance y leva

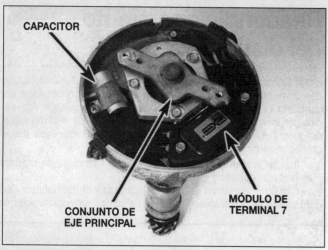

CAPACITOR

CONJUNTO DE
EJE PRINCIPAL

MÓDULO DE
TERMINAL 7

8.4 Modelo posterior del distribuidor HEI típico.

8.5 Afloje los tornillos (pero no los quite completamente)
y retire el rotor hacia arriba (distribuidor sin interrupciones).

8.6 Quite los tornillos, aparte el módulo de ignición,
luego desconecte el conector y quite el módulo.

8.7 Con el distribuidor montado de manera segura en una prensa
de banco con bloques de madera para evitar daños a la caja,
quite el pasador de rodillo con el punzón del tamaño correcto.

(vea la ilustración). Quite la tapa del distribuidor y el rotor (vea la ilustración). En los distribuidores sin interrupciones, quite la tapa con la bobina en posición.

Distribuidor tipo punto

3   Retire los resortes y el peso de avance y (si tiene) el protector contra interferencias de la radio.

Distribuidor sin interrupciones

4   Retire el módulo de ignición y los pesos de avance (vea la ilustración).

Todos los distribuidores

5   Marque el engranaje y eje del distribuidor de manera que puede volver a instalarlos en la misma relación.
6   Con un punzón y un martillo, quite el pasador de rodillo y extraiga el engranaje y cualquier laminilla del eje (vea la ilustración).
7   Retire el eje de la caja. Si hay rebabas, corrosión u unos depósitos en la parte inferior del eje, asegúrese de quitarlos con la lija antes extraer el eje. Revise el funcionamiento correcto del conjunto del peso de avance; revise que no haya corrosión o daños. El conjunto del eje y el peso de avance se deben reemplazar como

una unidad en los modelos posteriores.
8   Revise el buje dentro de la caja del distribuidor en busca de desgaste o de signos de excesiva concentración de calor (color azulado) y revise la misma caja en busca de rajaduras o desgaste. Cambie la caja completa del distribuidor si los bujes o la caja están dañados.

Distribuidor tipo punto

9   Retire el conjunto base del peso de la leva.
10   Quite los tornillos y levante la unidad de avance de vacío.
11   Quite el anillo de resorte y quite el conjunto del plato del disyuntor. Retire los puntos de contacto y el condensador, luego la arandela de fieltro y el sello de plástico que se encuentran debajo del plato del disyuntor.
12   Inspeccione las piezas en busca de desgaste, deformaciones y rajaduras, y haga los reemplazos necesarios.
13   El ensamblado se hace en forma inversa al desarmado, pero asegúrese de llenar la cavidad de lubricación en la caja con la grasa de uso múltiple en primer lugar, y de engrasar la base del peso de la leva del mecanismo de avance. Coloque unas gotas de aceite en la mecha de lubricación antes de instalarla. Use un nuevo sello plástico y arandela de fieltro nuevos, y un pasador de rodillo nuevo al instalar el engranaje.

8.8 Revise que el piñón del motor de arranque se mueva libremente en ambas direcciones con sus dedos: debe girar libremente en una dirección.

8.9 Revise que el inducido gire libremente haciendo palanca en el piñón con un destornillador. El inducido debe girar libremente.

Distribuidor sin interrupciones

14   Retire el clip "C" y levante el conjunto de bobina de captación.
15   Quite los tornillos y retire la unidad de avance de vacío.
16   Quite el capacitor y el mazo de cables de la caja.
17   Inspeccione las piezas en busca de desgaste, deformaciones y rajaduras, y haga los reemplazos necesarios.
18   El ensamblado se hace en forma inversa al desarmado, pero antes asegúrese de llenar la cavidad de lubricación en la caja con la grasa de uso múltiple si está vacía o con poca cantidad de lubricante, y de engrasar el mecanismo de avance. Lubrique los conectores eléctricos con vaselina y cubra la parte inferior del módulo de ignición con grasa siliconada antes de la instalación.

Reacondicionamiento de la bomba de combustible

La bomba de combustible de algunos modelos anteriores se puede desarmar y reconstruir, mientras que, en modelos posteriores, la bomba está sellada y se debe reemplazar como una unidad. Las bombas reconstruidas tienen tornillos alrededor del cuerpo de la bomba que se pueden quitar para permitir el desmontaje. Antes de comenzar a trabajar, adquiera un kit de reconstrucción en su concesionario. A medida que desarma la bomba de combustible, coloque las piezas en orden sobre una superficie de trabajo limpia. De esta manera, los componentes de la bomba se pueden volver a montar en el orden correcto.
Advertencia: *La gasolina es extremadamente inflamable; por lo tanto, tome precauciones adicionales cuando trabaje en cualquier parte del sistema de combustible. No fume ni permita llamas expuestas o bombillas descubiertas cerca del área de trabajo y no trabaje en un garaje donde haya algún tipo de aparato a gas (tal como un termotanque o secador de ropa) con un piloto encendido. Si se derrama combustible sobre la piel, enjuáguese de inmediato con agua y jabón. Cuando realice cualquier tipo de trabajo con el tanque de combustible, use gafas de seguridad y tenga a mano un extintor de incendios Clase B.*

Reacondicionamiento del arranque

1   Limpie el arranque con un trapo de taller y solvente, y colóquelo sobre un banco de trabajo.
2   Revise el piñón en busca de daños y gírelo **(vea la ilustración)**. Sólo debe girar fácilmente en una dirección. Si gira fácilmente en ambas direcciones y el inducido no se mueve, el embrague de sobremarcha está dañado.
3   Revise si el inducido gira libremente dando vueltas el piñón con un destornillador con el embrague de sobremarcha en la posición de bloqueo **(vea la ilustración)**. Los rodamientos ajustados o un eje de inducido doblado impedirán que el inducido gire fácilmente. Si el inducido no gira libremente, desarme el motor inmediatamente. Si el inducido gira libremente, realice una prueba sin carga antes de desarmar el motor.
4   Para realizar la prueba sin carga del arranque, simplemente enganche una batería de 12 voltios, con cables puentes, como se muestra, y haga puente en los terminales del solenoide con un destornillador **(vea la ilustración)**. No haga funcionar el arranque

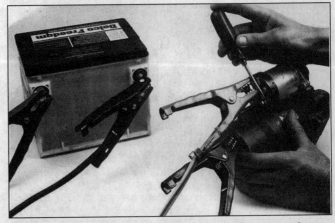

8.10 Para hacer una prueba sin carga del arranque, enganche una batería de 12 voltios (el positivo al terminal de la batería, el negativo a la caja del arranque), conecte un cable puente o un destornillador viejo (como se muestra a continuación) entre el terminal de la batería y el terminal del circuito de control del solenoide.

8.11 Desconecte la correa del campo de la terminal en el solenoide.

8.12 Retire los pernos que fijan el solenoide a la caja del arranque.

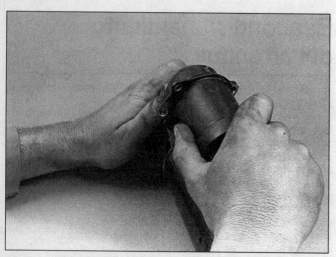

8.13 Gire el solenoide en sentido horario . . .

8.14 . . . sepárelo de la caja del arranque. Quite el resorte de retorno y sepárelo.

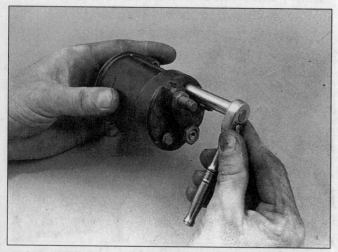

8.15 Retire los dos tornillos de la cubierta del solenoide.

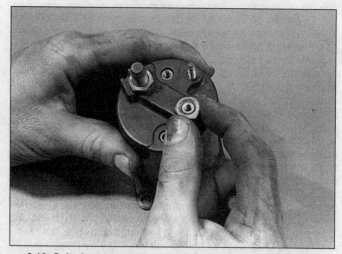

8.16 Quite las tuercas del terminal del motor (generalmente marcadas con una "B") y de la terminal del interruptor. Los pernos prisioneros del terminal tienen cables soldados; por lo tanto, evite girar el terminal cuando afloja la tuerca.

8.17 Retire la cubierta del solenoide y revise los contactos: si están sucios, límpielos con limpiador de contactos; si están quemados o dañados, reemplace el solenoide.

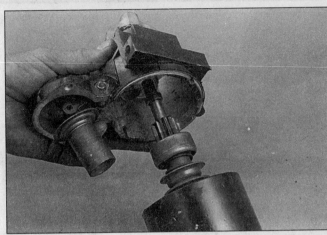

8.18 Retire los dos pernos pasantes del arranque y retire la caja final de accionamiento.

8.19 Extraiga el conjunto del inducido y del embrague de rueda libre del bastidor de campo.

8.20 Retire el bastidor final del conmutador.

durante más de unos segundos por vez y asegúrese de que la batería esté en buen estado. **Advertencia:** *¡No coloque los dedos cerca del engranaje del piñón giratorio!*

Desarmado

5   Siga el procedimiento que se muestra en las **fotografías adjuntas** para desarmar el arranque.

6   Limpie el embrague de sobremarcha con un paño limpio. Limpie el inducido y las bobinas de campo con limpiador de contacto eléctrico y un cepillo. No limpie el embrague, el inducido o las bobinas de campo en un tanque de solvente o con solventes que eliminan la grasa: disolverán los lubricantes del embrague y dañarán la aislación en el inducido y en las bobinas de campo. Si el conmutador está sucio, límpielo con papel de lija 00. No use tela de esmeril para limpiar el conmutador.

7   Pruebe el funcionamiento del embrague de sobrecarga. El piñón debe girar libremente sólo en la dirección de sobrecarga. Revise los dientes del piñón en busca de astillas, rajaduras o desgaste excesivo. Reemplace el conjunto del embrague si está dañado o si se observa desgaste. Si los dientes del piñón están muy astillados, pueden indicar que hay dientes astillados en la

8.21 Así se ven los bujes, los soportes de cepillo y los resortes cuando se arman correctamente.

8.22 Para retirar los cepillos, quite el tornillo de sujeción pequeño que une el cable a cada cepillo.

8.23 Inspeccione los cepillos en busca de desgaste. Reemplace el juego si alguno está desgastado a la mitad de su longitud original. A juzgar por este cepillo, los cepillos de este arranque se deben reemplazar.

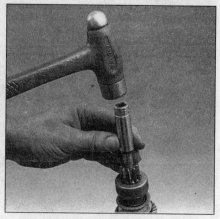

8.24 Para quitar el embrague de rueda libre del eje del inducido, deslice un dado viejo por el eje de manera que quede adyacente al borde del retenedor, luego golpee el dado con un martillo y coloque el retenedor hacia el inducido y fuera del anillo de resorte.

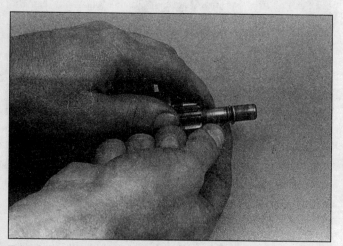

8.25 Quite el anillo de resorte de su ranura en el eje con un par de tenazas o un destornillador. Si el anillo de resorte está seriamente deformado, utilice uno nuevo durante el rearmado.

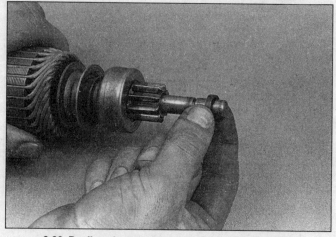

8.26 Deslice el retenedor fuera del eje del inducido.

8.27 Deslice el conjunto de accionamiento fuera del eje. El rearmado del arranque se realiza en forma inversa al desarmado.

corona del volante. Si esto ocurre, asegúrese de revisar la corona y, si es necesario, reemplácela.

8   Revise los cepillos en busca de desgaste. Reemplace el juego si alguno está desgastado hasta alcanzar la mitad de su longitud original. Los soportes de los cepillos deben sostener éstos contra el conmutador. Asegúrese de que no están doblados o deformados.

Inducido

9   Revise el ajuste del eje del inducido en los bujes en cada extremo de la caja del motor. El eje deberá encajar perfectamente en los bujes. Si los bujes se desgastan, reemplácelos o adquiera un motor de arranque reconstruido.

Conmutador

10   Revise el conmutador en busca de desgaste. Si está muy desgastado, ovalado o las tiras del aislante entre cada segmento están altas, se debe girar el inducido sobre un torno y las tiras de aislante se deben socavar. Esta operación se realiza mejor en un taller de maquinado automotriz equipado adecuadamente, ya que está familiarizado con este procedimiento. Tal vez sea más rápido y fácil adquirir un arranque reconstruido.

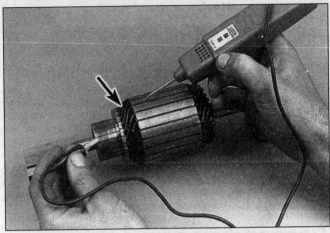

8.28 Verificación de un cortocircuito entre un segmento del conmutador y el inducido. Observe cómo cada segmento del conmutador y del bobinado asociado se une mediante un conductor (flecha).

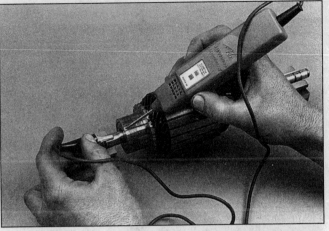

8.29 Verificación de la conexión a tierra del inducido y el conmutador.

11 Utilice un ohmímetro o un probador de continuidad, revise que no haya cortocircuitos entre cada segmento del conmutador y el inducido **(vea la ilustración)**. Reemplace el inducido si hay cortocircuitos. Si no hay continuidad, hay una abertura en el bobinado. Los lugares donde es más probable que aparezcan las aberturas son los puntos donde los conductores del inducido se unen con los segmentos del conmutador. Inspeccione estos puntos en busca de conexiones flojas. Las conexiones inadecuadas provocan destellos y abrasión de los segmentos del conmutador mientras se utiliza el motor de arranque. Si los segmentos no están muy quemados, generalmente el daño se puede reparar soldando de nuevo los conductores a los segmentos y limpiando el material quemado del conmutador con papel de lija 00.

12 Utilice un ohmímetro o probador de continuidad, revise si hay continuidad entre cada segmento del conmutador y el segmento a su derecha o izquierda inmediatas. Debe haber continuidad.

13 A veces, los cortocircuitos se producen por la presencia de polvo de carbón o cobre (de los cepillos) entre los segmentos. Generalmente se pueden eliminar limpiando las ranuras entre los segmentos. Si un cortocircuito persiste, lleve el inducido a un taller equipado adecuadamente para que se realice una prueba en el probador de inducidos. Generalmente, es más fácil adquirir un arranque reconstruido.

14 Revise si hay conexión a tierra. Esto generalmente se realiza como resultado de una falla de aislamiento provocada por el sobrecalentamiento del motor de arranque cuando funciona durante períodos prolongados. También pueden ser causadas por la acumulación de polvo del cepillo entre los segmentos del conmutador y el anillo de acero del conmutador. Las conexiones a tierra en el inducido y el conmutador se pueden detectar con un ohmímetro o un probador de continuidad. Toque una sonda del instrumento de prueba al eje del inducido y toque la otra sonda a cada segmento del conmutador **(vea la ilustración)**. Si el instrumento indica continuidad en cualquiera de los segmentos, el inducido está conectado a tierra. Si la limpieza no corrige el problema de conexión a tierra, reemplace el inducido (generalmente es más fácil adquirir simplemente un arranque reconstruido).

Bobinas de campo

15 Utilice un ohmímetro o un probador de continuidad, coloque una sonda en cada conector de bobina del campo **(vea la ilustración)**. El instrumento debe indicar continuidad. Si no hay continuidad, hay una abertura en las bobinas de campo. Se recomienda adquirir un arranque reconstruido ya que normalmente el reemplazo de la bobina de campo requiere herramientas especiales.

16 Coloque una sonda de un ohmímetro o de un probador de continuidad sobre unos de los conectores de bobina del campo **(vea la ilustración)**. Coloque la otra sonda en el bastidor del

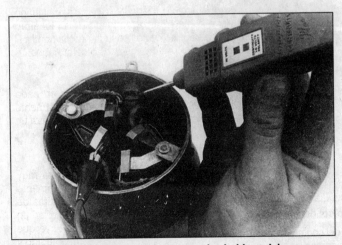

8.30 Verificación de una abertura en las bobinas del campo.

8.31 Revisión de una bobina de campo conectada a tierra.

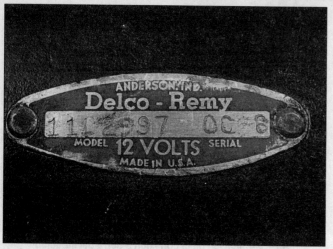

8.32 Pestaña de identificación del generador típico.

Reacondicionamiento del generador

Muchos vehículos viejos (anteriores a 1970) utilizan generadores. Los vehículos modernos están equipados con alternadores que soportan las demandas más grandes de corriente de los sistemas eléctricos actuales. Si el generador se debe reemplazar o reacondicionar, consulte la pestaña de identificación remachada a la caja para asegurarse de que la unidad de reemplazo es la misma o de que se adquieren las piezas correctas **(vea la ilustración)**. Un generador es menos complejo que un alternador, y tiene menos piezas. En consecuencia, el reacondicionamiento es un procedimiento más simple, que consta de el desarmado, el reemplazo de piezas desgastadas y el rearmado **(vea la ilustración)**.

Reacondicionamiento del alternador

Nota 1: *Se necesitan herramientas especiales para reacondicionar un alternador. Estas herramientas incluyen un ohmímetro, una pistola para soldar y extractores e instaladores especiales. Antes de desarmar el alternador, revise la disponibilidad y los precios de los kits de reacondicionamiento y también los precios de alternadores*

arranque. Desconecte la conexión a tierra de la bobina de derivación, si corresponde, antes de realizar esta revisión. Si el instrumento indica continuidad, las bobinas de campo están conectadas a tierra; adquiera un arranque reconstruido.

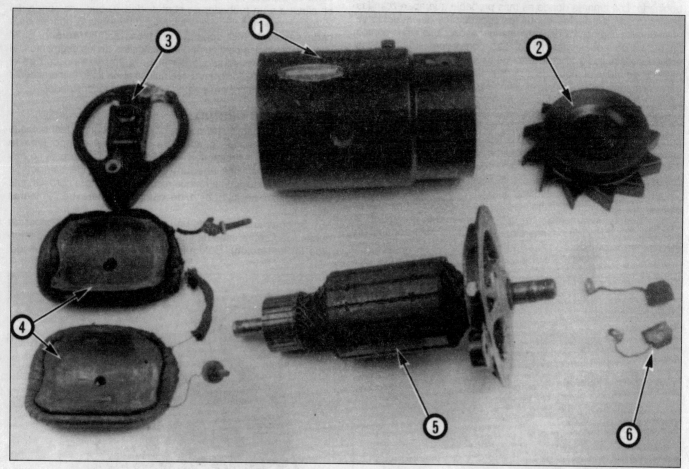

8.33 Generador típico: desarmado.

1	Bastidor del campo	3	Bastidor final del conmutador	5	Inducido
2	Polea del ventilador	4	Bobinados de campo	6	Cepillos

8.34 Algunos alternadores de modelos posteriores no se pueden reconstruir: se pueden identificar con pernos (flecha) o remaches especiales.

8.35 Pinte o trace una marca a lo largo de la caja del alternador para asegurar el rearmado correcto.

8.36 En la mayoría de los modelos, puede quitar la polea del ventilador con una llave Allen y una llave de tubo.

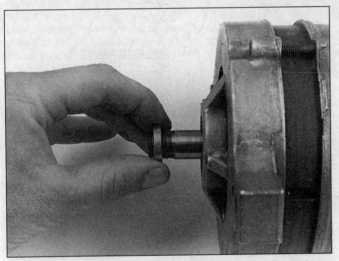

8.37 Luego de quitar la polea del ventilador, algunos alternadores tiene un separador.

8.38 Quite los pernos pasantes (flechas).

nuevos y reconstruidos. A menudo conseguirá de manera más fácil, y a veces menos costosa, una unidad reconstituida.

Nota 2: Algunos alternadores de modelos posteriores no se pueden desarmar y reconstruir. Generalmente éstos tienen pernos pasantes con cabezas o remaches especiales en lugar de pernos pasantes (vea la ilustración)

Nota 3: El siguiente procedimiento es general. Si las instrucciones que recibe con su kit de reacondicionamiento varían con respecto a este procedimiento, asuma que las instrucciones son correctas.

Desarmado

1   Trace o pinte una línea a lo largo de la caja del alternador para asegurar el rearmado correcto **(vea la ilustración)**.
2   Quite la polea. En la mayoría de los modelos, la polea se puede quitar con herramientas de mano comunes **(vea la ilustración)**. La mayoría de los alternadores tienen un separador debajo de la polea **(vea la ilustración)**.
3   Quite los pernos pasantes de la caja **(vea la ilustración)**.
4   Separe cuidadosamente los bastidores finales **(vea la ilustración)**

8.39 Separe cuidadosamente los bastidores finales.

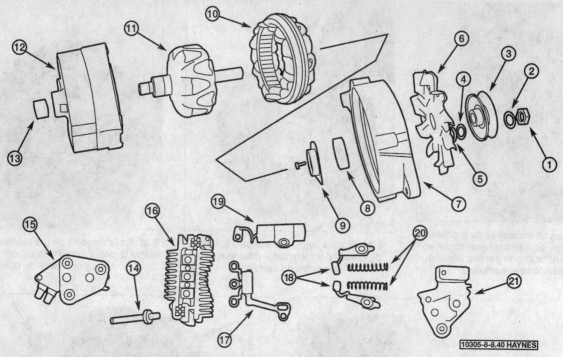

8.40 Un alternador típico de modelo anterior.

1	Tuerca	9	Plato	15	Regulador de voltaje
2	Arandela	10	Estator	16	Puente rectificador
3	Polea	11	Rotor	17	Trío de diodos
4	Arandela	12	Bastidor final del anillo	18	Cepillos
5	Collarín		de deslizamiento	19	Capacitor
6	Ventilador	13	Rodamiento	20	Resortes del cepillo
7	Bastidor final de accionamiento	14	Perno prisionero componente	21	Soporte del cepillo
8	Rodamiento		del terminal		

y consulte la vista ampliada adjunta **(vea la ilustración)**.
5   Retire el soporte del cepillo o el regulador **(vea la ilustración)**.
6   Se recomiendan extractores e instaladores especiales para quitar e instalar los rodamientos. Sin embargo, este trabajo se puede realizar en un taller de maquinado automotriz por un costo razonable.

Inspección

7   Luego de desarmar completamente el alternador, limpie todas las piezas con un limpiador de contacto eléctrico. No utilice solventes desengrasantes; éstos pueden dañar las piezas eléctricas. Busque rajaduras en la caja, puntos quemados, cepillos desgastados **(vea la ilustración)**, anillos de deslizamiento

8.14 Retire los dos tornillos de retención del conjunto del regulador.

8.42 Un ejemplo típico de cepillos desgastados.

8.43 Un ejemplo típico de anillos de desplazamiento desgastados.

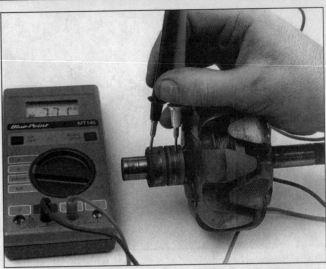

8.44 Revise si hay continuidad entre los dos anillos de desplazamiento. Si no la hay, el rotor está abierto y se debe reemplazar.

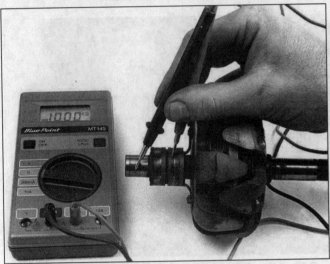

8.45 Revise si hay continuidad entre el anillo de desplazamiento y el eje del rotor. Si la hay, el rotor está conectado a tierra y se debe reemplazar.

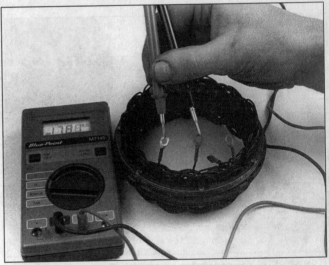

8.46a Revise si hay continuidad entre estos dos terminales del estator . . .

desgastados **(vea la ilustración)** y otras piezas que exhiban desgaste o daño. Reemplace las piezas según sea necesario.

Prueba

8   Con un ohmímetro, revise el rotor en busca de aberturas **(vea la ilustración)** y conexiones a tierra **(vea la ilustración)**. Reemplace el rotor o adquiera un alternador reconstruido si encuentra cualquiera de estas condiciones.

9   Si el rotor está bien, limpie el anillo de deslizamiento con un trapo pulidor de grano 400 o más fino.

10   Revise el estator en busca de aberturas o conexiones a tierra **(vea la ilustración)**. Reemplace el estator o adquiera un alternador reconstruido si encuentra cualquiera de estas condiciones.

8.46b . . . y estos dos. Si hay continuidad, hay una abertura en los bobinados y el estator se debe reemplazar.

8.46c Revise si hay continuidad entre cada terminal del estator y la conexión a tierra. Si no hay una continuidad, el estator está conectado a tierra y se debe reemplazar.

8.47a Si el alternador tiene un trío de diodos como este, conecte un ohmímetro como se muestra, luego invierta los cables del ohmímetro. Una lectura alta y una baja indican que el trío de diodos es correcto. Si las lecturas son las mismas, el trío de diodos se debe reemplazar.

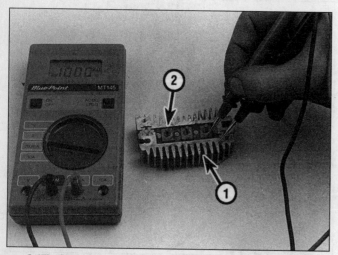
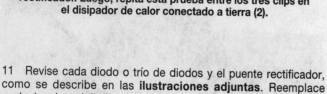
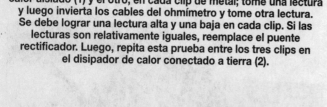

8.47b Si el alternador tiene un puente reflector como este, conecte un ohmímetro como se indica: un cable en el disipador de calor aislado (1) y el otro, en cada clip de metal; tome una lectura y luego invierta los cables del ohmímetro y tome otra lectura. Se debe lograr una lectura alta y una baja en cada clip. Si las lecturas son relativamente iguales, reemplace el puente rectificador. Luego, repita esta prueba entre los tres clips en el disipador de calor conectado a tierra (2).

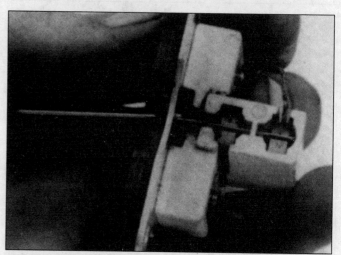

8.47c Antes de instalar los cepillos, inserte un clip de papel, como se muestra, para sostener los cepillos en su lugar durante la instalación; luego de la instalación, simplemente retire el clip de papel.

11   Revise cada diodo o trío de diodos y el puente rectificador, como se describe en las **ilustraciones adjuntas**. Reemplace cualquier pieza dañada.

Ensamblado

13   El ensamblado se hace en forma inversa al desarmado.
14   Antes de instalar el soporte de cepillos, inserte un clip para papel que sostenga los cepillos en su lugar durante de ensamblado **(vea la ilustración)**. Quite el clip luego de ensamblar el alternador.

Notas

9 Mejora del rendimiento y la economía

Introducción

En estos momentos en que los costos de combustible aumentan sin cesar, el aficionado recuerda constantemente las compensaciones necesarias para manejar un vehículo de alto rendimiento. Se necesita combustible para producir caballos de fuerza y cuanto más rápido conduzca, más necesitará.

Pero el rendimiento y la economía no deben ser mutuamente excluyentes. Al hacer coincidir correctamente los componentes y una afinación cuidadosa, puede mejorar la potencia y la eficacia del tren motriz para obtener lo mejor de ambos mundos.

Los diseños automotrices están, por necesidad, plagados de ajustes. Los ingenieros en la fábrica deben permitir grandes variaciones en las tolerancias de la línea de producción, las técnicas de manejo, el combustible de bajo octanaje, la acumulación de carbón, el desgaste, la certificación de emisiones, la poca o falta de mantenimiento mientras que mantienen bajos los costos.

Los vehículos de pasajeros y camiones ligeros de producción en gran escala están diseñados para alcanzar un equilibrio entre el manejo de frenado y arranque diario en la ciudad y a velocidad crucero en la carretera. Los motores y trenes de potencia se optimizan para potencia baja y media en lugar de caballos de fuerza pico de altas rpm.

Los motores son básicamente bombas de aire que mezclan combustible y aire y producen potencia a partir de la combustión. Cualquier cosa que haga para aumentar el flujo de aire (si asume que el sistema de combustible puede suministrar combustible suficiente en las proporciones correctas) que pasa por el motor, aumentará la potencia. Otras formas para aumentar la potencia o la economía son reducir el peso, la fricción y el arrastre.

Cada motor está diseñado para funcionar con mayor eficiencia en un cierto rango de velocidad (medido en revoluciones por minuto, rpm). La longitud y el diámetro de los puertos de admisión y de escape y los múltiples (o cabezales) de admisión y de escape ayudan a determinar la banda de potencia del motor. Los accionadores de admisión y escape largos y de diámetro pequeño mejoran el torque de rpm bajas y disminuyen la potencia de rpm altas. Por el contrario, los pasos transversales cortos y grandes favorecen la potencia a rpm altas.

El tipo y la clasificación de los sistemas de admisión y de escape, los resortes y filtros de válvula, la ignición, las culatas de cilindros, los diámetros de la válvula y la relación hueco y carrera

se hacen coincidir en la fábrica para garantizar una buena combinación de economía, potencia, maniobrabilidad y emisiones bajas. Además, las características de la transmisión, el radio del engranaje diferencial y el diámetro del neumático deben trabajar en armonía con el motor.

Para conducir en la calle, el torque a rango bajo y medio es mucho más útil (y económico) que los caballos de fuerza máximos teóricos a rpm extremadamente altas. Un motor de tránsito urbano que produce un torque alto sobre un amplio rango de rpm suministrará más caballos de fuerza promedio durante la aceleración a través de los engranajes que un motor que suministra potencia con picos mayores en un rango estrecho de rpm.

Los vehículos pesados con motores relativamente pequeños deberían tener un engranaje más bajo (numéricamente mayor) que los vehículos livianos con motores relativamente grandes. Además, se debe optimizar el motor en un vehículo pesado para un torque máximo en el rango de rpm bajo y medio ya que se necesita más torque para mover y acelerar un vehículo pesado.

Los automóviles y camiones nuevos tienen relaciones numéricas bajas de los ejes, convertidores de torque autoblocantes, sobremarchas y más relaciones en las transmisiones para obtener un buen millaje y una buena aceleración. Una de las mejores maneras de mejorar el rendimiento y la economía a la vez en un vehículo más viejo es instalar una transmisión con más marchas hacia adelante y un diferencial con mejores relaciones que los originales. Con frecuencia, estas piezas están disponibles en desarmaderos de modelos nuevos de vehículos a precios razonables.

La mayoría de los motores de competición funcionan en un rango estrecho a rpm altas y no necesitan la flexibilidad que brinda el torque de velocidad baja. Muchos modificadores de vehículos caen en la tentación de colocar un árbol de levas de competición radical o un carburador enorme en un motor que de otra forma sería como el original. Esto aumenta la capacidad teórica de flujo de aire en una parte del motor sin cambiar las características de flujo de otros componentes. Dado que los componentes no coinciden, se reduce la velocidad de carga del aire de admisión y el combustible no se mezcla correctamente con el aire. El motor ya no tiene una banda óptima de rpm. Esto provoca un automóvil que consume cantidades extremas de combustible y que no es tan rápido como el original.

El torque, que por lo general se mide en pie-libras (ft-lb) en los Estados Unidos, es una medición de la fuerza de torsión generada por el motor. Caballos de fuerza es una medición del

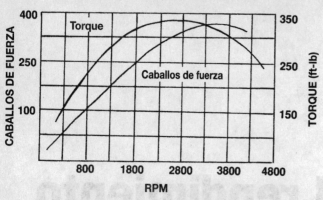

9.1 Observe cómo el torque disminuye antes que los caballos de potencia en este motor típico.

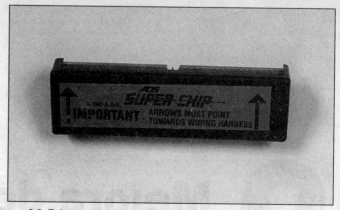

9.2 Existen chips especiales para los vehículos equipados con computadora.

trabajo realizado por el motor. Los caballos de fuerza son el torque (en ft-lb) multiplicado por la velocidad del motor (rpm) dividido por 5,250.

Los motores producen la mayor potencia de una cantidad dada de combustible en su torque máximo. Estas son las rpm para las que se optimiza el diseño del motor de fábrica. Los caballos de fuerza máximos se alcanzan haciendo girar el motor más rápido que esta velocidad más eficiente. El torque máximo siempre se registra a rpm más bajas que los caballos de fuerza máximos **(vea la ilustración)**. Los caballos de fuerza alcanzan su máximo cuando las ganancias de marchar más rápido se equilibran con las pérdidas provocadas por marcha por sobre la velocidad óptima para la cual se afinan los componentes del motor.

Puede saber mucho de un motor a partir de sus especificaciones de potencia. En un motor de rendimiento alto, los caballos de fuerza máximos serán por lo general más altos que el torque máximo, y la potencia máxima se registrará a rpm relativamente altas. Además, como regla general, los motores de alto rendimiento en áreas urbanas producen aproximadamente un caballo de fuerza por pulgada cúbica o más. Por ejemplo, un motor estándar hipotético puede tener 300 pulgadas cúbicas de cilindrada, un torque máximo de 275 ft-lb a 3,000 rpm y 200 caballos de fuerza a 4,200 rpm. La versión de rendimiento alto con la misma cilindrada puede tener 245 ft-lb a 3,800 rpm y 325 caballos de fuerza a 5,600 rpm. **Nota:** *Los valores de los caballos de fuerza de los modelos nuevos (cerca de 1972 y posteriores) del motor son netos (con accesorios conectados), mientras que los modelos anteriores se clasifican según los caballos de fuerza brutos o de frenado (sin accesorios). Los valores netos tienden a ser más bajos pero más reales que los valores brutos.*

Antes de seleccionar los componentes para modificar su vehículo, debe planear realmente qué es lo que usted desea que haga. Para empezar, su motor debe estar en excelente estado. De lo contrario, se autodestruirá rápidamente. Revise el estado del motor en su totalidad; para ello, siga los procedimientos descritos en el Capítulo 3. Si es necesario, reconstrúyalo ahora; puede hacer modificaciones durante el reacondicionamiento y le costará menos que si hiciera el trabajo por separado.

Averigüe cuáles son el torque y los caballos de fuerza de fábrica y a cuántas rpm se registran los valores máximos. Luego determine a qué rpm gira el motor en su velocidad crucero usual en carretera y cuál es el engranaje. Si el vehículo no tiene un tacómetro, conecte temporalmente un medidor con cables largos hasta el interior. Para determinar la relación del eje, revise la pestaña en el diferencial.

Una vez que conozca estas cosas, puede determinar qué camino seguir. Generalmente, si modifica el vehículo para que funcione a rpm más altas o desea un gran aumento de potencia, tenga en cuenta que tendrá que sacrificar una gran cantidad de economía de combustible y confiabilidad.

Algunas de las maneras más comunes de aumentar drásticamente la salida de potencia son el supercargado, la turbocompresión, la inyección de óxido nitroso o la introducción de un motor de cilindrada mucho mayor en el vehículo. Hay muchos libros enteros que abarcan cada uno de estos métodos, y estos temas están más allá del alcance de este capítulo.

Según el año y el modelo del vehículo, puede hacer mejoras sustanciales en el millaje a través de una afinación cuidadosa, al cambiar las relaciones del eje, las modificaciones de los neumáticos, la admisión y el escape, el reemplazo del árbol de levas y las mejoras a la ignición. Los vehículos de las décadas 1950 a 1970 son los más sensibles a estos cambios, los que se deben planear y coordinar con cuidado.

Los modelos más nuevos controlados por computadora tienen muchos de estos cambios ya incorporados y alcanzan un mejor millaje que sus predecesores. Son tan sensibles a las modificaciones que hasta un cambio del diámetro del neumático puede afectar la maniobrabilidad del vehículo.

Hay muy pocas modificaciones que se puedan hacer a los vehículos controlados por computadora sin provocar que violen las leyes de emisiones. Varios fabricantes del mercado de autopartes producen múltiples de admisión, árboles de levas, sistemas de escape y chips de computadoras **(vea la ilustración)** que pueden aumentar el rendimiento de los nuevos modelos de vehículos. Compre cuidadosamente y lea la letra chica para determinar la compatibilidad de la computadora antes de comprar cualquier componente.

Si planea reconstruir el motor, puede que sea recomendable hacer varias modificaciones durante el reacondicionamiento. Mientras el motor esté desarmado, puede cambiar fácilmente las culatas de los cilindros, los pistones, las bielas, el cigüeñal y el árbol de levas. Las culatas de cilindros modificadas pueden proporcionar ganancias considerables en la potencia de revoluciones altas. Para un motor leve de calle, un buen trabajo de una válvula de tres ángulos y hacer coincidir los puertos de admisión al múltiple de admisión harán que marche mejor sin disminuir la maniobrabilidad. Los motores más viejos pueden beneficiarse del agregado de asientos de válvulas endurecidos y de válvulas especiales para permitirles que marchen con gasolina con bajo o sin plomo. Vea el Capítulo 5 para obtener información adicional.

Los pistones de alta compresión mejoran la potencia y la eficacia

9.3 Los cigüeñales de carrera larga y los pistones de mayor tamaño pueden incrementar el torque y los caballos de potencia al aumentar la cilindrada.

9.4 A medida que el árbol de levas gira, los lóbulos presionan los levantaválvulas hacia arriba.

en todas las velocidades, pero si supera aproximadamente 9:1, necesitará combustible premium. Los pistones de cabeza plana producen un mejor frente de llama en la cámara de combustión que los cóncavos. Los pistones forjados son más fuertes que los pistones fundidos; sin embargo, los pistones fundidos tienen un buen desempeño en la calle.

Los cigüeñales de carrera más larga con bielas y pistones con huecos grandes coincidentes **(vea la ilustración)** pueden aumentar los caballos de fuerza sin disminuir la maniobrabilidad o el torque mínimo. Sin embargo, si desea construir un motor de rpm altas, no se deje llevar por esto: los motores de carrera larga pueden limitar el potencial de las altas rpm.

Antes de ensamblar el motor, consiga un plan de un taller de maquinado automotriz y equilibre las partes. Es una forma de conseguir caballos de fuerza adicionales que no requiere más combustible.

En este capítulo analizaremos las ventajas y desventajas de varios cambios de componentes y cómo afectan a otras partes del vehículo. Generalmente, si cambia una parte, deberá reemplazar o modificar otras que funcionan en conjunto. Revise el consumo kilométrico de combustible de su vehículo y mida con cuidado el rendimiento con un cronómetro antes y después de cada modificación a fin de determinar su efecto. Pruebe antes y después bajo las mismas condiciones en las mismas carreteras para asegurar la exactitud.

Se han escrito muchos libros y artículos sobre cómo convertir su vehículo para calle en uno de carrera gastando una fortuna. Por supuesto, ya no tiene un vehículo para manejar hasta el trabajo. Intentaremos limitar el análisis a las modificaciones que se pueden realizar en el hogar por un costo razonable y que no evitarán que el vehículo se pueda utilizar como transporte diario.

Asegúrese de que las modificaciones sean legales según las últimas leyes federales, estatales y locales. Muchos estados llevan a cabo inspecciones de "smog" para vehículos de tránsito urbano. Eliminar o modificar los sistemas de control de emisiones a menudo es ilegal y usualmente genera pocas o ninguna mejora en la potencia o economía. Además, todos tenemos que respirar el mismo aire. Muchas jurisdicciones también prohíben los escapes ruidosos. Asegúrese de revisar las regulaciones vigentes con el departamento estatal de vehículos motorizados y la policía estatal o local.

Selección del árbol de levas

Introducción

El árbol de levas es el "cerebro" mecánico del motor. Determina cuándo y qué tan rápido se abrirán y cerrarán las válvulas, y por cuánto tiempo permanecen abiertas presionando los levantaválvulas **(vea la ilustración)** con lóbulos elípticos (ovoidales) a medida que gira **(vea la ilustración)**.

El árbol de levas, más que cualquier otra pieza, determina las características de marcha (o "personalidad") del motor. Un único diseño del árbol de levas no puede brindar la potencia máxima desde la marcha mínima hasta la velocidad máxima. Como todo lo demás en un vehículo motorizado, el diseño del árbol de levas es un desafío. Si el árbol de levas está diseñado para producir golpes de torque mínimo, buena maniobrabilidad y economía de combustible, debe renunciar a algunos caballos de fuerza máximos en rpm altas. Por otro lado, los árboles de levas diseñados para rpm altas funcionan mal en marcha mínima y en velocidades de motor inferiores.

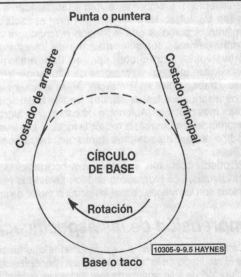

9.5 Cada porción del perfil del árbol de levas tiene un nombre y una función específicos.

9.6 Los levantaválvulas hidráulicos pueden identificarse por los clips de retención en la parte superior (flecha).

9.7 Levantaválvulas de rodillos del mercado de autopartes.

Tipos de levantaválvulas

Antes de poder realizar una elección informada sobre la selección del árbol de levas, necesita conocer algunos parámetros de diseño y terminología básicos. Los árboles de levas deben estar diseñados para trabajar con cierto tipo de levantaválvulas y no se puede utilizar con ningún otro tipo. Hay tres tipos básicos de levantaválvulas: mecánicos, hidráulicos y de rodillos. Los elevadores mecánicos, también conocidos como botadores sólidos o planos, son los más viejos, más simples y menos costosos. Debido a su peso liviano, los levantaválvulas mecánicos permiten un acelerado ligeramente superior antes de que las válvulas floten. La desventaja principal de los levantaválvulas mecánicos es la necesidad de ajustes de válvula frecuentes y el ruido que producen.

Los levantaválvulas hidráulicos (**vea la ilustración**) son el tipo más común utilizado en los motores V8. Tienen una cámara interna pequeña donde se acumula el aceite del motor y una válvula de retención para evitar el retorno. Esta característica permite que el levantaválvulas compense automáticamente las diferencias del juego libre de válvulas o el espacio. Los levantaválvulas hidráulicos estándar son relativamente económicos y no necesitan mantenimiento. Sin embargo, a rpm altas, tienden a bombear y flotar las válvulas. Hay levantaválvulas especiales de alto rendimiento disponibles que extienden el rango rpm lo suficiente para prácticamente cualquier máquina de tránsito urbano. Los levantaválvulas hidráulicos son el tipo más popular de levantaválvulas utilizado en motores de alto rendimiento en áreas urbanas y trabajan bien en la mayoría de las aplicaciones.

Los levantaválvulas de rodillos (**vea la ilustración**) son los mejores y más costosos. Aumentan los caballos de fuerza y mejoran la economía de combustible al reducir la fricción. Los levantaválvulas de rodillo están disponibles tanto en versiones sólidas e hidráulicas.

Si puede costearlo, compre un árbol de levas a rodillo y levantaválvulas. Los hidráulicos son los segundos mejores y los mecánicos son los menos deseables para un motor de área urbana.

Comprensión de las especificaciones

Cada motor tiene cierta velocidad en la que funciona mejor, que es el resultado de la "afinación" de componentes para alcanzar una velocidad de flujo óptima de mezcla de aire o combustible.

El motivo principal por el que los motores no marchan con la máxima eficacia en toda la banda de potencia es que el aire posee masa y, por lo tanto, inercia. A medida que aumenta la velocidad del motor, la cantidad de tiempo del que disponen los gases para entrar y salir de la cámara de combustión disminuye. Los diseñadores de árboles de levas compensan esto abriendo antes las válvulas y dejándolas abiertas por más tiempo. Pero la sincronización de la válvula que funciona bien en velocidades bajas no es eficiente en velocidades altas.

Diversos factores cuantificables determinan las características del árbol de levas. Los puntos más importantes y más anunciados son ELEVACIÓN, DURACIÓN y SUPERPOSICIÓN (**vea la ilustración**).

Elevación

La elevación es simplemente la cantidad de movimiento realizado por el lóbulo del árbol de levas. Las especificaciones de elevación pueden ser confusas porque los balancines multiplican la elevación real en el lóbulo del árbol de levas por una relación de aproximadamente 1:1.5 a 1:1.7. La mayoría de los fabricantes de árboles de levas brindan especificaciones de elevación "netas", que son la cantidad máxima de elevación (o movimiento) que se registra en la válvula. La elevación del lóbulo real medida en el árbol de levas es considerablemente inferior a la elevación neta. Hasta aproximadamente 0.5 in de elevación neta, más elevación produce más potencia. Pasado este punto, los retornos disminuyen. Las grandes elevaciones provocan mayores índices de desgaste y fallas tempranas en los componentes del tren de válvulas.

Duración

La duración indica cuánto permanece abierta una válvula y se mida en grados de rotación del cigüeñal (recuerda que los árboles de levas giran a la mitad de la velocidad del cigüeñal). La duración larga aumenta la potencia de rpm altas a expensas de la economía, las emisiones de escape y la potencia baja.

Es difícil comparar la duración de los diferentes árboles de levas ya que no todos los fabricantes utilizan el mismo método de medición. Algunas compañías miden la duración desde el momento exacto en que la válvula se despega del asiento. Esto produce una cantidad mayor, pero en la práctica, la mezcla de aire y combustible no comienza a fluir de manera significativa hasta que la válvula se haya levantado hasta cierto punto.

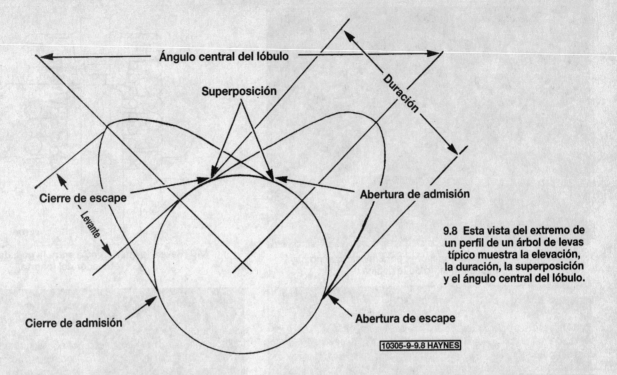

9.8 Esta vista del extremo de un perfil de un árbol de levas típico muestra la elevación, la duración, la superposición y el ángulo central del lóbulo.

La mayoría de los expertos en árboles de levas acordaron medir la duración desde una elevación de partida y llegada de 0.050 in. Este método da como resultado un número más pequeño que es más representativo de las características de flujo. Para uso en áreas urbanas, los árboles con 230 grados de duración (medidos a una elevación de 0.050 in) funcionan bien. Asegúrese de conocer el método de medida utilizado cuando compare árboles de levas de distintos fabricantes.

Superposición

La superposición es una medición de la rotación del cigüeñal en grados durante la cual se abren las válvulas de admisión y de escape. Al igual que con la duración, la superposición larga también incrementa la potencia a rpm altas a expensas de la economía, las emisiones de escape y la potencia baja.

Hay dos factores que influyen en las especificaciones de superposición de la válvula. El primero y más fácil de comprender es el período de duración de la válvula. El segundo es la línea central del lóbulo o el desplazamiento del lóbulo del árbol de levas.

Otros factores

El ángulo central del lóbulo varía indirectamente con la superposición. Es decir, cuando aumenta la superposición, el ángulo central del lóbulo disminuye y viceversa. El aumento del ángulo por lo general aumenta el torque bajo y la reducción del ángulo mejora los caballos de fuerza de altas rpm.

Otra área de diseño que influye en las características del árbol de levas es el perfil del lóbulo. El índice de elevación, la aceleración y el índice de cierre de la válvula están determinados por la forma de los lóbulos y afectan la marcha del motor. Al abrir y cerrar las válvulas más rápidamente, los diseñadores de las árboles pueden obtener más flujo de una cierta duración.

Se debe hacer coincidir los árboles de levas y los componentes del tren de válvulas para que trabajen correctamente. Además, se debe hacer coincidir cuidadosamente el árbol de levas o el tren de válvulas con los otros componentes utilizados en el motor y el vehículo, especialmente la admisión y el escape, el engranaje y la transmisión.

La mayoría de los fabricantes los árboles de levas tienen departamentos técnicos que ayudan a los clientes a determinar los mejores árboles de levas y componentes para su aplicación específica. Para hacer recomendaciones precisas, necesitan la información completa del vehículo. Si tiene un vehículo pesado con un motor relativamente pequeño, debe ser prudente con el árbol de levas y otros componentes. Siga las recomendaciones de los fabricantes de árboles de levas, quienes han hecho muchas pruebas e investigación.

La sincronización modificada del árbol de levas puede ocasionar una interferencia entre la válvula y el pistón y daños graves al motor. Asegúrese de revisar lo siguiente cuando instale un árbol de levas con especificaciones diferentes a la original:

Agarrotamiento de la bobina del resorte de la válvula

Cuando se instala un árbol de levas con elevación superior a la original, se deben revisar los resortes en busca de agarrotamiento de la bobina. Debido al aumento del recorrido, las bobinas de los resortes de la válvula pueden pegarse (agarrotarse) y causar daños importantes.

Realice esta revisión con el árbol de levas y los levantaválvulas nuevos en su lugar y sin las tapas de las válvulas. Las culatas de cilindros, los balancines y las varillas de empuje deben estar en su lugar y ajustadas. Con un dado y un mango articulado en el perno delantero del cigüeñal dentro de la polea inferior, gire cuidadosamente el cigüeñal al menos dos revoluciones completas (720 grados). Cuando la válvula esté completamente abierta (resorte

9.9 Utilice una galga de espesores para revisar que no haya agarrotamiento de la bobina.

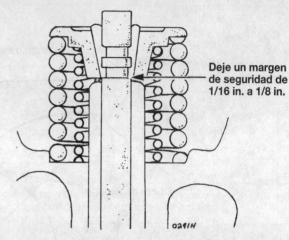

Deje un margen de seguridad de 1/16 in. a 1/8 in.

9.10 Revise la interferencia entre la guía de la válvula y el retenedor del resorte.

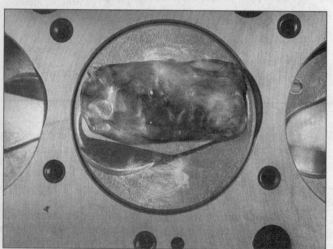

9.11 Presione arcilla en un pistón donde las válvulas se acerquen a la corona del pistón.

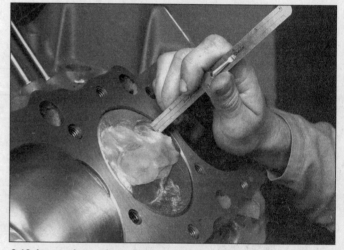

9.12 Luego de que la arcilla se comprima, córtela en el punto más fino y mida esa parte.

comprimido), intente deslizar una galga de espesores de 0.010 in entre cada una de las bobinas (vea la ilustración). Debe deslizarse al menos a través de dos o tres bobinas. Si algún resorte se agarrota, deténgase de inmediato y retroceda ligeramente. Luego corrija el problema antes de continuar. Generalmente, los resortes de válvulas deben reemplazarse con un tipo especial compatible con el árbol de levas.

Espacio entre retenedor del resorte y la guía de la válvula

Algunas veces los árboles de levas de alta elevación causan que los retenedores de los resortes de la válvula golpeen contra la guía de la válvula. Para revisar esto, gire el cigüeñal como se describe anteriormente y revise la interferencia entre la guía y el retenedor (vea la ilustración). Debe haber al menos 1/16 in de espacio.

Espacio entre el pistón y la válvula

Retire una culata de cilindros y presione masilla en la parte superior del pistón (vea la ilustración). Vuelva a instalar temporalmente la culata de cilindros con la junta vieja y apriete los

pernos. Instale y ajuste los balancines y las varillas de empuje de ese cilindro. Gire el cigüeñal al menos dos revoluciones completas (720 grados). Retire la culata de cilindros y deslice la masilla en el punto más delgado (vea la ilustración). Mida el espesor de la masilla en ese punto. Debe tener un espesor de al menos 0.080 in en el lado de la admisión y 0.10 in en el lado del escape. Si el espacio es cercano al mínimo, revise cada cilindro para asegurarse de que una variación en las tolerancias no cause que la válvula y el pistón entren en contacto.

Graduación del árbol de levas

Todas las piezas fabricadas tienen una tolerancia de diseño, y cuando se juntan varias piezas, estas tolerancias se pueden combinar y crear un error significativo denominado acumulación de tolerancias. Se puede perder mucha potencia al ensamblar un motor sin revisar y, de ser necesario, corregir la sincronización del árbol de levas.

Consejos de instalación

El primer paso importante es identificar el verdadero punto muerto superior (TDC), las marcas de fábrica originales pueden ser

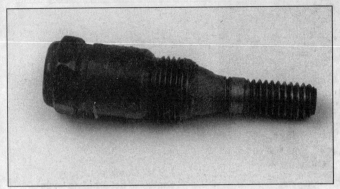

9.13 Puede comprar una parada positiva en un taller de velocidad o fabricar uno usted mismo.

9.14 Monte una rueda de grados en la parte delantera del cigüeñal e instale un puntero como se muestra.

9.15 Monte un indicador de esfera en línea con la varilla de empuje, como se muestra.

erróneas por varios grados. Extraiga la bujía número uno. Con un dado y un mango articulado, gire lentamente el cigüeñal en sentido horario hasta que comience a soplar aire por el orificio de la bujía. Deje de girar el cigüeñal en este momento.

Obtenga una herramienta de parada positiva **(vea la ilustración)**. Atorníllela en el orificio de la bujía del cilindro número uno. Esto evita que el pistón llegue hasta la parte superior del hueco durante este procedimiento.

Monte firmemente una rueda de grados en la parte delantera del cigüeñal y fabrique un puntero fuera del cable de perchas **(vea la ilustración)**. Gire el eje del cigüeñal muy lentamente en la misma dirección (en sentido horario cuando se lo ve desde la parte delantera) hasta que el pistón llegue hasta el tope. **Nota:** *Utilice un destornillador grande en los dientes del plato de transmisión o del volante del motor para girar el cigüeñal; de lo contrario, podrá alterar la rueda de grados.* Observe con qué número se alinea el puntero y marque la rueda de grados con un lápiz.

Ahora, gire lentamente el cigüeñal en la dirección opuesta hasta que toque el tope. Observe otra vez con qué número se alinea el puntero y marque la rueda de grados con un lápiz. El verdadero TDC se encuentra exactamente entre las dos marcas que hizo.

Vuelva a revisar su trabajo, retire el tope del pistón, luego gire el cigüeñal hasta el TDC verdadero y revise la marca de fábrica. Si tiene una diferencia de un grado o más, corrija las marcas de sincronización de fábrica.

Ahora que ha encontrado el verdadero TDC, puede revisar la sincronización del árbol de levas en relación con el cigüeñal.

El avance del árbol de levas en relación con el cigüeñal mejora el rendimiento bajo y el atraso del árbol de levas beneficia el rendimiento a rpm altas a expensas del rendimiento bajo. Cuando se cambia la sincronización del árbol de levas, se debe reiniciar la sincronización de la ignición y se debe revisar el espacio entre la válvula y el pistón si se realiza un gran cambio.

Lea la pestaña de especificación incluida con el árbol de levas. Debería tener los puntos (en grados) de apertura y cierre de las válvulas de admisión y de escape en una elevación de 0.050 in. **Nota:** *Esta es la norma de la industria, si el fabricante del árbol de levas utiliza una elevación diferente, siga sus recomendaciones.*

Comience esta revisión con el motor en el TDC verdadero y la rueda del grado en cero. Monte un indicador de esfera de 0 a 1 in en la varilla de empuje de admisión en el cilindro número uno, tal como se muestra **(vea la ilustración)**. El eje del indicador de esfera debe estar alineado con exactitud a la línea central de la varilla de empuje. Cargue previamente el vástago del indicador aproximadamente 0.100 in y luego reinícielo a cero. **Nota:** *Si las culatas de cilindros no están instaladas, monte el indicador de forma tal que presione el levantaválvulas.*

Gire el cigüeñal en sentido horario hasta que se registre un movimiento de 0.050 in en el indicador de esfera. Verifique la posición del puntero en relación con la rueda de grados. Registre la lectura y continúe girando el cigüeñal hasta que el levantaválvulas vuelva a la elevación de 0.050 in. Registre esta lectura.

Repita el procedimiento anterior en el levantaválvulas del escape adyacente y registre los resultados. Compare las lecturas con la pestaña de especificaciones de sincronización del árbol de levas. Si desea ser realmente minucioso, revise cada cilindro puesto que el maquinado del árbol de levas puede no ser perfecto en algunos casos.

Las lecturas que haya tomado pueden tener una diferencia de dos a cuatro grados del cigüeñal con los números de la pestaña de sincronización. Si este es el caso, es probable que haya errores pequeños en la ubicación del orificio de la clavija en la rueda dentada del árbol de levas. Estas variaciones se pueden corregir utilizando un buje de compensación de la rueda dentada del árbol de levas. Se encuentran disponibles en los talleres de velocidad y a través de los fabricantes de árboles de levas. Siga las instrucciones proporcionadas con los kits. **Nota:** *Algunos fabricantes de árboles de levas construyen con un avance de uno o dos grados para compensar el desgaste de la cadena de sincronización.*

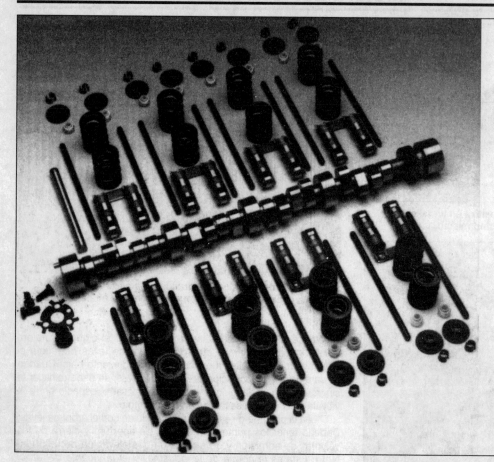

9.16 Comprar un juego completo del árbol de levas garantiza la compatibilidad de los componentes.

Coincidencia de los componentes del tren de válvulas

La mayoría de los fabricantes de árboles de levas venden kits de árboles de levas **(vea la ilustración)** que incluyen los levantaválvulas, los resortes de válvulas, las varillas de empuje y los retenedores que coinciden, y a veces incluso los balancines. Comprar todos los componentes de la misma fuente garantiza la compatibilidad de las piezas. Además, si tuviese un problema, es más fácil tratar con un solo fabricante.

Precauciones

En los árboles de levas de levantaválvulas hidráulicos y mecánicos, no instale levantaválvulas usados a un árbol de levas nuevo. Los levantaválvulas de rodillos usados pueden instalarse en un árbol de levas nuevo diseñado para levantaválvulas de rodillos si los levantaválvulas están en buenas condiciones. Sin embargo, siempre es mejor reemplazar todos los componentes al mismo tiempo.

Aplique una película generosa de lubricante de armado a todos los componentes antes de la instalación. Siga las instrucciones del fabricante y no tome atajos. Deje que se asienten el árbol de levas y los levantaválvulas, luego cambie el aceite con frecuencia.

Balancines

Instalar balancines con rodillos **(vea la ilustración)** es una manera fácil de ganar algunos caballos de fuerza y mejorar el millaje al reducir la fricción. Los balancines con rodillos están disponibles a través de varios fabricantes y son compatibles con todos los tipos de levantaválvulas. Compre una marca de calidad conocida y utilice accesorios y varillas de empuje de calidad para completar la instalación.

Modificaciones del escape

Múltiples originales

Los múltiples de escape de hierro fundido originales son silenciosos, firmes, compactos y es probable que usted ya los tenga. Si planea modificar su vehículo solo un poco, es muy probable que funcionen bien.

9.17 Los balancines con rodillos reducen la fricción, agregan potencia y aseguran un juego libre de válvulas más estable.

Las regulaciones de smog en algunas áreas prohíben el uso de cabezales tubulares del mercado de autopartes con convertidores catalíticos. Si estas disposiciones se aplican a su vehículo, aún puede obtener algo de potencia adicional al agregar escapes dobles mientras aún retiene los múltiples originales.

Se utilizaron varios múltiples buenos de hierro fundido en modelos de alto rendimiento y para la policía, especialmente en la década de 1960. En motores de bloque pequeño, el diseño de "cuernos de carnero" utilizado en las décadas de 1950 y 1960 funciona muy bien. Los múltiples diseñados para Corvette son generalmente superiores a los demás. Aún pueden estar disponibles en su distribuidor o en un desguace. Si planea utilizarlos en un estilo de carrocería diferente al original, asegúrese de que haya suficiente espacio y que la salida esté en el lugar correcto.

Cabezales

Los cabezales de escape de acero tubulares generalmente proporcionan aumentos sin cambios significativos en la economía de combustible. Lo hacen al permitir que los gases de escape salgan con mayor facilidad del motor lo que reduce las pérdidas de bombeado. Los cabezales también "afinan" u optimizan el motor para que marche con más eficacia en un determinado rango de rpm. Esto se logra mediante la inercia de los gases de escape para producir un área de presión baja en el puerto de escape cuando la válvula se abre. Este fenómeno, denominado depuración, puede ser explotado seleccionando los cabezales del largo y el diámetro correctos para que coincidan con su motor, estilo de conducción y vehículo.

Los fabricantes de cabezales producen una gran variedad de cabezales diseñados para distintos propósitos. La mayoría proporciona información, recomendaciones y especificaciones detalladas en sus productos para ayudarle a seleccionar los cabezales correctos para su aplicación. Algunas compañías también tienen líneas de asistencia técnicas para responder las preguntas de los clientes.

Tipos

La mayoría de los cabezales tienen un diseño convencional de cuatro en uno (**vea la ilustración**). Esto significa que los cuatro tubos en un lado del motor se juntan dentro de un tubo colector de diámetro grande. Estos diseños de cuatro en uno tienden a

producir más potencia máxima en rpm altas a expensas de los torques bajo y medio.

Otro método menos común de diseño de los cabezales se conoce comúnmente como "Tri-Y" debido a su apariencia. Los cuatro tubos iniciales se agrupan en pares de dos tubos y luego se vuelven a agrupar en un solo tubo en el colector. Este diseño proporciona más potencia baja y mediana, pero sacrifica una pequeña cantidad de los caballos de fuerza cuando se superan las 6,000 rpm comparado con el diseño de cuatro en uno.

Uno de los desarrollos más recientes en la tecnología del sistema de escape es el cabezal antirretorno (AR). Tienen un pequeño cono dentro del tubo junto a la culata de cilindros que previene que las ondas de presión reflejadas produzcan contrapresión adicional. El diseño AR también permite la utilización de tubos de mayor diámetro sin sacrificar mucho el torque bajo. Los cabezales antirretorno amplían y extienden la curva del torque y mejoran la respuesta del acelerador.

Longitud y diámetro

La selección no es una ciencia exacta sino una serie de ajustes. Generalmente, los tubos largos y la longitud del colector favorecen el torque bajo y las longitudes más cortas producen su potencia en el rango más alto de rpm. Los tubos de mayor diámetro deben utilizarse en motores de gran cilindrada y los tubos transversales más pequeños se deben utilizar en modelos de menor cilindrada.

La mayoría de los cabezales para tránsito urbano tienen tubos principales que miden de 30 a 40 pulgadas. El diámetro del tubo principal debe ser de aproximadamente el mismo diámetro del puerto de escape. Para los motores de bloque pequeño es aproximadamente 1 5/8 in. En los motores de bloques grandes el diámetro típico es de 1 7/8 in. Los colectores generalmente tienen una longitud de alrededor de 10 a 20 pulgadas y de tres a cuatro pulgadas de diámetro.

Coincidencia de los componentes

También es importante hacer coincidir las características de los sistemas de admisión y de escape. Tenga en cuenta que los vehículos más pesados con motores relativamente pequeños necesitan más torque bajo y un engranaje numéricamente mayor para impulsarlos que los vehículos más livianos con motores más grandes. Siga las recomendaciones del fabricante para asegurarse de obtener el modelo correcto para la aplicación.

Los múltiples de admisión de pleno abierto y de un único plano con carburadores grandes de CFM alto solo se deben utilizar con cabezales cuatro a uno diseñados para rpm altas. Esta combinación también debe incluir un árbol de levas de alto rendimiento que coincide con los otros componentes y una relación numérica de engranajes bastante alta.

Si desea un motor de tránsito urbano más manejable, puede optar por un múltiple de dos planos de 180 grados con un carburador un tanto más pequeño y cabezales "Tri-Y" o de cuatro en uno con tubos relativamente largos. Un árbol de levas de rango medio ayudaría a completar el paquete.

Consejos de compra

Asegúrese de revisar con cuidado los materiales del fabricante para determinar si los cabezales se adaptarán al vehículo y le permitirán mantener los accesorios como la dirección hidráulica, el aire acondicionado, los frenos hidráulicos y las bombas de smog, entre otros. Observe si hay espacio suficiente alrededor de los pernos de montaje para una llave. Además, algunos cabezales interfieren con el varillaje del embrague en los modelos de

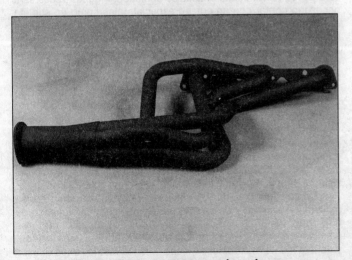

9.18 Los cabezales cuatro en uno son los más comunes.

transmisión manual, así que, si corresponde, revise que no suceda.

Algunas aplicaciones requieren que el motor se levante ligeramente o que incluso se extraiga para poder instalar el cabezal. Averigüe también cómo se conectan los silenciadores y los tubos de escape a los cabezales. La mayoría de las instalaciones requieren algunos cortes y modificaciones al sistema de escape existente, lo que puede requerir una visita al taller de silenciadores. Revise las instrucciones, haga preguntas y sepa lo que está haciendo antes de comprar cualquier componente. No permita que un mal plan le ponga una multa por ir al taller de silenciadores con cabezales abiertos.

La mayoría de los cabezales no tienen protectores contra calor como los múltiples originales y tienden a derretir los cables y la funda de las bujías. Planifique comprar un juego de cables y fundas de silicona resistente al calor junto con los sujetadores o soportes de cables necesarios para mantenerlos alejados de los cabezales.

Busque también juegos de cabezales que tengan adaptadores para válvulas elevadoras de calor y tubos calentadores del estrangulador automático. Algunos modelos con bombas de aire necesitan conexiones roscadas en los cabezales para montar los conductos de inyección de aire. Si su vehículo tiene un sensor de oxígeno en gases de escape, asegúrese de que los cabezales de reemplazo tienen un lugar designado para montar el sensor.

Luego de la instalación de los cabezales, es posible que la mezcla de combustible esté demasiado diluida. Los modelos con carburador usualmente requieren volver a surtirlos y algunos motores inyectados con combustible pueden necesitar ajustes en el sistema de combustible. Pruebe el vehículo en un analizador de motor luego de la instalación y afine el motor según sea necesario. No hacerlo puede provocar problemas de maniobrabilidad o válvulas quemadas.

Desventajas

Los cabezales tienen varias desventajas que se deben tener en cuenta antes de que vaya a comprar un juego. Debido a sus tuberías finas, los cabezales emiten más sonido que los múltiples de escape de hierro fundido. La mayoría de los cabezales produce un leve sonido dentro y alrededor del compartimiento del motor y algunos también producen una resonancia dentro del vehículo a ciertas velocidades del motor.

Los cabezales tubulares también tienen una mayor superficie que los múltiples de acero fundido, por lo que liberan más calor al compartimiento del motor. Los motores con múltiples originales, en cambio, transmiten este calor al sistema de escape.

Otra salvedad es el alabeo de la brida del puerto. Algunos cabezales de menor calidad tienen bridas del puerto de la culata de cilindros finas que son más proclives a sufrir alabeos o fugas de escape. Compare el espesor de las bridas de varias marcas y revise también las juntas y los accesorios provistos con los juegos. Las juntas deben ser bastante gruesas y bien hechas y los accesorios deben ser de un grado alto y coincidir con su aplicación. Busque el mejor control de diseño y calidad. Antes de instalar los cabezales, revise las bridas en busca de alabeos con una regla y, si el alabeo es excesivo, devuélvalos antes de utilizarlos.

Si usted vive en el "Cinturón de óxido", prepárese para la corrosión. La pintura común se quemará rápidamente y se dará inicio al proceso de oxidación. Antes de la instalación, recubra completamente los cabezales con pintura resistente al calor, aerosol porcelanizador o aluminizador.

Los cabezales de escape tubulares del mercado de autopartes no están aprobados para utilizarlos en vehículos con convertidor catalítico en California y algunas otras jurisdicciones (los motores equipados con cabezales tubulares de fábrica están aprobados). Además, los vehículos originalmente equipados con tubos de inyección de aire en los múltiples deben retener este sistema. Revise las regulaciones en su área antes de quitar los múltiples originales.

Sistemas de escape

Se pueden conseguir ganancias sustanciales tanto en el rendimiento como en la economía modificando correctamente el sistema de escape original. A menor cantidad de restricciones, más eficiente será el motor. Al aumentar la capacidad de flujo, puede liberar los caballos de fuerza potenciales en su motor.

Los silenciadores, tubos y convertidores catalíticos originales en la mayoría de los vehículos tienen pequeños pasos y dobleces ajustados. Quizás la parte más difícil de la selección de los componentes del escape para el vehículo de rendimiento de tránsito urbano es hacer que el sistema sea razonablemente silencioso mientras se mantiene la restricción baja. Además, los vehículos originalmente equipados con convertidores catalíticos no pasarán las inspecciones de emisiones si se les quitan los catalizadores.

Antes de comprar un nuevo sistema de escape o los componentes individuales, es necesario conocer qué hay disponible y las ventajas y desventajas de los distintos elementos. Determine cómo quiere que sea su vehículo, cuál es su presupuesto y luego diseñe un sistema equilibrado que cumpla con sus requisitos.

Hay varias piezas especiales e incluso sistemas completos de alto rendimiento disponibles para algunos modelos conocidos. Si tiene un vehículo que no es tan común, es posible que tenga que idear un sistema formado por piezas "universales" o que tenga que utilizar elementos originalmente diseñados para otros vehículos.

Si desea hacer usted mismo las modificaciones a su vehículo, encuentre un área de hormigón pareja donde trabajar. Levante el vehículo con un soporte de gato de piso y sosténgalo de manera segura con soportes de gato resistentes. **Advertencia:** *Nunca trabaje debajo de un vehículo soportado solo por un gato.*

La mayor parte del trabajo en el sistema de escape requiere solo pocas herramientas manuales comunes. Algunas veces será necesario contar con un equipo especial, tales como un soplete de acetileno o un expansor o un doblador de tubos. Los talleres de silenciadores por lo general tienen este equipo y puede modificar, fabricar e instalar los sistemas de escape personalizados. Pero recuerde que cuanto más trabajo haga usted mismo, más dinero podrá ahorrar.

Una de las maneras más simples de reducir la contrapresión y aumentar la capacidad de flujo es agregar un escape doble. Esto realmente duplica la capacidad del escape sin hacer que el vehículo sea considerablemente más ruidoso. Algunas veces se puede reutilizar la mayoría de las piezas originales en un extremo e instalar piezas nuevas en el otro. Si su vehículo necesita tener un convertidor catalítico, puede instalar uno en cada extremo del sistema para cumplir con la ley.

Como regla general, los silenciadores y tubos con grandes orificios de entrada y de salida pueden manejar más volumen de flujo que los más pequeños, si todos los demás factores permanecen iguales. Además, los silenciadores más cortos, y generalmente más ruidosos, tienen menos restricciones que los más largos. Tenga en cuenta esto al elegir los silenciadores.

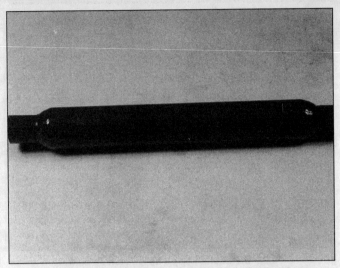

9.19 Los silenciadores Glasspack utilizan un diseño "de paso directo": la parte del diámetro más grande está rellena con fibra de vidrio o un material similar para ayudar a amortiguar el ruido.

9.20 Los silenciadores turbo tienen pasos grandes y una capacidad de flujo alta.

Silenciadores de equipos convencionales u originales

Este es el tipo con el que su vehículo salió de fábrica. Por lo general son de flujo inverso y bastante pesados y restrictivos. Solo debe considerar utilizarlos si agrega un escape doble y quiere que coincida con el silenciador original para ahorrar dinero.

Silenciadores Glasspack

Los silenciadores Glasspack **(vea la ilustración)** son, por lo general, menos costosos que los silenciadores convencionales o "turbo", y tienen menos restricciones que los equipos originales. Desafortunadamente, también son demasiado ruidosos para cumplir con la mayoría de las regulaciones de ruidos y varían enormemente en calidad y rendimiento.

Silenciadores turbos

Originalmente, los ingenieros de fábrica diseñaron un silenciador grande de alto flujo para utilizar en el Chevrolet Corvair sobrealimentado. Los modificadores de vehículos los descubrieron y comenzaron a utilizarlos para todos tipos de vehículos. El nombre "silenciador turbo" se aplicó por primera vez a estas piezas del Corvair y luego se convirtió en genérico y cubrió todos los silenciadores ovalados de alto flujo.

Los silenciadores turbo **(vea la ilustración)** ofrecen las mejores características de los silenciadores originales y Glasspack. Son simplemente silenciadores de alta capacidad que tienen baja restricción sin hacer mucho más ruido que las unidades originales. En la actualidad, prácticamente todos los fabricantes de silenciadores venden un silenciador "turbo". Tienen una mayor cobertura para incluir varios modelos, por lo que debe haber alguno que se ajuste a su aplicación.

Tubo transversal de escape

Cada sistema de escape doble debe tener un tubo transversal de escape arriba de los silenciadores. Este tubo equilibra los impulsos entre ambos lados del motor y permite que el exceso de presión de un lado se purgue hacia el silenciador opuesto. Esto

reduce el ruido y aumenta la capacidad. Asegúrese de que cualquier sistema que compre incorpore este diseño, que mejora la potencia en todo el rango de rpm.

Acero inoxidable

Se prefieren los silenciadores y tubos de acero inoxidable a los de acero común si desea mantener su vehículo por un largo tiempo o si va a conducir mucho por trayectos cortos. Varios fabricantes especiales producen componentes de escape definidos y personalizados de acero inoxidable. Estas piezas son muy resistentes a la corrosión y la mayoría tienen garantía por la vida útil del vehículo. Normalmente cuestan varias veces más que los componentes estándar, así que téngalo en cuenta cuando tome una decisión de compra.

Diámetro del tubo

El diámetro del tubo de escape se mide dentro del tubo. Pequeños incrementos en el diámetro causan grandes incrementos en la capacidad de flujo. Como regla general, los motores de bloque pequeños de cilindrada de 5.0 a 5.8 litros funcionan bien con tubos de 1 7/8 a 2 pulgadas de diámetro, y los más potentes con uno de 2 1/4 pulgadas. Los motores de más de 6.5 litros casi siempre utilizan tubos de 2 1/4 a 2 1/2 pulgadas.

Sistemas de ignición

Los motores de los modelos anteriores a 1975 estaban equipados con distribuidores de punto. Los modelos estándar tenían distribuidores de punto único, mientras que los modelos de alto rendimiento generalmente tienen versiones de doble punto. Si su motor tiene un distribuidor de punto único, es probable que se beneficie de una unidad de reemplazo orientada al rendimiento del mercado de autopartes.

Las igniciones electrónicas sin interruptores están disponibles en el mercado de autopartes y aquellas instaladas en la fábrica

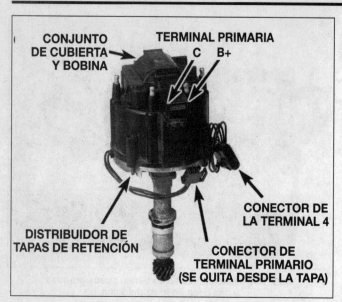

CONJUNTO DE CUBIERTA Y BOBINA

TERMINAL PRIMARIA
C   B+

CONECTOR DE LA TERMINAL 4

DISTRIBUIDOR DE TAPAS DE RETENCIÓN

CONECTOR DE TERMINAL PRIMARIO (SE QUITA DESDE LA TAPA)

9.21 Distribuidor típico de ignición electrónica Chevrolet.

9.22 Distribuidor típico de ignición de punto.

desde 1975 **(vea la ilustración)** hacen que los distribuidores de punto pasen de moda **(vea la ilustración)**. Sin embargo, todas las igniciones no controladas por computadora pueden beneficiarse de la revisión y la curva de avance preparado por un taller de ignición en un probador de distribuidor. Si su motor tiene un distribuidor de doble punto de alto rendimiento, tal vez quiera retenerlo para mantener la originalidad del motor. Los distribuidores originales utilizan una curva de avance que es un compromiso entre la economía, el combustible de bajo octanaje y las emisiones. Para la mayoría de las aplicaciones, el avance total de la bujía no debe exceder los 38 grados. Por lo tanto, si el avance centrífugo en el distribuidor produce un avance de 28 grados en el cigüeñal, la sincronización inicial debe ser BTDC de aproximadamente 10 grados.

Tenga mucho cuidado cuando se varía considerablemente de las especificaciones originales. Muy poco avance ocasiona pérdida de potencia, sobrecalentamiento y una menor economía de combustible. Demasiado avance puede provocar daños internos al motor y altas emisiones del escape. Asegúrese de que la sincronización no esté adelantada hasta el punto en que el motor golpetea constantemente bajo carga. Es normal sentir una ligera vibración cuando acelera, pero un golpeteo continuo dañará los pistones, las bielas y los rodamientos.

Si tiene un modelo nuevo de vehículo con ignición electrónica controlada por computadora, prácticamente lo único que puede hacer es instalar un módulo de control del mercado de autopartes. Algunos de estos hacen que el vehículo no pase una prueba de emisiones, consulte con el fabricante del producto antes de comprarlo.

Algunos de los vehículos de modelos más recientes tienen sensores de golpeteos montados en el bloque que detectan cualquier sonido metálico y le avisan al módulo de control de la ignición que retrase la sincronización de la chispa hasta que desaparezca el ruido. Esta función también permite a la sincronización de la chispa avanzar para combustible de mayor octanaje y retrasar si se detectan ruidos metálicos debido a un octanaje más bajo. No altere el sistema, ya que funciona bien como está.

Cada mejora a la ignición debe incluir una tapa, un rotor, bujías y cables de ignición del distribuidor nuevos y de alta calidad (y puntos y condensador nuevos, si los tienen). Para las máquinas de tránsito urbano, utilice cables de supresión de interferencia de radio (TVRS). Los cables sólidos de no supresión eliminarán la recepción de la radio (para usted y los vehículos y viviendas a su alrededor) y no proporcionarán una ganancia que pueda medirse en el rendimiento. Utilice soportes para mantener los cables separados. Los cableados paralelos y largos pueden provocar un fuego cruzado inducido.

Una bobina de ignición de alto rendimiento es un buen adicional. Asegúrese de conseguir alguna que sea compatible con el resto del sistema de ignición.

Múltiples de admisión

Información general

Un nuevo múltiple de admisión puede desbloquear una cantidad considerable de potencia y mejorar la economía al mismo tiempo si se lo selecciona correctamente. Otra ventaja de utilizar un múltiple de rendimiento alto es el bajo peso del aluminio en comparación con las unidades originales de hierro fundido.

Aunque la alta elevación del múltiple carburador y los múltiples de ariete transversal exóticos se vean muy bien, para el uso en áreas urbanas, cuanto más simple, mejor. Casi todos los múltiples para uso en áreas urbanas cuentan con un único carburador de cuatro barriles. Estos proporcionan potencia con economía y confiabilidad a un costo relativamente bajo. Las configuraciones del carburador múltiple son costosas para comprar y difíciles de afinar y mantener. Un único carburador correctamente seleccionado proporcionará el flujo necesario para un motor en área urbana.

Los múltiples de admisión, como muchas otras piezas del motor, están "afinados" para tener un mejor rendimiento en un cierto rango de rpm. Generalmente, los múltiples con cableados largos producen más torque de rpm bajas, y los múltiples con cableados relativamente cortos aumentan los caballos de fuerza de rpm altas.

En los modelos carburados y con cuerpo del acelerador con inyección de combustible, el múltiple de admisión distribuye la mezcla de aire o combustible a los puertos de admisión en las culatas de cilindros. Los múltiples de admisión en los modelos con puertos de inyección de combustible solo transportan aire; el combustible se inyecta a los puertos.

Hay dos diseños básicos de múltiples de admisión disponible

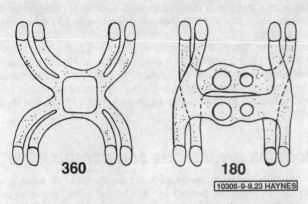

9.23 En los diseños de 360 grados, todos los accionadores se alimentan de una única cámara (o pleno); en los diseños de 180 grados, la mitad de los accionadores se conectan a un pleno y la otra mitad a otro.

9.24 Múltiple típico de dos planos.

para las máquinas de uso urbano, de plano único y de doble plano (también conocidos como de 360 grados y de 180 grados, respectivamente).

Prácticamente todos los múltiples de admisión V8 originales utilizan el diseño de doble plano porque mejoran la potencia, la economía y la maniobrabilidad de rango bajo a medio y producen emisiones bajas. Los múltiples de dos planos **(vea las ilustraciones)** se dividen para que un cilindro de por medio en el orden de encendido se alimente desde un lado del carburador y los cilindros restantes desde el otro. Esto mejora con eficacia la velocidad del múltiple u la respuesta del acelerador en rpm de rango bajo y medio y a expensas de la potencia alta.

En los múltiples de admisión de un único plano (360 grados) **(vea la ilustración)**, todo el cableado de admisión se encuentra al mismo nivel y tiene aproximadamente la misma longitud. Esto ayuda a mejorar la distribución de la mezcla, que es un problema con algunos múltiples de dos planos. Recientemente, se han diseñado múltiples de un único plano con mejor rendimiento en rango bajo y medio. Si desea una mayor potencia media y superior en lugar de un torque de rango bajo y medio, un múltiple de un único plano puede ser la solución. Tenga en cuenta, sin embargo, que la mayoría de la potencia utilizable producida por un motor se encuentra en las rpm

bajas y medias.

Los múltiples de admisión están disponibles en versiones de elevación baja, media y alta. El tipo de elevación baja está diseñado para encajar por debajo de las líneas bajas del capó y generalmente sacrifican un poco de potencia en relación con el tipo de elevación más alta. Para la mayoría de las aplicaciones, si hay espacio suficiente para el capó, elija el tipo de elevación alta.

Hay otros dos diseños comunes que debe conocer, que son utilizados principalmente para competición. Lamentablemente, estos múltiples disminuyen el rendimiento, la maniobrabilidad y la economía de combustible baja y aumentan las emisiones de escape.

El múltiple de ariete transversal monta dos carburadores de cuatro barriles de forma paralela, en lugar de uno adelante del otro. Cada carburador alimenta los cilindros en el banco opuesto y proporciona un efecto de "afinación de ariete".

Los múltiples de ariete acanalados **(vea la ilustración)** también montan dos carburadores de cuatro barriles, pero instalados en línea en vez de forma paralela. Se ven muy bien en los automóviles de "uso urbano profesionales" en los que los carburadores salen por fuera del capó, pero no funcionan correctamente en vehículos de tránsito urbano.

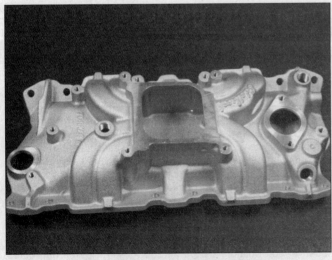

9.25 Múltiple típico de un único plano.

9.26 Múltiple típico de ariete acanalado.

Consejos de compra

Hay una cantidad sorprendente de múltiples de admisión de alto rendimiento de fábrica y del mercado de autopartes disponibles para los motores carburados. Los fabricantes ofrecen una gran cantidad de información en sus catálogos para ayudar al comprador a realizar una compra informada. Sin embargo, los motores deben ser idénticos a los que figuran en las pruebas para alcanzar la misma cantidad de potencia. Todos los componentes deben funcionar en conjunto para obtener los mejores resultados.

Una vez que decida el tipo básico (único plano o de dos planos) y el rango de rpm, debe obtener el múltiple correcto para que encaje con su motor y su carburador. Si el carburador que se encuentra en el motor esté en buen estado y satisface sus necesidades, puede mantenerlo y ahorrar dinero. Si el carburador está defectuoso o no se adapta a la aplicación, es hora de cambiarlo.

Las bridas de montaje del múltiple de admisión para varios carburadores son diferentes, por lo que debe decidir qué carburador utilizará antes de comprar un múltiple. Por ejemplo, los carburadores con hueco de extensión y hueco regular tienen diferentes tamaños de hueco y espaciado del patrón de los pernos.

Varios aficionados del rendimiento sobrecarburan sus motores, lo que daña la respuesta, la economía y las emisiones del acelerador. El carburador debe acoplarse al múltiple y al motor para obtener los mejores resultados. Vea la Sección del carburador para obtener más información.

Asegúrese de que las características del múltiple coincidan con el tema y el objetivo generales de su vehículo. Los fabricantes de múltiples pasan muchas horas probando sus productos en dinamómetros. Algunas compañías venden juegos de árboles de levas y múltiples que coinciden (**vea la ilustración**). Antes de desembolsar su dinero, consulte al fabricante para qué fue diseñado el múltiple y qué hará en su motor.

Se puede requerir que los modelos con emisiones controladas tengan una válvula de recirculación de gases de escape (EGR) funcional. Algunos múltiples del mercado de autopartes no tienen un lugar asignado para la válvula de EGR, lo que podría ocasionar que no pase una prueba de emisiones. Además, varios motores hacen sonidos metálicos cuando están cargados si la válvula de EGR está desconectada.

Asegúrese de que el múltiple tenga pasos transversales de escape para mejorar la maniobrabilidad durante el calentamiento. Sin estos, el motor vacilará y se atrancará hasta que se caliente por completo.

A veces, los múltiples de reemplazo requieren varillaje del acelerador y herramientas de montaje distintos. Algunos motores tienen un conductor del estrangulador y muchos tienen varias conexiones de vacío. Asegúrese de que las piezas se encuentran disponibles en juegos o por separado antes de comprar un múltiple.

Modelos inyectados con combustible

Hay algunos múltiples de admisión del mercado de autopartes para los motores del cuerpo del acelerador y de inyección por puerto. La mayoría están diseñados para mejorar la potencia y economía mientras cumplen con las regulaciones de "smog". Revise las regulaciones locales antes de modificar cualquier vehículo con emisiones controladas.

Consejos de instalación

Utilice siempre juntas y sellos nuevos durante la instalación. Siga las instrucciones provistas con el juego de juntas y el múltiple de admisión y utilice productos de calidad y de marca.

Si se han revestido las culatas de cilindros, asegúrese de que el taller de maquinado frese las superficies del múltiple para evitar fugas.

Los múltiples de aluminio son ligeramente más proclives a sufrir alabeos que los de hierro fundido. Siga el procedimiento de ajuste recomendado, que generalmente es una secuencia alterna desde el centro hasta los extremos, de un lado a otro. Utilice una llave de torsión para apretar los sujetadores al torque especificado por el fabricante del múltiple.

Instale un termostato y una junta nuevos cuando reemplace el múltiple de admisión. Utilice el termostato de rango de calor correcto para el vehículo. La mayoría de los modelos con emisiones controladas utilizan un termostato de 195 grados Fahrenheit. Los modelos anteriores utilizan una unidad de 180 grados.

Una vez finalizada la instalación, ajuste cuidadosamente el varillaje del acelerador para permitir la apertura completa del acelerador y revise que no haya agarrotamiento ni adherencia antes de arrancar el motor.

Asegúrese de que haya suficiente aceite y refrigerante nuevos en el motor. Encienda el motor, configure la sincronización de ignición, ajuste el carburador (si tiene) y revise que no haya fugas de aceite, combustible o refrigerante.

Carburadores

Es probable que haya más información contradictoria y "cuentos de mecánicos" sobre los carburadores que sobre cualquier otra pieza del vehículo. Los carburadores simplemente mezclan el combustible y el aire y controlan la cantidad de esta mezcla de combustible y aire que ingresa al motor en todo momento. Sin embargo, la forma en que se realizan estas funciones que aparentan ser sencillas puede complicarse bastante, especialmente en los vehículos con control de emisiones.

Es de utilidad tener algunos conocimientos básicos sobre el carburador. Al contrario de la creencia popular, los motores no sacan el combustible del carburador. Todos los carburadores poseen un venturi, que es un estrechamiento de la garganta. A

9.27 Algunas compañías fabrican juegos con árboles de levas y múltiples de admisión compatibles.

medida que el aire pasa por esta restricción, se registra una caída de presión. Se instala un orificio pequeño en este momento para el suministro de combustible. La presión atmosférica que actúa sobre la parte superior del combustible fuerza el combustible del recipiente del carburador, a través del orificio y dentro de la garganta del carburador, donde ingresa al múltiple de admisión y luego al cilindro.

Los motores requieren distintas relaciones (o mezclas) de aire y combustible cuando el motor se encuentra frío, calentado, en marcha mínima, a velocidad crucero o bajo cargas pesadas. Los carburadores tienen varios sistemas que lo ayudan a funcionar bajo diversas condiciones de funcionamiento. Además de los sistemas analizados a continuación, hay varios componentes adicionales, tales como solenoides y amortiguadores antidiésel que se utilizan en aplicaciones específicas. Estos elementos fueron colocados por un motivo, y quitarlos puede afectar negativamente la maniobrabilidad.

Sistema de flotadores

El sistema de flotadores mantiene el nivel de combustible en el recipiente del carburador. Funciona como el flotador en el tanque del inodoro. A medida que el nivel disminuye, el flotador baja, lo que abre la válvula y permite que ingrese más combustible al carburador. Al mantener el nivel de combustible dentro de un rango estrecho, se puede controlar con más precisión la relación de combustible y aire. Para obtener el mejor rendimiento, el nivel del flotador debe ajustarse con precisión a las especificaciones de la fábrica.

Estrangulador

El sistema del estrangulador permite que el motor arranque cuando esté frío al enriquecer la mezcla de combustible. Lo que hace es "estrangular" el suministro de aire para que el motor reciba proporcionalmente más combustible. Cuando esto sucede, la velocidad de marcha mínima se reduce, por lo que se agrega un sistema de marcha mínima rápida al varillaje del acelerador para aumentar la velocidad de marcha mínima durante el calentamiento. No se necesita modificar este sistema para una máquina de tránsito urbano.

Sistema de marcha mínima

El sistema de marcha mínima proporciona el combustible necesario para mantener la marcha del motor en velocidades bajas cuando el sistema regulador no es ineficiente. Los tornillos de ajuste permiten cambios en la relación aire y combustible en marcha mínima (en varios modelos con control de emisiones, los tornillos están cubiertos por tapones resistentes a los cambios). Varios mecánicos domésticos tienen la impresión de que este ajuste modifica la mezcla de combustible en todo el rango de rpm, pero no es así.

Bomba del acelerador

La bomba del acelerador proporciona un chorro adicional de combustible cuando se abre rápidamente el acelerador para evitar que el motor vacile o detone a través de la admisión durante la aceleración. Si mira desde arriba la garganta del carburador (con el motor apagado) y mueve rápidamente el varillaje del acelerador, deberían salir chorros de combustible de los orificios de descarga de la bomba.

Un varillaje mecánico conecta la bomba del acelerador al varillaje del acelerador en el carburador. Este y la carrera de la bomba son ajustables en la mayoría de los carburadores. Si parece que el motor se atora durante la aceleración inicial, revise el funcionamiento de la bomba del acelerador.

Sistema del acelerador parcial

El sistema de la marcha mínima desactivada proporciona una transición entre los sistemas de marcha mínima y de regulación principal. Muchos carburadores tienen ranuras o puertos de transferencia junto a los platos de la válvula del acelerador que alimentan combustible a medida que se descubren durante la apertura del acelerador.

Sistema de regulación principal

El sistema de regulación principal mide el combustible que ingresa al motor en velocidades crucero. Está compuesto por un inyector principal, una boquilla principal y un venturi. El inyector principal está ubicado en el paso entre el recipiente del carburador y la boquilla principal. La boquilla principal generalmente consta de un tubo con pequeños orificios de purga de aire. El aire y el combustible se mezclan para formar una niebla de combustible atomizado.

El inyector principal determina cuánto combustible se mezclará con una cantidad dada de aire. Los modificadores utilizan inyectores principales de diferentes tamaños para personalizar un carburador a un motor y a su entorno de funcionamiento. Con un inyector más grande, se enriquece la mezcla de combustible. En cambio, un inyector más pequeño diluye la mezcla. Un motor que funciona en altitudes altas necesita inyectores más pequeños que los que necesitaría el mismo motor al nivel del mar.

Enriquecimiento de carga completa

Los motores necesitan una mezcla de combustible más rica cuando se encuentran bajo una carga pesada que la que necesitan a velocidad crucero. El sistema de enriquecimiento de carga completa proporciona combustible adicional cuando el motor se encuentra bajo cargas pesadas y en aceleración total.

Se utilizan varios tipos de sistemas de enriquecimiento de carga completa en diferentes marcas de carburadores. Los más comunes son las válvulas hidráulicas operadas por el diafragma, las bielas reguladoras y el inyector de desvío de potencia o la válvula de enriquecimiento.

Las válvulas hidráulicas operadas por el diafragma son el tipo que se encuentra en los carburadores Holley y otros. Cuando el vacío del múltiple de admisión alcanza un punto predeterminado, la válvula se abre y permite que ingrese combustible adicional al motor. Algunos modelos tienen válvulas de dos etapas para proporcionar una regulación más precisa. Las válvulas hidráulicas se clasifican de acuerdo con su punto de apertura, medido en pulgadas de mercurio del vacío del múltiple. Los modificadores pueden hacer coincidir la válvula hidráulica con la aplicación. Los motores que generalmente desarrollan vacío bajo (los que tienen los mejores árboles de levas, etc.) deben tener válvulas hidráulicas que se abran ante las lecturas de vacío más bajas.

Las bielas de regulación se mueven hacia adentro y hacia afuera de los orificios de regulación (generalmente los inyectores principales) en reacción al vacío del múltiple de admisión. Cuando el motor se encuentra bajo cargas pesadas y el vacío disminuye, las bielas se deslizan por fuera de los inyectores principales para incrementar el suministro de combustible.

Los inyectores de desvío de potencia tienen la misma función que una biela de regulación, a excepción de que tienen su propio inyector o válvula de enriquecimiento (a veces denominada válvula economizadora).

Información general

Si el vehículo originalmente venía con uno o más carburadores, necesita considerar todas las opciones antes de tirar los mezcladores de combustible viejos a la basura. Si está realizando

9.28 Los carburadores de cuatro barriles convencionales, tales como el modelo Edelbrock o Carter AFB, funcionan bien en la mayoría de las aplicaciones de tránsito urbano.

9.29 En los carburadores con hueco de extensión, los barriles principales son mucho más pequeños que los secundarios.

una restauración, se deben preservar los carburadores originales.

Las configuraciones triples de dos barriles y cuádruple doble de fábrica aumentan el valor de los vehículos colectores. Nunca deseche dichos sistemas. Una reconstrucción y un resurtido cuidadoso es prácticamente todo lo que puede hacer. Si decide instalar un carburador del mercado de autopartes, aguarde la configuración vieja para cuando venda el vehículo.

Los vehículos con control de emisiones tienen un problema especial. Si su vehículo se somete a una inspección de smog, debe utilizar el original o un reemplazo aprobado. Los modelos posteriores equipados con sensores de oxígeno en gases de escape son especialmente difíciles de reemplazar. Revise los requisitos de su estado antes de cambiar cualquier componente relacionado a las emisiones.

Hay tantas opciones de carburadores disponibles en el mercado de autopartes que confunden. Para complicar más el asunto, los sistemas de inyección de combustible de reajuste se están volviendo cada vez más comunes. Sin embargo, aún la conversión a inyección de combustible menos costosa cuesta tanto como un carburador bueno. Si puede afrontar la inyección de combustible, esta es la mejor solución.

La mayoría de los vehículos para tránsito urbano con motor V8 de alto rendimiento utilizan carburadores de cuatro barriles y a ellos limitaremos nuestro análisis. Proporcionan el mayor "provecho por el dólar" de cualquier sistema disponible.

Los carburadores de cuatro barriles brindan lo mejor de ambos mundos. Durante las condiciones de aceleración baja y velocidad crucero, el motor marcha sobre los dos barriles delanteros. Esto mantiene la velocidad del flujo de aire relativamente alta a través del carburador para lograr una mezcla óptima de combustible. Mientras el acelerador se pisa hasta el suelo, se abren los dos barriles traseros, lo que transforma el carburador en una capacidad de alta capacidad. Existen varios tipos básicos de carburadores de cuatro barriles comunes:

Los carburadores de cuatro barriles convencionales **(vea la ilustración)** tienen los tamaños del hueco del acelerador principal y secundario aproximadamente iguales. Estos carburadores son muy frecuentes y funcionan bien en la mayoría de las aplicaciones.

Los carburadores con hueco de extensión **(vea la ilustración)** están diseñados para aprovechar las características progresivas de los carburadores de cuatro barriles. Los barriles delanteros (principales) son considerablemente más pequeños que los traseros

9.30 Los carburadores de doble alimentación se identifican por las dos entradas de combustible (flechas).

(secundarios), por lo que se mejora la economía de aceleración parcial y de baja velocidad. Cuando se abren los barriles traseros, se producen inyecciones de potencia adicional (y se utilizan inyecciones de combustible).

Los carburadores de "doble bomba" tienen una bomba del acelerador separada en los barriles principales y secundarios. Esto elimina esto los "sitios planos" durante la aceleración pero aumenta el consumo de combustible y las emisiones.

Los carburadores de doble alimentación **(vea la ilustración)** de Holley tienen dos conexiones de entrada de combustible, una en cada recipiente plano. Este diseño se adaptó de los diseñados para correr, en los que se deben suministrar grandes cantidades de combustible al motor. Funciona bien en motores para tránsito urbano de gran cilindrada y caballos de fuerza altos, pero es perjudicial para los motores de bloque pequeño.

Tamaño del carburador

Es fundamental hacer coincidir el carburador con el motor para lograr un buen rendimiento y economía. A varios modificadores de autos les gusta cómo se ven los carburadores grandes en sus

Mejora del rendimiento y la economía

motores y caen en la tentación de "más es mejor".

Si se sobrecarbura un motor, se atorará y vacilará en velocidades bajas y no comenzará a marchar bien hasta que alcance rpm altas. La economía de combustible y las emisiones serán malas.

Los motores de mayor cilindrada y los que funcionan a rpm altas necesitarán carburadores de mayor capacidad que los motores más pequeños que funcionan a velocidades más bajas.

Muchos carburadores están clasificados de acuerdo a su capacidad de flujo de aire potencial en pies cúbicos por minuto (CFM). La mayoría, pero no todos los fabricantes prueban sus carburadores a 1.5 pulgadas de mercurio (in-Hg). Al comparar modelos diferentes, asegúrese de que ambos se midan de la misma manera.

Los factores más importantes en la selección del tamaño del carburador la cilindrada del motor, las rpm máximas y la eficacia volumétrica.

La eficacia volumétrica es una medición de la capacidad de los motores de llenar completamente el cilindro, y se muestra como porcentaje. Por ejemplo, un motor de 100 pulgadas cúbicas que envía 80 pulgadas cúbicas de la mezcla de aire y combustible a la cámara de combustión en cada carrera de entrada tiene una eficacia volumétrica de 80%.

Por razones de simplicidad, hemos asumido una eficacia volumétrica de aproximadamente un 80 por cierto, que es el promedio de un motor de tránsito urbano de alto rendimiento equipado con cuatro barriles. Usted debe determinar en qué rango de rpm desea que su motor tenga la mejor marcha. Sea realista: el único perjudicado por la sobreestimación es usted. Redondee todos los resultados al tamaño del carburador más cercano. Vea la tabla adjunta para obtener pautas sobre la selección de la capacidad del carburador.

Cuando seleccione un carburador, utilice esta tabla para calcular la calificación de CFM requerida.

Cilindrada del motor (in3)	RPM del motor					
	4000	4500	5000	5500	6000	6500
250	245	260	290	320	350	380
275	255	290	320	350	380	420
300	280	315	350	380	420	450
325	300	340	380	415	450	490
350	325	365	405	445	490	525
375	350	390	435	480	520	565
400	370	420	465	510	555	600
425	400	450	500	550	600	650
450	420	470	520	580	625	700

Nota: *Esta tabla es para los motores de tránsito urbano originales. Para los modelos de alto rendimiento, aumente la calificación del CFM aproximadamente un diez por ciento.*

Como regla general, los motores de bloque pequeño y alto rendimiento necesitarán carburadores de 500 a 600 CFM, según la cilindrada y el nivel de modificaciones reales. Los motores de bloque grande y rendimiento alto funcionan bien con carburadores de 650 a 800 CFM, según, una vez más, la cilindrada y el nivel de modificaciones.

Asegúrese de conseguir un carburador que encaje en su múltiple y que pueda adaptarse a la varilla del acelerador de fábrica. Si el carburador tiene secundarias por vacío, déjelas intactas: no intente convertirlas en funcionamiento mecánico. Además, el filtro de aire original puede no encajar en un carburador diferente. En los modelos que controlan el smog, obtenga un filtro de flujo alto para que coincidan con el nuevo carburador **(vea la ilustración)**. Si su vehículo tiene control de emisiones, obtenga un conjunto de carburador y filtro de aire de reemplazo aprobado y vuelva a conectar todos los controles de smog. Luego de instalar un carburador nuevo, ajústelo a un analizador de gases de escape para obtener una eficacia óptima.

La mayoría de los motores carburados tienen bombas mecánicas de combustible. Si modifica el motor considerablemente, instale una bomba mecánica de volumen alto o monte una bomba

9.31 Los filtros de aire de flujo alto del mercado de autopartes están disponibles para casi todos los carburadores de cuatro barriles. Algunos están disponibles en diseños de bajo perfil para reducir la posibilidad de interferencia con el capó.

de combustible eléctrica junto al tanque de gasolina. Siga las instrucciones provistas con la bomba para garantizar una instalación segura.

Hacer que todo junto funcione

Luego de haber realizado todas las modificaciones y haber instalado todas las piezas correctas, llega el momento de la verdad. ¿El vehículo funciona mejor que antes?

Si recién reacondiciona el motor, asiéntelo cuidadosamente (vea el Capítulo 7) antes de realizar las pruebas de rendimiento. Luego afine cuidadosamente el motor para sacar todo su potencial. La mejor manera de hacerlo es ponerlo en marcha en un dinamómetro de chasis con el motor conectado a un diagnosticador y analizador de emisiones. Esto asegura que todo cumpla con los parámetros y le permite hacer modificaciones precisas al surtido y la sincronización.

La afinación del dinamómetro es una de las mejores inversiones que puede realizar en su vehículo. Con frecuencia, se obtienen hasta 50 caballos de fuerza simplemente con la afinación y con ajustes simples.

También puede realizar algunos cambios para reducir las pérdidas de fricción. Intente utilizar lubricantes especiales para fricción baja y sintéticos. Los ventiladores del embrague utilizan menos potencia que los ventiladores de cubo sólido. Los neumáticos de estructura diagonal tienen mayor resistencia a girar que los radiales. Cuando los neumáticos viejos se desgasten, instale un juego de radiales de rendimiento (no coloque neumáticos diagonales y radiales en el mismo vehículo).

Cambios de motor

Algunas veces no logra que el motor original del vehículo funcione como usted lo desea, sin importar cómo se lo modifique. Le gustaría que el vehículo se comportase de otra forma pero el motor no lo modifica. Quizás sea hora de cambiar el motor.

El cambio del motor le abre la puerta a una variedad casi ilimitada de motores. Sin embargo, hay consideraciones prácticas que limitan sus opciones. En primer lugar, el motor debe ser lo suficientemente pequeño físicamente para encajar en el compartimiento del motor. Esto no es un problema grave en los vehículos y camiones de tamaño real, pero evita que coloque motores de bloque grande en utilitarios, etc.

Los cambios más sencillos son entre motores de la misma familia (bloque pequeño o bloque grande). Por ejemplo, si decide cambiar el 327 carburado de dos barriles de baja compresión usado por una versión de alto rendimiento del 327 recientemente reconstruido, será prácticamente un trabajo de atornillado. Asimismo, reemplazar un 396 desgastado por un 454 consiste mayormente en extraer el motor viejo e instalar el nuevo.

Cambiar los motores de diferentes familias de una misma marca es la segunda opción más sencilla. La mayoría de los cambiadores de motores sacan un motor pequeño y colocan un motor más grande o más poderoso opcional para ese modelo. Por ejemplo, sacarán el motor original de seis cilindros con problemas e instalarán un V8 opcional. La mejor forma de hacerlo de manera económica es comprar un vehículo desarmado similar al suyo, con un tren motriz intacto. Luego cambie todas las piezas que sean distintas y deseche lo restante. De esa forma obtendrá todas las piezas y el cableado que necesita y puede ver exactamente cómo se instala todo.

El tipo de cambio más difícil es instalar un motor de otra marca de vehículo en un chasis. Si es un cambio común, puede haber juegos de conversión en el mercado de autopartes que ayudan bastante. Revise muy cuidadosamente antes de intentar esta conversión, miles de esos proyectos sin terminar llenan los talleres y desarmaderos en todo el país.

Antes de comenzar un proyecto, se deben tener en cuenta unos cuantos puntos. Si el motor nuevo es bastante más pesado o liviano que la unidad vieja, la marcha y el manejo se verán afectados. Algunas veces, la solución al problema es cambiar los resortes, pero si hay mucho peso en la parte delantera, el manejo del vehículo no será seguro.

Otra área de problemas son las regulaciones de emisiones. Si su vehículo se somete a inspecciones de smog, ciertos cambios están prohibidos. Por ejemplo, en California, puede colocar un motor nuevo en un chasis viejo, pero no a la inversa. Además, los sistemas de emisiones del motor nuevo deben estar intactos y en funcionamiento.

Los cambios de motor pueden ser muy beneficiosos si se los planea y ejecuta correctamente, pero asegúrese de revisar las últimas regulaciones de su área antes de comenzar.

Notas

Notas

Anexo

A Arranque (con cables pasacorriente) de la batería de refuerzo

Tenga en cuenta las siguientes precauciones cuando utilice una batería de refuerzo para encender el vehículo:

a) *Antes de conectar la batería de refuerzo, asegúrese de que el interruptor de ignición esté en la posición Off (apagado).*

b) *Apague las luces, el calentador y otras cargas eléctricas.*

c) *Sus ojos deben estar cubiertos. Es una buena idea utilizar gafas de seguridad.*

d) *Asegúrese de que la batería de refuerzo sea del mismo voltaje que la batería descargada del vehículo.*

e) *Los dos vehículos NO DEBEN TOCARSE.*

f) *Asegúrese de que la transmisión esté en neutral (transeje manual) o en Park (estacionamiento) (transeje automático).*

g) *Si la batería de refuerzo es del tipo que requiere mantenimiento, quite las tapas de ventilación y coloque una tela sobre los orificios de ventilación.*

Conecte el cable puente rojo en las terminales positivas (+) de cada batería.

Conecte un extremo del cable negro al terminal negativo (-) de la batería de refuerzo. El otro extremo de este cable debe conectarse a una conexión a tierra probada en el bloque del motor **(vea la ilustración)**. Asegúrese de que el cable no entre en contacto con el ventilador, las correas de transmisión y otras piezas que se muevan dentro del motor.

Arranque el motor con la batería de refuerzo, luego, con el motor funcionando en velocidad de marcha mínima, desconecte los cables puente en el orden inverso a la conexión.

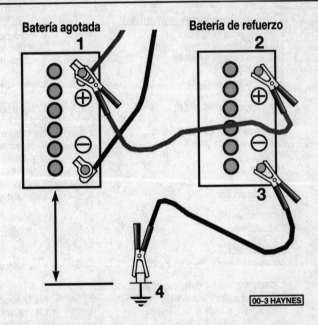

Batería agotada **Batería de refuerzo**

00-3 HAYNES

Haga las conexiones de los cables de la batería de refuerzo en el orden numérico que se muestra (note que el cable negativo de la batería de refuerzo NO está conectado al terminal negativo de la batería agotada).

B Factores de conversión

Longitud (distancia)

Pulgadas (in)	X	25.4	=	Milímetros (mm)	X	0.0394	=	Pulgadas (in)
Pies (ft)	X	0.305	=	Metros (m)	X	3.281	=	Pies (ft)
Millas	X	1.609	=	Kilómetros (km)	X	0.621	=	Millas

Volumen (capacidad)

Pulg. cúbicas (cu in; in^3)	X	16.387	=	Centímetros cúbicos (cc; cm^3)	X	0.061	=	Pulg. cúbicas (cu in; in^3)
Pintas imperiales (Imp pt)	X	0.568	=	Litros (l)	X	1.760	=	Pintas imperiales (Imp pt)
Cuartos imperiales (Imp qt)	X	1.137	=	Litros (l)	X	0.880	=	Cuartos imperiales (Imp qt)
Cuartos imperiales (Imp qt)	X	1.201	=	Cuartos EE.UU. (US qt)	X	0.833	=	Cuartos imperiales (Imp qt)
Cuartos EE.UU. (US qt)	X	0.946	=	Litros (l)	X	1.057	=	Cuartos EE.UU. (US qt)
Galones Imperiales (Imp gal)	X	4.546	=	Litros (l)	X	0.22	=	Galones Imperiales (Imp gal)
Galones Imperiales (Imp gal)	X	1.201	=	Galones EE.UU. (US gal)	X	.0833	=	Galones Imperiales (Imp gal)
Galones EE.UU. (US gal)	X	3.785	=	Litros (l)	X	.0264	=	Galones EE.UU. (US gal)

Masa (peso)

Onzas (oz)	X	28.35	=	Gramos (g)	X	0.035	=	Onzas (oz)
Libras (lb)	X	0.454	=	Kilogramos (kg)	X	2.205	=	Libras (lb)

Fuerza

Onzas-fuerza (ozf; oz)	X	0.278	=	Newtons (N)	X	3.6	=	Onzas-fuerza (ozf; oz)
Libras-fuerza (lbf; lb)	X	4.448	=	Newtons (N)	X	0.225	=	Libras-fuerza (lbf; lb)
Newtons (N)	X	0.1	=	Kilogramos-fuerza (kgf; kg)	X	9.81	=	Newtons (N)

Presión

Libras-fuerza por pulg. cuadr. (psi; lbf/in^2; lb/in^2)	X	0.070	=	Kilogramos-fuerza por centí. cuadrado (kgf/cm^2; kg/cm^2)	X	14.223	=	Libras-fuerza por pulg. cuadr. (psi; lbf/in^2; lb/in^2)
Libras-fuerza por pulg. cuadr. (psi; lbf/in^2; lb/in^2)	X	0.068	=	Atmósferas (atm)	X	14.696	=	Libras-fuerza por pulg. cuadr. (psi; lbf/in^2; lb/in^2)
Libras-fuerza por pulg. cuadr. (psi; lbf/in^2; lb/in^2)	X	0.069	=	Barias	X	14.5	=	Libras-fuerza por pulg. cuadr. (psi; lbf/in^2; lb/in^2)
Libras-fuerza por pulg. cuadr. (psi; lbf/in^2; lb/in^2)	X	6.895	=	Kilopascal (kPa)	X	0.145	=	Libras-fuerza por pulg. cuadr. (psi; lbf/in^2; lb/in^2)
Kilopascal (kPa)	X	0.01	=	Kilogramos-fuerza por centí. cuadrado (kgf/cm^2; kg/cm^2)	X	98.1	=	Kilopascal (kPa)

Torque (momento de fuerza)

Libras-fuerza pulgadas (lbf in; lb in)	X	1.152	=	Kilogramos-fuerza centímetro (kgf cm; kg cm)	X	0.086	=	Libras-fuerza pulgadas (lbf in; lb in)
Libras-fuerza pulgadas (lbf in; lb in)	X	0.113	=	Newton-metros (Nm)	X	8.85	=	Libras-fuerza pulgadas (lbf in; lb in)
Libras-fuerza pulgadas (lbf in; lb in)	X	0.083	=	Libras-fuerza pies (lbf ft; lb ft)	X	12	=	Libras-fuerza pulgadas (lbf in; lb in)
Libras-fuerza pies (lbf ft; lb ft)	X	0.138	=	Kilogramos-fuerza metros (kgf m; kg m)	X	7.233	=	Libras-fuerza pies (lbf ft; lb ft)
Libras-fuerza pies (lbf ft; lb ft)	X	1.356	=	Newton-metros (Nm)	X	0.738	=	Libras-fuerza pies (lbf ft; lb ft)
Newton-metros (Nm)	X		=	Kilogramos-fuerza metros (kgf m; kg m)	X	9.804	=	Newton-metros (Nm)

Vacío

Pulg. mercurio (in. Hg)	X	3.377	=	Kilopascal (kPa)	X	0.2961	=	Pulg. mercurio
Pulg. mercurio (in. Hg)	X	25.4	=	Milímetros mercurio (mm Hg)	X	0.0394	=	Pulg. mercurio

Potencia

Caballaje (hp)	X	745.7	=	Watt (W)	X	0.0013	=	Caballaje (hp)

Velocidad

Millas por hora (miles/hr; mph)	X	1.609	=	Kilómetros por hora (km/hr; kph)	X	0.621	=	Millas por hora (miles/hr; mph)

Consumo de combustible*

Millas por galón, Imperial (mpg)	X	0.354	=	Kilómetros por litro (km/l)	X	2.825	=	Millas por galón, Imperial (mpg)
Millas por galón, EE.UU. (mpg)	X	0.425	=	Kilómetros por litro (km/l)	X	2.352	=	Millas por galón, EE.UU. (mpg)

Temperatura

Grados Fahrenheit = (°C x 1.8) + 32   Grados Celsius (Grados centígrados; °C) = (°F - 32) x 0.56

*Es una práctica común convertir millas por galón (mpg) a litros/100 kilómetros (l/100km), (Imperial) x l/100km = 282 y mpg (US) x l/100km = 235

C Glosario eléctrico

A

Abrazadera: un clip de metal con resorte y punta larga con dientes de acople. Se utilizan para realizar conexiones eléctricas temporales.

Acido sulfúrico: un ácido líquido pesado, corrosivo y con un punto de ebullición alto que es incoloro en su estado puro. El ácido sulfúrico se mezcla con agua destilada para formar el electrolito que se utiliza en los acumuladores.

Aislante: un material que tiene pocos o nada de electrones que dejan fácilmente sus órbitas. Un material no conductivo utilizado para aislar los cables en los circuitos eléctricos. Tela, vidrio, plástico y caucho son ejemplos típicos. Los cables de los vehículos modernos tienen aislamiento plástico.

Alambre para fusible: un alambre de una aleación que se derrite a bajas temperaturas.

Aleación: mezcla de dos o más materiales.

Alternador: un dispositivo utilizado en automóviles para producir corriente eléctrica. La salida de CA del alternador se convierte en corriente continua antes de llegar al sistema eléctrico del vehículo.

Amperaje: la cantidad total de corriente (amperios) que fluye dentro de un circuito.

Amperímetro: 1. Un instrumento utilizado para medir el flujo de corriente. Se puede diseñar un amperímetro para medir corriente alterna o continua. 2. Un medidor del panel de instrumentos utilizado para medir la velocidad del flujo de corriente hacia o desde la batería. El amperímetro está calibrado en amperios para medir las velocidades de carga y descarga, en rangos de 20, 30 o más amperios.

Amperio (A): la unidad de medida para el flujo de electrones dentro de un circuito. La cantidad de corriente producida por un voltio que funciona a través de una resistencia de un ohmio (1 culombio por segundo).

Amperio-hora: una unidad de medida para la capacidad de la batería que se obtiene al multiplicar la corriente (en amperios) por el tiempo (en horas) durante el cual se suministra corriente.

Anillo deslizante: un dispositivo para hacer conexiones eléctricas entre los contactos fijos y rotativos.

Arandela aislante: una pieza de plástico o de caucho con forma cilíndrica utilizada para proteger el cableado que pasa por un tablero, cortafuegos o mampara.

Arranque: un dispositivo utilizado para suministrar la fuerza mecánica necesaria para hacer girar el motor a fin de arrancar.

Átomos: las partículas pequeñas que forman toda la materia. Los átomos están formados por un núcleo con carga positiva y rodeados por electrones cargados negativamente que giran en órbitas.

B

Batería: un grupo de dos o más celdas conectadas para la producción de una corriente eléctrica al convertir la energía química en energía eléctrica. Una batería tiene dos polos: positivo y negativo. La cantidad de energía positiva y negativa se denomina potencial.

Batería de plomo o ácido: una batería automotriz común en la que los materiales activos son el plomo, el peróxido de plomo y una solución de ácido sulfúrico.

Bloque de fusibles: una base aislante sobre la que se montan los clips de los fusibles u otros contactos.

Bloque de terminales: un conjunto de plástico o resina que tiene dos filas de tornillos de terminales. Utilizado para unir los circuitos en varios mazos de cableado.

Bobina: cualquier dispositivo o componente eléctrico que consta de bucles de alambre envueltos alrededor de un núcleo central. Las bobinas dependen de una o dos propiedades eléctricas para su funcionamiento, según la aplicación (electromagnetismo o inducción).

Bobina de campo: una bobina de cable aislado envuelta alrededor de un núcleo de hierro o de acero, que genera un campo magnético cuando la corriente pasa por el cable.

Bobinado: uno o más giros de un alambre que forman una bobina. Además, las bobinas individuales de un transformador.

Bobinado cortocircuitado: el bobinado de un campo o inducido que está conectado a tierra accidentalmente o a propósito.

Borne: un terminal redondeado y ahusado de la batería que sirve de conexión para los cables de la batería.

C

Cable: un conjunto de uno o más conductores, generalmente aislados en forma individual y recubiertos por una funda protectora.

Cable: un grupo sólido o retorcido de conductores cilíndricos unidos con algún aislante.

Cableado: la cubierta de un mazo. Los vehículos más antiguos utilizan cableado de tela tejida, los más modernos utilizan un cableado de plástico corrugado.

Caída de voltaje: la diferencia de voltaje entre dos puntos ocasionada por la pérdida de presión eléctrica a medida que la corriente fluye a través de una impedancia o resistencia. Todos los cables, independientemente de lo baja que sea la resistencia, indican al menos un indicio de caída de voltaje.

Caja de empalmes: una caja en que se realizan las conexiones entre cables diferentes.

Calibre: una designación SAE estándar del tamaño de los cables expresada en AWG (American Wire Gage, medición de cable estadounidense). Cuanto mayor sea el calibre, más pequeño será el cable. Los tamaños métricos del cable se expresan en un área transversal en milímetros cuadrados. A veces, también se utiliza la palabra "medida" para hacer referencia al tamaño del cable. Con este término, sin embargo, se evita la confusión con las pantallas del panel de instrumentos (vea "medidor").

Caliente: conectado al terminal positivo de la batería, energizado.

Campo: un área cubierta o llena de fuerza magnética. Terminología común para imán de campo, bobinado de campo, campo magnético, etc.

Campo magnético: el campo producido por un imán o la influencia de un imán. Un campo magnético tiene fuerza y dirección.

Capacidad: la capacidad de salida de corriente de una celda o batería, generalmente expresada en amperio-hora.

Carga: cualquier dispositivo que utilice corriente eléctrica para realizar trabajo en el sistema eléctrico de un vehículo. Las luces y los motores son ejemplos típicos.

Carga: una cantidad definida de electricidad.

Carga de la batería: el proceso de energizar una batería al pasar corriente eléctrica a través de la batería en dirección contraria.

Carga negativa: la condición en la que un elemento tiene una cantidad de electrones superior a la normal.

Carga (recarga): restauración de los materiales activos en una celda de batería al invertir eléctricamente la acción química.

Cargador rápido: un cargador de batería diseñado para cargar la batería en un corto período de tiempo.

Celda: en un acumulador, uno de los juegos de platos positivos y negativos que reaccionan con electrolitos para producir una corriente eléctrica.

Cepillo: un bloque de resorte de carbón o cobre que se frota contra un conmutador o anillo deslizante para conducir la corriente. Es un componente clave en todos los alternadores y arrancadores.

Ciclo: una serie recurrente de eventos que sucede en un orden determinado.

Ciclo profundo: el proceso de descarga casi completa de la batería antes de volver a cargarla.

Cinta de cableado: una cinta no adhesiva utilizada como envoltura del mazo. No se recomienza utilizar cintas adhesivas, incluidas las cintas eléctricas, para envolver los mazos. Por lo general, se utiliza una envoltura encogida en los extremos de la cinta para evitar que se desintegre.

Circuito: un recorrido eléctrico, desde la fuente (batería o generador) hasta la carga (tal como un foco) y de vuelta a la fuente, por el que fluye la corriente. Un circuito típico consta de una batería, cables, la carga (luz o motor) y un interruptor. Vea "circuito simple" y "circuito de un solo cable".

Circuito abierto: un circuito eléctrico incompleto debido a un cable roto o desconectado.

Circuito cerrado: un circuito que no se interrumpe desde la fuente de corriente, a través de la carga y de vuelta a la fuente de corriente.

Circuito de un solo cable: generalmente se utiliza en vehículos de producción en las que un cable transporta corriente hasta la carga y el bastidor del vehículo funciona como recorrido de regreso (conexión a tierra).

Circuito en serie: un circuito en el que las unidades están conectadas consecutivamente o en el que las positivas están conectadas por cable a las negativas y en el cual la corriente tiene que pasar por todos los componentes, de a uno por vez.

Circuito en serie y paralelo: circuito en el que los componentes están conectados por cables en serie y otros en paralelo. Un ejemplo: Dos cargas conectadas con cables en paralelo entre sí, pero en serie con el interruptor que las controla.

Circuito impreso: un conductor eléctrico que consta de un recorrido de finas hojas metálicas conectadas a un soporte de plástico flexible. También llamado tablero PC. Los tableros PC se utilizan principalmente en grupo de instrumentos OEM y en otros dispositivos electrónicos.

Circuito paralelo: un método o patrón de unidades de conexión en un circuito eléctrico para que estén conectadas negativa a negativa y positiva a positiva. En un circuito paralelo, la corriente puede fluir independientemente a través de varios componentes al mismo tiempo. Vea "circuito en serie".

Circuito simple: el circuito más sencillo consiste en una fuente de alimentación eléctrica, una carga y algunos cables para conectarlos.

Clasificación de arranque en frío: el número mínimo de amperios que puede suministrar una batería de 12 voltios completamente cargada durante 30 segundos a 0 grados Fahrenheit sin llegar a menos de 7.2 voltios de la batería.

Clasificaciones de la batería: estándares de rendimiento realizados bajo condiciones de laboratorio para describir la capacidad de reserva y las capacidades de arranque en frío de una batería. Ya no se utiliza la clasificación de amperio-hora. Vea "clasificación de arranque en frío".

Conducción: la transmisión de calor o electricidad a través de, o mediante, un conductor.

Conductancia: una medida de la facilidad con la que un conductor permite que fluya un electrón. En los circuitos de CC, la conductancia es lo opuesto a la resistencia.

Conductor: cualquier material, a menudo un cable u otro objeto metálico, compuesto por átomos cuyos electrones libres se desprenden fácilmente y permiten un flujo sencillo de electrones de átomo a átomo. Ejemplos son el cobre, el aluminio y el acero. Los conductores son todos de metal. La parte metálica de un cable aislado generalmente se denomina conductor.

Conector de entre celdas: una correa o conector de plomo que conecta las celdas en una batería.

Conector de extremo cerrado: conector sin soldadura con forma de sombrero. Utilizado para unir dos, tres o más cables. Es similar a los conectores de cables utilizados en el cableado hogareño, pero instalado con abrazaderas en lugar de girarlo.

Conector de la bisagra: un conector sin soldadura utilizado para unir permanentemente dos extremos de cables.

Conector de la mampara: un dispositivo OEM utilizado para conectar el cableado dentro de la carrocería del vehículo con el cableado fuera de la carrocería. Generalmente se encuentra en la mampara o el cortafuegos.

Conector de resorte para empalme: conector sin soldadura utilizado para conectar un cable adicional a uno ya existente sin cortar el original. Se utiliza generalmente en la instalación del cable de remolque en un vehículo.

Conector protegido contra la polaridad: un conector de cavidad múltiple que se puede conectar de una sola manera, ya sea a un conector o a un componente de acople.

Conector sin soldadura: cualquier conector o terminal que se puede instalar a un cable sin soldadura. Generalmente se los plega para colocarlos en su lugar con una herramienta especial de plegado. Ejemplos de este conector son: terminales del anillo, terminales palas, terminales de desconexión, conectores de la bisagra, conectores de extremo cerrado y conectores de resorte para empalmes. Los terminales de anillo y pala también vienen en versiones soldadas.

Conexión a tierra: la conexión que se realiza para conectar un circuito a tierra. En un sistema de un único cable, cualquier pieza metálica de la estructura del automóvil que está directa o indirectamente conectada al borne negativo de la batería. Se utiliza para conducir corriente desde una carga hasta la batería. Los componentes autoconectados a tierra se conectan directamente a la parte metálica con conexión a tierra mediante sus tornillos de montaje. Los componentes montados a piezas de un vehículo sin conexión a tierra requieren un cable de conexión a tierra conectado a una conexión a tierra comprobada.

Conexión de fusible: un dispositivo de protección del circuito que consta de un conductor rodeado por una aislación resistente al calor. El conductor es dos calibres más pequeño que el alambre que protege, por lo que actúa como la conexión más débil del circuito. A diferencia de un fusible quemado, se debe cortar una conexión de fusible defectuosa desde el cable para su reemplazo.

Conexión de fusibles: vea "conexión de fusible".

Conmutador: una serie de barras de cobre aisladas entre sí y conectadas a los bobinados del inducido en el extremo del inducido. Proporciona contacto con cepillos fijos para extraer corriente (generador) o llevar corriente al (arranque) inducido.

Contacto: una de las pieza de contacto de un relé o un interruptor que se acopla o desacopla para abrir o cerrar los circuitos eléctricos asociados.

Continuidad: un recorrido continuo para el flujo de una corriente eléctrica.

Corriente: el movimiento de los electrones libres por el conductor. En el trabajo eléctrico automotriz, se considera que el flujo de electrones va de positivo a negativo. El flujo de corriente se mide en amperios.

Corriente alterna (CA): una corriente eléctrica, generada por magnetismo, cuya polaridad cambia constantemente entre positiva y negativa.

Corriente continua (CC): una corriente eléctrica que fluye constantemente en una sola dirección.

Corriente inducida: la corriente generada en un conductor a medida que se mueve a través del campo magnético o que un campo magnético se mueve a través de un conductor.

Corrugado: un conducto flexible utilizado para agrupar los cables en el mazo.

Cortocircuito: un recorrido no intencional de una corriente que se desvía de cierta parte del circuito original.

Culombio: la unidad de cantidad de electricidad o carga. Los electrones que pasan un punto determinado en un segundo cuando se mantiene la corriente en un amperio. Es igual a una carga eléctrica de 6.25×10^{18} electrones que pasan por un punto en un segundo. Vea "amperio".

D

Derivación: una desviación o tramo paralelo alrededor de uno o más elementos de un circuito.

Descargar: por lo general, extraer corriente eléctrica de la batería. Específicamente, quitar más energía de la batería que la que se reemplaza. Una batería descargada no sirve hasta que se la vuelva a cargar.

Destellos: cuando la electricidad salta la brecha entre dos electrodos se dice que "destella".

Desviación: 1. Conectado en paralelo con alguna otra pieza. 2. Un resistor de precisión de valor bajo colocado entre los terminales de un amperímetro para aumentar el rango.

Diodo: un semiconductor que permite que la corriente fluya únicamente en una dirección. Los diodos se utilizan para rectificar la corriente de CA a CC.

Dióxido de plomo: una combinación de plomo y oxígeno como la que se encuentra en un acumulador. El dióxido de plomo tiene un color marrón rojizo.

Disyuntor: un dispositivo de protección del circuito que abre o interrumpe un circuito sobrecargado. El disyuntor típico por lo general consta de puntos movibles que se abren si se excede la carga de amperios predeterminada. Algunos disyuntores se auto reinician, mientras que otros requieren un reinicio manual.

DPDT: un interruptor doble polo, doble tiro.

DPST: un interruptor doble polo, único tiro.

E

Eléctrico: una palabra que se utiliza para describir cualquier cosa que tenga electricidad en cualquier forma. Puede utilizarse electrónico con el mismo sentido.

Electricidad: el movimiento de electrones de un cuerpo de materia a otro.

Electroimán: un núcleo de hierro suave que se magnetiza cuando pasa una corriente eléctrica a través de una bobina de cable que lo rodea.

Electrolito: una solución de ácido sulfúrico y agua utilizada en las celdas de una batería para activar el proceso químico que produce un potencial eléctrico.

Electromagnético: que tiene propiedades eléctricas y magnéticas.

Electromagnetismo: el campo magnético alrededor del conductor cuando la corriente fluye a través del conductor.

Electromecánico: cualquier dispositivo que utilice energía eléctrica para producir un movimiento mecánico.

Electrón enlazado: un electrón cuya órbita está cerca del núcleo de un átomo y está fuertemente atraído hacia él.

Electrón libre: un electrón en la órbita exterior de un átomo, no atraído fuertemente al núcleo y que puede sacarse fácilmente de su órbita.

Electrones: las partes del átomo que tienen carga negativa y orbitan alrededor del núcleo del átomo.

Electrónica: la ciencia e ingeniería que trata el comportamiento de los electrones en los dispositivos y la utilización de dichos dispositivos. En especial los dispositivos que utilizan tubos de electrones o dispositivos semiconductores.

Electroquímica: la producción de electricidad a partir de reacciones químicas como en una batería.

Embrague de sobremarcha: un dispositivo ubicado en el arranque para permitir el engranaje del arranque con el volante del motor. El embrague de sobremarcha utiliza una palanca de cambios para accionar el piñón de transmisión a fin de proporcionar una presión y liberación positivas del piñón con el engranaje del anillo del volante del motor.

Emisión de gases: la separación del agua en gases de hidrógeno y oxígeno en una batería.

Empalme: 1. Una conexión entre dos o más componentes, conductores o secciones de la línea de transmisión. 2. Cualquier punto desde el cual se desprenden tres o más cables en un circuito.

Energía: la capacidad de realizar trabajo.

Engranaje del anillo del volante del motor: un engranaje grande presionado en la circunferencia del volante del motor. Cuando el engranaje del arranque se acopla con el engranaje del anillo, el arranque hace girar el motor.

Entrada: 1. La fuerza de conducción aplicada a un circuito o dispositivo. 2. Los terminales (u otras conexiones) donde se puede aplicar la fuerza de conducción a un circuito o dispositivo.

Envoltura del mazo: uno de los varios materiales utilizados para agrupar los cables en mazos manejables. Vea "cableado", "corrugado", "cinta de cableado" y "precintos del mazo".

Envoltura encogida: un material aislante utilizado para proteger los empalmes y las uniones de los cables en los terminales. Al aplicarle una llama abierta o calor, la envoltura se encoje para calzar ajustadamente en el cable o terminal.

Equilibrio eléctrico: un átomo u objeto en el que las cargas positiva y negativa son iguales.

Esquema: un dibujo de un sistema para representar los componentes y cables en el sistema eléctrico de un vehículo, utilizando símbolos estandarizados.

Estado de carga de la batería: la cantidad disponible de energía en una batería en relación con aquella que normalmente estaría disponible si la batería estuviese completamente cargada.

Estator: en un alternador, la pieza que contiene a los conductores dentro de los cuales gira el campo.

EVR: regulador de voltaje electrónico. Un tipo de regulador que utiliza todos los dispositivos en estado sólido para realizar las funciones de regulación.

F

Filamento: una resistencia en un foco eléctrico que destella y produce luz cuando lo atraviese una corriente adecuada.

Flujo: las líneas de fuerza magnética que fluyen en un campo magnético.

Flujo de electrones: el movimiento de los electrones de un punto negativo a uno positivo en un conductor, o a través de un líquido, gas o vacío.

Fluorescente: que tiene la propiedad de emanar luz cuando es bombardeado por electrones o energía radiante.

Fuente de alimentación: una unidad que suministra energía a la unidad. Por ejemplo, una batería.

Fusible: un dispositivo de protección del circuito que contiene un pedazo suave de metal calibrado para derretirse a un nivel de amperios predeterminados e interrumpir el circuito.

G

Gas hidrógeno: el gas más liviano y más explosivo. Emitido desde la batería durante los procedimientos de carga. Este gas es muy peligroso y se deben respetar ciertas precauciones de seguridad.

Generador: un dispositivo impulsado a motor que produce una corriente eléctrica mediante magnetismo al convertir el movimiento rotativo en potencial eléctrico (vea "generador de CA" y "generador de CC").

Generador de CA: un dispositivo electromecánico que genera corriente alterna (CA), comúnmente conocido como alternador. Generalmente accionado por correa del motor. Brinda la salida máxima a rpm relativamente bajas. Se utilizan en todos los vehículos modernos. Necesitará un rectificador para convertir la CA en corriente continua (CC), que es la utilizada por el sistema eléctrico automotriz.

Generador de CC: un dispositivo electromecánico que genera corriente continua. Generalmente accionado por correa del motor. Debido a que el generador de CC requiere rpm altas para su salida máxima, ya no se utiliza en los automóviles de producción en serie.

Gravedad específica: la medición de la carga de una batería que se obtiene al comparar el peso relativo de un volumen de su electrolito con el peso de un volumen igual de agua pura, que tiene un valor asignado de 1.0. Una batería completamente cargada arrojará una lectura de gravedad específica de 1.260. Vea "hidrómetro".

H

Hidrómetro: un instrumento con forma de jeringa utilizado para medir la gravedad específica del electrolito de una batería.

I

IAR: regulador o alternador integral. Un tipo de regulador montado en la parte trasera de un alternador.

Imán: material que atrae al hierro y al acero. Se realizan imanes temporales al rodear un núcleo de hierro suave con un campo electromagnético fuerte. Los imanes permanentes están hechos de acero.

Imán permanente: un imán de acero templado que retiene el magnetismo por un período largo de tiempo.

Inducción: el proceso mediante el cual un conductor eléctrico se carga cuando se encuentra cerca de otro cuerpo cargado. La inducción ocurre a través de la influencia de los campos magnéticos que rodean a los conductores.

Inducido: la pieza giratoria de un generador o motor. En realidad una bobina de cables envuelta en un patrón específico que gira en un eje.

Inducido: producido por la influencia de un campo magnético o eléctrico.

Inductancia: la propiedad de una bobina u otro dispositivo eléctrico que se opone a cualquier cambio de la corriente existente, presente únicamente cuando fluye una corriente alterna o de pulsos. No tiene efecto sobre el flujo de corriente directa o estática.

Integral: formado como una unidad con otra pieza.

Intermitente: que se prende o apaga en intervalos, no de forma continua.

Interruptor: un dispositivo de control eléctrico que se utiliza para encender y apagar un circuito o para cambiar las conexiones en el circuito Los interruptores se describen según la cantidad de polos y tiros que tengan. Vea "SPST, SPDT, DPST y DPDT".

Interruptor de arranque en neutral: en vehículos con transmisión automática, es un interruptor que evita el arranque si el vehículo no está es posición neutral o estacionamiento.

Interruptor de ignición: un interruptor accionado por llave que abre y cierra el circuito que suministra potencia al sistema eléctrico y de ignición.

Interruptor de interbloqueo de embrague: un interruptor que evita que el vehículo arranque a menos que se presione el embrague.

Ión: un átomo que tiene una carga desequilibrada debido a la pérdida de un electrón o un protón. Un ión puede tener carga positiva (tener una deficiencia de electrones) o negativa (tener un excedente de electrones).

Ión negativo: un átomo con más electrones que lo normal. Un ión negativo tiene carga negativa.

L

Ley de Ohm: la fórmula eléctrica que describe la relación entre el voltaje, la corriente y la resistencia. La fórmula básica es E (presión eléctrica en voltios) = I (flujo de corriente en amperios) X R (resistencia en ohmios). ¿Qué significa? En pocas palabras, el amperaje varía en proporción directa al voltaje y en proporción indirecta a la resistencia.

Luz: una carga eléctrica diseñada para emitir luz cuando la corriente fluye a través de ella. Una luz está formada por un foco de vidrio que encierra un filamento y una base que contiene los contactos eléctricos. Algunas luces, tales como las luces altas selladas, también contienen un reflector incorporado.

Luz de advertencia: un avisador del panel de instrumentos que se utiliza para informarle al conductor cuando sucede algo indeseable en el circuito o sistema monitoreado, tal como un motor sobrecalentado o una pérdida repentina de presión de aceite.

Luz de halógeno: un foco especial que produce una luz blanca brillante. Debido a su intensidad alta, una luz de halógeno generalmente se utiliza para las luces de niebla y luces de marcha.

Luz de prueba: un instrumento de prueba con una luz indicadora conectada mediante cable al mango de una sonda metálica. Cuando la sonda entra en contacto con un circuito vivo, la corriente fluye a través de la luz, la enciende, y luego hasta tierra a través de un cable y una abrazadera. Se utiliza solamente para probar el voltaje de los circuitos vivos.

Luz de prueba (con alimentación propia): un dispositivo de prueba con una luz indicadora y una batería incorporada. Se utiliza para probar la continuidad de los circuitos que no tienen voltaje al momento de la prueba. Se utiliza para probar la continuidad en un mazo antes de que esté instalado en el vehículo. También se denomina probador de continuidad.

Luz indicadora: una pantalla del panel de instrumentos utilizada para brindar información o la condición del circuito o sistema monitoreado. Vea "luz de advertencia".

M

Magnetismo: propiedad de las moléculas de ciertos materiales, tales como el hierro, que permite que se magnetice la sustancia.

Material activo: el material en los platos de la batería negativo y positivo que interactúa con el electrolito para producir una carga.

Mazo: un grupo de cables eléctricos. Para facilitar el manejo y el orden, todos los cables que van a cierta pieza del vehículo se agrupan en un mazo.

Medidor: un dispositivo de medición eléctrico o electrónico.

Medidor: una pantalla del panel de instrumentos utilizada para monitorear las condiciones del motor. Un medidor con un puntero movible en un indicador o una balanza fija es un medidor analógico. Un medidor con una lectura numérica se denomina medidor digital. También se refiere al dispositivo de medición que se utiliza para revisar las aperturas del punto del regulador.

Medidor analógico: vea "medidor".

Medidor digital: vea "medidor".

Módulo: una combinación de componentes agrupados en una única unidad con un montaje en común y que proporciona una función completa.

Motor: un aparato electromagnético utilizado para convertir la energía eléctrica en energía mecánica.

Multímetro: un instrumento de prueba que puede medir el voltaje, la corriente y la resistencia.

N

Neutral: ni positivo ni negativo, o en su condición natural. Tener la misma cantidad de electrones; es decir, la misma cantidad de electrones que de protones.

Neutrón: una partícula dentro del núcleo de un átomo. Un neutrón es eléctricamente neutro.

Nicromo: un compuesto metálico que contiene níquel y cromo que se utiliza para hacer resistencias altas.

Núcleo: la parte central de un átomo. El núcleo está formado por protones y neutrones.

O

OEM (fabricante del equipo original): una designación utilizada para describir el equipo y las piezas instaladas en el vehículo por un fabricante o aquellas puestas a disposición por el fabricante del vehículo como piezas de reemplazo. Vea "piezas del mercado de autopartes".

Ohmímetro: un instrumento para medir la resistencia. En un trabajo eléctrico automotriz, se suele utilizar para determinar la resistencia que aportan las distintas cargas a un circuito o sistema.

Ohmio: la unidad práctica para medir la resistencia eléctrica.

Órbita: el recorrido que hace un electrón alrededor del núcleo.

P

Pantalla: cualquier dispositivo que brinde información. En un vehículo, pueden ser las luces, los medidores o las alarmas. El medidor puede ser analógico o digital.

Paso: la corriente eléctrica necesaria para hacer funcionar un dispositivo eléctrico.

Pieza polar: la pieza de un arranque utilizada para sujetar las bobinas de campo en sus posiciones correctas. Consiste de un núcleo de hierro suave que se envuelve con cintas de cobre pesado.

Piezas del mercado de autopartes: componentes que se pueden agregar a un vehículo luego de su fabricación. Estas piezas son generalmente accesorios y no debe confundirse con piezas del servicio del fabricante del equipo original (OEM) o de reemplazo.

Piñón: un pequeño engranaje que acciona o es accionado por un engranaje más grande.

Plato: una rejilla de batería que está pegado con materiales activos y que recibe una carga en formación que se transforma en carga negativa o positiva. Los platos se sumergen, como elementos, en el electrolito y se produce electricidad a partir de las reacciones químicas entre los platos y el electrolito.

Polaridad: la calidad o condición de un cuerpo que tiene dos propiedades o direcciones opuestas; tener polos, como en una celda eléctrica, imán o campo magnético.

Polo: un terminal positivo (o negativo) en una celda o batería; los extremos de un imán (norte o sur).

Polo norte: el polo de un imán del que se emiten las líneas de fuerza. Las líneas de fuerza van desde el polo norte al polo sur.

Polos magnéticos: los extremos de un imán en forma de barra o herradura.

Positivo: que designa o hace referencia al tipo de potencial eléctrico.

Potencial: energía eléctrica latente o no liberada.

Precintos de nailon: vea "precintos del mazo".

Precintos del mazo: tiras de nailon autoajustables utilizadas para agrupar los cables en el mazo. Disponible en largos originales que pueden cortarse hasta su tamaño luego de la instalación. Una vez ajustados, no se los puede quitar a menos que se corten del mazo.

Protón: partícula con carga positiva en el núcleo de un átomo.

Puente: un trozo pequeño de alambre utilizado como una conexión temporaria entre dos puntos.

R

Rectificación: el proceso de cambiar la corriente alterna por continua.

Rectificador: un dispositivo en el sistema eléctrico que se utiliza para convertir la corriente alterna en continua.

Regulador: un dispositivo que se utiliza para regular la salida de un generador o alternador mediante el control de la corriente y el voltaje.

Regulador de voltaje: un dispositivo electromecánico o electrónico que mantiene el voltaje de salida de un dispositivo en un valor predeterminado.

Regulador de voltaje constante (CVR): un dispositivo que se utiliza para mantener el nivel de voltaje constante en un circuito, a pesar de las fluctuaciones en el voltaje del sistema. Los CVR están conectados a algunos circuitos de medidores para que las fluctuaciones de voltaje no afecten la precisión de las lecturas del medidor.

Regulador de voltaje del instrumento: vea "regulador de voltaje constante".

Rejilla: una red de cables que se pega con materiales activos para formar un plato de la batería negativo o positivo.

Relé: un dispositivo electromagnético que abre o cierra el flujo de corriente en un circuito.

Relé térmico: un relé activado por el efecto del calor de la corriente que circula por él.

Reóstato: un resistor variable, operado por una perilla o mango, que se utiliza para variar la resistencia en un circuito. Un reóstato consta de una bobina de cable de resistencia y un contacto o limpiador movible que crea más o menos resistencia en el circuito, según por cuántos bobinados permite que fluya la corriente. El control del atenuador para la iluminación del panel de instrumentos es un ejemplo.

Resistencia: la resistencia al flujo de electrones presente en un circuito eléctrico, expresada en ohmios.

Resistor: cualquier conductor que permite el movimiento de los electrones pero que lo retrasa. El tungsteno y el níquel son resistores típicos.

Resistor variable: un resistor de alambre devanado o de composición con un contacto deslizante para cambiar la resistencia. Vea "reóstato".

Rotor: la pieza del alternador que gira dentro del estator.

Manual sobre el reacondicionamiento del motor Chevrolet de Haynes

S

Salida: la corriente, el voltaje, la potencia o la fuerza de dirección que suministra un dispositivo o circuito. Los terminales o conexiones donde se puede medir la corriente.

Secundario: el bobinado de salida de un transformador; es decir, el bobinado en el que el flujo de corriente se debe a un emparejamiento inductivo con otra bobina denominada principal.

Señal analógica: una señal que varía en proporción exacta a la cantidad medida, tal como presión, temperatura, velocidad, etc.

Separador: una lámina fina de material no conductivo que se coloca entre los platos negativo y positivo en un elemento para evitar que los platos entren en contacto.

Soldadura: una aleación de plomo y estaño que se derrite a baja temperatura y se utiliza para hacer conexiones eléctricas.

Solenoide: un dispositivo electromecánico que consta de una bobina tubular que rodea un núcleo metálico móvil, o émbolo, que se mueve cuando se energiza la bobina. El núcleo móvil está conectado a varios mecanismos para realizar el trabajo.

SPDT: interruptor de un solo puerto y doble tiro.

SPST: interruptor de un solo puerto y un solo tiro.

Sulfato de plomo: una combinación de plomo, oxígeno y azufre como la que se encuentra en un acumulador.

T

Tablero de fusibles: un conjunto de plástico o fibra que permite el montaje de varios fusibles en una ubicación centralizada. Algunos tableros de fusibles son parte de, o contienen un bloque de terminales (vea "bloque de terminales").

Tacómetro: un dispositivo que mide la velocidad del motor en revoluciones por minuto.

Teoría convencional: en esta teoría, la dirección del flujo de corriente se seleccionó arbitrariamente para que sea desde el terminal positivo de la fuente de voltaje, a través del circuito externo, y de vuelta al terminal negativo de la fuente.

Teoría de los electrones: indica que toda la materia está compuesta de átomos que a su vez están conformados por un núcleo y electrones. Los electrones libres que se mueven de un átomo a otro en una única dirección producen lo que se conoce como electricidad.

Terminal: un dispositivo conectado al extremo de un cable o a un aparato para comodidad al realizar conexiones eléctricas.

Terminal de pala: un terminal utilizado para conectar un cable a un tornillo o terminal prisionero. El terminal de pala tiene dos extremos bifurcados, ya sea con puntas derechas o curvadas hacia arriba. Son más convenientes para instalar que los terminales del anillo, pero ligeramente menos seguros para aplicaciones resistentes. Vienen en versiones soldadas y sin soldar.

Terminal del anillo: un conductor utilizado para conectar un cable a un tornillo o terminal prisionero. El anillo se mide en base al tornillo de contacto. Los terminales del anillo son los conectores con menos posibilidad de vibrar en aplicaciones resistentes. Vienen en versiones soldadas y sin soldar.

Terminal negativo: el terminal en una batería que tiene un exceso de electrones. Un punto desde el cual los electrones fluyen al terminal positivo.

Terminal positivo: terminal de la batería hacia el cual fluye la corriente.

Terminales de desconexión: conectores sin soldadura machos y hembras cuyo objetivo es ser desconectados y conectados fácilmente. Generalmente, una paleta o un pasador (conector macho) encaja en un receptáculo o cubo (conector hembra) coincidentes. Varios componentes tienen terminales incorporados (paleta) que requieren un conector hembra especial.

Termistor: el elemento eléctrico en una unidad de envío de temperatura que varía su resistencia en proporción a la temperatura. A diferencia de la mayoría de los conductores eléctricos, cuya resistencia aumenta a medida que la temperatura aumenta, la resistencia en un termistor disminuye. Los termistores se realizan con óxidos de cobalto, cobre, hierro o níquel.

Transformador: un aparato para transformar una corriente eléctrica a un voltaje más alto o más bajo sin cambiar la energía total.

Transformador variable: un transformador con núcleo de hierro con un contacto deslizante que se mueve a lo largo de los giros expuestos del segundo bobinado para variar el voltaje de salida.

Transmisión: un dispositivo ubicado en el arranque para permitir el engranaje del arranque al volante del motor.

Trazador: una franja de un segundo color que se aplica a un aislante de cable para distinguir dicho cable de otro con un aislante del mismo color.

U

Unidad de envío: se utiliza para operar la luz del medidor o del indicador. Los circuitos de la luz del indicador contienen puntos de contacto, como un interruptor. Los circuitos de los medidores contienen una resistencia variable que modifica el flujo de corriente de acuerdo con la condición o el sistema que se monitorea.

V

Vatio: la unidad para medir la energía eléctrica o el "trabajo". La potencia es el resultado del amperaje multiplicado por el voltaje.

Volante de inercia Bendix: un mecanismo impulsor de autoengranaje y liberación del arrancador. El engranaje del piñón se acopla cuando el motor de arranque gira y se desacopla cuando el motor arranca.

Volante del motor: una rueda grande conectada al cigüeñal en la parte trasera del motor.

Voltaje de circuito abierto: el voltaje de la batería cuando la batería no tiene un circuito cerrado a través de los bornes y no suministra ni recibe voltaje.

Voltaje de la batería: una cifra determinada por la cantidad de celdas en una batería. Dado que cada celda genera aproximadamente dos voltios, una batería de seis celdas tiene 12 voltios.

Voltaje de suministro: el voltaje obtenido de la fuente de alimentación para hacer funcionar un circuito.

Voltaje inducido: el voltaje producido como resultado de un flujo de corriente inducido.

Voltímetro: 1. Un instrumento de prueba que mide el voltaje en un circuito eléctrico. Se utiliza para verificar la continuidad y determinar la caída de voltaje en circuitos específicos de los sistemas eléctricos del vehículo. 2. Un medidor del panel de instrumentos que mide el voltaje del sistema. Cuando el motor está apagado, el voltímetro indica voltaje de la batería, que debe ser de 12 a 13 voltios en un sistema de 12 voltios. Cuando el motor está en marcha, el voltímetro indica el voltaje total del sistema, o la salida de voltaje combinada del alternador y la batería.

Voltio: una unidad práctica para medir la presión de corriente en un circuito; la fuerza que moverá una corriente de un amperio a través de una resistencia de un ohmio.

VOM (medidor voltios-ohmios): un instrumento de prueba dos en uno. Por razones de comodidad, el voltímetro y el ohmímetro están montados en la misma caja y comparten una lectura en común y un juego de cables.

D Comprensión de los diagramas de cableado

Información general

Los diagramas de cableado son herramientas útiles al solucionar problemas con los circuitos eléctricos. Los sistemas eléctricos en los vehículos modernos son mucho más complejos, lo que dificulta realizar un diagnóstico correcto. Si se toma el tiempo para comprender completamente los diagramas de cableado, puede disminuir muchas de las conjeturas al resolver problemas eléctricos.

Si tiene un vehículo más antiguo, es posible que le sea difícil descifrar los diagramas de cableado. Generalmente, los diagramas más antiguos no brindan información sobre la ubicación del componente, el funcionamiento o cómo leer el diagrama. Muchos de ellos se organizan en formas que dificultan encontrar los cables.

En la actualidad, los diagramas de cableado tienden a tener una organización más cuidadosa y las referencias cruzadas entre cada parte del diagrama se explican claramente. Por lo general tienen localizadores de componentes y algunos incluso están a color (para indicar los colores de los cables).

Lectura de los diagramas de cableado

Los diagramas de cableado muestran el sistema eléctrico completo en una página o bien dividen el sistema eléctrico en varias páginas y tienen referencias cruzadas que las unen. Si el diagrama está dividido, suele haber tablas junto al diagrama que explican el sistema de referencia cruzada.

La mayoría de los diagramas muestran la fuente de alimentación en la parte superior de la página y las conexiones a tierra en la parte inferior.

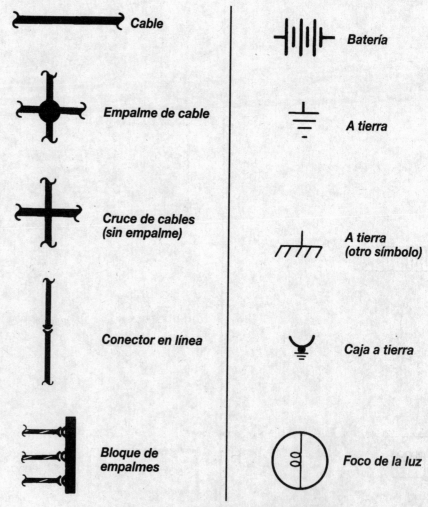

Cable

Empalme de cable

Cruce de cables (sin empalme)

Conector en línea

Bloque de empalmes

Batería

A tierra

A tierra (otro símbolo)

Caja a tierra

Foco de la luz

Símbolos típicos de los diagramas de cableado: estos símbolos varían un poco según el fabricante.

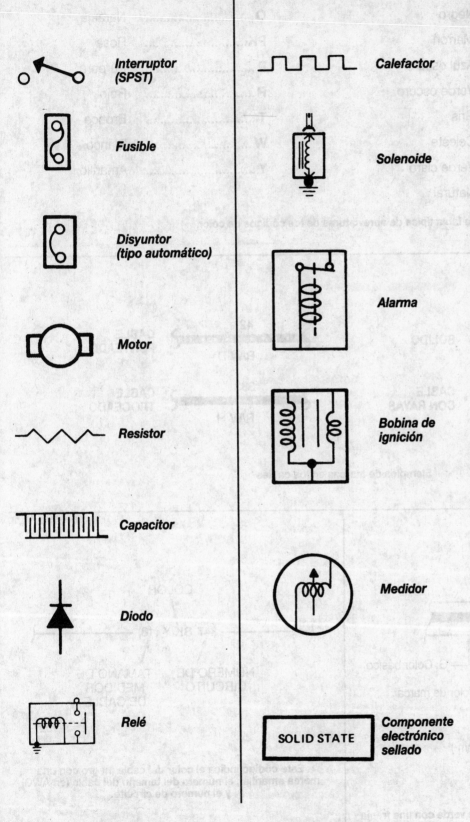

Interruptor (SPST)

Fusible

Disyuntor (tipo automático)

Motor

Resistor

Capacitor

Diodo

Relé

Calefactor

Solenoide

Alarma

Bobina de ignición

Medidor

SOLID STATE — **Componente electrónico sellado**

Símbolos típicos de los diagramas do cableado (continuación).

Componentes de un diagrama de cableado

Los diagramas de cableado se pueden dividir en tres componentes principales: símbolos, códigos de color y los números de tamaño de los cables.

Símbolos

En los diagramas de cableado, se utilizan símbolos para representar los componentes del sistema eléctrico. El símbolo más evidente es una línea para representar un cable. Algunos otros símbolos no son tan evidentes, ya que no necesariamente se ven como los componentes que representan. Esto es así debido a que la mayoría de los símbolos de los sistemas de cableado, que a veces se denominan símbolos del *esquema*, muestran el funcionamiento eléctrico del componente en lugar de su apariencia física.

Código de color

Debido a que los diagramas de cableado generalmente están en blanco y negro, los códigos de color se utilizan para indicar el color de cada cable. Estos códigos normalmente son abreviaturas de uno o dos caracteres. Estos códigos varían un poco según el fabricante, pero la mayoría de los diagramas incluyen una tabla con códigos de color, por lo que es sencillo revisar qué significa cada código.

En ocasiones, las dificultades en la fabricación ocasionan que un fabricante se desvíe ligeramente de los colores de cableado que se muestran en el diagrama. Si los colores de los cables en un conector no coinciden con el diagrama y usted está seguro de que está mirando el diagrama correcto, generalmente puede identificar el color incorrecto mediante la comparación de todos los colores en el conector con el diagrama.

Los cables no siempre son de colores sólidos. Con frecuencia tienen marcas, como una raya, puntos o líneas punteadas. Cuando el diagrama muestra dos colores para el cable, el primer color es el color básico del cable. El segundo color es la marca.

Números de tamaños de los cables

El número de tamaño del cable representa el grosor del cable. En un diagrama de cableado, generalmente se indica el tamaño de cada cable antes o después del código de color.

Continúa en la página siguiente

BK.........................	Negro	**O**.............................	Naranja
BR.........................	Marrón	**PK**...........................	Rosa
DB.........................	Azul oscuro	**P**.............................	Púrpura
DG.........................	Verde oscuro	**R**.............................	Rojo
GY.........................	Gris	**T**.............................	Bronce
LB.........................	Celeste	**W**.............................	Blanco
LG.........................	Verde claro	**Y**.............................	Amarillo
N.........................	Natural		

Una tabla típica de abreviaturas de los códigos de color.

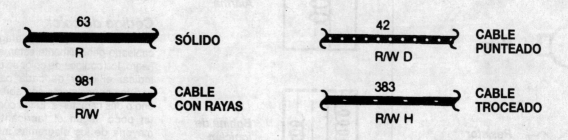

Ejemplos de marcas en los cables.

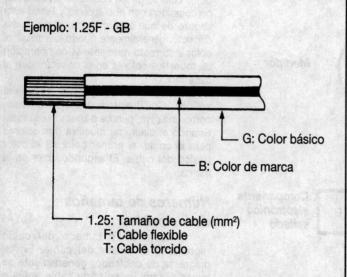

Ejemplo: 1.25F - GB

G: Color básico
B: Color de marca

1.25: Tamaño de cable (mm²)
F: Cable flexible
T: Cable torcido

Este código de ejemplo es para un cable verde con una franja negra: el número métrico de tamaño del cable es 1.25.

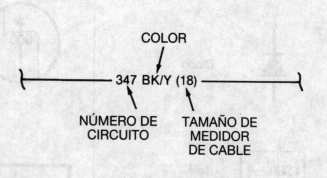

COLOR

347 BK/Y (18)

NÚMERO DE CIRCUITO

TAMAÑO DE MEDIDOR DE CABLE

Este código indica el color del cable (negro con una marca amarilla), el número del tamaño del cable (en AWG) y el número de circuito.

Notas

Notas

Índice

Manuales automotrices Haynes

NOTA: Si usted no puede encontrar su vehículo en esta lista, consulte con su distribuidor Haynes, para información de la producción más moderna.

ACURA

12020 Integra '86 thru '89 & Legend '86 thru '90
12021 Integra '90 thru '93 & Legend '91 thru '95
Integra '94 thru '00 - *see HONDA Civic (42025)*
MDX '01 thru '07 - *see HONDA Pilot (42037)*
12050 Acura TL all models '99 thru '08

AMC

Jeep CJ - *see JEEP (50020)*
14020 Mid-size models '70 thru '83
14025 (Renault) Alliance & Encore '83 thru '87

AUDI

15020 4000 all models '80 thru '87
15025 5000 all models '77 thru '83
15026 5000 all models '84 thru '88
Audi A4 '96 thru '01 - *see VW Passat (96023)*
15030 Audi A4 '02 thru '08

AUSTIN-HEALEY

Sprite - *see MG Midget (66015)*

BMW

18020 3/5 Series '82 thru '92
18021 3-Series incl. Z3 models '92 thru '98
18022 3-Series incl. Z4 models '99 thru '05
18023 3-Series '06 thru '10
18025 320i all 4 cyl models '75 thru '83
18050 1500 thru 2002 except Turbo '59 thru '77

BUICK

19010 Buick Century '97 thru '05
Century (front-wheel drive) - *see GM (38005)*
19020 Buick, Oldsmobile & Pontiac Full-size (Front-wheel drive) '85 thru '05
Buick Electra, LeSabre and Park Avenue; Oldsmobile Delta 88 Royale, Ninety Eight and Regency; Pontiac Bonneville
19025 Buick, Oldsmobile & Pontiac Full-size (Rear wheel drive) '70 thru '90
Buick Estate, Electra, LeSabre, Limited, Oldsmobile Custom Cruiser, Delta 88, Ninety-eight, Pontiac Bonneville, Catalina, Grandville, Parisienne
19030 Mid-size Regal & Century all rear-drive models with V6, V8 and Turbo '74 thru '87
Regal - *see GENERAL MOTORS (38010)*
Riviera - *see GENERAL MOTORS (38030)*
Roadmaster - *see CHEVROLET (24046)*
Skyhawk - *see GENERAL MOTORS (38015)*
Skylark - *see GM (38020, 38025)*
Somerset - *see GENERAL MOTORS (38025)*

CADILLAC

1015 CTS & CTS-V '03 thru '12
1030 Cadillac Rear Wheel Drive '70 thru '93
Cimarron - *see GENERAL MOTORS (38015)*
DeVille - *see GM (38031 & 38032)*
Eldorado - *see GM (38030 & 38031)*
Fleetwood - *see GM (38031)*
Seville - *see GM (38030, 38031 & 38032)*

HEVROLET

0305 Chevrolet Engine Overhaul Manual
4010 Astro & GMC Safari Mini-vans '85 thru '05
4015 Camaro V8 all models '70 thru '81
4016 Camaro all models '82 thru '92
4017 Camaro & Firebird '93 thru '02
Cavalier - *see GENERAL MOTORS (38016)*
Celebrity - *see GENERAL MOTORS (38005)*
4020 Chevelle, Malibu & El Camino '69 thru '87
4024 Chevette & Pontiac T1000 '76 thru '87
Citation - *see GENERAL MOTORS (38020)*
4027 Colorado & GMC Canyon '04 thru '10
4032 Corsica/Beretta all models '87 thru '96
4040 Corvette all V8 models '68 thru '82
4041 Corvette all models '84 thru '96
4045 Full-size Sedans Caprice, Impala, Biscayne, Bel Air & Wagons '69 thru '90
4046 Impala SS & Caprice and Buick Roadmaster '91 thru '96
Impala '00 thru '05 - *see LUMINA (24048)*
4047 Impala & Monte Carlo all models '06 thru '11
Lumina '90 thru '94 - *see GM (38010)*
4048 Lumina & Monte Carlo '95 thru '05
Lumina APV - *see GM (38035)*
4050 Luv Pick-up all 2WD & 4WD '72 thru '82
Malibu '97 thru '00 - *see GM (38026)*
055 Monte Carlo all models '70 thru '88
Monte Carlo '95 thru '01 - *see LUMINA (24048)*
059 Nova all V8 models '69 thru '79
060 Nova and Geo Prizm '85 thru '92
064 Pick-ups '67 thru '87 - Chevrolet & GMC
065 Pick-ups '88 thru '98 - Chevrolet & GMC
24066 Pick-ups '99 thru '06 - Chevrolet & GMC
24067 Chevrolet Silverado & GMC Sierra '07 thru '12
24070 S-10 & S-15 Pick-ups '82 thru '93, Blazer & Jimmy '83 thru '94,
24071 S-10 & Sonoma Pick-ups '94 thru '04, including Blazer, Jimmy & Hombre
24072 Chevrolet TrailBlazer, GMC Envoy & Oldsmobile Bravada '02 thru '09
24075 Sprint '85 thru '88 & Geo Metro '89 thru '01
24080 Vans - Chevrolet & GMC '68 thru '96
24081 Chevrolet Express & GMC Savana Full-size Vans '96 thru '10

CHRYSLER

10310 Chrysler Engine Overhaul Manual
25015 Chrysler Cirrus, Dodge Stratus, Plymouth Breeze '95 thru '00
25020 Full-size Front-Wheel Drive '88 thru '93
K-Cars - *see DODGE Aries (30008)*
Laser - *see DODGE Daytona (30030)*
25025 Chrysler LHS, Concorde, New Yorker, Dodge Intrepid, Eagle Vision, '93 thru '97
25026 Chrysler LHS, Concorde, 300M, Dodge Intrepid, '98 thru '04
25027 Chrysler 300, Dodge Charger & Magnum '05 thru '09
25030 Chrysler & Plymouth Mid-size front wheel drive '82 thru '95
Rear-wheel Drive - *see Dodge (30050)*
25035 PT Cruiser all models '01 thru '10
25040 Chrysler Sebring '95 thru '06, Dodge Stratus '01 thru '06, Dodge Avenger '95 thru '00

DATSUN

28005 200SX all models '80 thru '83
28007 B-210 all models '73 thru '78
28009 210 all models '79 thru '82
28012 240Z, 260Z & 280Z Coupe '70 thru '78
28014 280ZX Coupe & 2+2 '79 thru '83
300ZX - *see NISSAN (72010)*
28018 510 & PL521 Pick-up '68 thru '73
28020 510 all models '78 thru '81
28022 620 Series Pick-up all models '73 thru '79
720 Series Pick-up - *see NISSAN (72030)*
28025 810/Maxima all gasoline models '77 thru '84

DODGE

400 & 600 - *see CHRYSLER (25030)*
30008 Aries & Plymouth Reliant '81 thru '89
30010 Caravan & Plymouth Voyager '84 thru '95
30011 Caravan & Plymouth Voyager '96 thru '02
30012 Challenger/Plymouth Saporro '78 thru '83
30013 Caravan, Chrysler Voyager, Town & Country '03 thru '07
30016 Colt & Plymouth Champ '78 thru '87
30020 Dakota Pick-ups all models '87 thru '96
30021 Durango '98 & '99, Dakota '97 thru '99
30022 Durango '00 thru '03 Dakota '00 thru '04
30023 Durango '04 thru '09, Dakota '05 thru '11
30025 Dart, Demon, Plymouth Barracuda, Duster & Valiant 6 cyl models '67 thru '76
30030 Daytona & Chrysler Laser '84 thru '89
Intrepid - *see CHRYSLER (25025, 25026)*
30034 Neon all models '95 thru '99
30035 Omni & Plymouth Horizon '78 thru '90
30036 Dodge and Plymouth Neon '00 thru '05
30040 Pick-ups all full-size models '74 thru '93
30041 Pick-ups all full-size models '94 thru '01
30042 Pick-ups full-size models '02 thru '08
30045 Ram 50/D50 Pick-ups & Raider and Plymouth Arrow Pick-ups '79 thru '93
30050 Dodge/Plymouth/Chrysler RWD '71 thru '89
30055 Shadow & Plymouth Sundance '87 thru '94
30060 Spirit & Plymouth Acclaim '89 thru '95
30065 Vans - Dodge & Plymouth '71 thru '03

EAGLE

Talon - *see MITSUBISHI (68030, 68031)*
Vision - *see CHRYSLER (25025)*

FIAT

34010 124 Sport Coupe & Spider '68 thru '78
34025 X1/9 all models '74 thru '80

FORD

10320 Ford Engine Overhaul Manual
10355 Ford Automatic Transmission Overhaul
11500 Mustang '64-1/2 thru '70 Restoration Guide
36004 Aerostar Mini-vans all models '86 thru '97
36006 Contour & Mercury Mystique '95 thru '00
36008 Courier Pick-up all models '72 thru '82
36012 Crown Victoria & Mercury Grand Marquis '88 thru '10
36016 Escort/Mercury Lynx all models '81 thru '90
36020 Escort/Mercury Tracer '91 thru '02
36022 Escape & Mazda Tribute '01 thru '11
36024 Explorer & Mazda Navajo '91 thru '01
36025 Explorer/Mercury Mountaineer '02 thru '10
36028 Fairmont & Mercury Zephyr '78 thru '83
36030 Festiva & Aspire '88 thru '97
36032 Fiesta all models '77 thru '80
36034 Focus all models '00 thru '11
36036 Ford & Mercury Full-size '75 thru '87
36044 Ford & Mercury Mid-size '75 thru '86
36045 Fusion & Mercury Milan '06 thru '10
36048 Mustang V8 all models '64-1/2 thru '73
36049 Mustang II 4 cyl, V6 & V8 models '74 thru '78
36050 Mustang & Mercury Capri '79 thru '93
36051 Mustang all models '94 thru '04
36052 Mustang '05 thru '10
36054 Pick-ups & Bronco '73 thru '79
36058 Pick-ups & Bronco '80 thru '96
36059 F-150 & Expedition '97 thru '09, F-250 '97 thru '99 & Lincoln Navigator '98 thru '09
36060 Super Duty Pick-ups, Excursion '99 thru '10
36061 F-150 full-size '04 thru '10
36062 Pinto & Mercury Bobcat '75 thru '80
36066 Probe all models '89 thru '92
Probe '93 thru '97 - *see MAZDA 626 (61042)*
36070 Ranger/Bronco II gasoline models '83 thru '92
36071 Ranger '93 thru '10 & Mazda Pick-ups '94 thru '09
36074 Taurus & Mercury Sable '86 thru '95
36075 Taurus & Mercury Sable '96 thru '05
36078 Tempo & Mercury Topaz '84 thru '94
36082 Thunderbird/Mercury Cougar '83 thru '88
36086 Thunderbird/Mercury Cougar '89 thru '97
36090 Vans all V8 Econoline models '69 thru '91
36094 Vans full size '92 thru '10
36097 Windstar Mini-van '95 thru '07

GENERAL MOTORS

10360 GM Automatic Transmission Overhaul
38005 Buick Century, Chevrolet Celebrity, Oldsmobile Cutlass Ciera & Pontiac 6000 all models '82 thru '96
38010 Buick Regal, Chevrolet Lumina, Oldsmobile Cutlass Supreme & Pontiac Grand Prix (FWD) '88 thru '07
38015 Buick Skyhawk, Cadillac Cimarron, Chevrolet Cavalier, Oldsmobile Firenza & Pontiac J-2000 & Sunbird '82 thru '94
38016 Chevrolet Cavalier & Pontiac Sunfire '95 thru '05
38017 Chevrolet Cobalt & Pontiac G5 '05 thru '11
38020 Buick Skylark, Chevrolet Citation, Olds Omega, Pontiac Phoenix '80 thru '85
38025 Buick Skylark & Somerset, Oldsmobile Achieva & Calais and Pontiac Grand Am all models '85 thru '98
38026 Chevrolet Malibu, Olds Alero & Cutlass, Pontiac Grand Am '97 thru '03
38027 Chevrolet Malibu '04 thru '10
38030 Cadillac Eldorado, Seville, Oldsmobile Toronado, Buick Riviera '71 thru '85
38031 Cadillac Eldorado & Seville, DeVille, Fleetwood & Olds Toronado, Buick Riviera '86 thru '93
38032 Cadillac DeVille '94 thru '05 & Seville '92 thru '04
Cadillac DTS '06 thru '10
38035 Chevrolet Lumina APV, Olds Silhouette & Pontiac Trans Sport all models '90 thru '96
38036 Chevrolet Venture, Olds Silhouette, Pontiac Trans Sport & Montana '97 thru '05
General Motors Full-size Rear-wheel Drive - *see BUICK (19025)*
38040 Chevrolet Equinox '05 thru '09 Pontiac Torrent '06 thru '09
38070 Chevrolet HHR '06 thru '11

GEO

Metro - *see CHEVROLET Sprint (24075)*
Prizm - *'85 thru '92 see CHEVY (24060), '93 thru '02 see TOYOTA Corolla (92036)*
40030 Storm all models '90 thru '93
Tracker - *see SUZUKI Samurai (90010)*

GMC

Vans & Pick-ups - *see CHEVROLET*

HONDA

42010 Accord CVCC all models '76 thru '83
42011 Accord all models '84 thru '89
42012 Accord all models '90 thru '93
42013 Accord all models '94 thru '97
42014 Accord all models '98 thru '02
42015 Accord '03 thru '07
42020 Civic 1200 all models '73 thru '79
42021 Civic 1300 & 1500 CVCC '80 thru '83
42022 Civic 1500 CVCC all models '75 thru '79

(Continuacion)

aynes North America, Inc., 861 Lawrence Drive, Newbury Park, CA 91320-1514 • (805) 498-6703 • http://www.haynes.com

Manuales automotrices Haynes (continuacíon)

NOTA: Si usted no puede encontrar su vehículo en esta lista, consulte con su distribuidor Haynes, para información de la producción más moderna.

42023 Civic all models '84 thru '91
42024 Civic & del Sol '92 thru '95
42025 Civic '96 thru '00, **CR-V** '97 thru '01, Acura Integra '94 thru '00
42026 Civic '01 thru '10, **CR-V** '02 thru '09
42035 Odyssey all models '99 thru '10 Passport - *see ISUZU Rodeo (47017)*
42037 Honda Pilot '03 thru '07, **Acura MDX** '01 thru '07
42040 Prelude CVCC all models '79 thru '89

HYUNDAI
43010 Elantra all models '96 thru '10
43015 Excel & Accent all models '86 thru '09
43050 Santa Fe all models '01 thru '06
43055 Sonata all models '99 thru '08

INFINITI
G35 '03 thru '08 - *see NISSAN 350Z (72011)*

ISUZU
Hombre - *see CHEVROLET S-10 (24071)*
47017 Rodeo, Amigo & Honda Passport '89 thru '02
47020 Trooper & Pick-up '81 thru '93

JAGUAR
49010 XJ6 all 6 cyl models '68 thru '86
49011 XJ6 all models '88 thru '94
49015 XJ12 & XJS all 12 cyl models '72 thru '85

JEEP
50010 Cherokee, Comanche & Wagoneer Limited all models '84 thru '01
50020 CJ all models '49 thru '86
50025 Grand Cherokee all models '93 thru '04
50026 Grand Cherokee '05 thru '09
50029 Grand Wagoneer & Pick-up '72 thru '91 Grand Wagoneer '84 thru '91, Cherokee & Wagoneer '72 thru '83, Pick-up '72 thru '88
50030 Wrangler all models '87 thru '11
50035 Liberty '02 thru '07

KIA
54050 Optima '01 thru '10
54070 Sephia '94 thru '01, **Spectra** '00 thru '09, **Sportage** '05 thru '10

LEXUS
ES 300/330 - *see TOYOTA Camry (92007) (92008)*
RX 330 - *see TOYOTA Highlander (92095)*

LINCOLN
Navigator - *see FORD Pick-up (36059)*
59010 Rear-Wheel Drive all models '70 thru '10

MAZDA
61010 GLC Hatchback (rear-wheel drive) '77 thru '83
61011 GLC (front-wheel drive) '81 thru '85
61012 Mazda3 '04 thru '11
61015 323 & Protegé '90 thru '03
61016 MX-5 Miata '90 thru '09
61020 MPV all models '89 thru '98 Navajo - *see Ford Explorer (36024)*
61030 Pick-ups '72 thru '93 Pick-ups '94 thru '00 - *see Ford Ranger (36071)*
61035 RX-7 all models '79 thru '85
61036 RX-7 all models '86 thru '91
61040 626 (rear-wheel drive) all models '79 thru '82
61041 626/MX-6 (front-wheel drive) '83 thru '92
61042 626, MX-6/Ford Probe '93 thru '02
61043 Mazda6 '03 thru '11

MERCEDES-BENZ
63012 123 Series Diesel '76 thru '85
63015 190 Series four-cyl gas models, '84 thru '88
63020 230/250/280 6 cyl sohc models '68 thru '72
63025 280 123 Series gasoline models '77 thru '81
63030 350 & 450 all models '71 thru '80
63040 C-Class: C230/C240/C280/C320/C350 '01 thru '07

MERCURY
64200 Villager & Nissan Quest '93 thru '01 *All other titles, see FORD Listing.*

MG
66010 MGB Roadster & GT Coupe '62 thru '80
66015 MG Midget, Austin Healey Sprite '58 thru '80

MINI
67020 Mini '02 thru '11

MITSUBISHI
68020 Cordia, Tredia, Galant, Precis & Mirage '83 thru '93
68030 Eclipse, Eagle Talon & Ply. Laser '90 thru '94
68031 Eclipse '95 thru '05, Eagle Talon '95 thru '98
68035 Galant '94 thru '10
68040 Pick-up '83 thru '96 & Montero '83 thru '93

NISSAN
72010 300ZX all models including Turbo '84 thru '89
72011 350Z & Infiniti G35 all models '03 thru '08
72015 Altima all models '93 thru '06
72016 Altima '07 thru '10
72020 Maxima all models '85 thru '92
72021 Maxima all models '93 thru '04
72025 Murano '03 thru '10
72030 Pick-ups '80 thru '97 **Pathfinder** '87 thru '95
72031 Frontier Pick-up, Xterra, Pathfinder '96 thru '04
72032 Frontier & Xterra '05 thru '11
72040 Pulsar all models '83 thru '86 Quest - *see MERCURY Villager (64200)*
72050 Sentra all models '82 thru '94
72051 Sentra & 200SX all models '95 thru '06
72060 Stanza all models '82 thru '90
72070 Titan pick-ups '04 thru '10 **Armada** '05 thru '10

OLDSMOBILE
73015 Cutlass V6 & V8 gas models '74 thru '88 *For other OLDSMOBILE titles, see BUICK, CHEVROLET or GENERAL MOTORS listing.*

PLYMOUTH
For PLYMOUTH titles, see DODGE listing.

PONTIAC
79008 Fiero all models '84 thru '88
79018 Firebird V8 models except Turbo '70 thru '81
79019 Firebird all models '82 thru '92
79025 G6 all models '05 thru '09
79040 Mid-size Rear-wheel Drive '70 thru '87 Vibe '03 thru '11 - *see TOYOTA Matrix (92060)* *For other PONTIAC titles, see BUICK, CHEVROLET or GENERAL MOTORS listing.*

PORSCHE
80020 911 except Turbo & Carrera 4 '65 thru '89
80025 914 all 4 cyl models '69 thru '76
80030 924 all models including Turbo '76 thru '82
80035 944 all models including Turbo '83 thru '89

RENAULT
Alliance & Encore - *see AMC (14020)*

SAAB
84010 900 all models including Turbo '79 thru '88

SATURN
87010 Saturn all S-series models '91 thru '02
87011 Saturn Ion '03 thru '07
87020 Saturn all L-series models '00 thru '04
87040 Saturn VUE '02 thru '07

SUBARU
89002 1100, 1300, 1400 & 1600 '71 thru '79
89003 1600 & 1800 2WD & 4WD '80 thru '94
89100 Legacy all models '90 thru '99
89101 Legacy & Forester '00 thru '06

SUZUKI
90010 Samurai/Sidekick & Geo Tracker '86 thru '01

TOYOTA
92005 Camry all models '83 thru '91
92006 Camry all models '92 thru '96
92007 Camry, Avalon, Solara, Lexus ES 300 '97 thru '01
92008 Toyota Camry, Avalon and Solara and Lexus ES 300/330 all models '02 thru '06
92009 Camry '07 thru '11
92015 Celica Rear Wheel Drive '71 thru '85
92020 Celica Front Wheel Drive '86 thru '99
92025 Celica Supra all models '79 thru '92
92030 Corolla all models '75 thru '79
92032 Corolla all rear wheel drive models '80 thru '87
92035 Corolla all front wheel drive models '84 thru '92
92036 Corolla & Geo Prizm '93 thru '02
92037 Corolla models '03 thru '11
92040 Corolla Tercel all models '80 thru '82
92045 Corona all models '74 thru '82
92050 Cressida all models '78 thru '82
92055 Land Cruiser FJ40, 43, 45, 55 '68 thru '82
92056 Land Cruiser FJ60, 62, 80, FZJ80 '80 thru '96
92060 Matrix & Pontiac Vibe '03 thru '11
92065 MR2 all models '85 thru '87
92070 Pick-up all models '69 thru '78
92075 Pick-up all models '79 thru '95
92076 Tacoma, 4Runner, & T100 '93 thru '04
92077 Tacoma '05 thru '09
92078 Tundra '00 thru '06 & Sequoia '01 thru '07
92079 4Runner all models '03 thru '09
92080 Previa all models '91 thru '95
92081 Prius all models '01 thru '08
92082 RAV4 all models '96 thru '10
92085 Tercel all models '87 thru '94
92090 Sienna all models '98 thru '09
92095 Highlander & Lexus RX-330 '99 thru '07

TRIUMPH
94007 Spitfire all models '62 thru '81
94010 TR7 all models '75 thru '81

VW
96008 Beetle & Karmann Ghia '54 thru '79
96009 New Beetle '98 thru '11
96016 Rabbit, Jetta, Scirocco & Pick-up gas models '75 thru '92 & Convertible '80 thru '92
96017 Golf, GTI & Jetta '93 thru '98, **Cabrio** '95 thru '02
96018 Golf, GTI, Jetta '99 thru '05
96019 Jetta, Rabbit, GTI & Golf '05 thru '11
96020 Rabbit, Jetta & Pick-up diesel '77 thru '84
96023 Passat '98 thru '05, **Audi A4** '96 thru '01
96030 Transporter 1600 all models '68 thru '79
96035 Transporter 1700, 1800 & 2000 '72 thru '79
96040 Type 3 1500 & 1600 all models '63 thru '73
96045 Vanagon all air-cooled models '80 thru '83

VOLVO
97010 120, 130 Series & 1800 Sports '61 thru '73
97015 140 Series all models '66 thru '74
97020 240 Series all models '76 thru '93
97040 740 & 760 Series all models '82 thru '88
97050 850 Series all models '93 thru '97

TECHBOOK MANUALS
10205 Automotive Computer Codes
10206 OBD-II & Electronic Engine Management
10210 Automotive Emissions Control Manual
10215 Fuel Injection Manual '78 thru '85
10220 Fuel Injection Manual '86 thru '99
10225 Holley Carburetor Manual
10230 Rochester Carburetor Manual
10240 Weber/Zenith/Stromberg/SU Carburetors
10305 Chevrolet Engine Overhaul Manual
10310 Chrysler Engine Overhaul Manual
10320 Ford Engine Overhaul Manual
10330 GM and Ford Diesel Engine Repair Manual
10333 Engine Performance Manual
10340 Small Engine Repair Manual, 5 HP & Less
10341 Small Engine Repair Manual, 5.5 - 20 HP
10345 Suspension, Steering & Driveline Manual
10355 Ford Automatic Transmission Overhaul
10360 GM Automatic Transmission Overhaul
10405 Automotive Body Repair & Painting
10410 Automotive Brake Manual
10411 Automotive Anti-lock Brake (ABS) Systems
10415 Automotive Detaiing Manual
10420 Automotive Electrical Manual
10425 Automotive Heating & Air Conditioning
10430 Automotive Reference Manual & Dictionary
10435 Automotive Tools Manual
10440 Used Car Buying Guide
10445 Welding Manual
10450 ATV Basics
10452 Scooters 50cc to 250cc

SPANISH MANUALS
98903 Reparación de Carrocería & Pintura
98904 Manual de Carburador Modelos Holley & Rochester
98905 Códigos Automotrices de la Computadora
98906 OBD-II & Sistemas de Control Electrónico del Motor
98910 Frenos Automotriz
98913 Electricidad Automotriz
98915 Inyección de Combustible '86 al '99
99040 Chevrolet & GMC Camionetas '67 al '87
99041 Chevrolet & GMC Camionetas '88 al '98
99042 Chevrolet & GMC Camionetas Cerradas '68 al '95
99043 Chevrolet/GMC Camionetas '94 al '04
99048 Chevrolet/GMC Camionetas '99 al '06
99055 Dodge Caravan & Plymouth Voyager '84 al '95
99075 Ford Camionetas y Bronco '80 al '94
99076 Ford F-150 '97 al '09
99077 Ford Camionetas Cerradas '69 al '91
99088 Ford Modelos de Tamaño Mediano '75 al '86
99089 Ford Camionetas Ranger '93 al '10
99091 Ford Taurus & Mercury Sable '86 al '95
99095 GM Modelos de Tamaño Grande '70 al '90
99100 GM Modelos de Tamaño Mediano '70 al '88
99106 Jeep Cherokee, Wagoneer & Comanche '84 al '00
99110 Nissan Camioneta '80 al '96, **Pathfinder** '87 al '95
99118 Nissan Sentra '82 al '94
99125 Toyota Camionetas y 4Runner '79 al '95

Sobre 100 manuales de motocicletas también están incluidos.

7-12

Haynes North America, Inc., 861 Lawrence Drive, Newbury Park, CA 91320-1514 • (805) 498-6703 • http://www.haynes.com